閾の思考

他者・外部性・故郷

磯前順一

法政大学出版局

Jun'ichi ISOMAE,
Thoughts on Threshold: Others, Exteriority and Homes,
Hosei University Press, 2013

Cover Photo:
Jinmo KANG,
"Deer & Horns"
mirror glass, horn, 123 × 50 × 125 cm, 100 × 89 × 39 cm
2011 © Museum Biedermann

閾の思考——他者・外部性・故郷　目次

僕は僕の心の中に深く暗い豊かな世界を抱えているし、あなたもまたあなたの心の中に深く暗い豊かな世界を抱えている。そういう意味合いにおいては、たとえ僕が東京に住んでいて、あなたがニューヨークに住んでいても（あるいはティンブクトゥに住んでいても、レイキャビクに住んでいても）、我々は場所とは関係なく同質のものを、それぞれに抱えていることになります。そしてその同質さをずっと深い場所まで、注意深くたどっていけば、我々は共通の場所に——物語という場所に——住んでいることがわかります。

（村上春樹『夢を見るために毎朝僕は目覚めるのです——村上春樹インタビュー集』文春文庫、二〇一二年、一九六頁）

はじめに　ポストコロニアル的な生をめぐる断想

ポストコロニアル批評の失墜

日本の研究者のあいだでは、ポストコロニアル批評の流行はもう終わったという理解がおおむね一致するところであろう。実存主義、構造主義、ポストモダニズム、そしてポストコロニアリズム。つねに日本の知識人たちは、西洋の思想を流行りのスローガンとして消費してきた。だからこそ、ポストコロニアルもまた西洋思想にかぶれた第三世界の知識人のものまねだという批判が、そのような知的な消費主義に対する反発として日本では現われてきたのだろう。確かに、ポストコロニアル批評を代表する研究者、ガヤトリ・チャクラヴォルティ・スピヴァクがみずから指摘するように、ポストコロニアル批評の研究者たちには、英米の英語圏のアカデミズムで成功した「メトロポリタン・ディアスポラ」あるいは「メトロポリタン知識人」が多いことは間違いがない。[*1] しかし、このような理由をもって、ポストコロニアル批評を日本の社会には縁のない、西洋かぶれの思想と片づける態度そのものが大きな問題を孕んでいる。

ポストコロニアル状況とは、非西洋世界が西洋世界の外部の逃れ出られないように、旧宗主国からの影響を完全に断ち切って、かつての植民地化以前の状態を回復できるような旧植民地の世界などは存在しないということを意味する。ここで言う「ポスト」とは、政治的な次元での植民地からの解放「後（ポスト）」にも、依然として旧宗主国の文化・経済・政治的影響に曝されていること、それと同時にその拘束状況を「脱構築（ポスト）」する可能性を旧植民地や非西洋世界が秘めていることを意味する両義的なものである。そもそも植民地化以前の純粋な民族や文化の状態がかつては存在したという発想が、植民地の影響を被った現在から過去に、ノスタルジアとして投影された願望にすぎない。だからこそ、第三世界から出てきた知識人が自分の議論に耳を傾けてもらうためには、西洋の学問成果の内部に入り込み、宗主国の支配的論理を逆手にとって自己主張せざるを得ないのだ。その意味では、「ポスト」とは自分の住む過酷な社会状況の外部にオルタナティヴな世界など存在ないことを冷静に認識すると同時に、その内部にこそ均質化され切ることのない余白や潜勢力が存在することを見出す可能性をも意味する。もちろん、西洋という宗主国の存在だけでなく、アジアにおける日本という宗主国の爪痕を思い浮かべる想像力を、私のように日本の社会に住む者は持っていなければなるまい。

非西洋世界の人間にもかかわらず、西洋世界の学問や言語を自由に操れる「メトロポリタン・ディアスポラ」こそが、複数の文化のはざまに身を置かざるをえないポストコロニアル状況が生み出した存在にほかならない。一方で、移民の子として旧宗主国に生まれ、もはや旧宗主国の言語――たとえば帝国の言語である英語や日本語――しか話せないマイノリティの人口も少なくはないだろう。あるいは移民として旧宗主国に暮らすものの、自分の育った母語しか話すことができず、旧宗主国で低賃金労働に従事せざるを得ない貧困層へと追いやられた人びとも数多くいることであろう。確かに、そのような人びとの存在を念頭に置いたとき、合衆国の有名大学で高所得を得るメトロポリタン・ディアスポラたちは、同じ旧植民地の出身だと言っても、きわめて例外的な存在であることは明白である。彼らは、どれほど学界の内部で人種的な差別を受けて来たにせよ、自分の言語活動を通してその不公平な状況を批判的に剔抉し、その社会構造のねじれを告発する可能性を有している。

スピヴァクが述べたように、本当の意味でのサバルタンとは語る声を失った人びとであり、たとえ話をしたとしても誰も耳を傾けてくれない立場に追い込まれた人びとなのである。だからこそ、多くの読者が『サバルタンは語ることができるか』から読み取った内容とは逆に、知識人という存在がいなければサバルタンの世界を支配者の世界のねじ込んで、彼らの思いや主張を代理表象することは難しいとスピヴァクは説いている。メトロポリタン知識人が西洋側の人間だと指摘することで満足して、ポストコロニアル批評の可能性をすべて放棄してしまうのではなく、どのような形でサバルタンの表象不可能な世界を表象するか、その分節化のあり方を深く思考していく必要がある。[*2] 精神分析家の十川幸司が説くように、われわれの思考を逃れ出る思考不可能なものを、言語を介して思考していくことこそが、学問という営為の担うべき任務なのである。[*3] むろん、その際に不安という情動に向き合う必要が出てくる。往々にして、逆に不安に呑み込まれてしまいかねない危険な行為でもあるのだが。

だからこそ、私たちはここで立ち止まって考えてみなければいけない。そのようなメトロポリタン・ディアスポラを批判する日本の知識人とは、いったいどのような存在なのであろうか。第三世界の出身でありながらも西洋世界の影響下に生きざるを得ないポストコロニアル状況を、どのような立場から批判しようとしているのだろう。日本の知識人たちは、第三世界が旧宗主国の影響を被らない独立した純粋な文化・政治的状況を保持できると信じている。では、自分たちの住む日本の社会が合衆国の影響を被っていないと考えているのだろうか。日本と合衆国との関係もまた、西川長夫が指摘するように、今なお続く植民地状況のもとにある。[*4] 軍事的占領から解放された後も、外交政策、原発産業、軍事基地、ＴＰＰなど、いずれも合衆国の指示下に日本の政策は決定されている。

日本の研究者たちは、日本国内の学界が基本的に日本語だけでコミュニケーション可能な閉じた状況にあるから、少なくとも日本の知的社会だけは合衆国から独立性を保っていると信じているのだろうか。しかしむしろそのような閉鎖的な状況は、帝国としての合衆国が英語に象徴される普遍性を保持し、日本はその普遍性の傘の下で特殊な植民地として存在を許されていることを暴露するものにほかならない。日本の社会の外側で、自分たちを取り巻く国際的状況において何が起こっているのか認識できないような、没批判的な盲目状態に置かれていることを認識すべきである。合衆国の日本学関係の学会に行くと英語で報告しなければ、自分たちの考えを発表することは基本的には依然として認められていない。だがその一方で、アメリカの大学にある日本学研究所では、その日常会話においては、日本人は日本語を喋ることが期待されている。そして、日本人のほうもそれを心地よしとする共犯関係が続いている。[*5] 今でも、英語が充分に操れない日本人は解釈者の立場にたつことが許されておらず、あくまでもネイティヴ・インフォーマントの地位に留まることを余儀なくされているのだ。

このような関係性を理解したならば、ポストコロニアル理論を拒絶する日本の研究者たちは、まさに自分たちがこのような植民地状況に置かれているが故に、その状況のもつ複雑さに気づかないという事態が明らかになる。なぜならば、ポストコロニアル理論とは、みずからが置かれた植民地状況を対象化する学知であり、それゆえに自分を取り巻く不愉快な状況に目を塞ごうとする者にとっては到底受け入れがたい認識をもたらすものだからである。

ポストコロニアル的な不安

問題は米国との関係だけではない。かつて日本帝国が作り出した植民地で何が起きているのかについて、あまりにも戦後の日本人は無自覚なままに来てしまったと言える。旧植民地には帝国日本の建物が残り、それが依然として解放後も政治機関の中枢の役割を果たしていることも珍しくない。あるいは、ソウルの南山にある幼稚園や大学は、かつての京城神社の境内に建てられている。その眼下に広がる居住地から、現在日本人が数多く訪れるショッピング街の明洞まで、数キロメートルにわたって、植民地期には日本人街が形成されていた。彼ら日本人町の居住民のために京城神社は創建されたのだが、次第に朝鮮人支配のために天皇制イデオロギーを植え付ける装置として役割を果たす。朝鮮人たちは強制的に京城神社の参拝や祭礼参加を命じられていた。

もちろん、今日、明洞を訪れる日本人観光客のなかに、かつて京城神社が南山にあったことを知る者は皆無に近い。もちろん、いまも日本語が飛び交う明洞が日本帝国によって作られた日本人の居住区、旧名本町であったことなど、ショッピングに夢中な日本人観光客は誰も知らない。しかし、日帝支配の具体的な記憶が消失してい

撮影：磯前順一

るのは当時の支配者であった日本人だけではない。かつての京城神社がどこにあったかを記憶している韓国人たちも、植民地朝鮮の研究している学者でなければ、同様に稀有である。現在の京城神社の跡地を訪れると、そこには石製の手水鉢や寄付金を納めた日本人の名前を刻んだ石碑、あるいは鳥居の礎石が学校の敷地の片隅に放置されたままになっている。[＊6] そこに働く学校の教員や学生たちに尋ねても、これらの遺物が何を意味するものなのか全く知らない。そして、積極的に知ろうともしない。それが恥辱に満ちた過去である以上、過去の認識を拒絶するのも当然の防衛機制とも言えよう。

　旧日本帝国の支配者からも被支配者からも消えてしまった京城神社の記憶。そのような記憶喪失の現実をもって、日韓の両国民は植民地の過去を乗り越えることができたと考えてよいのであろうか。否、そうではあるまい。たんに意識的な次元での記憶の風化が起きているのにすぎない。意識の上で知らないということと、植民地の過去が、旧被支配者だけでなく旧支配者に対しても、いまだその無意識の次元から主体のあり方に影響を与えていることとは別のことなのだ。そうでなければ、なぜあれほど韓国の人びとは日帝期の記憶を抹消しようとして、韓民族のナショナリズムを鼓舞しようとするのだろうか。そして、彼らのナショナリズムを嫌悪する日本人が、天皇の戦争責任も、朝鮮人の従軍慰安婦の強制連行も認めたがらないことも理解することができないだろう。

　まず、日本人について述べるならば、私たちは自分たちが植民地の人びとに与えた苦痛を無意識のうちに分かっているからこそ、それを一度認めてしまうことで、永遠に責め続けられること、その犠牲の代償を支払わなければならない事態に陥ることを恐れている。帝国の支配者は常に被植民者の影に怯え、告発される不安に曝されながら、辛うじて主体の均衡を取り繕うとしている脆弱な存在でしかない。今日、日本の神道関係者は、神道の国際化の名のもとに欧米の神道研究者と密接な関係を深めつつある。彼らの研究を日本人が必要としているのは、日本の神道団体の資金に支えられた欧米の神道研究者の研究活動が、日帝期の国家神道の問題を、本来は健全な民族伝統である神道の逸脱型にすぎないと切り捨ててくれるからである。[*7] しかし、欧米の神道研究者の言説にしがみつく日本の神道界の関係者の振る舞いこそ、旧帝国の歴史の影におびえるアイデンティティ喪失の危機に瀕した戦後日本人の姿を暴露するものでしかないだろう。

一方、韓国の人びとについても、かつて彼らが試みたように、大韓帝国の王宮内に建てられた恥辱の象徴、朝鮮総督府の建物を爆破しても、日本帝国に支配された暗い記憶を消すことには成功しなかった。京城帝国大学、京城府庁、朝鮮銀行、三越デパート、劇場、朝鮮神宮の石段。ソウルの街にいたるところに植民地の建物が残されている。[*8] 市民の憩いの場である南山の公園は、朝鮮神宮の敷地を再利用したものであり、恋人たちはデートするたびにその石段を踏みしめていく。まるでかつての強制参拝を無意識裡に反復するかのように。

建物だけではない。大学制度や政治制度から、食生活や言語のような日常的な習慣に至るまで、植民地の歴史は身体的な次元に無意識裡に影響を及ぼしつづけている。そのような旧日本帝国の記憶とともに、その旧植民地である韓国の人びとはこれからも生きていかなければならない。それがポストコロニアル、支配者も被支配者も、旧帝国の臣民は帝国が解体した「後」も、植民地化の記憶を引きずって生きていかなければならないということなのだ。それは、日本国民が一方的な加害者で、韓国民が一方的な被害者だという二項対立な関係から生じる罪意識、あるいは恨の気持ちを引き受けておけば良いということを意味するものでもない。

すでに筆者らの韓日研究者による共同研究書『植民地朝鮮と宗教——帝国史・国家神道・固有信仰』が明らかにしているように、帝国として植民地化政策を行っていくということは、支配者もまたは植民地の文化・政治・経済的な影響のなかに巻き込まれていくことでもある。たとえば、朝鮮人の日本帝国への同化をもくろむ国家神道の神社政策もまた、朝鮮半島の文化的習俗のなかに呑み込まれていくことで、近代当初に登場した民族神道という脆いアイデンティティが揺るがされ、シャーマニズムとの混淆、日本民族さらには天皇制といった観念自体が国民国家には回収しきない要素を当初から含んでいたことが次々と露呈されていく。[*9]

その点については、西川長夫が、「内面化された植民地主義は、必ずしも植民地に限る問題ではない。植民地主義は植民者と被植民者の相互的な関係の問題である以上、その精神的な歪みはどちらの側にもついてまわる」[*10]と述べている通りであろう。そして、自分たちの社会がかつてアメリカという帝国に占領されていたこと、そして今も依然としてその植民地状態に置かれていることに気づきもしない日本の人びとの精神は、自分たちの過去と苦闘し続ける韓国の人びとよりもはるかにに病んでいると考えるべきではないのだろうか。まして、自分の母語である日本語が、依然として旧帝国の言語として旧植民地の人間に影響を及ぼし続けていることを、どこまで自覚しているのだろうか。

朝鮮人という他者を措定することで、日本民族の純粋性も初めて浮上し得るものである。しかし、その他者として措定した存在を同化していかなければならない帝国の使命がある以上、他者との対峙関係のもとで初めて成り立つ自己の純粋性は、異種混淆的な不純なものへと転落していかざるを得ない運命にある。ガヤトリ・チャクラヴォルティ・スピヴァクは、ポストコロニアル状況とはアイデンティティのダブル・バインド状態を絶えず生み出していくものだと看破した。[*11] 朝鮮人は朝鮮人であることを許されず、日本臣民に同化することを強要されながらも、実際に日本人へと近づいていくと、日本人であることを拒絶される。あくまでも、植民地に住む日本人、すなわち二級国民に留まる存在であることを強いられていた。

しかし、日本人もまた、朝鮮人や台湾人という他者の存在を設定することで、自分が日本人であることを初めて確認できた。しかし、一方で、内地にはアイヌ人や沖縄人がおり、日本人という境界はつねに不安定なものであった。日本帝国が帝国として拡大し続けようとするかぎり、すべての領域を包摂する日本臣民という同化概念が必要とされ、植民地の人間との境界性は曖昧化されていった。こうして見ると、アイデンティティとは、それが韓国人にしろ日本人にしろ、安定することのない主体の置かれたダブル・バインド状態のなかで、決して実現することのない同一性への強烈な願望として捉えられるべきものなのである。

ここで確認しておくならば、ポストコロニアル状況は非西洋世界のみに、あるいは西洋と非西洋という対立関係のはざまだけに生じるものではない。すでに日本帝国と植民地朝鮮の関係を通して見てきたように、非西洋世界の内部にも、帝国の支配者と被支配者という植民地状況は確実に存在してきた。そして、西洋世界の内部にも、大英帝国とアイルランド、ドイツ帝国とポーランド、ソ連と東欧諸国など、数えきれないほどの植民地状況は存在してきた。EUが抱える経済格差にしろ、ドイツやフランスという経済大国の資本がギリシャやイタリアといった小さな国の経済活動の独立性を破壊し、資本的な搾取関係に取り込む「新植民地主義」(西川長夫)の現われにほかならない。ポストコロニアル状況とは、西洋と非西洋のあいだにも、西洋の内部にも、非西洋の内部にも、いたるところに差異と同一性の反復によって作り出されるダブル・バインド状態なのだ。

さらに今回の東日本大震災は、そのような不平等な格差が異民族や国家のあいだにだけでなく、同じ国民は平等な社会的権利を有すると憲法で保証されているにもかかわらず、東北地方のように貧しい地域は、資本の集中するメトロポリスに搾取されるという苛酷な現実を顕わにしたものであった。そこで興味深い材料を提供するのが、東北地方にある神社をめぐる地元の人びとの複雑な意識である。現在では日本国の一部である東北地方にも、当然のことながら、天皇家ゆかりの神々を祀るかたちで神社がいたるところに建立されている。その神社に人びとは足繁く参拝に通う、季節ごとの祭礼に参加する。仏教信仰が根強い地域とはいえ、神社神道に対する信仰心にも同じように篤いものがある。[*12]

だが、それらの神社の祭神や由緒を考えると、どうしても複雑な気持ちにさせられる。周知のように、近代になって、あるいは早ければ近世後半以降に、日本の神社は天皇家ゆかりの神々を主祭神とするものに統一されてきた。直接に天皇家の神を祀っていないとしても、天皇家に奉仕した忠臣が祀られている。その典型が東京の靖国神社であり、各県にある護国神社である。しかしそれ以外にも、注意深く祭神を調べてみると、大和王権に服属した地方の神々が、天皇家ゆかりの神とともに祀られた神社も少なくない。この地方の神々は、天上の高天原から降臨した天皇家の神々に対して、その土地の支配権をみずから進んで譲渡する国譲りをおこなう、あるいは率先して従わない場合には鎮圧されたという由緒をもつ。その典型がソウルの京城神社に見られるような天照大神と明治天皇、そして土地の神である国魂大神の、祭神としての合祀である。東北地方であれば、スサノヲ命や大国主命と習合した、蝦夷地のまつろわぬ神々の祭祀ということになる。

このような神社祭祀のあり方は東北地方のみならず日本列島のいたるところに見られる。京城神社が植民地だから例外的なのではなく、むしろ植民地に典型的に現われた神社祭祀のメカニズムが当時の内地のいたるところにも見られるものであること。すなわち、東北地方をはじめとする内地の各地域もまた、天皇制の名のもとに内地植民地化された場所にほかならないことを如実に物語るものなのである。そして、ここで留意すべき問題は、この天皇家による国譲りあるいは鎮圧の象徴として建てられた神社を東北の人びとがどのように認識しているかということなのである。

平素、東北地方の人びとは関東以西の地に住む人びとに対して、東北人の独自性、もっとはっきり言えば異質さを感じていることが少なくない。それは東北がまつろわぬ人びとの末裔の住む地であり、天皇家に服従させられてきた歴史的過去を有するためである。しかしそのような意識をもつにもかかわらず、東北の人びとが地元の神社に参拝するときには、自分たちを夷狄の末裔ではなく、まぎれもない日本民族だと認定するのである。同様の例は、有名な東北の夏祭り、ねぶた祭りに描かれた歴史的人物の絵からも確認される。そこに描かれるのは坂上田村麻呂であり、源義経であり、安部清明などであったりする。彼らはいずれも天皇家の血をひく者であったり、天皇家の命のもとに蝦夷地を征伐した者なのだ。東北の人たちは自分たちが関東以西の人たちとは異なる人間だと思いながらも、夷狄という存在を自分とは異質な他者と識別することで、最終的には日本人というアイデンティティに進んで同化されることを望んでいる。

たとえば、明治神宮など天皇家と密接な関係を有する大神社には、東北地方出身の神職たちが働いている場合も見受けられる。彼らが東北人の独自性を口にする一方で、どれほど天皇家が日本国民の精神的な拠り所になって来たかということを心の底から信じて鼓吹するとき、私は「モデル・マイノリティ」という言葉が思い浮かんで暗澹たる気持ちにならざるを得ない。さらに、彼らが英語圏の神道研究者との交流によってみずからの言説の正当性を確保しようとするのを目の当たりにするとき、日本的伝統の真正さを説いているはずの神道言説が、まさにポストコロニアル状況によって生み落とされた複雑な構築物であることに気づかされてしまう。

このようにして、自分たちが天皇家に征服された人間であるという歴史認識そのものを被征服者の自意識から抹消してしまうことが、まさに植民地主義のもたらしたポストコロニアル状況だということが理解されよう。それは東アジアの旧植民地だけが抱える問題ではなく、日本の内部のいたるところに今も存在する内部植民地の問題である。もちろん、内部植民地とは東北や沖縄あるいは北海道だけの問題ではない。関東地方にも九州にもあるは近畿地方の内部にも作り出されてきた。近代になって全国にくまなく、天皇家を主祭神とすることで「再創造」された神社神道の存在は、日本という国民国家が決して均質な単一民族から構成されていないことを雄弁に物語っている。内地植民地では、「民族」という近代的観念が確立する以前に、同様に近代に形成されていく国民国家の内部に同化されていったために、自分たちの地域が日本民族とは異なる独立した民族だというアイデンティティ自体がはっきりとは認識されなかったのである。東北人にしろ、関東地方に生まれた私にしろ、いずれもまつろわぬ人びとの末裔なのだ。

それに対して朝鮮半島や台湾の場合は、民族という近代的概念が明確に確立した後に日本帝国に併合されたために、日鮮同祖論という言説を普及させようとしたにせよ、外地の植民地とした認定せざるを得なかった。[*13] それは日本人というアイデンティティを欲する内地の人びとにとっては、朝鮮人や台湾人という異質な他者を外部に措定することで、自分がまぎれもなく日本人民族であるという認識を確立する格好の対象となった。エドワード・サイードの言うオリエンタリズム的な表象過程は、自己の外部を異質な他者として作り出すだけでなく、同時に内部への同化を推し進める過程でもあるとして、今や理解され直すべきであろう。

だからこそ、天皇制が司る日本の公共空間へと、この社会に住む大半の人びとは溶け込んでしまいたいと強く願う。日本人という均質な言説の一部になることで、自分たちがその外部に排除された「剝き出しの生」へと転落していく危険性、あるいはすでに排除されてしまっている状態から目をそむけたい。そして、自分を含むすべての日本国民が、平等で自由な、戦後民主主義社会の内部で安全に暮らしているのだという幻想に何とかしがみつこうとしているように思える。しかし、これまで論じてきたポストコロニアル状況に対する認識を有するとき、そのような同一化願望そのものが決して叶うことのない希望にすぎず、自分たちのアイデンティティがつねに機能不全を起こしているのではないかという不安から逃れ去ることができない現実に目を覚まさせられることになる。

ここまで来て、私たちは日本におけるポストコロニアル批評に対する無関心さが、自分の歴史――それは日本帝国が作り出してきた植民地体制であり、米国によって支配されてきた植民地状況でもある――に対する無感覚さを白日のもとに曝すものであること。そして、こういった無自覚さが、冷戦下における合衆国の極東政策のなかで、自分が米国の追従国であるということじたいに無感覚にされた恥辱の表れにほかならないことがわかってくる。あるいは、そのような恥辱を無意識に感じているからこそ、そのような現実認識を突き付けるポストコロニアル理論を、感情的とも言えるかたちで拒絶しようとしているのかもしれない。結局のところ、ポストコロニアル状況への無関心さとは、自分たちが植民地状況を、同時に加害者でありながら被害者としても生きている歴史的状況に対する無自覚さを露呈するものにほかならない。

だからこそ、日本の内部に内地植民地化された沖縄やアイヌ民族が存在すること、さらには帝国の棄民である在日コリアンたちが国籍を剥奪されて存在していること。戦後の日本社会においても旧帝国の歪みが今にも続いていることに対して、あまりにも私たちは無自覚なのだ。再度確認するならば、そのような反応の根底にあるのは、そのような植民地状況に自分が巻き込まれていることを認めることで、日本人というアイデンティティを失いたくない、自分が恥辱と罪悪感に満ちた存在であるという現実に気づきたくないという情動的不安なのである。ポストコロニアル状況、あるいはその理論とは、決して理性だけで取り扱えるような観念的産物ではないのだ。

単一民族国家という幻想

二〇一三年五月にソウルにて会議「日本の「植民地主義歴史学」と帝国」が開かれた。ソウルという場所で主に韓国人の研究者によって構成された会議であったにもかかわらず、そのすべての報告は日本人の歴史家に関するものであった。なぜならば、朝鮮半島の近代歴史学は、日本の歴史学者の濃厚な影響下に始まったからである。そもそも私は朝鮮史の研究者ではない。にもかかわらず、日本の歴史家に関する日本人の研究がそのまま植民地朝鮮あるいは解放後の韓国の歴史を語ることになってしまう状況に、帝国日本が作り出してきた歴史のねじれを感じざるをえなかった。たしかに、屈辱的とも言える歴史叙述の格差は、韓国のみならず、植民地の歴史につねに伴ってきたものであった。多くの日本人は気づいていないが、日本の外では日本の歴史もまた依然として、主に英語圏の研究者によって語られている。そこでは、日本の歴史家はネイティヴ・インフォーマント、あるいは史学史のための生きた研究材料に過ぎない。

当日の基調報告は二つあり、ひとつは筆者による早稲田大学の東洋史学者、津田左右吉に関するもの、もう一つは李成市氏による東京帝国大学の国史学者、黒板勝美に関するものであった。津田左右吉は民間史学者として、黒板勝美は官製歴史学者として植民地期のみならず解放後の朝鮮半島の歴史学にも強い影響を与えてきたとされる。黒板は朝鮮総督府と密接な関係を有し、ともに官製の『朝鮮半島史』と『朝鮮史』の編纂を指揮したが、戦後の日本では、実証主義に基づく史料集『増補新訂　国史大系』が活用されるだけで、その帝国主義的かつ皇国史観的な歴史叙述は植民地の放棄と同時に忘れ去られてきた。[*14] 一方の津田は、戦前は民間史学に甘んじ、時には右翼によって排撃されてきたものの、単一民族国家という建前をとるに至った戦後日本の社会体制のなかで、戦後イデオロギーを支える歴史学として前面に押し出されてきた。特に記紀の神代史をめぐる解釈に関しては、神々の実在を批判すると同時に、単にその叙述を荒唐無稽なものとして葬り去るのではなく、国民の生活に結びついた「心理的事実」として再解釈を試みた点で画期をなすものとなった。

このように戦後日本では両者の歴史学に対して、帝国史観の誤りと、単一民族史観の正しさというかたちで、正反対の評価を与えてきた。しかし、この会議の主催者である尹海東氏が戦後の韓国社会において、民族主義歴史学が植民地史学から切り離すことは不可能であると指摘したのと同様に、日本でも帝国史観と単一民族史観はカップリングをなすものとして機能してきた。

そもそも帝国主義のイデオロギーとは、植民地の人間を同じ帝国の臣民、すなわち日本人として同化することを使命とする一方で、同時に彼らが内地の日本人と同じ国民にはなれない二級国民であることを知らしめるものでなければならない。植民地の人間がみずから進んで日本帝国に命を捧げるようにするためには、彼らにも日本人であるという同朋意識をもたせる必要がある。しかし、それだけならば、植民地の人間もまた内地人と同様に選挙権などの社会的権利を主張するようになり、帝国の支配者たちが被支配者を搾取する特権が消失してしまう。そのため、彼らを同化しつつも、最終的には植民地の人間は内地の日本人と同じ権利は主張できない二級国民であるという制度的な枠組み、およびイデオロギーを作り上げなければはならなかった。[*15] ここにおいて、植民地の人間は日本人であることを要求されると同時に、日本人には決してなれはしないというダブル・バインド状態に突き落とされていく。

この対をなす帝国イデオロギーのうち、帝国への同化を説いたのが、日鮮同祖論や大東亜共栄圏のように、帝国臣民が同朋であることの歴史的由来を説明しようとする黒板らの帝国史観である。一方、津田らの単一民族史観は、日本人は朝鮮人や中国人とは全く共通性をもたないと説くことで、内地の日本人のみが一級国民であることを主張するものであった。従来、単一民族史観は帝国史観と異なり、他者の支配を欲しない立場を前提とすると思われてきた。しかし、津田の中国蔑視に典型的に現われているように、単一民族史観はむしろ外部に対する他者意識――時にそれは激しい敵意、あるいは無関心のかたちをとることになる――に支えられ、内部に対しては強い同化を促す排他的な歴史観だと言える。無論、この自民族中心主義を支えているのが、万世一系の血脈を説く天皇家という存在である。

結果として日本帝国が解体することで、日本の社会にとって津田の単一民族史観は戦後を支えるイデオロギーの主流となった。帝国主義が不可避に招き寄せた、植民地民という他者と直面する場面が失われてしまうと、悠久の存在として自明視される「日本民族」がどのような内実をもつものであるのか、それがその外部あるいは内部に存在する他者とどのように関わりをもっていったらよいのか、そのような問題を考える機会もまた失われることになった。さらに言えば、そもそも他者とはどのような形をとって自己の前に表象されるものなのか、そして他者の出現と連動して、自己もまたどのようにして分節化されるのか、こういった表象過程をめぐる根源的な問題は一切棚上げにされたまま、自己と他者がともに固定された表象空間のなかへと、私たちの思考は釘づけされてしまったのである。

一方、植民地解放後の韓国でも、津田の影響を被った単一民族史観が彼らの民族主義を支えるかたちで隆盛を見せていく。それと軌を一にして、朝鮮総督府が遺した、黒板らの植民地史学を徹底して抹消しようという動きも起きてくる。しかし、民族の純粋性を回復しようとすればするほど、植民地の記憶を抹消することは困難になる。なぜならば、植民地支配こそがみずからの鬼子である民族主義を、一方では支配民族の優越性を裏付けるものとして、他方では植民地の人びとによる抵抗のイデオロギーとして、支配者からも被支配者からも積極的に活用する必要に迫られていたからである。民族という言説が現前することのない純粋さを示すものとして、帝国期に渇望されはじめた起源を有する以上、帝国という言説と対を構成しなければ、それは存在することのできないものなのである。

たしかに、戦後の日本や韓国では、単一民族国家の言説は社会の支配的イデオロギーとして受け容れられてきた。しかし、このような民族史観は、実のところ、日本帝国に取って代わったアメリカ帝国の極東政策のなかで存在可能になったものに過ぎない。ピーター・ドウスが「植民地なき帝国地主義」[*16]と呼んだように、独立した国民国家という言説を利用するかたちで、グローバル資本主義に乗じて経済的搾取をおこなう新たな植民地主義が、一九三〇年代以降の帝国主義においては戦略として採択されるようになった。プラセンジット・ドゥアラが論じたように、満洲帝国あるいは大東亜共栄圏こそが、日本の帝国主義の経済を支える典型的な「植民地なき植民地主義」の産物である。[*17]

このように単一民族史観は日本帝国を支えるイデオロギーとして機能してきた歴史を有するからこそ、敗戦後も日本を支える言説としてあれほど社会のなかへと浸透していった。それは、たんに戦後になってからアメリカから奨励されたにわか作りのイデオロギーではない。むろん、ここで言いたいのは、そのような歴史的由来を持つから素晴らしい歴史観だというのではなく、むしろ極めて危険な暴力的な側面をも戦前の植民地体制からそのまま引き継いでいるということなのだ。

もし、このように民族史観と帝国史観が対をなするものと理解できるならば、このカップリングこそが、そのはざまに生まれ落ちる主体のダブル・バインド状態を作り出す規定要件となろう。そこで想起される日本人や朝鮮人というアイデンティティは決して単一民族として自己完結することもできず、かと言って帝国の臣民として他者と完全に同化し切ることもできない。それは、他者と自己のはざまで揺らぎ続ける不安に曝された存在なのである。だとすれば、この対を構成する二つの歴史観のいずれが正しい歴史のあり方なのかという問いを立てること自体が、有意味な行為とはいささかも思えない。むしろ、不安に満ちたダブル・バインド状態こそが、帝国の支配者にとっても被支配者にとっても、本源的な主体のあり方であるという認識をしっかり受け止めることがまず求められよう。

ポストコロニアルな他者論へ

周知のように異種混淆性とは、このような固定された自己と他者という二項対立を批判する言説としてポストコロニアル批評に導入されてきた。それは真正で純粋な日本人や韓国人など存在しないということを説く点で、ポストモダン理論を歴史的主体という文脈へと着地させるものとなった。ポストモダニズムとは真正さの不在を指摘するものであり、民族の不在と同時に帝国の不在をも告げるアポリアである。日本人や韓国人であろうとする同一化への欲望は、つねに異質性の介入によって攪乱される。それは同化による同一性の達成でも、差異化による異種混淆性の確立でもない。同一性と差異を反復するなかで、主体はダブル・バインド状態へと宙吊りにされたままとなる。

今では国際的な感覚を有することが、日本社会では盛んに奨励されている。国際的な感覚とは、自分の母国の外に出掛けさえすれば身につくといったようなものではない。むしろダブル・バインドの隙間に主体を開き、これまでの二項対立的な思考や慣習に疑問を呈すること、それこそが文字通り、国際性を身につけるということなのだ。たとえ母国を離れて、外国に住んだとしても、そこにはもう一つ別の国民国家が私たちを待ちうけているに過ぎない。一度そこで本格的に生活し始めれば、その社会の内部に属する人間として生きざるを得ない。その段階で、もはやそこは外国という、母国の外部ではなくなり、自分の帰属する社会の内部へと変質していってしまう。

肝心なのは、どこに住もうとも、自分のアイデンティティが隙間（in-between）にあることを受け入れることなのである。そして、その時にこそ同一性へのノスタルジアとして「故郷」という表象が大きく浮上してくる。故郷とはダブル・バインド状態に置かれた主体が、「外部性」として夢見るヘテロトピアなのである。この故郷という表象は、マイノリティがマジョリティになりたいという願望の形をとることもあれば、マイノリティとしての主体を回復したいという現われをとることもある。そこで求められるのは、このような故郷への志向性を否定することでもなく、その志向性が具体的にどのような対象へ仮託されているのか、その対象の具体的な内実を選択することでもない。その欲望の現われ出る過程を、その志向性を却下することなく、批判的に吟味することである。どのようにして、主体の置かれた歴史的状況にその欲望や言表行為を挟み込むか、その介入のあり方が今問われている。

そして、俗流のポストモダンのように、単純に主体の不在を説くだけでは、つねに相対主義に陥る危険性がある。フレドリック・ジェイムスンが批判したように、すべての主体は真正さをもたない異種混淆的性質をもつという認識に留まるならば、どのような歴史的主体もその固有性は表層的なものに過ぎず、異種混淆性という点では均しく同じであるという結論に陥りかねない。[*18] 異種混淆性を主体の最終審級だと誤解してしまったなら、たとえば日本人と韓国人といった、自己と他者のもつ主体の存在形態の違いがまったく捨象されてしまう。今日のグローバル資本主義のもとで、世界地域のローカリティが消滅させられようとしている事態を目の当たりにするとき、ポストモダニズムは場合によっては、そのようなグローバル化を肯定する新植民地主義のイデオロギーとして利用される危険性も孕んでいる。[*19] とくに、ポストコロニアリズムがナショナリズム批判と踵を接するものである以上、ナショナリズム批判がそのまま地域性への着目を全否定するものだという誤解も容易に招きかねまい。

確かに、あらゆる主体はその本質を不在なものとする。超歴史的な日本人や韓国人、あるいは伝統的な民族神道などは、歴史的な実体としては存在しえない。しかし、その一方でその不在なる存在が歴史的文脈のなかへと縫合されていったとき、それぞれ固有の歴史的状況に分節化された主体は不平等な関係性の中に置かれざるをえない。主体的本質の不在を説く異種混淆性とは、あくまで現前不能な余白や過剰さを指した術語であり、歴史的な次元での主体の存在形態までが均しく異種混淆的な性質に斉一化されることを本来意味するものではない。スチュアート・ホールらのカルチュラル・スタディーズを介することで、ポストコロニアル理論は、ポストモダニズムをマルクス主義の搾取と抵抗からなる階級闘争的な社会構造論へと接合することに成功したと言えよう。[*20]

事実、現実の世界ではグローバリズムは資本主義のもとに世界各地を均質化させると同時に、メトロポリスと第三世界など、中央と辺境のあいだには様々な形で途方もない不平等な格差がもたらされている。日本国内に限ってみても、原発や基地を置くことを余儀なくされた経済的に貧しい地域と、資本の集中する東京などのメトロポリスのあいだには解決し難い搾取関係が存在していることは、とくに東日本大震災以降、多くの人びとが痛切に感じている問題である。このような状況に対してポストコロニアリズムは、真正なる主体の不在を主張する点ではポストモダニズムの流れを汲むものの、そこからさらに旧植民地と旧宗主国といった関係も含め、歴史的文脈に分節化された複数の主体のあいだに実際に存在する不平等な格差を主題化しようと試みてきた。その意味で、本稿冒頭の話に戻れば、多くの日本の知識人たちがポストコロニアリズムを毛嫌いするのは、自分たちメトロポリスの知識人の置かれた特権的な立場性を、ポストコロニアル理論が厳しく批判していることに無意識裡に気づいているからだとも考えられる。

ただし、スピヴァクやホミ・バーバのマルクス主義理解は、あくまでデリダらのポストモダニズムの影響下に成立したものである。もはや彼らはヘーゲル的なマルクス主義の最終回答、すなわち社会主義革命による資本主義の終焉、さらには歴史そのものの終焉という実体的なオルタナティヴを信じるほどに楽天的ではない。その点で、彼らは自分たちが今も、これからも資本主義の席巻する現実世界の外部へと、革命によって脱出できるなどと夢見ることもない。彼らの認識においては、内部と外部の境界は消失し、抹消符号の付された内部のなかで制度化とその脱構築が反復されていく。それは植民地主義の記憶から旧植民地の人間も旧宗主国の人間も同じように逃れないことを示すと同時に、その影響の内部でその記憶を読み換える可能性をもたらす理論的枠組みを提供するものとなった。「故郷」も「どこにもいないあなた」も、このような内部から想起された余白に対する謂い名なのである。[*21] そして、このような歴史に対する理解の仕方を、ポストモダン的なマルクス主義と呼ぶことができよう。

ここで「異種混淆性 hybridity」と「異質性 heterogeneity」の違いを確認しておきたい。すでに異種混淆性については述べたとおりだが、重要なのはポストモダニズムで言う差異とは、異なる複数の主体間の相違を指すものではない。個々の主体の間に境界線を引き、各主体の内部をそれぞれの特徴によって同質化するだけならば、それは多文化主義化が説くような、異なる諸共同性あるいは諸主体の間の相違を意味するにとどまり、各主体の内部を充塡する同質性に疑問が付されることはない。そうではなく、ポストモダニズムで言う差異とは、「差延 différance」あるいは「差異化 differentiation」という運動過程を指すものである。[*22] 主体は同質化される傾向をもちながらも、一方ではその同質性がたえず流動化していく可能性も孕む。そのような流動化する「潜在的な可能性」を指して、バーバやサイードは異種混淆性と名づけたのである。[*23]

もし、ポストコロニアル批評が異種混淆性という言葉のみを用いるのならば、それは歴史に現前化しない浮遊する断片的アイデンティティを一方的に称揚するものとなり、マルクス主義が着目してきた現実の歴史的状況の拘束性を考慮する契機が見失われてしまうだろう。主体はそれぞれに置かれた固有の歴史的状況のもとで同質化されていく。異質性とは歴史的拘束性を引き受けた上で、同質化に対して異議申し立てや介入をおこない、アイデンティティの攪乱状態を引き起こす主体の構えとも言える。

異種混淆性が、現前不能な潜勢力としてアイデンティティの余白にとどまるのに対して、異質性はバタイユが理解するように、同質性（homogeneity）と対概念をなすものとして、個々の歴史的状況のなかで生起する主体の内在的な代補作用である。その点で、異質性は具体的な歴史的状況に着目するマルクス主義と強い類縁性を有する。近年、スピヴァクが異種混淆性という言葉を退け、異質性を好んで用いるように[*24]、現前性と非現前性、同質性と対をなすか否かといった点で、異種混淆性と異質性は概念上で明確に区別される。異質性があくまで歴史的空間の内部で同質性と対をなして機能するのに対して、異種混淆性は歴史的拘束性の外側として、内部から想起される外部性——「余白 margin」——として作用すると見るべきである。[*25]

そして、もし私たちがマルクス主義的な視点から歴史的状況に着目するならば、複数の主体の存在形態の違いを、異種混淆性が歴史的文脈へと分節化されたものとして考察していく必要がある。概してポストコロニアル批評においては、諸主体間の違いは個性の違いとして言及される傾向が強く、その意味でそれぞれのコミュニティ間の違いを個性として尊重しようといった多文化主義的な楽天さに帰着しかねない。しかし、諸主体間の相違——ハンナ・アレントの言う公共空間における複数性（plurality）[*26]——は、同一平面での横位の違いとしての多様性だけでなく、社会的な上下関係としての違い、すなわち格差をも含み込んでいる。

その最たるものが、スピヴァクが「サバルタンは語ることができるか」という言葉で表した、メトロポリタン・ディアスポラとネイティヴ・インフォーマントのあいだに見られる社会的格差である。周知のように、そこから彼女の議論は、表象力をもつ知識人が、語ることのできないサバルタンの代理表象をいかに行うかという問題へと展開する。ただし、サバルタンは語れないのだから、知識人が彼らについて語るのは暴力的であるといった稚拙で無責任な結論へは至らない。むしろ、どのようにして表象不能なサバルタンの生活世界を表現していったら良いのか、その表現行為を通して、サバルタンと知識人、あるいは自己と他者という複数の主体が歴史的文脈の中にいかなる形で分節化されていくのかを見極めようとする。

その点で、ポストコロニアル批評は、つねに他者への倫理を訴えてきたと評することができる。その議論は、時としてエマニュエル・レヴィナスの、他者の顔から私たちは目をそむけることはできないという議論にも近い印象も与える。さらにはハーバマスの公共性論。私たちは誰しも意図すれば、基本的には排除なき合意形成をおこなうことができるという、ヨーロッパの啓蒙主義的な理解にも近い部分をもつように思われる。

しかし筆者は、ここにおいてこそ、「サバルタンは語ることができるか」というスピヴァクの問いが、ポストコロニアリズムの他者論の起点として据えられるべきだと考える。ネイティヴ・インフォーマントは表象力をもたない点で現前不能な存在にとどまるがゆえに、知識人は彼らとの関係性を経験不可能なものの経験という方でしか把握できない。このサバルタンの表象不能性をアガンベンの剝き出しの生と重ね合わせて理解するならば、[*27] 他者として表象される主体間の相違とは、排除をともなう解決困難な格差関係として現出するものとも考えられる。

当たり前のことだが、同じように社会的成功者になりたくても、そのとおりになれる人となれない人、同じ言葉を聞いて理解できる人とできない人といった、経済や社会的状況の優劣関係はつねに生じうる。戦後の日本社会では、リベラル民主主義の考え方にもとづいて、すべての人間は平等で自由な存在として生まれてきた、あるいは不平等な格差など本来的には人間には存在しないと説いてきた。あるいは俗流ポストモダンでもまた、複数の主体間にみられる思考の違いは、理解の深浅としてではなく、それぞれが平等な、横位の多様性として捉えるべきであるといった主張がしばしば伴っていた。しかし、このような平等観が、かえって現実の不平等さを覆い隠してきたイデオロギーとして機能してきたことは、基地や原発を抱えた地域とメトロポリスに生まれた者の、現時点での生活環境の格差、さらには未来への可能性の大小などから今や明らかである。

そもそも、自由と平等の理念が両立し難いものであることは従来から指摘されてきた。自由は個人の能力を遠慮なく発揮する競争の自由さも意味する。しかし、平等はそこの場に属する各人が同じ権利、さらには均しい結果を有することを保証しようとする理念である。新自由主義がそうであるように、自由な競争を認めるほど、その社会の成員間の平等さは大きく損なわれる。格差が拡大するのを防ごうとするならば、各人の行動の自由さを制約しなければならない。たとえば、合衆国と日本の大学のあり方の違いは、自由と平等のいずれを重視するかに主に由来するものである。自由であればあるほど、各人の意欲も刺激されるが、平等さは大きく損なわれる。あらかじめ平等さが前提にされてしまえば、大きな負担を背負ってまで誰も努力しようとは思わない。そして、今日の世界で事態を複雑化させているのは、そのような自由を基軸とする社会と、平等を基軸とする社会が接触することで、後者の社会秩序が崩壊しつつあることである。

しかし、平等を理念とする社会が理想的な公共空間を形成していたかと言えば、成員の意欲の高低は問わないにしても、はなはだ疑問であろう。戦後日本社会が経済的な繁栄を謳歌できた理由は、基地や原発を一部の地域に押し付け、さらには東西冷戦下の新植民地主義に乗じて復興して来たように、その平等さの分かち合いにあずかれることのできない、同じ公共空間に属する成員と認められない存在が無数にその外部に、あるいは内部にも作り出されてきたからである。さらに、そこで排除された者たちもまた、今度は自分が他者を蹴落としてもマジョリティになりたいという、モデル・マイノリティの欲望に感染されてしまう。

むしろ、アレントが指摘したごとく、不平等な他者を搾取することを暗黙の前提として、戦後日本の社会もまた平等な公共性を社会の一定範囲内で成立させることに成功してきた。植民地の搾取によって潤う宗主国。地方の搾取によって成り立つメトロポリス。帝国か国民国家かという国家体制の違いはあっても、いずれの社会構造も同じである。それに対して、ポストコロニアルの他者論は、主体の平等性を説くリベラル民主主義の幻想に浸っているからではなく、各主体の間が不平等であるという苛酷な現実を目の当たりにしているがゆえに、それに対して現前不能な正義としての倫理を説いてきたのである。

ただし、そこで他者なき他者という存在を看過し続けるならば、ポストコロニアル批評の議論もまた現実離れした綺麗事にとどまるだろう。狂気を帯びた他者、暴力の欲望に囚われた他者、真理の病に憑りつかれた他者。分かりあうこと自体を欲しない、あるいは出来ない他者はいくらでも存在する。なお、ここで確認しておくならば、他者とは、主体にとって理解不能なものの呼び名であり、自己もまた他人にとっては他者となる。

他人に暴力を行使する享楽に憑りつかれた人間。自分こそが真理を認識していて、意見を異にする者はすべて愚か者であると軽蔑する人間。自分は社会的弱者だから生き延びるためには何をしても許されるとうそぶく人間。アイデンティティの異質性を抱え込むことを拒否し、国民のためと称し、天皇制などのナショナルな言説に同化させようとする人間。逆に自分が浮遊する異種混淆的な主体だと信じ、歴史性から逃避するがゆえに、差異という名のもとのステレオタイプに陥る人間。他者なき他者への陥穽はどこにでも存在している。

作家の村上春樹が言うように、「ひとつは反社会的な人間」、「もうひとつは本当に自分の頭で物を考えられる人間」、「その二つのグループの中間には、上から命令を受けてその意のままに行動する層があり、その層が人口の大部分を占めている」というのは、冷静な現実認識だろう。[*28]「上から命令を受けてその意のままに行動する層」の人びとにとっても平等は不可欠なものであるが、自由というものが建前の領分を超えて与えられたときには、その不平等な結果もまた避けられないがゆえに、もはや自由の付与は重荷でしかないとも言える。

ここにこそ、アレントが「凡庸な悪」[*29]と呼んだ、他者への倫理の抜本的な盲点が存在する。凡庸な悪が私たちを戦慄させるのは、彼らが確信犯的な悪事をするからではなく、自分を善人だと盲信するがゆえに、他人を平気で傷つけ、殺害することさえ、罪の意識もなく容易に行いえるからである。意識と行為のあいだには、眩暈のするようなギャップが横たわっている。

このような他者の痛みへの無感覚さがあるかぎり、植民地も原発も基地もなくならないだろう。[*30]自分たちの住む地域の経済的条件を悪化させてまで、原発をなくしたくはない。もちろん、原発が自分たちに直接リスクを背負わせるものであるならば、すぐ反対に転じるけれども。また、自分の住む地域に軍事基地を置くことまでを引き受けて、辺境の地から基地をなくすことは主張しない。ポストコロニアル理論など不要だという反対の声も、このような他者の痛みに鈍感な、社会的特権を享受している研究者たちの中から出て来ていることは言うまでもない。

そして本稿を結ぶにあたって、ありのままの他者に向き合うという認識自体が、そもそも幻想にすぎないことを指摘しておきたい。私たちは他者を自分の欲望の中で幻想として作り出すとともに、自分自身もまた他者の欲望の中で幻想として構築されている。そこで認識される他者の顔とは、ありのままの他者ではない。すでにジャック・ラカンの述べているように、現実は幻想を通してしか現れない。[*31] しかも、幻想の作り手は自己でも他者でもなく、それらを主体として表象するシニフィアンそのものだとも言える。そこに行き交うのは、不安と享楽の情動である。ここから、他者に対する幻想も、他者との関係性も生じてくる。ネイションにしろ個人にしろ、すべてのアイデンティティの問題は、他者との関係性の中でしか成立しない幻想領域に属している。その意味でポストコロニアル批評とは、すべからく複数性としての他者論、幻想領域としての共存在論なのだ。

現実には深い闇がある。社会の中と同時にそれぞれの人間の中にも闇がある。これまで、私たちはその闇を打ち消そうと、光り輝くまばゆい世界を夢見て来たのかもしれない。しかし、その光の世界は、ほかの誰かに闇を背負わせることで、あるいは誰かを闇の世界に排除することで、作り出した虚構の世界に過ぎない。村上春樹は、このようにも述べている。

人の心と人の心は調和だけで結びついているのではない。それはむしろ傷と傷によって深く結びついているのだ。痛みと痛みによって、脆さと脆さによって繋がっているのだ。悲痛な叫びを含まない静けさはなく、血を地面に流さない赦しはなく、痛切な喪失を通り抜けない受容はない。それが真の調和の根底にあるものなのだ。[*32]

その上で、私たちに希望というものが残されているとすれば、やはりその闇の中に身を浸した瞬間に、その彼方に見出すことにしかないだろう。しかも、「深い森に迷い込んで、悪い小人たちにつかまらないうちに」[*31]。闇が深ければ深いほど、暗闇に浮かぶ星のように希望は光り輝くであろうという信念に、ポストコロニアル批評は己の学問的な営みを賭けようとしている。むろん、その語りもまた幻想にすぎまい。しかし、たとえば歴史や神道をめぐる語りにせよ、文学という語りにせよ、どのような幻想を紡ぎだすかということが、人間は誰しも幻想の内部に生きざるを得ないからこそ大切なのだと、私は考えてみたい。「他者」という表象に仮託されるような思考不能なものを、自分たちは本気で思考しようとしているのだろうか。今まさに、その根本姿勢が問われている。

注

*1——ガヤトリ・チャクラヴォルティ・スピヴァク『ポストコロニアル理性批判——消え去りゆく現在の歴史のために』一九九九年（上村忠男・本橋哲也訳、月曜社、二〇〇三年）。
*2——安丸良夫『安丸良夫集二　民衆運動の思想』岩波書店、二〇一三年。
*3——十川幸司『思考のフロンティア　精神分析』岩波書店、二〇〇四年。
*4——西川長夫『〈新〉植民地主義——グローバル化時代の植民地主義を問う』平凡社、二〇〇六年。
*5——酒井直樹『日本／映像／米国——共感の共同体と帝国的国民主義』青土社、二〇〇七年。
*6——磯前順一「津田左右吉の国民史構想——帝国における単一民族国家論の位相」共同研究会議「日本の「植民地主義歴史学」と帝国」、漢陽大学（ソウル）、二〇一三年五月三一日。
*7——Jun'ichi Isomae and Sukman Jang, "The Recent Tendency to 'Internationalize' Shinto: Considering the Future of Shinto Studies," *Asiantische Studien Etudes Asiatiques* LXVI-4, 2012.
*8——李成市「朝鮮王朝の象徴空間と博物館」宮嶋博史他編『植民地近代の視座——朝鮮と日本』岩波書店、二〇〇四年。
*9——磯前順一・尹海東編『植民地朝鮮と宗教——帝国史・国家神道・固有信仰』三元社、二〇一三年。
*10——西川長夫『植民地主義の時代を生きて』平凡社、二〇一三年、二一三頁。
*11——Gayatri Chakravorty Spivak, *An Aesthetic Education in the Era of Globalization*, Cambridge (Mass): Harvard University Press, 2012.
*12——磯前順一「宗教と公共性——傷の可能性」六条円卓会議「公共性」、浄土真宗本願寺派総合研究所、二〇一三年四月

三日。
*13――与那覇潤『翻訳の政治学――近代東アジアの形成と日琉関係の変容』岩波書店、二〇〇九年。
*14――李成市「黒板勝美の歴史研究と植民地主義」前掲共同研究会議「日本の「植民地主義歴史学」と帝国」。同「コロニアリズムと近代歴史学」永田雄三他『植民地主義と歴史学』刀水書房、二〇〇四年。
*15――それは植民地朝鮮などにおける国籍と戸籍の二重性の扱いに端的に見て取れる。遠藤正敬『近代日本の植民地統治における国籍と戸籍――満洲・朝鮮・台湾』明石書店、二〇一〇年。
*16――ピーター・ドウス「植民なき帝国主義――「大東亜共栄圏」の構想」『思想』一九九二年四月号。
*17――Prasenjit Duara, *Sovereignty and Authenticity: Manchukuo and the East Asian Modern*, Lonham and et.al: Rowman & Littlefield Publishers, 2003.
*18――フレドリック・ジェイムスン『カルチュラル・ターン』一九九八年(合庭惇他訳、作品社、二〇〇六年、九三―九五頁)。
*19――西川前掲『〈新〉植民地主義』、二五三頁。
*20――スチュアート・ホール「ジャマイカの宗教イデオロギーと社会運動」一九八五年(磯前順一/トレント・マクシー訳、磯前順一/タラル・アサド編『宗教を語りなおす――近代的カテゴリーの再考』みすず書房、二〇〇六年)。
*21――磯前順一『どこにもいないあなたへ――恋愛と学問についてのエッセイ』秋山書店、二〇一三年。
*22――ジャック・デリダ「差延」一九七二年(高橋允昭・藤本一勇訳『哲学の余白』法政大学出版局、上巻、二〇〇七年)。
*23――ホミ・バーバ「散種するネイション――時間、ナラティヴ、そして近代ネイションの余白」一九九四年(磯前順一/ダニエル・ガリモア訳『ナラティヴの権利――戸惑いの生へ向けて』みすず書房、二〇〇九年)、エドワード・サイード『文化と帝国主義』一九九三年(大橋洋一訳、みすず書房、一九九八年)。
*24――スピヴァク前掲『ポストコロニアル理性批判』。
*25――ジャック・デリダ『根源の彼方に――グラマトロジーについて』一九六七年(足立和浩訳、現代思潮新社、上下巻、一九七二年)。
*26――ハンナ・アレント『人間の条件』一九五八年(志水速雄訳、ちくま学芸文庫、一九九四年)。
*27――ジョルジョ・アガンベン『ホモ・サケル――主権権力と剥き出しの生』一九九五年(高桑和巳訳、以文社、二〇〇三

年)。
＊28——村上春樹『色彩をもたない多崎つくると、彼の巡礼の年』文藝春秋、二〇一三年、一八八頁。
＊29——ハンナ・アレント『イェルサレムのアイヒマン——悪の陳腐さについての報告』一九六三／一九六五年(大久保和郎訳、みすず書房、一九六九年、二二一頁)。
＊30——タラル・アサド『自爆テロ』二〇〇七年(苅田真司訳、青土社、二〇〇八年)。
＊31——立木康介『精神分析と現実界　フロイト／ラカンの根本問題』人文書院、二〇〇七年。ジャック・ラカン『フロイト理論と精神分析技法における自我』一九七八年(小出浩之他訳、岩波書店、一九九八年)。
＊32——村上前掲『色彩をもたない多崎つくると、彼の巡礼の年』三〇七頁。
＊33——同右書、三七〇頁。

序章　閾の思考——他者の眼差しのもとで

〈他者〉だけが主題化をまぬがれる。……他者を迎えいれることはそれ自体として私が不正であるという意識である。つまり自由が自身について感じる羞恥なのである。……そのために私は、じぶんを問いただす〈他者〉の、まっすぐにむけられた顔に出会わなければならない。〈他者〉――絶対的に他なるもの――が、所有を麻痺させる。〈他者〉は顔のうちで権限することで、所有に異議をとなえる。……他者に対して家の戸を開くことで、現前する他者を、私はじぶんの家に迎えいれるのだ。〈他者〉が顔のうちに現出するかぎり、〈私〉は問いただされる。……向こう岸から到来するこの声によって教示されるのは、超越それ自体である。教えが意味しているのは、外部性というまったき無限なものなのである。

エマニュエル・レヴィナス『全体性と無限』*1

はじめに

他者とは現代の哲学において、人間はそれぞれ物の考え方や感じ方が異なっており、本質的にお互いの存在が理解不能な関係にあること。そのようなものとして存在している人間同士の関係を「他者」として呼び表わす。一方、日常的な用語である「他人」という言葉の場合、その対語として他人ではない「身内」が自分には存在することが同時に想定されており、すべての人間が他人として存在するわけではない。しかし、他者という言葉のもとでは、すべての人間が例外なく他者として存在する。自分の家族や友人とて例外ではない。そして、私たちが人間関係を他者との関係としてもっとも身近に感じるときが、異なる言語と慣習を有する外国人と接するときである。そのような他者の眼差しにさらされたとき、私たちはどのように相手と言葉を交わしたらよいのだろうか。どのように理解を深めることが可能なのだろうか。

以下、本章は三つの部分から構成される。最初は、「他者とナルシシズム」についてである。ナルシシズムとは、後で述べるように、自分のことが過剰に愛おしく思える一方で、他人に対しては無関心になるといった、極度に自己に埋没してしまった状態を指す。二番目は、「日本文化と私のあいだ」という主題である。日本文化に対して、私たちは、自分が生まれ育った文化であるという感覚を当り前であるかのように持ってしまいがちである。しかし、本当に、自分と日本文化のあいだには一枚岩のような融即的な関係があるのだろうか。私たちが他者の眼差しに曝されていることを自覚したときには、その融即的関係はまた異なった関係のもとに捉え直されることになるのではないだろうか。そのようなことを考えてみたい。最後に、具体的な事例に触れつつ、「他者としての自文化」という主題について述べてみたい。近年の神道研究あるいは神道界では、しばしば国際化ということが称えられており、その事例を批判的に検証することで、自文化を国際化するということが一体どのようなことを意味するものなのか。他者と自己との関わりという観点から考えてみたい。

第一節　他者とナルシシズム

まず、「他者と出会う」ということについて考えてみたい。他者について、もっとも深く思索をめぐらした、フランス在住のユダヤ人哲学者、エマニュエル・レヴィナスについて、熊野純彦はその思考を次のように簡便にまとめている。

他者とは差異である。他者に対して無関心であるとは、差異のうちにとどまっていることである。他者はしかし、絶対的な差異のままに私のうちに食い込んでいる。私とはだから、「〈同〉のうちなる〈他〉」である。だからこそ、他者に対して私は無関心であることができない。[*2]

このことは、きわめて親密に見える夫婦や親子の関係にも当てはまると同時に、異なる文化に属する人間同士の関係の本質を言い当てたものといえるだろう。そして、レヴィナスは、このようにたがいの存在を他者として規定し合う関係にある人間が、お互いを無視することはできない存在として、どのように共存していくことができるのかについて深く思索をめぐらしていった哲学者であった。むろん、そのような思索をおこなう契機として、レヴィナスが、自分の親族をふくめ、ナチスのホロコーストを体験したユダヤ人のひとりであったということを見逃してはならないであろう。

同じくユダヤ人で、精神分析家のジークムント・フロイトはナルシシズムという言葉を次のように定義している。

誇大妄想はおそらく対象リビドーの犠牲によって生じてきたものである。外界から撤収されたリビドーは自我に供給されたものであり、こうしてわれわれがナルシシズムとよぶことのできる一つの態度が生じてきたのである。*3

ナルシシズムとは日本語で言うと自己愛。他者に対して関心がむけられず、もっぱら自分にみずからの心的エネルギーが注がれてしまう状態をさす。たとえば、他者と向き合ったときに、「どうして、この人は私のことをわかってくれないのだろう。私はこんなに素晴らしい人間なのに」といった不満を感じるのか。それとも、他人は自分のことをどのように理解しているのだろうか。それに対して自分はどう応答していけばよいのだろう」という自省的な捉え方をするのかでは、他者に対する態度は正反対のものになると言える。そして、他者に対する応答責任をめぐって、私たちはつねにその両極のあいだで揺れていると捉えるべきであろう。

アメリカの人類学者、ルース・ベネディクトの『菊と刀』は、第二次世界大戦中に敵である日本人の心理を分析するため書かれた本である。そこでは、「恥」という言葉が取り上げられて、次のように記述されている。

日本人は罪の重大さよりも恥の重大さに重きを置いているのである。……真の罪の文化が内面的な罪の自覚にもとづいて善行を行なうのに対して、真の恥の文化は外面的強制力に基づいて善行を行なう。恥は他人の批評に対する反応である。*4

ベネディクトによれば、日本人は自分の内面でものを考えず、むしろ他人の目を意識して、建て前でものを考える。だから、罪という意識をもっているアメリカ人に比べて、日本人は劣っているという価値観を彼女は導き出していく。

その記述は、自分たちアメリカ人とは決定的に異なる他者として日本人を描いたものである。このように他者を異質化させる記述のもつ負的側面について、ニューヨーク在住のパレスチナ人であったエドワード・サイードはオリエンタリズムという言葉をとおして、他者を表象するという行為は暴力的なものに陥りがちである。他者を表象する行為は、記述対象を外側から描かざるをえないために、描かれた当人が思っていることとは違うイメージが作り出されてしまうことを指摘してみせた。

他者を表象するということ、さらに言えば表象すること（すなわち還元してしまう）という行為はほぼまちがいなく、表象される対象に向けてのなんらかの暴力をともなうということ。……そのプロセスには、ある程度の暴力、脱文脈化、矮小化などがともなわざるを得ませんから。表象という行為というかプロセスは、支配を意味し、蓄積を意味し、拘束を意味し、表象する側にある乖離、位置感覚の混乱をもたらします。[*5]

サイードはこのような表象行為をオリエンタリズムと名づけ、西洋の人間がアラブやアジアの人間に対して自分たちの作り出したイメージを勝手に押し付けてきたとして、その暴力性を批判してみせたのだ。だとすれば、先のベネディクトにおける日本人表象についても、当の日本人が思っていることとは違うものを描いてしまっていると批判することも可能になろう。

かつて私が教鞭をとった大学で、このベネディクトの日本人論を取り上げ、日本の学生と留学生のあいだで討論をしたことがある。そのなかで、ひとりの日本人学生が興味深い反応を示した。彼はこのように断言した。「自分は日本人だけど、ベネディクトのように感じたことは一度もない。自分は日本人だから日本のことは誰よりもわかっている。このアメリカ人は日本人である自分が感じてもいないことを言っているから、間違っている。それはアメリカ人の立場から外在的に述べたものにすぎないのだ」、と。たしかに、サイードが言うように、異なる文化や社会に属する者が別の文化や社会の人間を描くときに、その行為に暴力が孕まれる可能性はきわめて高い。『菊と刀』という著作について言えば、アメリカ人の立場から合衆国の利益になることが思い描かれてしまった可能性はきわめて高いと言える。まして、その著作が戦時中において敵対関係にある国の人間を記述しているわけだから、当事者の心情に対して内在的理解の立場をとりえないことは至極当然のこと言える。

しかしながら、この日本人学生の反応に見られるような、本当のことは自文化に属する人間しかわからないのだから、他国の人間が何を言おうとも、それが自分の思う考え方と違うときには受け入れる必要がないのだとする考え方もまた、一方通行的でとても危険なことだと言える。ほんとうに自文化のことは自分たちが一番わかっていると言えるのだろうか。そもそも、自文化とは一体どのようなものなのだろうか。日本人とか日本文化というアイデンティティは自明なものなのだろうか。この日本人学生が得意げに自文化を語る権利を吹聴する前で、他国からの留学生たちがベネディクトの日本人論に対して一切口をつぐまざるをえなくなってしまった光景が思い出される。アメリカ人による表象の暴力をあげつらうこの日本人学生もまた、同じ教室にいる他国の留学生に対して、自文化の人間の特権という理由のもとで、表象の暴力を行使していたのではないだろうか。

第二節　日本文化と私のあいだ

次に、この日本人の学生が思っていたように、日本人が日本のことを一番よくわかっているのだという確信は本当のことなのだろうかということを、二番目の問題として考えてみたい。ここで、「日本文化と私のあいだ」という主題を立ててみる。

ここで、少し個人的なことを述べてみたい。私は子供の頃、学校が休みの日には遺跡に出かけては縄文土器などをよく拾い集めていた。そして、ちょうどそのころ読んだ子ども向けの考古学の入門書を通じて、同じように幼いころから縄文土器などを拾い集めていた相沢忠洋という人物を知ることになる。よく知られているように、相沢は群馬県岩宿遺跡というところから日本の旧石器をはじめて発見した考古学者である。その相沢が、なぜ彼が考古学者になったのかということを語るくだりが、子どもの頃の私にはとても印象深かった。相沢は、自分が遺跡を訪れた際に覚えた感慨について、このように述べている。

ここに、数千年前、大昔の人びとが生活した跡があると思うと、私は感無量だった。きてよかったと思った。大自然のなかで、石器や土器を道具としながら、家族団らんの生活を送っているさまが、おとぎの国のように私の頭のなかに浮かんでくるのであった。……ただ小僧という身分の私の心のさびしさ、父母兄弟への思慕をいだきながらも、それが求められなかった私には、遠い過去の人たちの生活の場にそれを求め、心をいやしてきたにほかならなかった。[*6]

相沢は幼い頃に家族が離散してしまい、父親や兄弟に会えなくなってしまう。それが、彼が考古学を志した原因である。丁稚奉公で忙しいなか、暇を見つけては遺跡に赴き、縄文土器や旧石器を拾う。そして、「ああ、ここに家族の団欒があったのだな」と想いをめぐらせること、寂しさを紛らせてきたのだ。相沢が感じたような過去への郷愁の想い。それを私は、宗教学者のミルチャ・エリアーデの言葉にならって、ノスタルジアと呼んでいる。[*7]相沢は縄文時代や旧石器時代に自分の過去や起源を発見しようと、一生懸命になって考古学という学問に専心していった。彼は生涯にわたってアカデミックな研究機関に属することなく、一アマチュアとして独自の嗅覚を発揮して、さまざまな遺跡を発見してきた。それもまた、彼が学問という研究対象に距離を置いて分析する行為よりも、自分のノスタルジアを過去に重ね合わせようとする情動的な衝動が強かったがゆえのような気がする。自分の想いが過去の社会に重なり合わさったとき、その過去は自分とってきわめて身近なものとして現れてくる。

　では、私自身はどうであったかというと、自分もまた小学校の上級生になって歴史の勉強をしたときに、縄文土器や古代の仏像につよく魅了されていた。[*8] しかし、当時私が住んでいたのは茨城県水戸市という北関東の地方中心都市であり、そこではあたり一帯が宅地化されてしまっていて、縄文土器の大きな破片などは落ちていなかった。まして奈良や京都ではないから、古代の仏像などは見たくても見ることはできなかった。そして、中学生になってはじめて奈良に仏像を見に行くことになる。実際にあこがれの仏像を目の当たりにしてみると、異国からの舶来品を見ているような気がして、強い違和感を覚えた。それと同時に、「ああ、これが本当の日本なのだ」と、私は認識し始めたのである。そして、このような仏像もないし立派な縄文土器も発見できない自分の住んでいる水戸という地域は、いったいどのようなところなのだろうか。それはほんとうに日本なのだろうかと、子供心にとても不可思議さを感じた。

　相沢は過去の社会に対して共感的な郷愁を覚えたわけだが、私はそこに強く魅かれる一方で、それは自分の日常生活とはきわめて異質なものであるという違和感もおぼえてもいた。しかし、そこで私はその違和感を解消しようとして、一生懸命に歴史の勉強をしはじめることになる。すると、次第に仏像や縄文土器に感じていた隔たりが消えていき、それを「自分たち」の「日本文化」の根源だと考えるようになっていった。相沢はそのような違和感については述べていないのが、おそらく彼の場合にも反省的に分析するならば、このような共感と違和感が当初は彼の心のなかに混在していたと見るべきではないのだろうか。そもそも人間の感情とは単純に一面化できるものではなく、精神分析において指摘されているように、同時に相容れることのない両義的なものを抱え込むものなのであるから。

このように自分のもつ歴史への志向性を吟味してみると、私たちが自分の日常において抱えている寂しさや懐かしさといった感情は、何かの契機で何ものか外在的な対象に結びつけられて、次第にその何ものかを内在化していって、私たちはそれを日本文化だ、自分たちの文化だと考えるようになったと見るべきではないのだろうか。そのようなノスタルジアの感情は、私や相沢のように過去の社会に向けられることもあるし、恋愛や友情の場合にように、現在生きている他者に向けられることもある。その対象が何らかの契機で私たちの心の琴線に触れることで、ノスタルジアの感情は対象に向かって投影され始める。

周知のように、このように身体や心を通してある行動や考えを次第に馴染ませていくことを、ミシェル・フーコーは訓練＝規律化と呼んでいる。[*9] この言葉を聞いて思い出されるのが、小学校のときの漢字の書き取りテストである。いま自分は研究者として執筆活動に従事しているが、実のところ、小学生の頃は国語の教科で習う漢字をうまく覚えることができなかった。テストで悪い点数をとって、学校の先生から宿題を出されて、一日に何十回も同じ漢字を書かされたことをいまでも覚えている。そして、漢字だけでなく、おなじように日本語そのものも、最初から話せて書けたのではなく、膨大な時間を費やして努力をして覚えていったものなのだ。そのような習得の過程を通して、私たちは自分の言語や文化に対して、最初は違和感も抱えながら、次第に距離を縮めていったわけである。

このことを逆の方向から言いなおせば、言語や文化の習得過程には、つねに抵抗感や違和感などの、さまざまな亀裂が含まれていることにもなる。この点は、すでに酒井直樹によって歴史の多声性として指摘されていることでもある。

多声性という考えはすでに私の立場の手際よい説明になっている。つまり、歴史とは「われわれ」がまずは

（小文字の）他者に、そして最終的には非対称的な（大文字の）他者に出会う場であり、非対称的な他者を排除することでわれわれの言説編成を追認するのではなくむしろそれを問い直しかつ危うくさせる場であると理解することである。[*10]

ここまで私が言及してきた知識人たちは、いずれも自文化との間に隔たりを感じざるをえなかった人たちと言うことができる。周知のように、酒井はアメリカ合衆国のコーネル大学にいる日本人である。レヴィナスはフランスにいたユダヤ人、フロイトはウィーンにいたユダヤ人、サイードは合衆国にいたパレスチナ人。彼らはいずれも自文化と一枚岩になることのできない、ホミ・バーバが言うところの"in-between"、隙間で宙吊りなってしまった人たちである。[*11] 私は彼らの思考を「閾の思考」と名づけたい。彼らは、文化や言語など、アイデンティティの隙間に身を置き、文化の同質性や純粋性といったものが本当に妥当なものなのかどうかを問う思想家たちである。

このような異なる複数の文化のあいだに身を置く酒井は、「過去の多様な声 voices of the past」として、私たちの過去というものは単一のものはなく、耳を澄ますならば、実際には様々な声が聞こえてくるはずだと述べている。本書もまた、彼らのような閾の思考に誘われて、過去の多様な声、文化の多様な要素に耳を傾けてみたい。そのときにバーバやサイードが言うような異種混淆性（hybridity）、自分たちが純粋で単一な存在ではなく、多様なものが混じり合って成り立っている存在だということに気がつくはずである。その点について、サイードはインタビューに答えて次のように答えている。

誰であれ、自分の過去から、自分の経験から、自分自身をきりはなせるとは思えない。なぜなら自分自身の経験とはどうしても異種混淆的だからです。一枚岩的な経験などない。そしてあなたが、なにかから、なんらかの原初的な不純物のないエッセンスを回復できる、それも、いうなれば西洋によって、あるいは帝国によって、あるいはシオニズムによって腐食されたり汚染されていないエッセンスを回復できると考えているのなら——それは時間の無駄というものだ。それより、それを受け入れること、それを分離しようとしはじめたりせず、混淆状態のまま折り合うのがずっと良いのです。[*12]

周知のように、サイードがこのような発言をする背景にはパレスチナ問題、すなわちパレスチナ人がイスラエル人とどのように共存していことができるのかといった、彼にとって深刻な問題意識がある。むろん、サイードは、現在のようにイスラエル国家がパレスチナ人の土地を奪ってしまったことを不当だと言明している。しかし、だからと言って、彼はパレスチナ人がそこに戻ってユダヤ人を追い出せばよいとは考えない。その点において、「私はユダヤ系パレスチナ人である」[*13]というサイードの発言は注目される。もちろん、彼はパレスチナ人であって、ユダヤ人の血をひいてはいない。しかし、それでもあえて彼は自分がユダヤ的な立場とも通底するパレスチナ人であることを主張してやまない。そこには、どちらかがパレスチナの土地を占有するのではなく、ユダヤ人もパレスチナ人も一緒に共に暮らすことはできないのだろうかという願いが込められている。そのためには、他者との共存を否定するような純粋性を保持するのではなく、異質な要素が同じ場所で、同じ人間のなかで共存できるような異種混淆性。そのような多種多様なアイデンティティのあり方を人間は本来的に受け入れることができると考えるべきだと、サイードは説いているのだ。

サイードの言う異種混淆的なアイデンティティの問題は、酒井の過去の多声性という考え方にも相通じるものである。「歴史とは「われわれ」が……最終的には非対称的な（大文字の）他者に出会う場」であると述べる酒井の言葉のなかで、「非対称的な他者」という言葉が注目されよう。非対称的な他者というのは、自分の思ったようなイメージを拒絶する存在としての他者を意味するものである。自分の都合のよいイメージを体現してくれない他者に対して、相手を排除することなしに、どのように向き合っていくのか。そのような出会いを否応なしにもたらし、それに対して思考をめぐらせる場が「歴史」だと酒井は述べているのだ。そこでは、自分が過去をとおして自己肯定をしたいだけの歴史、フロイトが言うように、ナルシシスティックな歴史の想像の仕方だけではいけないことになる。日本社会は純粋だから素晴らしいとか、イスラエル国家はこのままでよいというのでは、他者との対話は成立しないことになる。むしろ、どのようにすればパレスチナ人たちと共存できるか、どうしたら日本人がアジアや西洋の人間とうまく関わり合えるのか、といったことを念頭において自己のアイデンティティのあり方を柔軟に変容させていかなければならない。

このようなことを、私が真剣に考えるようになったのは、日本の国外に出かけていって、色々な国の人たちと話をするようになってからである。自分が専門に研究する日本の歴史や宗教について、さまざまな人たちと議論をするなかで、自分の思っている日本のイメージとは違う考えを聞くことがたびたびあった。そのときに、「否、あなたたちは日本人ではないから、日本のことはわからない」という立場をとるならば、その瞬間に会話は成り立たなくなってしまう。そもそも、日本人が抱いている自己理解が絶対に正しいものかというと、そうではない。自文化に属するがゆえにみずからに無自覚的な部分も多々あり、外国の人間のほうが自覚的になれることは頻繁にある。だからこそ、日本人も西洋の歴史を研究することで西洋人に貢献することもできる。東アジアの国々に対しても、彼らに対して日本人の戦争責任を謝罪するだけでなく、同時に彼らが自文化に対して気づかないことを指摘する権利をもつのである。

そのときに、先にあげたベネディクトの日本人論を一方的に退けた日本の学生のように、自文化に属する人間のみが自文化を語りえるのだとする無自覚な姿勢が、互いに深く関わり合おうとする真摯な対話をおこなうための障害になってしまう。それでは、自分のみが自文化に関するかぎりは真理を知る側に立っていて、他者はそれを一方的に教えられる側でしかないという宣教師的な立場に陥ってしまう。そうではなくて、なぜ外国人はこのように日本人の自己理解とは異なる意見をもちえるのだろうかという問いを立てて、彼らの意見を拒絶するのではなく、むしろそれまでの自己理解は果たして妥当であったのかと自分を内省的に見つめ直す勇気が必要なのだ。対話を通して、引き起こされる自己変容を恐れないこと。そのような勇気が、他者と出会うためには何よりも求められている。他者に向き合うとは、むしろそのように自己理解の通念が覆されることなのである。[*14]

カルチュラル・スタディーズやポストコロニアル批評では交渉（negotiation）という術語がしばしば引き合いに出され、他者と交渉をして折り合いをつけていく過程が注目されている。植民者と被植民者、マジョリティとマイノリティ、あるいは恋愛といった日常的に見える関係においても、私たちはその交渉過程を通じて、自分も変わるし相手も変わるといった働きかけを互いにおこなっているのだ。[*15] たしかに、ベネディクトの恥の概念が唯一の正しい日本理解だとは言えない。しかしだからと言って、彼女が言っていることがすべて間違っているということではない。もちろん、それはベネディクトの理解を否定した日本人学生が正しい答えをすべて握っているということも意味しない。イエスかノーかではなく、二項対立的な問題設定に乗ることなく、その中間でものを考える。それがホミ・バーバの言う"in-between"、自分を隙間に置いてみることなのである。

だとすれば、酒井の言うところの過去の声（voices of the past）が、ひとつの声でなく、多様な声の共鳴として私たちに聞こえてくる。あるいは、他者が私たちを記述する言葉に対して、それに完全に同意する必要もないが、一方でそれを完全に拒絶することもない。そのような交渉的な過程をもつことで――たしかに他者の声に耳をかたむけて自己理解を変えていくことは容易ではないが――、おたがいに流動的で多面的な自己理解を形成していく。そういうことが可能になるはずである。そのような他者に開かれたアイデンティティのあり方について、エドワード・サイードは先にも述べた異種混淆性という言葉を使って、次のように表現している。

わたしはときおり自分は流れつづける一まとまりの潮流ではないかと感じることがある。堅牢な固体としての自己という概念、多くの人々があれほど重要性をもたせているアイデンティティというものよりも、わたしにはこちらのほうが好ましい。……それらは「離れて」いて、おそらくどこかずれているのだろうが、少なくともつねに動きつづけている一時に合わせ、場所に合わせ、あらゆる類いの意外な組み合わせが変転していくというかたちを取りながら、必ずしも前進するわけではなく、しかし中心となる主旋律は不在のままに。これは自由の一つのかたちである。とわたしは考えたい。[*16]

サイードは、生まれたのはパレスチナだが、イスラム教徒ではなくキリスト教徒の家に生まれた。つまり、これがパレスチナ人だ、あるいは日本人だといった、簡単な自己特定ができない環境のもとに彼は生まれ育っていったのである。そのような純粋さを欠いたアイデンティティ、バーバの言う中間性（in-betweennes）もまた、人間のひとつのあり方なのだ。多様な文化的要素が入り混じって自己を構築する。その多様な内なる声に耳を傾けつづける勇気こそが、自由のひとつのかたちなのだとサイードは述べている。

そして、イスラエル国家の建設によって、サイードは自分の国を失い、エジプトを経て、アメリカ合衆国に流れ着く。そうした漂泊する人生のなかで、彼は自伝をこのように書き記す。「これほど多くの不協和音を人生に抱え込んだ結果、かえってわたしは、どこかぴったりこない、何かずれているというあり方のほうを、あえて選ぶことを身につけたのである」[*17]。その結果、彼はニューヨークという異種混淆的な街に住むことを選ぶにいたる。しかし、合衆国でのサイードの人生が幸せなものであったかというと、そうではなかったろう。合衆国のイスラエル支持、そのパレスチナ人排斥のやり方に批判であったがゆえに、彼はつねに命の危険にさらされていた。さらに同時に、サイードはパレスチナ人やアラブ世界のやり方にもしばしば疑問を呈していたため、その世界的な名声にもかかわらず、孤絶した境遇に追いやられていたと言えよう。合衆国にもアラブ世界にも共に問題があって、それを互いに乗り越えて、私たちは共存のかたちを模索していかなければならない。それがサイードの言う異種混淆性というものなのだ。さて、このようなサイード、あるいは酒井直樹の考え方をふまえると、内部と外部といった捉え方が問題になってくる。それはたとえば、私たちは日本や家族という共同体の内側にいて、とても居心地がよい。それに対して、日本や家族の外側は、きわめて居心地の悪いものだと考えてしまうものの見方をさす。むろん、これは日本だけの傾向ではない。世界の各地において、自分たちの仲間とそうではない人たちという二分法をつくって、他者を排除していると言えるだろう。

そのような思考法が自分にとって無縁なものではないと痛感したのは、私がかつて一年間ばかり英米両国に滞在したときであった。そこでは日本語が通じない。だから拙くても英語を話して暮らしていかなければならない。日々の生活のなかでは慣習が違うから、戸惑うことも多い。日本であれば、簡単に処理のできる些細なトラブルも、大きな問題になってしまう。たとえば、アパートの電話が通じない。それは困るからと、電話会社に連絡をする。すると、当然のことであるが、電話会社の人間は英語で応対してくる。自分は片言の英会話しかできないから、結局は不通の電話を直すのに何日も費やしてしまう。あるいは、英国から米国に移動するためにビザの申請をしたが、当時は九・一一テロの直後のことで、神経過敏になっていた米国大使館は容易にビザを発給してくれない。銃をもった兵士が厳重監視をするロンドンの米国大使館に出かけていって、何時間も待たされたあげく、拙い英語で自分の事情をきちんと相手が納得できるように説明しなければならない。そういう環境のなかで私はどう感じたかというと、「やはり日本はいいなあ」と思ったのだ。日本にいたら、このような苦労はなかったはずだ。ビザが発給されないとか、電話が通じないとか。あるいは、自分の英語が下手だといって馬鹿にされることもなかっただろう、と。

だが、落ちついて考えてみると、日本にいるときでも、私たちは毎日円満に暮らしているわけではない。様々なトラブルに巻き込まれ、多くの不満を感じて暮らしている。しかし、こうした日本の外部に出たときに、相沢忠洋が家族から切り離されたがゆえに、過去の歴史にノスタルジアを感じたように、私は日本が居心地の良い社会だと思ったのであろう。でも少なくとも私の場合には、本当に日本が良い社会だと満足していたならば、わざわざ拙い英語しか喋れないにもかかわらず、イギリスや合衆国には出かけないで、ずっと日本に住むことを選んだはずである。当時の私は、職場や学会、あるいは日本の社会そのものに何か強い違和感を覚えていて、日本とは違う状況を求めて外国に行ったのだと思う。でも、勝手なことに、自分が望んだ外国にたどり着いたとき、そこで待っていた現実生活の困難さに出会ったときには、私は自分が望んで後にした日本に帰りたいと思ってしまったのだ。幸か不幸か、当時の文部省が帰国を認めなかったために、私は帰ることができなかった。そして結局は、日本という理想郷に同化することもできないまま、一年のあいだ外国で暮らすことになる。このような文化のはざまで宙吊りになった状況のなかで、ディアスポラという言葉に出会った。

ディアスポラという言葉は、本来はユダヤ人が故郷を喪った状態を指していた。しかし、現在ではユダヤ人にかぎらず、われわれが安定したアイデンティティから切り離されて、根なし草のように感じながら暮らしている状態を示す。そのような不安定さが集約的に顕われているのが、移民やマイノリティと呼ばれる人たちである。しかし、それはマイノリティや移民だけに限られた問題ではなく、今日のグローバル化された状況のなかでは、誰しもが日常世界のなかでさまざまな不安にさらされている。そのような不安を抱えながら、日本人もまた日本社会のなかに生きていて、じつは不安を抱えているがゆえに、自分たちは日本人なのだ、自分たちの社会は居心地のよい社会なのだと思い込みたがるのではないだろうか。まるで強迫神経症のように。そのときには、他者の声、あるいは酒井の言う過去の多様な声はもはや、私たちの耳には届かなくなっている。

その点で、カルチュラル・スタディーズやポストコロニアル批評という分野では、なぜ私たちが、人種差別や部落差別といった差別を生み出してしまうのか、その心理的機制を理解するうえで有意義な見方が考察されてきた。これらの研究によると、自分たちは純粋な白人だ、あるいは純粋な日本人だと信じ込みたいときに、黒人や在日コリアンに対して、お前たちは純粋ではないと決めつける必要が生じるから、差別は起きることになる。宗教人類学でも指摘されてきたように、純粋（the pure）という概念が出来ると同時に不純（the impure）という概念も生じてきた。不純な存在を自分の外部、すなわち他者として想定することで、私たちは自分が純粋な内部に属するのだと安心できる。しかし、そのような純粋さは外部に設定された不純さによって、絶えずその安全を脅かされているのだ。

しかし、サイードが説いたように、もし一人ひとりの人間が、自分の不安や戸惑いをふくめ、自己のアイデンティティがさまざまな要素から成り立っている異種混淆的な生であるということを引き受けたならば、そこではじめて差別が解消されていく可能性が生じるのではないだろうか。かつてサイードはインタビューのなかで、自分は一生パレスチナの家には帰れないであろう。なぜならばそこには現在ユダヤ人の家族が住んでいるからである。しかし、自分はそれでいい。戻りたいという気持ちはあるけれども、今の漂泊していく人生というものを引き受けて、多様な民族のいるニューヨークでこのまま暮らしていきたい、と述べている。[*18] この発言は、一見安定した日本の社会に暮らす私たちには縁のない話のように思えるかもしれない。しかし、それが私たちに無関係な話だと思えるとすれば、かつて私がそうであったように、無自覚なままにきわめて特権的な場所にいるか、あるいは逆に何も気づかないままに不幸な場所に置かれているからではないのだろうか。それゆえに、海外での生活の不安にさらされるまで、自分の日本人としてのアイデンティティが揺るがされるまで、このサイードの言葉が私には理解できなかったのである。

第三節　他者としての自文化

では、自分たちだけが自文化を理解することができるという立場を超えていくためには、私たちは自文化とどのよう向き合っていったらよいだろうか。その「自分たちの」文化というものは、一体どのようなものとして存在しえるものなのだろうか。この点について、ここでは近年の神道研究および神道界に見られる傾向である国際化の問題を通して、日本文化の表象のあり方を検討してみたい。

たとえば明治神宮では、京都の国際日本文化研究センターを想起させるような、国際神道文化研究所という名称の研究センターが二〇〇八年に作られた。[*19] もちろん、それは非日本人である外国人の存在を念頭において、神道の普及を目的とするものである。それから、神道系の新宗教団体が母体となってやはり外国人を招いて研究会をひらく、神道国際学会（International Shinto Foundation）というものも、一九九五年から活動中である。[*20] 日本国内ではほとんど知られていないこの組織であるが、海外での知名度はきわめて高いものがある。この団体が提供している基金によって、アメリカ合衆国のカルフォルニア大学サンタバーバラ校やコロンビア大学、イギリスのロンドン大学東洋アフリカ学学院（SOAS）では神道や日本宗教に関係する講座が設けられている。そして、これらの大学を拠点として、ニューヨークやロンドンでは日本の学者も招聘した神道の国際会議が開かれている。

さらに、國學院大學もまた神道文化学部というものを最近設置した。[*21] 國學院は神社界と密接なつながりを有する大学だが、戦後は、神道研究は神道学科という一学科にすぎず、人文科学を母体とする文学部の一部として存在するにとどまっていた。それが二〇〇二年になって、神道文化学部として文学部から独立した。そこでは、英語版の神道事典を作るためになど、やはりさかんに海外の研究者たちが招聘されている。明治神宮、神道国際学会、國學院大学神道文化学部。これらの三つの例は、近年の神道界が国際化したいという願望を如実に表したものである。むろん、現実の事態はそこで謳われた「国際化」という美辞麗句が与えるイメージ以上にポリティカルなものであり、彼らの意図する国際化がどのようなたぐいの文化接触なのか、いかなる文化表象のシステムにのっとったものであるのかということを対象化していく必要がある。

神道の国際化が唱えられるとき、きまって彼らが主張するのは、外国人の研究者によって認知されたいということ。そのためには、英語を使って神道の思想を表現したいということである。では、そういう外国人や英語という対象や媒体を用いて、彼らは何を達成したいのであろうか。人は誰しも動機づけをもって行動しているわけだから、彼らの言う国際化を無私の非営利的活動、真の国際理解として片づけてしまうことは、逆にきわめてイデオロギー的な行為に絡み取られることにもなろう。そもそも彼らが、自分たちが国際化するために必要としている外国人とはどのような人たちを指すのであろうか。そのような外国人との交流を通して、どのような国際化を彼らが実現しようとしているのかが検証されなければなるまい。これまで述べてきたように、国際化とは少なくとも他者の眼差しを意識することを前提としているわけであるから、そこで他者とどのように出会おうとしているのか。その向き合いかたが問われなければならない。たとえば、英語で自分の研究を報告することは、いまだ多くの日本人にとって容易なことではない。私自身もしばしば外国に赴いて英語で報告をするが、報告がうまくいかず、聴衆の反応を得ることなく終わってしまうことも少なくはない。しかし、それでも日本に帰国して、外国で報告をしたことを自分の経歴に加えるならば、その数を積み上げていくだけで、日本では国際通の研究者として認知されていく。とくに英語が堪能であるならば、あるいは海外の大学で博士号を取ったならば、その内容がどのようなものであるのかが日本国内では吟味されないままに、そのような評価は容易に定着していく。

しかし、実際に外国で報告をして起こったことは、報告時間のあいだじゅう、ほとんどの人が関心をもたずに質問してくれなかった。博士号は取ったものの、出版社から刊行されるほどの評価は得ることができなかったということもしばしばである。せいぜいのところ、日本語ができて日本に留学体験をもつ日本研究者しか関心のもつことができないような問題提起に終わることは多い。その原因は、本質的には英語の上手い下手ではなく、自らの研究を非日本人にとって意味をもつようなかたちで提示することのできない、日本の研究者の視野の狭さにある。世界中には日本のことを全く知らないし、何の関心をもっていない人たちが当然のことながら沢山いる。それは、日本人の関心が欧米諸国には向けられてはいるが、アフリカや南米の国々に対しては無関心である現状を考えるならば、容易に理解されることであろう。しかし、初めから日本に関心をもっている人だけにではなく、日本との関わりをもたない世界の大半の人たちに対して、少なくとも人文・社会科学の研究者たちに対しては、どのようにして彼らの日本に対する関心を惹起させていくのか。その問題提示の仕方、日本表象の仕方が問われなければならないのだ。そのような責務を日本の研究者も国外の研究者に対して背負わなければならない。

　そういう意味では、英語で神道論を書いた、海外で会議を開いたということだけでは、神道の国際化が起きたと言えないのである。一時ほどの勢いはなくなったとはいえ、ジャパン・マネーを目的として、神道研究に方向を転じる外国人研究者もいる。そのような外国人の称賛を得たからといって、彼らが私は神道が好きですからと発言してくれたからといって、それは神道の国際化を証明するものではない。お互いに接触をもたなかった同士、あるいは歴史的に葛藤を抱えた文化に属する者同士が出会ったときに、さまざまな意見が出されて、ぶつかり合う。そのなかで、自分をどのようにて変えてゆくか。同時に相手もどう変わってゆくか。そのような互いへの交渉行為、関わり合いがあって、はじめて、真の意味での国際化が成立することになる。

　このようなことを念頭に置いたうえで検討してみたいのが、近年、明治神宮社務所が日本で一般人を対象に出版した本『明治神宮戦後復興の軌跡』である。感傷的とも言える自己称賛をした副題――「いとも厳しく美はしく社殿成りて」（傍点は磯前）――をもつこの本は、その叙述内容もまたナルシスティクな描写のもとに、戦災にあった明治神宮が戦後に復興されていく様子を語っている。たとえば、明治神宮がいかに日本国民の日常生活に根づいているかについて、次のように語られている。

> 慶びの日。夫婦の楠の前に立ち、微笑みいっぱいで写真に納まるのは式を挙げたばかりの一組みの夫婦。どうぞ末永くお幸せに。そう願わずにはいられない。……写真は昭和三十三年の復興遷座祭で賑う境内。この当時、楠の木肌には焼け跡がまだはっきりと残っていたという。[*22]

明治神宮で神前結婚式を挙げている日本人の様子が、とても微笑ましく描かれている。たしかに、それ自体はごくふつうの日常光景であろう。しかし、その直後には次のような文章が、さりげなく挿入されていく。「復興後の社殿には、やがて世界各国のスポーツ選手が参拝に訪れる。昭和三十九年、東京オリンピックで選手村になったのは現在の代々木公園、明治神宮の隣であった」[*23]（傍点は磯前）。日本人の日常に根ざした明治神宮に、海外からもスポーツ選手が参拝にやってくる。ここにおいて、明治神宮の国際化と日本人の日常生活が重ね合わされる。日本人にとってかけがえのない精神的支柱である明治神宮は外国人も祝福してくれる空間なのだ。このような記述の構成を通して、明治神宮は国際化された日本の伝統なのだという印象が一般の読者の心のなかに無意識に刻み込まれていく。

さらに、この本には次のようなことも書かれている。「渋谷が火の海と化したこの晩、明治神宮の森は多くの避難の場ともなった」[*24]。それを国民たちは感謝して、戦後焼けた明治神宮を国民の力で、政府だけではなく草の根の力で作り上げた。だから明治神宮は皆さんのものなのだ、と論旨は展開されていく。次も同種の論旨の反復である。「明治四十五年七月三十日、皇居前広場で御平癒を祈る人々の祈りも虚しく、明治天皇の御崩御が伝えられた。……当時の悲しみは大きいものであった。……国費によって内苑が造られようとも、広く国民の献資を募ってこれを内苑に対する外苑とし、来るべき明治神宮に奉納しよう」[*25]。ここでも感傷的な記述をとおして、明治神宮が国家から、上からの力で作られたものではなく、国民の自発的な意志によって、下から作り上げられた、私たちの神道であることが強調されている。

これは一見するととても美しい物語に思えるわけだが、明治神宮が作られた大正時代以降、日本の神道がどのような問題を抱えていったのかという歴史的事実を考えたときに、日本民族のナルシシスティクな自己賛美のなかに明治神宮をとどめておくことは困難になる。一八九五年の台湾合併、一九一〇年の日韓併合以来、日本は帝国となり、次第に異民族にも神社崇拝を強要していった[*26]。近代の神社において、その祭神はもっぱら天皇家ゆかりの神々であり歴史的人物と定められてきた。もちろん、そのもっとも象徴的な神社のひとつが、近代日本国家の始祖、明治天皇を祭る明治神宮であった。さて、次の文章はそのような日本帝国の外地に建てられた神社に対して、植民地の人びとがどのような思いでいたのかを、韓国人の回顧を通して語ったものである。

日帝は……一九三二年ごろから平壌の瑞気山の尾根に忠魂塔をつくり、いわゆる「春期皇霊祭」に学生たちを強制動員した。……納骨堂に安置されている日本人兵士たちの遺骨や日本の護国神たちの前で頭を下げ、腰を折り曲げて拝礼せよというのだった。それは殺されるよりも嫌なことであり、もちろん崇実の学生たちはこれにしたがうわけがなかった。……神社参拝を最後まで拒否したわれわれの級友・金永喆くんは三七年、日本警察に連行され残酷な拷問のすえに死んでしまった。有名な朱基徹牧師が神社参拝を拒否して殉教したことも、すべてわれわれの知っている事実である。[*27]

そこには、明治神宮の考える国際化というものの限界が如実に示されている。私たちは、ここから明治神宮の関係者にとって歓迎すべき外国人がだれであって、だれではないのかを読み取らなければならない。この回顧文が語るように、日本帝国が一九三二年ごろから平壌に忠魂塔を作り、それで春期皇霊祭をはじめとする天皇祭祀を朝鮮人に強制した。納骨堂には日本軍兵士の遺骨が納められ、日本の英霊を朝鮮人に崇敬するよう命じられた政治・文化的な強制の歴史がある。さらに、これらの朝鮮半島にあった海外神社は、アジア・太平洋戦争で日本が敗北を喫すると、一転して、ほんの数日間でそのほとんどすべてが朝鮮人の手によって破壊されてしまったことは、朝鮮半島ではよく知られた事実である。

つまり、近年になって明治神宮が盛んに宣伝しているように、明治神宮はアニミズムの森であり、日本の国民の心を癒す場所だと謳うだけでは、片づかない問題がそこには存在している。社の森は素晴らしい、アジアに広く見られるアニミズム信仰にもとづくものだというだけならば、朝鮮神宮や京城神社も敗戦後も朝鮮半島の人びとに受け入れられ残ったはずである。なぜ、それが数日間のあいだにすべて壊されてしまったのだろうか。そのような問いを自らに突きつけることができるか否か。そこに他者の眼差しに対する感受性が問われている。韓国人の回顧文が示しているのは、日本の神社が単なる癒しの場などという美辞麗句では片付けることのできない、日本国家および神道界による政治・文化的な強制に対する違和感である。

「神社参拝を最後まで拒否したわれわれの級友・金永喆くんは三七年、日本警察に連行され残酷な拷問のすえに死んでしまった」。この一文を読んで、神道の国際化を称える明治神宮の人たちはどのように考えるのだろうか。「いとも厳しく美はしく社殿成りて」と自画自賛するその文章のいったいどこに、このような無残な死を遂げた朝鮮人の魂と向き合う気持ちがあると言えるのだろうか。明治神宮の関係者にとって、神道の国際化を支える外国人のなかには、このような悲惨な死を遂げた朝鮮人も含まれているのだろうか。それとも、日本の神道を賛美しない存在は、そもそも外国人としてさえ認められない人間以下の存在として扱われてしまうのだろうか。

同様のことは、台湾との関係についても当てはまることである。明治神宮には、有名な大鳥居がある。[*28] いくつかのウェブ・サイトが記しているように、明治神宮に参拝するための入り口にあたり、そこから明治神宮関係者が説くような、国民の憩いの場としての森が始まる。そして、このような森が育まれてきたのも、日本国民が明治天皇を慕う気持ちから出たものだということになっている。しかし、この大鳥居は戦争中に植民地であった台湾から持ち運んで作った一代目のものを引き継ぐ、同じ台湾産の二代目である。つまり、それは明治神宮がいわゆる日本民族という国民国家の象徴にとどまらず、大日本帝国という多民族を統合する国家の象徴として存在してきたことの何よりの証拠なのである。この鳥居の政治性を論ずることなく、この鳥居を台湾の人びとがみずから王化の徳に触れんとして奉納したという物語のもとに読み替えてしまうことは、靖国神社の合祀問題や首相参拝問題が端的に示しているように、少なくとも東アジアの人間には受け容れがたいことであろう。

他者に向き合うことの難しさとは、そのような違和感を訴える声が相手から出されたときに、そこで自分のナルシシズムに亀裂を入れることへのためらいから生じるものなのであろう。しかし、私たちは、自分のナルシスティクな幻想をほめてくれる外国人だけでなく、そのような幻想に傷つけられてきた外国人の存在にきちんと気づき、彼らと対話を始めていくことが大切なのである。自分が他者をも傷つける存在である、そのような他者に暴力を行使した過去を有することは、自分を美化する幻想をもちたがる人間にとっては容易に受け入れられることではない。そのような心地の悪い他者の存在は、その存在を無視してしまった方が都合がよいだろう。しかし、私たちが――もちろんそれは日本人だけでなく、おそらくあらゆる民族が――、そんな美しい自己イメージのなかに閉じこもることのできない存在であることを知るためにこそ、そこを出発点にして対話を始めるためにこそ、他者の眼差しに自分を曝す必要があるのだ。

最近の韓国の知識社会では、なんでも日本人が悪いとする態度は単純すぎる。そのような日本人が悪くて、韓国人が素晴らしいとする考え方が、韓国のナショナリズムを立ち上げてきた。韓国のナショナリズムは被害者の民族主義であって、日本を加害者として弾劾することで、このナショナリズムが自国の国民に対して暴力的な同化力を発揮してきたこと、さらには、ベトナム戦争などを通して東南アジアに対して加害者的な立場にあったことを否認してきたという厳しい自己批判が展開されている。[*29] もちろん、韓国も日本も含め、ひとつの国が特定の国に対しては被害者の立場にあるが、別の国に対しては同時に加害者の立場にあるといった関係は、ほとんどの国に当てはまることだろう。まったく無垢の歴史をもつ国民などはありえない。

むろん、だからと言って、自分たちは他の国民に謝罪する必要がないとか、自分たちは自国民のことだけを考えればよいということには全くならない。そこで、他の国民とどのように向き合っていくべきなのか。さらには国民という枠を超えて、他者に対して一個人としてどのように対話していくべきなのか。そのような未来に開かれた対話の空間を作るために、まずは国民としての次元で謝罪という行為を、世界各地における未解決の問題のひとつとして引き受けていく勇気をもつことができるのだろか。それは、一面的に美化された被害者である国民が、全面的に否定された加害者の国民を、一方的に裁いていくこととは異なる意味をもつ。具体的な個々の裁きの場から、裁く側の国民も含めたあらゆる人間が、最後には国家の枠を越え出て普遍的な倫理的基準のもとに互いの過去の歴史を批判し合いながら、その相互加害性、あるいは相互被害性を理解しながら、人間の悪について具体的かつ普遍的な視点から論じる場を形成する必要があるのだ。

このような対話の場を設けるためには、いままで見てきた明治神宮の物語のように自分の帝国の歴史は考えたくない。自分たち国民は被災から立ち直った美しい民族である、という内閉したナショナリズムでは、自分が見たくない過去の歴史を背負った他者とは永遠に向き合うことはできない。「慶びの日。夫婦の楠の前に立ち、微笑みいっぱいで写真に納まるのは式を挙げたばかりの一組みの夫婦。どうぞ末永くお幸せに」といった明治神宮の語りは一見美しいものであるが、そのような光景を、哀しみや憎悪の感情で見つめている旧日本帝国の植民地の人間たちの眼差しには、決して開かれることのない自閉したものである。ここで、彼らの言う国際化をもたらす外国人の範疇のなかに、そのような東アジアで無残な死を遂げた被害者たちの存在が含まれていないことが容易に理解されよう。

ここに、自画自賛のナショナリズムが、自己に対して感傷的である分だけ、いかに他者に対して暴力的に振舞って来たかがわかる。それは、自分たちが見たくないものはその存在することさえも認めようとしない、他者に対する根源的な存在の抹消行為である。ここで、私たちはこのようなナルシシスティクで暴力的な空間を、戦後の時間経過のなかで構築することが、なぜ許されてきてしまったのかを自問する必要があるだろう。もちろん、そこには、この明治神宮に属する執筆者のように、個人的に負わなければならない責任もあるだろう。しかし、先のアジア・太平洋戦争の当事者のほとんどが鬼籍に入ってしまった現在では、たんに個人の責任を求めるだけでは十分ではない。なぜ、この明治神宮のような自閉したナショナリズムを肯定する社会構造ができてしまったのかということについて、たとえば自国ナショナリズム批判を展開する韓国の人たちとともに、みずからが裁きの対象になる可能性を引き受けつつ、共に考えていくことが必要になるのだ。

それではこのような立場をふまえたうえで、国際化とは何かという問題を、あらためて他者の問題と絡めて考えてみたい。明治神宮の例が明示しているように、現在の神道界にとっては、残念なことながら、他者とは英語を話すことのできる西洋人を念頭においているのである。彼らは神道関係の機関から資金を付与されているわけだから、決して神道に対する根本的な批判は言わない。たしかに、中世神道は仏教と習合したものだったという批判が彼らの言説のなかには含まれているのだが、それとても、神道が他者に開かれた素振りを示すために、歴史的な変化を含みつつも、結局はその変化を超えた連続性を維持してきた伝統体が神道であるという言説を保持するために都合のよい働きをなしている。彼らの批判の素振りは、神道を現代に蘇生させるための一要素として組み込まれている。彼らもそれをよく理解して、神道の歴史的変化に対する指摘はするものの、近代神道と天皇制の密接な関係に対する根本的な批判、あるいは自分たちが資金を提供してもらっている明治神宮や神道国際学会と外国人の共犯関係については言葉を濁してしまう。[*30]

このようにして出来上がった共犯関係の空間には、アジアという他者からの批判を受け入れる余地は存在しない。神社参拝を強制させられた、それを拒否したために拷問させられた、それを今の神道界や神社界はどう考えますかという問いを突き付けるアジアの研究者たちは、神道界の資金では国際会議には招聘されない。だが、もし私たちがそのような神道に対して批判的な声を発するアジアの人たちを招いて、そこで神道の将来を考えようといった勇気をもったときにこそ、本当の意味での神道の国際化、すなわち自分が受け入れたくない他者に対する開かれといった姿勢が生まれてくる。西洋人の研究者についても、神道界が資金を提供しなくても、自己負担でもぜひ国際会議に参加したい。そのような動機を彼らにもたせる研究主題の設定——日本人の自己肯定のために彼らがアリバイとして存在するのではなく、それぞれの外国人の自文化研究にとって神道の研究が意味をもつような主題設定のあり方——ができるようになってこそ、神道の国際化が本当に果たされるのだと言えよう。

ここでふたたびサイードの言葉に戻るならば、真の交流とは、みずからの抱く純粋性への欲望がナルシスティックな幻想にすぎないことを自覚したうえで、自分を含めた、だれしもが異種混淆的な存在であることに気づくところから始まる。異種混淆的だからこそ、お互いに話し合うことができる。そのような気持ちをもつことができたときに、私たちはようやく他者に向き合う権利を得ることができるのだ。ここで、さらに恥というベネディクトの言葉を読みかえた酒井の研究に言及しておきたい。酒井は、先ほど引いた日本の学生の態度とは正反対に、ベネディクトの提起する恥という言葉を引き受けたうえで、それを次のように規定する。

醒めたまなざしをもつ者がいるとき、酔っていることそれ自身が恥として感じられる可能性が生まれる。「同胞」とは恥を感じなくても済むような「身近な人々」のことである。それは一緒に酔ってくれるだけでなく、酔っていることを論難するような冷たい、醒めたまなざしを持たない暖かい人々の集団、つまり、なかよしの仲間のことだろう。……日本人だけの間だったら、従軍慰安婦の存在自体の否認も、昭和天皇の有罪判決の拒絶も、恥ずべき光景を生み出すことはないだろうと彼らは信じているのである。[*31]

「醒めたまなざしをもつ者がいるとき、酔っていることそれ自身が恥として感じられる可能性が生まれる」。それは、周囲のみんながこれで良いと言っているときに、本当にそれで良いのかと問いかける勇気を持つことである。おそらく、神道界でそのような態度をとったのならば、それではおまえは神道界から出て行けと言われることだろう。しかし、それでもそこにとどまって、その状況を変えるために異議申し立てをしていく。それがみずからの属する状況を変えるための倫理である。それともその場に迎合して、当たり障りのない言葉だけを発していくのか。たしかに、それは自分の居場所を居心地の良いものにはしてくれるだろうけれども、自分の属する場に反省的に関わるという知の倫理性というのを全く損なわせるものになってしまう。

ここで酒井の研究で注目されるのは、そのような知の倫理を失った「恥知らず」は日本だけでなく、合衆国をはじめ世界のどこにも存在しうるとしていることである。ここに彼は、ベネディクトの提起した恥の概念を日本人のみに当てはまる特殊主義的なもの——それは、アメリカ人は恥知らずでないとして例外化する働きも同時にもっていた——から、その言葉を案出したアメリカ人自身をも批判的にとらえ返す普遍的な概念に読み替えていった。


集団の成員一人一人にとって、「自己の喜びが他者の喜びであり、他者の苦痛が自己の苦痛であり、自己と他者を区別する既存の境界が意味を失うような現象」として、国民主義の高揚に酔い痴れる者が頻出した。個人が他人にさらには集団へと融合してしまうような現象が現出したのである。そして、そこで起こったのは、驚くなかれ、「美しいアメリカ」……の大合唱であったのである。[*32]

これは、九・一一テロが起きた時の、合衆国国内でのナショナリズムが高揚していく過程を分析した酒井の文章から引用したものである。アメリカは現在〈帝国〉となって世界中の国、とくに非西洋世界に対して暴力を行使する立場にある。先ほど検討してきた明治神宮関係者の文章もまた、そのような合衆国の特権的立場に対する反発感が、きわめてナショナリスティックなかたちで現れたものとも言える。そこから合衆国の社会を低く置き、日本を倫理的な矜持の高い社会だとする言説も生じてくる。そのような言説は、海外に留学した日本人学生や研究者がしばしば陥る思考的な自閉回路であった。しかし、合衆国のみならず、同時にその合衆国の占領政策によって方向を定められた日本という社会もまた、根深い問題を同様に有していることに気づかなければなるまい。

合衆国と日本、あるいは日本と韓国もまた、戦後の合衆国の極東戦略のなかで、鏡像のような相互関係を切っても切り離しがたいものとして作りあげてきたのだ。蔑視するにせよ、美化するにせよ、たがいを見るまなざしは、かならずや自分自身を理想化するアイデンティティ形成と密接につながってきたことを私たちは自省しなければならない。そのような固定化したイメージ――自己イメージと他者イメージの共犯関係――を超えて、世界各地にいる一人ひとりの人間がどのように出会っていくことができるのか、重い歴史を背負った国境を越えていくことができるのか。そのためには、固定化された社会通念から自己を引き離して、お互いに不安を抱えながらも、他者の眼差しのもとに己れをさらしていく。このような他者との関係性を、酒井は恥という言葉に託して新たな倫理として提示しようとする。

私とあなたがお互いに開かれてあるとき、私はあなたのまなざしに暴露されている。……たしかに、返答を回避することはできるのだが、回避することは直ちに私に恥をもたらすからである。……あなたに対して開かれてあることは、だから、あなたに対して暴露されてあることであり、開かれてあることを拒絶して閉域をつくろうとするとき、共在性の拒否に対する報復のように私は恥に襲われるのである。この限りで、恥は共在性に必ず伴う「情」[*33]である。それは主観的な感情では全くなく、私の存在がいかに他者に共在されているかを示す情動なのだ。

このように、他者の眼差しを自己の裡に折り込んでいく勇気こそが、もし本当に国際化と呼ぶにふさわしい対話を望むならば、いま痛切に求められていることは明らかであろう。

おわりに

最後に、ジュディス・バトラーの言葉をとりあげておきたい。彼女もまた合衆国のユダヤ人学者であり同性愛者という意味で、否応なしに文化や社会や文化の隙間におかれてきた人間である。バトラーは他者との出会いについて、次のように述べている。

もし私があなたによって攪乱させられるとしたなら、あなたはすでに私のなかにあることになり、私はあなたなしではどこにも存在しない。私は自分が「あなた」に結びつけられている仕方を見出すことによってしか、「私たち」に達することができない。……「あなた」とはこのような自己の拠って立つ地盤の喪失によってのみ、私が獲得する何かである。[*34]

ここで言う「自分の依って立つ地盤」とは何だろうか。それは、私たちが本当の日本人だ、本当のアメリカ人だ。国を問わず、そのような自分の純粋さを信じる一方で、誰かに不純さを背負わせる自明性のことである。バトラーもまた、同性愛者として長い間差別されてきたのだと述べている。「あなたは異常だ」、と。

このような国のあいだ、あるいは性のあいだ、そういった隙間に置かれた人びとから、他者と理解し合うためにはどのようにしたらよいのだろうかという声が出されてきた。そして、自分が正常だ、純粋だと信じていること自体が、無意識のうちに他人に暴力をふるうことにもなりかねない。そのような声が、隙間にいる人びとから発せられてきた。エドワード・サイード、エマニュエル・レヴィナス、ジークムント・フロイト、酒井直樹、ホミ・バーバ、ジュディス・バトラー。彼らは、みな隙間に身を置く「閾の思想家」なのだ。日本の社会の外側にも、そして内側にも、そのような人びとがいるということを私たちは考える想像力を有するべきであろう。そして、たとえマイノリティではなく、マジョリティであったとしも、私たちは誰しも隙間に置かれた人間なのだ。人間のアイデンティティというものは、本来そのように不安定で、つねに存在の揺らぎを引き起こすものなのだ。

だからこそ、私たちはそれをマジョリティ、正常者あるいは国民といった名前のもとに安定化させようとする。それは存在が本来的に抱え込んだ不安の裏返しでしかない。

グローバル資本主義が席巻する状況のなかでは、日本社会がいつまでもナルシシスティクな幻想のなかに閉じこもることは不可能であろう。そのときに、私たちは戸惑い悩みながら、異なる文化や性のアイデンティティをもつ人たちとともに、バトラーが言う「私たち」といった共同性をどのようにして構築していくべきなのかを真剣に話し合わなければならなくなる。「そこまで批判するなら来ないでくれ。もうあなたとは話したくない」というのでは、対話に開かれた国際社会を生きることはできない。そこでこそ、ホミ・バーバが「戸惑いの生 perplexity of the living」[*35]と名づけた、日々を生きる姿勢が求められることになろう。異なる他者と出会って、自分のアイデンティティが攪乱される。自分がどう振舞ってよいのかわからなくなる。そのような戸惑いの生から、私たちが日本の文化や歴史を考え直したとき、国境を越えて、様々な状況に置かれた人たちと話をすることができるようになる。日本に関心をもたなかった人たちとも対話が可能になるはずである。それは自文化を手離すことではなくて、自文化の有する可能性をさらに広げることだと、私には思える。だからこそ、文化の自同性は脱臼されなければならないのだ。本書『閾の思考——他者・外部性・故郷』もまた、そのような思考へのささやかな誘いの入り口であればと願う。

*

本書は八つの章からなる。「序章　閾の思考——他者の眼差しのもとで」で、サイード・レヴィナス・酒井直樹といった思想家の他者論およびアイデンティティ論に着目し、その観点から日本文化のナショナリズムの問題点を東アジア諸国との関係をふまえて批判的に検討する。そのあと、「第一章　思想を紡ぎだす声——はざまに立つ歴史家　安丸良夫」では、一九六〇年代から一九九〇年代冒頭にかけて展開された日本の民衆史を語る困難とその可能性を、ルカーチやベンヤミンなど、西欧マルクス主義の影響をうけた安丸良夫の思想に焦点をおいて、インドのサバルタン研究や英語圏のポストコロニアル批評、さらにはフーコーやバトラーの主体／エージェント論と比べながら考える。そこでは言表行為を可能にする条件として、民衆と知識人のはざまに身を置くこと、孤独に身を曝すことの必要性が説かれる。安丸にとって、自分の孤独を引き受けることとは、みずからの裡に齟齬を抱え込み、そこから絶対的な外部へと主体を跳躍させていくことである。そこから他者との交渉を可能とするような普遍的な言表行為も生まれてくるのだ。

「第二章　ポストコロニアルという言説――ホミ・バーバ　その可能性と限界」では、サイードやスピヴァクと並ぶポストコロニアル批評の第一人者、ホミ・バーバの思想に着目し、ポストコロニアル批評という発話行為の可能性と限界を、西洋化の圧倒的影響と非西洋からのその読み替え行為とのせめぎ合いという観点から論じる。デリダ、アレント、ベンヤミン、バフチン、アンダーソンといった西洋の思想家たちの遺産をバーバがどのように選択的に継承し、読み替えていったのかを明らかにするとともに、ファノンやナイポール、あるいはサイードやスピヴァクやクッツェーといったポストコロニアルの思想家たちのもつ可能性と限界をどれほど押し広げてくることができたのかを検討する。そのなかで、純粋さや同一性を失ったアイデンティティが、「戸惑い」の感覚を積極的に引き受けていくことで、他者を排除することのない新たな共同性が形成されていく方向性が提示される。

「第三章　他者と共に在ること――ディアスポラの知識人　タラル・アサド」では、バーバやサイードのような英語圏のポストコロニアル批評家の営為が依然として西洋的な立場にとらわれていることを、ポスト世俗主義の立場をとるムスリムの人類学者、タラル・アサドの議論から明らかにする。さらに、ここではそのような圧倒的な西洋化の影響に対して私たちがどのように向き合ってよいのかを考えつつ、後期フーコーの議論を参照しつつ、人間の主体形成と共同性の問題を論じる。そこでは、安丸の「孤独」、バーバの「戸惑い」といった鍵概念と同様に、アサドにとっては「受苦」といった経験が他者と自分とを結びつける絆になる可能性が示唆されよう。

「第四章　外部性とは何か——日本のポストモダン　柄谷行人から酒井直樹へ」では、ふたたび日本の思想家が取り上げられ、一九七〇年代から一九八〇年代を席巻した批評家の柄谷行人から、一九九〇年代に登場した日本研究者の酒井直樹への思想的な展開が、海外におけるポストモダニズムからポストコロニアリズムの展開とどのような関係にあるのかという観点のもとに論じられる。ここにおいて、柄谷や酒井といった、日本人のなかでも異文化の隙間に身をおく人物が取り上げられ、本書で論じられてきたバーバ、アサド、サイードといった思想家たちと比較されることで、日本にとっての異文化体験としてアメリカ合衆国という存在がきわめて大きな意味をもつことが浮上してくる。そして、酒井の議論においては、ポストモダニズムによって断片化されがちな人と人のつながりをふたたび結びつけるべく、外部性あるいは普遍性といった概念が提起され、それとともにかつての日本帝国の記憶が東アジアとの関係のなかで呼び覚まされる。

「第五章　モダニティ・帝国・普遍性——「近代の超克」と京都学派」では、アジア・太平洋戦争中におこなわれた日本の知識人による会議「近代の超克」および「世界史的立場と日本」が取り上げられる。そこでは、京都学派の思想家たちがどのように大日本帝国を再解釈することで、どのようにしてアジアの多民族を包摂する普遍主義的な帝国を構想し、同時に西洋がもたらした近代的な時空を克服しようと試みたのかが、その暴力的な末路とともに考察される。そのなかで、酒井やジジェクあるいはバトラーの議論を通じて、帝国を支える理念でもあった普遍性および普遍主義のもつ両義性が議論の俎上に上げられ、他者と共存することの困難さと可能性が検討にふされる。この議論を通して、中国の研究者である孫歌や韓国の研究者である尹海東や金哲の研究が紹介され、アジアにとって西洋近代という経験はいかなるものであったか、さらにはアジアにおける西洋近代の代理者であった日本帝国の植民地支配がいかなるものであったのかが問題化されていく。

そして、「第六章　帝国の記憶を生きる——ポストコロニアル批評と植民地朝鮮」では、尹海東や金哲を中心に、今日の韓国における、植民地朝鮮すなわち日本帝国支配下の朝鮮半島をめぐる議論が紹介され、被害者としての韓国人の植民地経験、裏返して言えば加害者としての日本人の帝国支配の記憶を、ナショナリズムの感情に憑依されることなく、どのようにして克服していくのか。そこで新しい絆を、加害者と被害者といった過去の歴史を認めつつも、それを超えて築き上げていくのかといったことが模索される。それは、酒井たちの普遍性を模索する試みに対するひとつの応答でもある。さらに、そのなかで、抑圧された人びとの声をどのように拾い上げるかといった安丸民衆史やサバルタン研究の問いが反復され、新たな共同性を他者とともに構築するためには、戸惑いや苦痛といった感覚をみずからの身体に引き受けていくことが必要だというバーバやアサドの提案が肯ぜられていく。同時に、そこでは韓国史と日本史という二項対立的な区分は存在しえず、両者が相俟ってひとつの帝国史であり、同時に植民地の歴史であるグレーゾーンとしての歴史の存在を承認することが求められよう。それはもはや、既成の研究分野への帰属意識を有効な研究方法とするものにはならず、研究者もまたみずからを異分野の隙間に身を置き、「閾の思考」を身につけることが新たな姿勢として必要となる。

こうして、序章において指摘した、他者の存在を抹消しようとする日本のナショナリズムへの批判は、その思考を規定する西洋の影響——とくに戦後日本における合衆国の圧倒的な拘束力——を検討しながら、そこで生じたポストモダニズムおよびポストコロニアル批評に導かれつつ、第六章において日本に対する東アジアからの眼差しへとたどり着くことになる。まさに他者の眼差しに自己を曝す経験を被ること。それが本書の意図するところである。そして、本書の最後を飾る「終章　故郷への帰還——ガヤトリ・チャクラヴォルティ・スピヴァクから山尾三省、そしてジョルジョ・アガンベンへ」では、ふたたび、私たちにとって「故郷」というものがどのようなものとして想起可能になるものなのか、ナショナリズムの回路に陥らないかたちでの、ポストコロニアリズムの、さらなる批判的な展開がはかられる。

その議論の中心的役割を果たす思想家がガヤトリ・チャクラヴォルティ・スピヴァクである。彼女は、自分自身を含むポストコロニアル知識人のコスモポリタン的思考をグローバル資本主義に乗じた搾取者の立場からの発想として厳しく批判する。そこで、コスモポリタン的なる流転の生ではなく、結局は地域に根ざして生きざるを得ない難民や移民を含む、一般の人びとにとっての「故郷」というものの意味が改めて問い直される。とくに、二〇一一年三月一一日の震災以降の状況を考えるならば、不本意なかたちで住み慣れた生活の場所を離れざるを得なくなった多くの故郷喪失者を生み出した日本社会にとって、日常的な生活共同体をあらためてどのように構築していくかという問題は深刻かつ痛切なものがある。本章ではそれを、屋久島在住の物故した詩人、山尾三省の言う「故郷」、さらにはジャン゠リュック・ナンシーの「特異なものたちの共同性」という視点と重ね合わせることで、スピヴァクの提起した「批判的地域主義」という未完の考え方を深化させていこうと試みる。さらにそれは、民主主義や世俗主義、あるいは非武装中立といった戦後日本を支えてきた啓蒙主義的な諸言説の再検討へと私たちを導くものともなり、ジョルジュ・アガンベンやアサド、あるいは沖縄在住の作家、目取真俊といった人びとの思考へと目を向けさせていく。それは、冷戦下に合衆国の影響力のもとに形成された、東アジアにおける日本という社会の置かれた場所を問いなおす契機となろう。

私たちが国民国家という主体に代わる「アイデンティティなき立場」を構想しようとするかぎり、本書で扱ったポストコロニアル批評の異種混淆性や異質性、あるいはポストモダニズムの脱構築や特異性という概念は、もはや今日では同時代的な状況介入を試みようとするかぎり避けて通ることのできないものであろう。問題はそれをポストモダンやポストコロニアルという安易なジャーゴンに閉じこめてしまうことなく、自らの主体の日常的なあり方を脱臼せしめるような感受性へと実践的な回路を開いていくことができるかどうかなのである。本書を通して述べていることは、私たち自身の身体に起こる日常的な感覚を覚醒させるという問題であり、現実離れした抽象的な理屈などではない。同時にそれは、今ここにある私たちの日常的な共同性を、いまだ出会ったことのない、あるいはもはや会うことのなくなった遠く離れた他者への想いを織り込みながら、どのように越境的に構築していくかという骨の折れる作業を要求するものでもあるのだ。

注

＊1――エマニュエル・レヴィナス『全体性と無限』一九六一年（熊野純彦訳、岩波文庫、二〇〇五年、上巻、一六一・三五〇―三五二頁）。

＊2――熊野純彦『レヴィナス入門』ちくま新書、一九九九年、二一三頁。

＊3――ジークムント・フロイト「ナルシシズム入門」一九一四年（懸田克躬／吉村博次訳『フロイト著作集　第五巻』人文書院、一九六九年、一一〇―一一一頁）。

＊4――ルース・ベネディクト『定訳菊と刀――日本文化の型』一九四六年（長谷川松治訳、現代教養文庫、一九四八年／一九六七年、二五六・二五八頁）。

＊5――エドワード・サイード「西洋の陰で」一九八五年、ゴウリ・ヴィシュワナータン編『権力、政治、文化、国家――エドワード・W・サイード発言集成』二〇〇一年（坂野由紀子訳、太田出版、二〇〇七年、上巻、八八頁）。

＊6――相沢忠洋『岩宿の発見――幻の旧石器を求めて』講談社、一九六九年、六三―六五頁。

＊7――ノスタルジアについては、磯前順一『喪失とノスタルジア――近代日本の余白へ』みすず書房、二〇〇七年、一五頁・一八〇頁等。エリアーデの定義については、ミルチャ・エリアーデ『聖なる時間と空間宗教学概論　三』一九六八年（久米博訳『エリアーデ著作集　第三巻』せりか書房、一九八五年、八二―八三頁）。

＊8――この部分の記述は、磯前順一「言葉と物のあいだ――記紀と考古学」『記紀神話と考古学――歴史的始原へのノスタルジア』角川学芸出版、二〇〇九年、に拠る。

＊9――ミシェル・フーコー『監獄の誕生――監視と処罰』一九七五年（田村俶訳、新潮社、一九七七年、一四三頁等）。

＊10――酒井直樹『過去の声――一八世紀日本の言説における言語の地位』一九九二年（酒井監訳、以文社、二〇〇二年、四〇頁）。

＊11――ホミ・バーバ「文化の中間者」スチュアート・ホール／ポール・ドゥ・ゲイ編『カルチュラル・アイデンティティの諸問題――誰がアイデンティティを必要とするのか』一九九六年（林完枝訳、大村書店、二〇〇一年）。

＊12――エドワード・サイード「文化と帝国主義」一九九三年、ヴィシュワナータン編前掲『権力、政治、文化』（大橋洋一訳、

上巻、三六二頁)。

*13——エドワード・サイード「わが帰還の権利」二〇〇〇年、ヴィシュワナータン前掲編『権力、政治、文化』(田村理香訳、下巻、三〇五頁)。

*14——他者に出会うという行為のもつ意味については、磯前順一「解題　古代人の想像力——西郷信綱の神話論」(『西郷信綱著作集第二巻』平凡社、二〇一二年)を参照のこと。

*15——ホミ・バーバ「アウラとアゴラ——他者との交渉に開かれた陶酔、そして隙間から語ること」一九九六年(磯前順一/ダニエル・ガリモア訳『ナラティヴの権利戸惑いの生へ向けて』みすず書房、二〇〇九年)、スチュアート・ホール「ジャマイカの宗教イデオロギーと社会運動」一九八五年(磯前順一/タラル・アサド編『宗教を語りなおす——近代カテゴリーの再考』磯前順一/トレント・マクシー訳、みすず書房、二〇〇六年)。

*16——エドワード・サイード『遠い場所の記憶自伝』一九九九年(中野真紀子訳、みすず書房、二〇〇一年、三四一頁)。

*17——同右書(三四一頁)。

*18——サイード前掲「我が帰還の権利」(下巻、二九六—二九八頁)。

*19——「「次世代に歴史引き継ぐ」明治神宮が国際神道文化研究所」『産経新聞』二〇〇八年四月三〇日。

*20——神道国際学会 htp://www.shinto.org/

*21——國學院大學神道文化学部 htp://www.kokugakuin.ac.jp/shinto/

*22——今泉宜子編『明治神宮戦後復興の軌跡——いとも厳しく美はしく社殿成りて』明治神宮社務所発行、鹿島出版会、二〇〇八年、一三四—一三五頁。

*23——同右書、一三五頁。

*24——同右書、一二頁。

*25——同右書、一二—一四頁。

*26——韓晳曦『日本の朝鮮支配と宗教政策』未來社、一九八八年。蔡錦堂『日本帝国主義下台湾の宗教政策』同成社、一九九四年。中島三千男「「海外神社」研究序説」『歴史評論』第六〇二号、二〇〇〇年。青井哲人『植民地神社と帝国日本』吉川弘文館、二〇〇五年。

*27——김두찬「혹독했던 신사참배강요：그 만행、그 진상——내가 겪은 일제침략을 증언한다（九）」〝동아일보〟一九八二

년 八월 一六일（金斗燦「残酷だった神社参拝強要：その蛮行、その真相——俺の経験した日帝侵略を証言する（九）」『東亜日報』一九八二年八月一六日）。なお日本語訳は宋友恵『空と風と星の詩人　尹東柱評伝』二〇〇四年（愛沢革訳、藤原書店、二〇〇九年、二〇三—二〇五頁）。

＊28——「明治神宮の大鳥居は日本一ですか？」（明治神宮ウェブサイト）htp://www.meijijingu.or.jp/qa/jingu/12. html

＊29——金哲「韓国の民族‐民衆文学とファシズム——金芝河の場合」一九九八年（崔真碩訳『現代思想』第二九巻第一六号、二〇〇一年、一九八頁—一九九頁）、林志弦「朝鮮半島の民族主義と権力の言説——比較史的問題提起」二〇〇〇年（板垣竜太訳『現代思想』第二八巻第七号、二〇〇〇年、一三八—一三九頁）。

＊30——Klaus Antoni, "Book Review Shinto in History: Ways of the Kami, John Breenand Mark Teeuwen eds., Curzon: Richmond, Surey, U.K., 2000," in *Journal of Japanese Studies*, 27/2, 2001.

＊31——酒井直樹『日本／映像／米国——共感の共同体と帝国的国民主義』青土社、二〇〇七年、二三四—二三五頁。

＊32——同右書、一一三頁。

＊33——同右書、二五〇—二五一頁。

＊34——ジュディス・バトラー『生のあやうさ——哀悼と暴力の政治学』二〇〇四年（本橋哲也訳、以文社、二〇〇七年、九五頁）。

＊35——ホミ・バーバ「散種するネイション——時間、ナラティヴ、そして近代ネイションの余白」一九九四年（前掲『ナラティヴの権利』一一五頁）。

第一章　思想を紡ぎだす声

——はざまに立つ歴史家

安丸良夫

なおの内面的世界は、一見すればなおの生活思想を通して社会体制へ統合されているように見えながら、なおが必死に努力すればするほど、じつは亀裂と疎外のなかでふかく傷ついていったのであって、そこに醸成されてきたなにものかがやがて神の声として、社会にむきなおって自己主張しはじめるのである。

安丸良夫『出口なお』[*1]

第一節　民衆を記述する

サバルタン研究から

一九八八年にインドの研究者、ガヤトリ・チャクラヴォルティ・スピヴァクが「サバルタンは語ることができるか」という問いを発して以来、インドのサバルタン・スタディーズをはじめ、民衆史の歴史叙述は根源的な問題をかかえてきた。それは、民衆史が記述対象とする「民衆」なるものの真正さが、知識人たる研究者との関係性の中で表象可能になったものにすぎないのではないかという疑念である。サバルタンの自己表象の不能性について、スピヴァクは次のように述べている。

「サバルタンは語ることができない」ということは、サバルタンが死をして語ろうとするときですら、彼女は聞いてもらうことができない、そして語ることと聞くことが一対になり、初めて言語行為は完成するのだ、ということなのです。[*2]

彼女の指摘によって、民衆史における記述の実体性は大きく揺らぐことになり、歴史家は自分の叙述をとおして描き出された民衆あるいはサバルタンと呼ばれる人びとの表象がどのような性質のものなのか、現実に暮らす人びとどのような関係を有するものなのか、再考を促されることになった。その中で「私はサバルタンと同盟しているなどとは言ったことは一度もない。私はサバルタンを名づける側にいるのだ」[*3]と断言したスピヴァクの指摘は、それまでも多くの研究者が意識はしていないながらも言明を避けてきた民衆と知識人との権力的な関係を白日のもとに曝すものになったわけである。

彼ら［歴史家］は……自分たちの仕事の方向性が持つ意味を認めようとしないまま、否応なく、サバルタンを「知らない間に客観化」してしまい、因果性と自己決定という考え方をサバルタンに返してやることで、彼らを知識によって支配してしまう……。全体性（したがって全体化すること）を欲して……「サバルタンの人々それ自体」に一様な名前を付けてしまうという法則……と共謀することになるだろう。[*4]

このような表象行為のかかえる暴力性を問題とする姿勢は、スーザン・ソンタグの写真論にも通底するものだが、そこから彼女自身がどのような民衆叙述の戦略をとったかについては後で述べるとして、ひとつはレイ・チョウが『ディアスポラの知識人』で展開したように、あるいはスピヴァク自身も西側の知識人としてのフーコーやドゥルーズの立場を指弾したように、知識人の表象力がおびる権力性を厳しく批判する方向が展開されていった。[*5]さらに、そこから知識人の表象によって構築された民衆概念がはらむ近代主義的な主体性を問題にする声も上がってきた。たとえば、そのような観点から日本の民衆史――具体的には安丸良夫の研究――を問題にしたものとして、アメリカ合衆国の日本研究者であるタカシ・フジタニによる批判がある。

近代ブルジョア西洋にあったと信じられている〈自発的で一元的な主体〉と相通じる主体を形成することに

> よってのみ真の社会批判が可能になる、と考える近代主義者の視座を安丸たちが完全に放棄したわけではなかった。……この［安丸の描く］出口なおの批判が、「自発的で単一的な」主体がなくてはありえなかったと結論づけねばならない理由はどこにもない。実際、複数のアイデンティティーをつうじて複合的に変容できる主体をもっていたことが、出口なおの徹底的な社会批判の形成を可能にしたともいえるのである。[*6]（傍点は磯前）

たしかに、スピヴァクの言うように「研究者の占めている場所を問題化」し、「自分のとっている位置がどんなに根拠の危ういものであるかを徹底して前面に押し出そうとする」ことは今日の歴史叙述をおこなうにあたって欠かせない批判的作業ではある。[*7] しかし、その批判に自覚的になったからと言って、表象行為がもたらす主体化過程を研究者が免れえるわけではない。もちろん表象行為が暴力性を孕むからと言って、表象行為そのものをやめてしまえばよいということにはならない。われわれが他者と関わるコミュニケーション手段として表象行為は欠かせないものであり、問題は主体化過程の孕む問題をいかに主題化して、主体化行為を引き受けていくなかで、それをどのように脱構築させていくかということにかかっているように思われる。それは、一元的な主体化を複数的なものにすればよいというような多元主義的な提言では不十分であり、民衆を叙述する際に不可避に起こる主体化行為が根本的にどのような過程として作動するものなのか、その叙述行為にともなって起こる主体化過程のメカニズムそのものを解明していくことが求められていると見るべきであろう。その点で、主体をめぐるスピヴァクの次の発言はきわめて示唆に富むものである。

> 脱構築は主体が存在しないなどとは決して言わない。真実が存在しないとも、歴史が存在しないとも決して言わない。誤りを暴露することが目的でもない。脱構築は、さまざまな真実がいかに作り出されてゆくかを

絶えず調べることである。それが脱構築がロゴス中心主義を病理だと言わない理由であり、われわれが形而上学的な拘束かられることができるなどと口にしない理由である。脱構築を定立するならば、……人が欲せずにはいられないものを絶えず批判してゆくことと言えよう。[*8]

スピヴァク自身の民衆叙述の戦略に戻って言うならば、彼女の認識論的批判の目的とするところは、民衆と知識人の認識論的な断絶をふまえたうえで、再度、その両者のあいだに「応答が双方向に流れるような、サバルタンとの応答責任の構造に参入する」[*9]ことにある。彼女はサバルタンに対して、「どうやって耳を傾けるかを学ぶことが必要なのです」と繰り返し述べているが、それは「語る側と聞く側の相互関係」が成り立たない状況のなかで、いかにして「サバルタンとの応答責任の構造に参入する」かという難題を解きあかしていくためのものなのである。[*10]

そして、彼女は「サバルタン」という実体的な含意を有する概念のほかに、「サバルタン性 subalternity」という表象過程における関係性の概念を用いて、「私たちが純粋なサバルタンを目にすることはありません。サバルタン性という概念自体のなかに、語ることのないこと、という性質があることになります」[*11]と説明を加えている。サバルタン性という関係概念が議論に挿入されることで、サバルタンという概念にしても固定された歴史的実体としてではなく、あくまで歴史叙述による表象過程のなかで、それぞれの状況のもとで個別に分節化されてくる関係概念として捉え直されていくことになる。

このようなサバルタン性という関係概念のもとにサバルタンという表象を捉え返すとき、「サバルタンとは、歴史を論理的な物語にしようとするとき必然的に浮かび上がってくる、絶対的な限界領域だ」[*12]という、関係概念として表象可能になる認識論的性質が明確に意識されていく。そのようなサバルタンの認識論的性質をふまえたうえで、「本質化する契機、それは彼ら［研究者］の批判の対象そのものなのだが、それがさけられないという、論理構造上の逆説まで、彼らは共有するのである」という、サバルタン表象をめぐる「肯定的な脱構築」としての「本質主義の戦略的使用 strategic use of essentialism」が表象主体である研究者によって自覚的に採用されることが可能になるのである。[*13] つまり、個々の状況下において表象力を握った認識者が主体化作用のもとに分節化していく暫時的で流動的な記述客体、それが民衆でありサバルタンという概念の正体ということになろう。

ここまで、スピヴァクのサバルタン研究批判を通して、研究者が民衆を叙述することに孕まれる困難さを確認してきたわけであるが、実際にそのような表象をめぐる権力関係を具体的な歴史叙述にどのように織り込んでいくかという段階になると、あくまでその本分は歴史家ではなく、文学研究者であり理論家であるスピヴァクの研究を追うだけでは不十分になってしまう。研究者自身の立場性の理論的反省としてはきわめて有効な議論なのだが、それを実際に民衆やサバルタンを論じる際にどのように用いるかという点になると、そこで多くの研究者が足踏みをしている状態に置かれているというところなのだろうか。

安丸民衆史へ

いささか長い前置きになったが、このような民衆表象の権力性の問題をふまえて、日本の歴史学を振り返るとき、すでに一九六〇年代の段階から、スピヴァクがサバルタン性と呼んだような民衆の表象不能性をふまえた研究が登場していたことに気づく。それが、さきにタカシ・フジタニが民衆史の代表的研究者として言及していた安丸良夫の仕事である。安丸は一九六〇年代に研究を開始し、インドのサバルタン研究、あるいはスチュアート・ホールを中心とするカルチュラル・スタディーズに併行するように、民衆史を牽引するかたちで二〇〇〇年代の現在にいたるまで第一線の歴史学者として活動を展開している。その彼が「民衆とは、自己と世界の全体性を独自に意味づける権能を拒まれている人たちのことであ」[*14]るという意味のもとに、いちはやく一九六〇年代中盤に次のように述べていたことは、スピヴァクの問題意識を先取りしたかたちで、歴史叙述の実践的現場からいち早く問題提起した発言として評価されよう。

封建イデオロギーは、封建的身分秩序を徳や救済にいたるためのヒエラルキーだと主張し、そのことによって民衆を思想主体から排除し、信念や価値の世界を支配階級の手に独占するものだった。儒教道徳がどれほど強調されようと、それは支配者から民衆に一方的におよぼされるものであり、民衆は儒教道徳を自覚的に担ってゆく責任主体ではない。そしてこのように、民衆をそれ自体としては思想的に無であり、封建的身分制のなかでのみ思想や価値の世界に参与できると説くことによって、現実的には徳の体現者としての支配階級の権力支配がイデオロギー的に弁証されているのであって、道徳主義と権力支配は表裏一体をなしている。[*15]

（傍点は磯前）

ただし、知識人と民衆のあいだに存在する表象の権力をめぐる問題の捉え方は、安丸とスピヴァクとがまったく同一というわけではない。スピヴァクは知識人批判を主眼としてサバルタンの発話不能性を説き、表象機能の次元における両者の断絶を強調したわけだが、これから論じるように安丸は民衆の発話の困難さを認めながらも、むしろそこから知識人に対抗し得るような民衆独自の表象の可能性を模索していく。このことは、スピヴァクの指摘がサバルタン研究の歴史叙述に実践的な成果をもたらし得なかった理由を考える際にも有力な手掛かりを与えるものとなろう。すなわち、スピヴァクの議論は知識人批判に力点を置いているために、民衆を代理表象することの困難さが強調されることになり、民衆そのものはあくまで知識人によって描き出される受動的な対象として措定されるのにとどまってしまう。しかし安丸の場合には、一方で近代啓蒙主義的な知識人を厳しく批判するものの、その研究主眼は知識人批判に終始するものではなく、むしろ民衆自身がそのような発話の困難さをどのように突破して、みずからの表現の可能性を獲得するかという民衆の記述そのものに関心が置かれているのである。安丸は、それが例外的な状況のもとに起きるにすぎないものにしろ、民衆もまた世界全体を表象しうる契機を有することを再三力説している。たとえば次のくだりでは、民衆宗教である大本教の教祖、出口なおが世界と自己に関する全体性のヴィジョンを獲得する過程を説明している。

生活者としてのなおには、日常的些事のはてしないつらなりとしての苦難があったが、神がかりしたなおは、自分の苦難のなかへ凹型に降りていって、そこから独自の意味をくみあげ、そこに拠点をすえて世界の全体性をとらえかえすようになったのである。神がかり以前には、無学無筆のつつましく貧しい女だったなおが、自分と世界とについての独自の意味づけへと到達することができたのは、もちろん、神がかりという媒介があったからである。……民衆とは、自己と世界の全体性を独自に意味づける権能を拒まれている人たちのことであり、神がかりとは、こうした人たちが神という現存の秩序をこえる権威を構築することによって、自己と世界との独自な意味づけに道を拓く特殊な様式のことである。[*16]（傍点は磯前）

安丸の言う「全体性」とはかれの歴史学の中核をなす概念のひとつであり、若き日に安丸が愛読したサルトル『弁証法的理性批判』（一九六〇年）を経て、ルカーチ『歴史と階級意識』（一九二三年）およびマンハイム『イデオロギーとユートピア』（一九二九年）へとさかのぼる、広義の西欧マルクス主義の流れをくむものである。安丸が第一作『日本の近代化と民衆思想』（一九七四年）の扉に引いたサルトルの「反省的自覚」という言葉は、彼がいまだ全体性という言葉を自覚的に使う前の段階のものだが、すでに安丸の言う全体性がどのようなものかを端的に物語るものとなっている。

だれもが自己を把握し、社会における自己の地位を把握したいと願うのですが、技術をもたないため、この

「反省的自覚」を、完全に、ぎりぎりのところまで、徹底的に遂行することができないのです。ところが、めいめいが生きているこの野蛮な社会をふたたび掌握するためには、どうしてもこの「反省的自覚」が必要です。[*17]（傍点は磯前）

そして何よりも安丸においては、プロレタリアートや民衆は一般に認識の全体性を獲得することを拒まれた存在なのである。それに比して、スピヴァクは民衆自体が断片化された存在であるとしてサバルタンの本質を捉えたわけであり、サバルタンという言葉の提唱者であったイタリアのマルクス主義者グラムシの考えに近いものと考えられる。[*18] この立場のもとでは民衆は支配者や知識人に従属し、そうすることで体系性や意味を付与される存在として位置づけられている。安丸もまた民衆の基本的性質を断片性に求めながらも、民衆自体が全体性を獲得しうる契機を持ちうるとし、みずからの研究を通してその痕跡と可能性を模索する点で見解をかなり異にする。その意味で、フレドリック・ジェイムスンが西欧マルクス主義の全体性をヴァルター・ベンヤミンをとおして考察したなかで述べているように、安丸にとっても「全体化は、存在というよりもむしろ生成であ」り、「あらゆる面での全般的疎外と非人間化」に抗して「歴史的状況がたえずうちこわそうとする経験の心的全体性ないし統一を、なんとかつくり出そうとする苦痛にみちた緊張に彩られている」のだ。[*19] 全体性はその根源的な到達不能性ゆえに、弁証法的につねに解釈者の置かれた社会状況を含みこんで再解釈され、そのヴィジョンが更新されていくものとなるのである。

このように安丸の発言を注意深く読むならば、彼の全体性という概念は実体的なものではなく、むしろベンヤミンが「歴史哲学テーゼ」（一九四〇年）の中で語ったような「刹那に一瞬ひらめきもう二度と現われはしない」、「危機の瞬間にひらめく」更新的なものなのである。[*20] 安丸はそのような歴史の隙間に現われ出る「メシア的希望」に対して、「私たちのいまだ達成しえていないというか、むしろ、けっして成就されることのないユートピアとして」「希望」を仮託しているのだ。[*21]

そして、この刹那に現われるヴィジョンを、ふたたび回帰してくる日常のなかにどのように定着させて受け継いでいくか、そこに安丸の民衆史をめぐる思考は一貫して収斂していく。安丸は世直しのような民衆思想が「近代資本主義社会の論理に敗北せざるをえないにもかかわらず」、そこで問われるべきは「敗北の質であり、それがなにを達成した敗北であり、のちの歴史になにを伝統として定着したかにある」と述べる。[*22]

幕末維新期にブルジョア民主主義革命の可能性や萌芽があったとか、小生産者農民に現実的な解放の条件や可能性があったとか主張するのは、本稿の立場ではない。……政治史的にいえば、そのような可能性はまったくなかったといわねばならない。私はただ、いまようやく、……幕末維新という一つの変革期が到来したことによって、まだ萌芽的とはいえ、広汎な民衆の可能意識の自由な羽ばたきが可能になったのだということを確認したいのである。[*23]（傍点は磯前）

つまり、戦後歴史学の骨子をになってきたマルクス主義のように社会主義革命を夢見るのではなく、そのような希望が潰えた敗北状況においてこそ、「メシア的希望」の可能性——安丸にとっては可能意識としての全体性のヴィジョン——が問われなければならないと考えているのである。この点において安丸は戦後歴史学の流れをくみながらも、社会主義革命という幻想に支えられてきたロシア・マルクス主義とは一線を画する立場に一貫して立つものであった。それは一九五〇年代および六〇年代の冒頭の、二度の安保闘争におけるマルクス主義運動の政治的敗北を事実として引き受けたうえで、その可能性をどのように見出していくかという危機意識から生じた苦渋の選択とも考えられよう。

日本史学史における評価からすれば、安丸自身が評するように、民衆史とは「六〇年代半ばから七〇年代にかけて大きな知的衝撃力をもち」、「戦後歴史学」をささえた重要な一齣ということになろう。[*24] しかし、本章のような視点から考えるならば、少なくとも安丸の民衆史は、ルカーチら西欧マルクス主義が提起する認識論的な問題をふまえたうえで、スピヴァクが提起するような歴史学が不可避に孕まざるをえない表象の権力性の問題を、より民衆側の自己表象の問題として考え抜こうとした歴史的営為ということになる。

自分がどんなこだわりにとりつかれて生きてきたか……それを敢えて一言でいってみれば、広義の思想史を方法として歴史的世界の全体像に迫ること、またそうした試みの中で自分の生の位置と意味とをなにほどか掘り下げて捉え返そうとする拙い試みのあれこれだった、というようなことになろうか。[*25]

すなわち、安丸の歴史学そのものが、研究対象とする民衆宗教や百姓一揆と同じように、「全体性」のヴィジョンを獲得しようとする意志、マンハイムの言うところの「全体性をめざす志向」[*26]にとりつかれたものなのである。「私」という存在が、マンハイムの言うような存在拘束性を被るものであるからこそ、研究者は「自己自身の立場さえ、イデオロギーとみなす勇気がなければなら」[*27]ず、そこから解釈は不可避に認識主体の拠って立つ地平からの制約を受けることになる。そして、研究者がみずからの歴史学を通じて獲得しようとする民衆に関する全体性のヴィジョンもまた、民衆たちが自己自身と世界の全体性をつかのまでしか摑めないように、それもまた「私たちのいまだ達成しえていないというか、むしろ、けっして成就されることのない」ものであるという透徹した認識を安丸は有している。

私は、私たちにもっとも身近な存在であり、ある意味では私たち自身である民衆の生活経験が、学問の言葉に翻案されていないという感覚をずっと若いころからもっていた。もとより、民衆の生活経験を学問の言葉に組み換えるというのは途方もないことであり、原理的には不可能なことだともいえよう。しかし、学問・大学・知識人のシステムにうまく適応できなかったということから、私はおそらく生涯を通してそうした不可能な主題の周辺をさまようこととなったのであろう。[*28]（傍点は磯前）

では、そのようなポストモダニズムの言語論的転回のような認識を、いちはやく安丸が獲得できたのはなぜか。彼自身の置かれた状況のなかから、その手がかりを探していきたい。

はざまに身を置くこと

現代の知識人の役割を「不安定で遊牧民的な……孤独な、むくわれない生きざま[*29]」に求めるアメリカ在住のパレスチナ人、エドワード・サイードは、自分のアイデンティティを次のように述べている。

> わたしは難民ではありません。しかし居場所がないとは感じています。自分の人生の起源から切り離されているのです。わたしは故郷を持たずに生きている。故郷喪失者です。[*30]

このようなどこにも同化することのできない違和感を抱え込んでしまった存在を、今日のポストコロニアル研究は「ディアスポラ」と呼び、なかでもホミ・バーバはそのはざまで宙吊りにされた状態を“in-between”と名づけた。[*31]ポストコロニアル研究では、このような状態が失われた母国と移住先の国のあいだに身を置く者たちに起こるとするが、人生の大半を日本のような一つの国で暮らす者にも同様に日常的な経験として起こることである。安丸もまた、若き日の大学生活で感じた違和感を次のように振り返っている。

京都大学へ入学した私は、故郷との往復はたいがい夜行列車にした。……ゴトンゴトンと鳴る汽車の響き、ときたま聞こえる汽笛、夜中に人気のない小さな駅で停車しまた発車するときの車輌のゆれや響き、……いずれもいま自分が異なった世界へと旅しているのだなぁという感慨を誘った。十八歳まで育った故郷のほうが心安らかで幸せだというのではなかった。……それはまた私の心身を蜘蛛の糸のように縛っているしがらみであり、他方私は、なによりも自分の精神に自立性を獲得して、人生や社会や人間が生きることの意味などについて、自由に考えてみたかったのである。そのためには、都会へ出て大学へ入ることがそのころの私には絶対的条件のように思えたのだが、しかしまたその都会での学生生活は、容易にはなじみ難い異界体験だった。[*32]

はざまに身を置くということは、必然的に特定の立場に同一化できない状況をもたらすため、居心地の悪さや苦痛を私たちにもたらす。だが同時に、なにものにも同化できない状態こそが、日常に同化してしまった者には見えないヴィジョンを垣間見させる契機にもなる。ホミ・バーバは“in-between”という「均質化できない共約不能な隙間」[*33]がもたらすアイデンティティの攪乱を、ベンヤミンの翻訳概念を通して、異文化のはざまに立つ翻訳者の使命だと述べている。このような「文化的差異の無気味な構造」[*34]が顕わになる過程を通して、安丸はみずからを異文化のはざまに立つ翻訳者、あるいは単一的と思われた文化の内から立ち現われる亀裂に身を曝す翻訳者として自己の役割を見定めていくことになる。安丸の場合には、このはざまに身を置くという状態が、都会と田舎のあいだ、すなわち学問と日常生活の双方に対する違和感として立ち現れ、彼の思考およびその存在のあり方を決定づけていったのである。

ここで確認しておきたいのは、はざまに在るということは、どこにも帰属することのない神のごとき超越的な立場を意味するものではないということである。民衆世界につよく規定されていながらも、その世界から逸脱してしまう、知識人の世界で活動していながらも、そこに同化し切ることができない。ディアスポラとは何処からも関係性が遮断された第三者的な傍観者を意味するのではなく、自分が失った故郷への想いに捕らわれながらも、同時にそこからはじき出されてしまう現実のはざまで、"in-between"で喘ぐものなのだ。そのような同一性と差異性のはざまに身を曝すことで、安丸が全体性と呼ぶヴィジョンもまた、自分と緊張関係にある世界に対して獲得することが可能になるものと思われる。事実、彼は「私のいわゆる「通俗道徳」論は、明らかに高校卒業時までそこで暮らした地域社会での生活体験に根ざしたもので、私はいつも自分の学んでいることを、ほとんど無自覚のうちにも自分の青年期までの生活体験と重ね合わせて対照させていたのである」（傍点は磯前）と認める一方で、「この地方ではもっとも普通のことも、その特徴を理解するためには外部の目が必要だったわけです」[*35]と述べている。

このようなはざまに身を置いたがゆえの違和感と引き換えに、安丸は全体性のヴィジョンのもとに民衆史の構想を手に入れ、「近代化していく日本社会の偽善と欺瞞のふかさ」、言い換えれば「歴史の暗闇にうち捨てられていった人々の想いの重さ」を照らし出すことをこころみていく。[*36]安丸はその第一作『日本の近代化と民衆思想』（一九七四年）の「あとがき」で、このように自分の民衆観を説明している。

> 本書は、歴史をおしすすめる根源的な活動力は民衆自身だという理解にたつ。しかし、民衆はそのようなものであるからこそ、民衆は歴史をおしすすめることによって自分の内部にかえってあらたな問題をかかえこむのである……歴史における民集の問題は、単純に意気軒昂としてものであることができず困難と苦渋とにみちたものであるほかない。そうした困難と苦渋を生き、しかも根源的には不思議な明るさを失わない民衆の生き方・意識の仕方を通して、歴史のより根源的な真実に迫りたいというのが、本書の著者としての私の立場である。[*37]（傍点は磯前）

安丸の理解によれば、民衆と研究者は、その主体性が確立する際に抱え込まざるを得ない困難さを共有している点で、なんら変わらない立場にたっている。ただ、民衆がその日常においては辿り着くことのできない全体性のヴィジョンを、かつて民衆が百姓一揆や民衆宗教において成し遂げた伝統として、彼ら自身の過去の歴史のなかから見出して記述しようとするのが、安丸民衆史の核をなす研究動機なのである。

そして、かれにとって「歴史研究が「自分」と「今」から絶えず出発しなおす反省的思索」[*38]である以上、このような実存的問いとしての民衆史研究がどのような状況のもとにおいて思考され、いかなる構想をもって立ち現れてきたものなのか、それを安丸の歴史学が描いてきた軌跡をとおして今あらためて捉え直してみる必要があろう。以下、本章では安丸民衆史の仕事を、ある程度年代順に主題化され、その議論が熟成されていったと考えられる通俗道徳論、世直し論、天皇像論の三つの主題に沿って、彼の学問の全体像がどのような構想をもち、それをとおしてどのような民衆の可能性と限界を描き出そうとしてきたのかを検証していきたい。

これら三つの主題は、一九六〇年の安保闘争の余燼がくすぶるなかで執筆された「日本の近代化と民衆思想」(一九六五年)、一九六〇年代末から一九七〇年代の学生運動やカウンターカルチャーを通した非日常的祝祭の時代的雰囲気に呼応する『出口なお』(一九七七年)、昭和という時代が終焉を迎えるなかで書きすすめられた『近代天皇像の形成』(一九九二年)という各著作を通して、その研究のあり方をはっきりと把握することができる。そして、いずれの時期においても、安丸は全体性に加え、主体性と両義性といった概念を駆使することで、これら三つの領域を関係づけて構造化してきたことは、その議論全体を理解するためには見逃すことのできない点である。これからの議論のなかで、これらの概念がどのような意味をもつものなのかを順次考えていくなかで、安丸が研究対象とする民衆世界とどのように向かい合い、その叙述を通して何を描きだそうとしてきたのか。その語りの動機とその戦略を再整理していきたい。

第二節　困難なる主体——通俗道徳論

非サバルタンとしての民衆

通俗道徳論は、「資本主義の形成過程——農民層分解の過程を、その渦中におかれた人々の主体性の問題としてとらえた」[*39]観点から、一九六五年の論文「日本の近代化と民衆思想」および「民衆道徳とイデオロギー思想」（一九六八年）で展開された議論であり、今日にいたる安丸民衆史の「出発点」[*40]をなす研究領域である。安丸は出口なおの例に即して、自分の通俗道徳論を次のように規定している。

なおの生活思想からすれば、誰にも不平をいわず辛抱づよく耐え、勤勉、律儀で正直に生きれば、結局のところはどのような困難もくぐりぬけられるはずのものであった。こうした生活思想は、……近世の中期ほぼ享保期以降に石門心学や富士講のような思想運動を媒介として自覚的なかたちをとり、それがやがて豪農商層の主導権を媒介として広汎な民衆にも受容されていったものである。……いまこうした生活思想を、「通俗道徳」的な自己規律・自己鍛錬とよぶとすれば、こうした形態をとった自己規律・自己鍛錬こそ、封建社会から近代社会にかけての日本社会の転換をその基底部でささえた民衆的エートスであり、民衆の精神的な自立のかたちであった。[*41]（傍点は磯前）

ただし、それは個人の倫理ではなく、あくまで「家族を単位とした自律・自立の論理」であり、市場経済と国民国家を民衆世界に定着させる場として大きな役割を果たしたことが強調される。[*42] ここで大切なことは、「近代化してゆく日本社会において新しく形成された意識形態[43]」であり、「豪農商層」を直接的な担い手とした歴史的形成物として捉えられていることである。そして、「「通俗道徳」が成立したことは、民衆の生活伝統からなにほどか分離し理念化されて、あるまとまりをもった自己規律的規範が成立した[44]」という安丸の発言は、通俗道徳が民衆の日常生活――安丸はそれを「民俗的世界」とよぶ――から飛躍したところに成立するものであることも示している。安丸が通俗道徳を通してえがく民衆の世界は、歴史を超えて連綿と続く伝統体としての民衆概念とはまったく区別されるものなのである。

スピヴァクが指摘するごとく、サバルタンは語ることができないがゆえに、安丸はそのサバルタンがサバルタン性の境界を超えて思想形成をした層に焦点を当てて、民衆を論じたとも言える。その点について、事実、安丸は「私がやっているような通俗道徳的な民衆思想の受容層のさらに下層に通俗道徳など受容できないような広汎な貧しい大衆が存在する[45]」と、自分の議論の局所性を認めている。このようなサバルタン性の克服は、支配思想が民衆世界に下降するなかで起こる主体形成によって初めて可能になるものであった。それは、「もともとは支配階級のイデオロギー的武器である儒教、キリスト教などは、その教義の理想主義的側面を純粋化して支配階級の現実に適用してみれば、広汎な民衆に批判の武器をあたえるものだった[46]」とあるように、たんに支配思想に服従するのではなく、民衆による支配思想の横領（appropriation）をもたらすものでもあった。

それは安丸が言うように日本の近代化を推進する主動因となっていったわけだが、彼が自分の議論の意図を「日本近代社会形成過程における広汎な民衆の自己形成・自己鍛練の過程と意味を、その欺瞞性のカラクリをもふくめて……とらえようとする[47]」（傍点は磯前）とあるように、「成功しようとすれば通俗道徳のワナにかかって支配秩序を安定化させることになってしまう[48]」という自己矛盾を孕んだ過程として捉えられている。先に引いたように、安丸の民衆史観というものは、「歴史をおしすすめる根源的な活動力は民衆自身だという理解」に立ちながらも、「民衆は歴史をおしすすめることによって自分の内部にかえってあらたな問題をかかえこむ」といった

「困難と苦渋」に満ちた道を歩まざるをえないのである。

その点が、一九五〇年代の国民的歴史学あるいは七〇年代の人民闘争史など、共産党系のマルクス主義歴史学の民衆観のオプティミズムと安丸の通俗道徳論が著しく異なる点である。彼の民衆像は、歴史を推進する主体でありながらも、最後は権力に取り込まれる「敗北」を喫せざるを得ないものとして描かれている。それは、すでに述べたように一九五〇年代および六〇年代の安保闘争のマルクス主義の敗北を受けて、「近代資本主義社会の論理に敗北せざるをえない」という状況認識をえた安丸の冷徹な洞察から生じたところと言えよう。このように民衆の存在を両義的に捉えるがゆえに、近代進歩史観とは異なる、ベンヤミンのごとき、歴史のはざまで物を考える思考法を彼は選ぶことになったと思われる。このような通俗道徳のもつ両義性について、安丸は次のように述べている。

> 「心」の哲学は、封建的な身分制の具体的認識や批判においてはほとんど無力だったが、広汎な民衆に精神的な劣等意識とそれにともなう受動性や消極性を克服させるというてんでは、きわめて強力だった。「心」の無限性・絶対性の主張が、民衆の日常的生活活動の場にかぎりない信念と積極性をひきだした。このてんで、ことに重要なのは、農業や商業という産業活動の道徳的正当性が強く主張されたことである。[*49]（傍点は磯前）

儒学を母体とした通俗道徳は、ウェーバーの言うプロテスタンティズムと同様に、それまで蔑視された日常の労働を肯定するものとなり、資本主義経済に向かう近代化が推進されていくことになる。しかし、一方で「「心」の哲学においては、自己と万物が無媒介に融合してしまい、客観的世界を具体的に一歩一歩征服してゆくことができない」[*50]ため、自分を包摂する社会体制の矛盾を対象化することが困難にもなる。安丸がみずからの議論をウェーバーの『プロテスタンティズムと資本主義の精神』になぞらえたように、「日本近代社会形成過程における広汎な民衆の自己形成・自己鍛錬の過程と意味を、その欺瞞性のカラクリをもふくめて、民衆的諸思想の展開のうちにとらえようとする」点で、近代化を推進するエートスがみずからを近代の桎梏のなかへ閉じ込める契機にもなりうるのである。安丸自身が認めるように「社会の発展がまた抑圧の契機にもなるというアンビバレントな歴史への関心」[*51]（傍点は磯前）という点で、安丸はウェーバーとともにマルクス主義歴史学の単系進化論的なものの見方とは異なる立場にたつと言えよう。では、安丸が考える近代とは何なのか。近代のもつどのような状況に対して自分の民衆史という発話を介入させようとしてきたのか。その状況性について、もう少し具体的に内容を規定していきたい。

近代批判のヴィジョン

まず一点目は近代とは、資本主義による経済格差の拡大、過酷な収奪が行われる社会であるとされる。しかし、それが契機となって「没落の危機が、思想形成の決定的な契機」へと転じていく思想形成過程に安丸は可能性を見いだそうとしたわけである。二点目は、「国家意思にたいする私たちの自立の問題」[*52]という言葉にあるように、資本主義経済の結節点である国家権力の問題として近代が考えられていることである。国家権力は、一見民主的にみえる公共圏が暴力的な排除の原理に支えられたものであり、その中心にシンボルとして存在し続ける天皇制の問題へと繋がっていく。

このように資本主義と結びついた国家権力を批判対象に据えるという点では、安丸はマルクス主義歴史学の問題意識を明確に受け継いでいる。ただし、安丸において資本主義の推進と国家権力の強化という意味での近代化は、社会上層からの西洋文明化のみならず、民衆のなかからも通俗道徳を通じて補強されていくものとして捉えられている。

一方では、村落支配者層を中核的にない手とする「通俗道徳」型の運動があり、他方では、上からの近代化・文明開化政策の一定の成功があった。前者は、農村における労働集約的な生産力発展と結びつくことによって、近世後期以降各地に存在していた荒廃した村々を、復興し再編成していった。……そして、そのことによって、日本の民衆の生き方の理念型を提供し、民衆のさまざまの願望や努力をその枠組みのなかにみあげ、そのなかにとじこめていった。他方で、上からの近代化・資本主義化の「成功」が、右の路線が定着するためのより大きな歴史的枠組であり、またその逆に、「通俗道徳」型の運動の「成功」が、上からの近代化・資本主義化を民衆レベルで支える絶対の条件であった。[*53]（傍点は磯前）

そして、近代の要素として三番目にあげられるのが、西洋の啓蒙主義思想である。そのような啓蒙主義思想の担い手として、安丸は自分がつよく影響を受けたマルクス主義だけでなく、それ以上に、丸山眞男らの近代主義とロバート・ベラーらの近代化論を批判の俎上にあげる。「個人の内面的な世界の自立の欠如した国家の基礎に日本的な共同体がある……そのような日本社会にたいして、ヨーロッパの市民社会の理念を対置する。日本社会に内在的というよりも、外から啓蒙的に、そういう市民主義的イデオロギーをもって[*54]」というようにして、安丸は丸山思想史の限界を指摘する。さらにベラーに対しては、「近代化論は、安保闘争でたたかったかもしれない大衆にむかって、高度な経済成長をもっとも根本的な運動原理としている国家独占資本主義のもとで自足するように説得するものであった」と、その資本主義を全面的に肯定する論理を、「現存の社会体制に根本的な疑いをもつな……と説く」全体的否定性の契機を押し潰すものとして強く懸念する。[*55]

この近代化論に支えられた一九七〇年代以降の社会状況を批判するためには、近代化を推し進める通俗道徳的な主体では十分ではなく、そこから主体的跳躍を遂げた民衆宗教の教祖や百姓一揆のような全体的否定性のヴィジョンが求められているのだと考える。それは、「通俗道徳は……それ自体としては社会変革の論理でもないし、社会体制や国家権力の問題を具体的に考察するにふさわしい原理でもない。だから、通俗道徳的自己規律を懸命に実践し、極度の忍従、謙譲などの生活態度を身につけている一介の庶民が、秘められた憤りを爆発させて社会全体を批判しうるためには、この時代では宗教的媒介が不可欠だった。荒業と神憑りがそれである[*56]」と述べているとおりである。通俗道徳はそのような世直しの言動を準備する土台として、「広汎な民衆の強な自己鍛錬（主体的な自覚の過程）にささえられたときにはじめて、社会批判は、はげしさ、鋭さ、持続性、組織性などを獲得しうる[*57]」というかぎりにおいて、安丸においては評価されるものとなる。

事実、安丸は、一九六六年の論文「「世直し」の論理の系譜――丸山教を中心に」を皮切りに、七〇年代以降、「民衆蜂起の世界像」（一九七三年）、「民衆蜂起の意識過程」（一九七四年）、『出口なお』（一九七七年）、「困民党の意識過程」（一九八四年）、「大本教の千年王国主義的救済思想」（一九九三年）と、民衆宗教論と一揆論を相次いで発表していくことになる。そこで、安丸は、大本教の教祖、出口なおの思想には、近代の全面的批判という譲ることのできない契機が含まれているとして次のように述べている。

なおが必死にかさねてきた全人間的な努力が、事実のうえでは、既成の秩序や価値から無意味で無価値なものとして遺棄されてしまったのだから、こんどはなおが、自分の苦難にみちた努力には本当はふかい意味があるのではないのか、無意味で無価値なのは既成の秩序や価値の方ではないのか、とむきなおって問いかえすことになる。……この問いかえしは、近代化してゆく日本社会とのほぼ全面的な対決となったのである[*58]。

（傍点は磯前）

時間のはざまに立ちながら、「自己帰責の原則に自分を順応させ……抑うつ的で緊張にみちた〝近代〟[*59]」を全面的に批判していく。このような近代の社会・経済システムやイデオロギーとの対抗関係のなかで、安丸は「歴史的世界の全体像に迫る」概念化行為を繰り返してきたのであり、そこから安丸の言う全体性というものが、徹底した「否定性」を伴うことではじめて社会的に意味をもちうるものであることが理解されよう。[*60]そこで全体的否定性を可能とする主体の跳躍過程がいかにして可能になるかという問題が考えられていくわけだが、本章ではその議論に本格的に入る前に、通俗道徳によって立ちあげられる安丸の主体概念がどのようなものなのかを吟味しておきたい。

困難なる主体

安丸はマルクス主義や近代主義を批判する一方で、みずからの学問について、「民衆史は、戦後近代主義と正統派マルクス主義の「親に背いた息子」のような存在です」[*61]と、両者との密接な関係を認めている。そして、かれらから継承した点のひとつが、主体という概念であった。その点について、彼は次のように振り返っている。

日本の学問と思想の伝統からいうと、わたしが主体という考え方の影を引きずっていることは確かだし、いまでもそういう側面があると思います。ただ私の問題意識は、民衆の行動や意識が、時代や社会状況に応じた独自性があり、その社会的意識形態を内在的に分析できるはずだということです。[*62]

そこでは、安丸が主体概念をマルクス主義歴史学や丸山眞男から引き継いだことが述べられる一方で、幾分あいまいさを含む表現ながらも彼らとの相違が強調されている。しかし、先に述べたように、近代をどのように捉えるのかというヴィジョンにおいて安丸は国家権力と資本主義が生み出す社会格差を批判する点で、まぎれもなくマルクス主義歴史学の流れに立つものであった。そして、「歴史をおしすすめる根源的な活動力は民衆自身だという理解にたつ」点でもまた、マルクス主義歴史学の伝統をよく受け継ぐものでもあった。

ただし、マルクス主義歴史学が人民や民族を社会主義革命を推進する変革主体として肯定的に捉えるのに対して、安丸はそのような変革を一方的には肯ずることはせず、敗北との両義性のあいだで変革主体としての民衆を理解しようとする。その意味からすれば、マルクス主義の考える主体は安丸の通俗道徳論と異なり敗北を認めない主体であり、歴史の変革主体として一元的に措定されているために、安丸が明らかにしたような、思想形成前の民衆の一般的状態、通俗道徳を通した主体形成、そして民衆宗教や百姓一揆をとおした全体的否定性への主体的跳躍といった、主体の形成過程における複数の次元への眼差しがまったく欠落している。国民的歴史学が「民族」、人民闘争史が「人民」という言葉を用いたのに対し、安丸は色川らとともに「民衆」という言葉を用いることで、共産党などの前衛政党にも回収されず、「民衆とは生活者、生活の専門家」*[63]であるとして、より民俗的な次元を含みこみながら人びとの日常生活に迫ろうとしたのだと思われる。

一方それ以上に重要なのが、丸山の主体概念との関係だが、安丸もまたその概念をふまえつつ、西洋啓蒙主義の立場に立つ丸山のものとは決定的な相違をもつかたちで読み替えをおこなっている。以下、まず丸山の主体概念について概観しておきたい。彼は近世後期の思想家、荻生徂徠に「自然的秩序の論理の主体的作為のそれへの転換」を見出し、そこに「歴史を作る主体」としての「主体的人格」の成立を認める。*[64]

> 秩序に内在し、秩序を前提してゐた人間に逆に秩序に対する主体性を与へるためには、まづあらゆる非人格的なイデーの優位を排除し、一切の価値判断から自由な人格、彼の現実在そのものが窮極の根拠でありそれ以上の価値的及を許さざる如き人格、を思惟の出発点に置かねばならぬ。*[65]（傍点は磯前）

朱子学的な天地人の連続性から、人間を作為主体として切断せしめた思惟こそ、丸山によれば近代的主体の成立だということになる。このような人間の主体としての中心性は、安丸の通俗道徳的主体にも認められるところであり、安丸は「呪術の否定」として通俗道徳的な主体の成立を次のように述べる。

> 「心」の無限な可能性を信ずる人たちにとっては、人間のそとにあって人間を支配する不可思議で巨大な力は、もはや信じがたい。……呪術の否定は、極度に唯心的な「心」の哲学によって、世界を首尾一貫して筋道をたてて解釈したところにうまれた。そこには、カルヴィニズム的な予定説――彼岸思想の要素がまったく欠けており、徹底して現世的であるが、徹底した呪術否定の論理であることに変わりはない。……「心」の無限性を根拠にしたあかるい現世主義である。[*66]（傍点は磯前）

しかし、そこで成立した主体は、「自己と万物が無媒介に融合してしまい、客観的世界を具体的に一歩一歩征服してゆくことができない」[*67]ものとされ、丸山が徂徠においては解体されたとする朱子学的な、天地人をめぐる連続性の思惟がいまだに保たれていることになる。その点において、通俗道徳的主体は自然から切断されることがなく、自然に対して絶対的な観察者としての認識の超越性を獲得することができないのである。その点について、安丸は「「万事」が人間のそとによそよそしく存在する客観的存在であることを認め、その客観的世界を変革して人間の支配下においてゆく具体的方法に媒介されることによってはじめて、人間の無限性が実際にあきらかになってゆくのである」と西洋的主体の長所を認め、同時に通俗道徳的な主体の欠点を「自然や社会は、敬虔の念をもってそのまま受容されるという側面が強かった。……かぎりない精神変革によって現実はかえってそのまま忍従され受容されることになりやすいものであった」と指摘している。[*68]

　その意味で安丸の言う主体はデカルト的な超越性を獲得することができない。世界の全体性は認識主体にとって到達できない不透明さのままに置かれているのだ。そこでは内面が私的領域として、政治的な公的領域から独自の場を確立するといった政教分離の論理も生じえない。丸山の言う作為的主体においては、「規範が完全に公的政治的なものに昇華してゐるため個人的内面的領域と抵触しないからで、このことは反面からみればむしろかかる規範が人間を内面から義務づける力を失ったことを物語ってゐる」[*69]として、個人の私的領域の自立が説かれている。安丸は通俗道徳的な主体を呪術的世界の否定の結果、丸山の言う徂徠のような作為主体とは対立する連続性に貫かれた論理を保持するものとして対照的に捉える。さらに、通俗道徳の担い手が個人ではなく、小経営生産の単位である家族や共同体に帰結する点でも、丸山のような西洋個人主義的な主体とは異なるものであった。

その結果、通俗道徳的な主体はみずからの内部に自立した私的領域を確立できず、世界のなかに埋没してしまうため、認識の透明性を徹底できない意識の齟齬を抱え込むものとして描かれていくことになる。それは安丸の言うところの主体が、観念的次元に限定される主体ではなく、認識論的な純粋さと齟齬をはらまざるを得ない身体を含む主体を意味するものであるためでもあろう。酒井直樹は、認識論的純粋さを志向する主体と区別する意味で、身体的な主体を西田幾多郎に倣い「個物」あるいは「シュタイ」と呼び、そこに生じる脱中心化作用を次のように説明している。

> 人は、けっして主体と十全に照応することのない、単独–独異的個物、あるいは私的な自己として行為する。同時に、よく理解されているように、主体は常に過剰決定されており、その結果、実際のところ、主体はけっして統一的な位置などではない。主体は多くの断層によって内側から分裂しているのである。……私が倫理的行為の行為者としての個物的個人を強調するのは、この主体と個物の間の回復不可能な差異を強調したいからであり、そしてまた、この差異によって個物はテクストとして存在するのであって、言説のなかに完全に捉え込まれているわけではないという点を確認したいからだ。……これらすべての結果は、行為のテクスト的物質性のおかげであり、この点からも人の身体は脱中心化の中心なのだ。[*70]（傍点は磯前）

酒井の言う個物、すなわちシュタイとは「自己完結的に措定できない行為者の在り方」であり、認識論的な主体もまた、それが身体性のうえに成り立っている以上、その意識の純粋性に反して、「自分あるいは自分たち以外のもの、つまり「他なる者」、への関係なしには」存立しえない「社会性」のうえに立っていることを露呈させるものなのだ。[71] 安丸の齟齬を抱えた主体もまた、その論理をつきつめていくならば、主体とシュタイの二重構造のうえに成り立つものと考えざるをえまい。

そのような丸山と安丸の言う主体の意味のずれを考慮すると、ポストモダンの立場から批判されるロゴセントリズムとしての西洋近代的な主体――根源的現前としての「生き生きした現在の自己」[72]への欲望――とは異なる主体を安丸は通俗道徳論において、無意識のうちにせよ想定していたことになる。そして、このような客体と繋がっている主体は「独自な世界観」をそなえた「自己形成・自己鍛錬」を実現していたにもかかわらず、自己同一性の貫徹という点において本質的な困難さを抱え込んでしまう。[73]「民衆的諸思想の経験主義的な認識力は……社会体制全体の客観的な分析力を欠如していた」[74]という欠点を自覚するがゆえに、安丸の議論は主体を脱構築する方向に向かうのではなく、いかに主体を全体性のヴィジョンを獲得できる状態に、しかも丸山が徂徠を通して描いた西洋啓蒙主義的な主体形成とは異なるかたちで「共同体意識のガンジガラメのワナのなかから未来へ向かって解放をかちとってゆく道」[75]を見出そうと試みることになる。そこで論じられる主体の跳躍が民衆宗教と百姓一揆の議論であったわけだが、通俗道徳的な主体がみずからのうちに齟齬を抱えた主体であったがゆえに、その困難さが全体性のヴィジョンに向かって民衆という主体をさらに跳躍させていくことになる。

このような齟齬を抱えた主体の形成過程への安丸の関心は、ふたたびスピヴァクのサバルタン論との比較に戻るならば、彼女がすでに確立した主体の純粋性を脱構築しようと試みるのとは逆の議論の方向性を示している。スピヴァクは従来のサバルタン論を「連続性と同質性が深くしみついた意識は、この「主体の」効果に対して、連続的かつ同質的な原因を求めるのであり、したがって至高の決定主体なるものを仮定してしまう」[76]と批判したうえで、サバルタンの主体概念を重層決定性へと脱構築していく。

「「自己」というものがあらゆるものにとっての基礎となるようなものなのではなくて、むしろ作り出されるものだ」[*77]と批判するスピヴァクの主体の脱構築的戦略が、西洋啓蒙主義的なかたちですでに確立した主体の超越性を標的とするのに対して、むしろ安丸は通俗道徳的主体が自己同一性を貫徹できない齟齬を抱えると考えるがゆえに、その齟齬化をてことしてさらに全体性のヴィジョンを獲得できるような主体への跳躍へと議論を展開していく。スピヴァクはジャック・デリダのロゴサントリズム批判としての主体の脱構築を唱えたわけだが、むしろ、ここでの安丸の関心は強いて言えば晩年のミシェル・フーコーの「個人の自分自身にたいする統治支配」[*78]、すなわち自己のテクノロジーと呼ばれる研究に近いものを先取りしたものになっていく。安丸は徹底して民衆という主体の構築過程に固執し、主体構築の歴史学とでもいうべきものを、世直し的主体をめぐる議論のなかで企てていくことになる。

第三節　跳躍する主体——世直し論

例外状況下の主体

一方、島薗進ら宗教社会学の研究者からは「安丸の宗教史論は世直し型や千年王国型に偏っており、近代日本の宗教史の捉え方として正しくない」[*79]といった異論が出されている。島薗は日本の民衆宗教の基本的特質を「生命主義」に求め、「神や仏など宗教的崇拝対象は生命の根源として表象されており、人間と万物はこの根源的生命によって生み出され、根源的生命からわかち与えられた生命の働きによって生かされているものと考えられている」と定義づける。[*80]しかし、安丸からすれば「これは……「通俗道徳」が日本人の自己規律の基本的な形だという安丸説の、宗教史研究からの確認」に過ぎず、そのような「心なおしを軸とする生活思想」だけでは自分の議論は尽くせないとして、反論をおこなっている。[*81]

しかし、危機的な例外状況では、心なおしはたいして有効ではないかもしれないし、宗教的な心なおしと社会とはきびしい対立関係を構成するかもしれません。そして対立や緊張が高まるとき、人間の中の平常では気づかない深層的なものが発現して、思いがけないような活動性が発揮されてしまうのでしょう。[*82]（傍点は磯前）

極限的状況のもとで主体的同一性が危機にさらされたとき、全体性のヴィジョンは顕現する条件が整うのである。それは民衆的主体の日常態である通俗道徳のもとでは獲得困難なものであり、百姓一揆あるいは民衆宗教のように、危機的状況に促された主体が跳躍する瞬間において可能となる。それらは、島薗が主張するような「他者への「思いやり」や環境との「調和」という価値が強調[*83]」された融即的な主体ではなく、むしろその内部に葛藤や対立を含みこむがゆえに、それを梃子として全体性への跳躍を志向するものであった。安丸は淡々とした日常生活をおくる農民たちが非日常的な百姓一揆に蜂起する過程を次のように説明する。

幕藩制社会のような社会では、一方では権力そのものが幻想的共同性の世界を権威主義的かつ独占的に代表しているがゆえに、他方では権威主義的抑圧的原理が現実に貫徹しているがゆえに、人々の日常的な意識と、その意識の底に抑圧されている解放への希求や活動性とのあいだには、大きな懸隔と断絶があると思われる。このような事情のもとで、抑圧がある極限的な状況にまで強化されるなら、人々は、ほとんど不可避的に、これまで抑圧してきたみずからの憤激や怨恨や欲求にある積極的な表現をあたえるであろう。そのさい、人々がみずから抑圧してきた憤激や怨恨や欲求は、きわめて厖大なものであるとともに、幕藩制社会の日常的活動様式のなかでは表現されえない非合理的なものなのだから、百姓一揆のような爆発的で暴動的な闘争形態が、その表現にふさわしいのであろう。[84]（傍点は磯前）

このような極限的状況に曝されるのは、民衆宗教の教祖においても同じであり、安丸は出口なおが嘗めた艱難について次のように描写している。

なおは、みずから「世界に外に無い苦労」をしたとのべたが、しかしそれでも、なおの神学によれば「此世の苦労が一番軽い」のであった。なおは、特別の使命をひそかに背おったものとして、「糞粕に劣りて居りて下され」と神から命ぜられていたのであり、「乞食の所まで落ちて来んと」、その使命をはたすことができない「因縁」をもっているのであった。[85]

こうした極限状態を、ジョルジョ・アガンベンが「例外状態」と呼んだような、「法の空白な空間であり、すべての法的規定が……作動しなくなるようなアノミーの地帯[86]」になぞらえながら、社会通念あるいは秩序が作動しなくなった状態であると捉えることができよう。ある段階までは、人びとは自分が社会に否認されていることに自覚的であろうとはせず、むしろそれでもなんとか社会秩序に適応しようと懸命になるわけだが、それでも徹底して自己の存在が社会によって拒否されたとき、彼らの主体は既成の価値観から分離して、それらを否定性のもとに対象化する全体性へと向かって跳躍するのだ。

なおが宗教的回心を経たその過程について、安丸は、「生活者としてのなおには、日常的些事のはてしないつらなりとしての苦難があったが、神がかりしたなおは、自分の苦難のなかへ凹型に降りていって、そこから独自の意味をくみあげ、そこに拠点をすえて世界の全体性をとらえかえすようになった[87]」（傍点は磯前）と説明している。安丸は宗教というものを高く評価するが、それは、宗教というものが「国家権力からの人々の精神的自立のもっとも原初的なかたちであり、内面的権威性の本源的形態だと思われるから」[*88]だという。安丸にとって、宗教とは観念的にもっとも自立性の強い領域であり、そこにおいて初めて現実を徹底して批判的に捉える全体性のヴィジョンが確立されると見なされる。

そのような社会批判が徹底化したものになるためには、「この世界が「悪の世」「獣類の世」である」として、「なおの神は、この世界の全体性をほとんど絶対的な悪として措定し、終末観的な立替えを告知する」ような終末観にもとづく現世批判の論理が必要であった。[*89]こうしたときに安丸が見出した手法が「生の様式の内在的分析という視座」[*90]である。それは「私たちが意識形態を分析しようとするとき、そこではすでに民衆の本当の欲求や願望が既成的なものへと濾過されて、抑圧と葛藤との具体性は容易には目にふれえないようなものになってしまっているという事情」、すなわちサバルタンは語れないという問題を史料の次元で明確に自覚したうえで、それでも執拗に「この意識形態の内的構造がどのような抑圧と葛藤をはらんでいるかという問題」を探りあてようとする方法である[*91]（傍点は磯前）。そこで監獄や裁判などの支配者側の記述史料、あるいは神がかりをした民衆宗教の教祖の言葉などに手がかりを安丸は求めていくことになる。

それは、サバルタンは語れないとしたスピヴァクがその語れなさの末に、言葉によってではなく、生理中の自殺という身体行動を通してひとりのインド女性、プヴァネーシュワリーの抗議の意思を描き出したことと近い試みであったと言えるのかもしれない。ここでもスピヴァクは「女性としてのサバルタンは、その声を聞いてもらうことも読んでもらうこともできないでいる」[*92]という件の主張を展開していくのだが、読み方によってはスピヴァクの記述によって、それまで見過ごされていたプヴァネーシュワリーの感じていた「抑圧と葛藤」が明らかにされたともいえるのである。だとすれば、史料として残されたかすかな手がかりが研究者の眼差しに照らし出されることで、民衆の身体的行動の痕跡をその声として蘇らせることもまた可能になるのかもしれない。文盲に近いなおが神がかりによって残した筆先という難解な言葉の解読をこころみた歴史家の作業によって、安丸が言うように、「神がかりと筆先というものがなければ誰からもけっして知られることのなかったはずの、なおの生の様式のなかにはらまれていたはげしい抑圧と葛藤とが、厖大な筆先の言葉を通して私たちにも近づきうるものとして、そこに存在することになった」[*93]と考えることができよう。

しかし、安丸にとって、このような全体性を摑む瞬間は恒常的に存在するものではない。人びとが極限状況にまさに押し潰されようとする「危機の一瞬にひらめく」ものでしかない。繰り返し確認するように、歴史の隙間に現われ出る「メシア的希望」は、「私たちのいまだ達成しえていないというか、むしろ、けっして成就されることのないユートピア」なのである。現実においては危機的状況が秩序のもと収斂していくなかで、「なおの原神道説は、神国日本のナショナリズムとなり」、天皇制へと癒着していき、百姓一揆もまた「既存の支配体制のなかから特定の悪役を除去する性格のものであったために、日本の民衆が支配階級の供給する世界像からみずからの民衆的世界像を分立させ自立させることが困難になってい」く。[*94]この敗北への帰結が、社会主義という絶対的なものに辿りつくための絶対的な変革主体を想定したマルクス主義歴史学との決定的な相違になるわけだが、一方でそのような時間の隙間、刹那の一瞬は一回性のものでありながらも、その一回性ゆえに偶発性のもとに反復されうるものともなりうるのだ。

そして、安丸はこのような刹那の一瞬は二つの契機によってもたらされると考えている。ひとつは、百姓一揆における「大衆的規模の非合法的実力行使」[*95]であり、もうひとつは出口なおで見たような民衆宗教の「神がかり」である。かれはこのような百姓一揆と民衆宗教の双方を合わせて極限的状況に促された社会の根本的な立て直しを叫ぶ「世直し的」な言動と把握する。ただし、前者が身体行動を中心とするものであるのに対し、後者は思想を中心に収斂していくものという相違があり、そこから「私自身のなかに「思想」と「意識」と、アナール派をまねて言えば心性みたいなとらえ方が入り交じっていて、思想からだんだんそれ以外の次元にも展開した」[*96]

という発言も出てくる。それが、安丸が次第に自分の研究を「民衆思想史」というよりも、「民衆史」として標榜するようになった理由でもある。すなわち、彼の世直し的な跳躍する主体とは思想的な次元を含みながらも、もっと身体的な反乱の次元までを含みこんだものなのだ。

そこからも、先に酒井直樹の言葉を引いて述べたように安丸の言う民衆が思想的営為としての認識論的な次元にとどまらず、身体的実践を含んだ「個物」あるいは「シュタイ」であることが再確認される。安丸の民衆史とは、思想的主体にとどまることのない、「シュタイ」をめぐる歴史学なのである。この主体とシュタイの二重性あるいは言葉と身体の孕む齟齬については、安丸はみずからの歴史学の含む可能性に対して十分な説明をおこなってはいないが、そこに酒井直樹の言葉を補っていくことで、安丸のテクストが潜在的に語りかけようとする内容が明らかになろう。

「状況」という用語が、……行為が生起する場を示すことに留意しておこう。……「状況」とは、行為(＝演技)の行為者、すなわち人の身体をその一部として含んだ、ある総体のことなのである。行為者(＝演技者)の身体(＝物体)は、所与の空間に生命を与え、それによってその空間を状況に変化させる。……さらに、これらの特権的な物体は、発話を生み出し、おたがいに言葉を交わすことができる。人の身体を通じて言語は状況と結びつけられるのである。[*97]

エージェントとしての身体が不可避に脱中心化志向をもつがゆえに、彼らの言動は他者に向かって開かれ、そのような「人間関係の網の目」[*98]のなかからみずからの思想を紡ぎ出していく。このように「身体行為と言行為的状況」[*99]あるいは主体とシュタイの二重性をふまえたとき、一揆を中心とする民衆運動史と民衆宗教を主とする民衆思想がどのように重なり合うものなのか、その交差点がはっきりと姿を明らかにしてくるのではなかろうか。

全体性を獲得する瞬間

安丸もまた「自己形成、自己規律」といった言葉で説明しているように、一般に主体形成は中心化作用によってもたらされると考えられており、このような主体の中心化作用がポストモダンの主体批判における大きな論点のひとつをなす。そのなかで、今日ではジュディス・バトラーらによって、主体の「脱中心化」が他者との本源的な関係性によってもたらされるという議論が展開されている。たとえば、バトラーは心理学者であるラプランシュの言葉を引きながら、「人は自分において自分に居心地がよくないのであり、つまり自分自身において彼は主人ではない。つまり人は……脱中心化されている」[*100]と指摘する。その点で、安丸の主体は世直し論においても、神がかりによる外部の力の侵入、あるいはアウトローたちの一揆指導など、その内部に異質性を含んだうえでなければ主体が構築されないとする点が興味深い。安丸は、「神がかりは、未知の神がなおのなかに住みつき、なおという肉体を通して自らを示現する」[*101]（傍点は磯前）として、次のように述べる。

> なおとなおの腹のなかの活物とは、まったくべつの存在として感覚されている。なおにとって、この活物の実在感はきわめてたしかなものなのだが、それは外からなおのなかへ勝手にはいりこんだものである。だから、神がかりは、なおにとっては、外からの働きかけによってまきこまれた一つの偶発的な事件であり、その活物が偉大な神だと自称したからといって、容易に信ずることはできないのであった。[*102]（傍点は磯前）

たしかに、バトラーが言うように、「「私」と言うことによって、私は「私」によっては捉えられない、もしくは同化できない何かを経験している」[*103]のである。安丸の教祖論の特異性については、宗教社会学の立場からの教祖論として高い評価を得てきた島薗の議論と比較したときにいっそう鮮明になる。島薗は天理教の中山みきや金光教の赤沢文治を扱った論文のなかで、「恐れの対象と向きあった宗教的孤独」あるいは「信仰と疑いが不可分であるような種類の心の深さ」といった教祖の「人格の力」に主眼を置いてその回心を捉えており[*104]、安丸のような外部の異質な力が自己の内側に侵入してくる超越性の問題を本格的に展開することはない。外部性を内部に抱えた自己、これが安丸の世直し的主体をめぐる議論の特徴をなす。

一揆についても、安丸は「近世の百姓一揆、とりわけ、近世後期から明治初年にかけての世直し的な性格の一揆では、その地域社会のきらわれ者であるヤクザなどの階級脱落者が指導者となることも少なくなかったが、そのようなばあいにさえ、蜂起した集団としては普遍的な正義を体現しえたことは、驚くべき歴史の真実であった」[*105]としている。内部に異質さを含みながらも、混乱に陥ることなく、秩序を保つ主体。ここでの安丸の説明は簡潔をきわめているが、むしろ外部性を内部に抱え込むことが「普遍的な正義」を実現する方途であると示唆しているようにも取れる。少なくとも彼の議論においては、主体に純粋な同一性を保持することは期待されていないのである。このような主体における異種混淆性は、安丸が世直し的主体を通じて希求することのやまない全体性をめぐる議論について当てはまる。彼の全体性のヴィジョンは、彼の若き日の「忘れがたいあの六〇年安保闘争の最後の夜」[*106]の経験に根ざしたものと言える。安保締結の日に国会議事堂を取り囲むデモに加わるために京都から上京した安丸は、「議事堂正門前近くの路上に座りこ」み、「ヘリコプターが飛びかい、ときどき投光器があたりを照らすなかで」[*107]、全体性が凝縮していく状況を実際に経験することになる。

> あの夜の国会議事堂周辺には、あらゆる人々の眼が注がれていたと思う。包囲する民衆を指揮していたのは全学連の若者たちであったが、あの日あの場所にいることを選んだ人々のなかには、労働組合員も共産党員も「市民主義」者もふくまれており、私のようにあいまいな政治意識をもつにすぎないものはもっと多かったことであろう。……日本社会の多層的な現実が、よくもあしくもそこに凝縮していたのであって、歴史に

はときとしてそうした凝縮された時空があるように思う。国会議事堂前の路上に包囲する民衆の一人として一夜をすごしたというようなことは、……まぎれもなく私自身の現実経験であり、固有の濃縮されたかたちでの日本の現実の全体性の経験であったと思う。[*108]（傍点は磯前）

ここには全体性に対する安丸の考えの一端が如実にあらわされている。安丸が全体性を認識主体の問題として捉えていることは指摘したが、その一方で彼はこのように「現実、つまりこの世界の全体性」[*109]をさす意味でもしばしば用いている。この全体性をめぐる意味の二重性が安丸の全体性の概念を他の研究者にとって理解しにくいものにさせているのだが、むしろその曖昧さに全体性の概念のダイナミックスは秘められているとも言える。けっして均質化されることのない「多層的な現実」。そのような異種混淆的な現実が全体を織りなすと同時に、多様な各部分がその全体のヴィジョンを一挙に獲得する。部分が全体を構成するとともに、その全体は各部分によって俯瞰される。それによって異質な部分は多様性を保ったままに、全体としての主体形成を可能にする。それはホミ・バーバが異種混淆性と呼ぶところのもの、すなわちネイションという全体性を多重化させ、脱臼させていく状態と重なり合う。

ネイションの個我を縁どる境界線こそが、ネイションの産物である自己増殖する時間を撹乱し、そこに属する人々を同質的な存在として意味化することを妨げるのだ。……亀裂を抱えたネイションこそが、そこに属する人間のもつ異質性を分節化することを可能とするのだ。制度化された時空に封じ込められたネイションの自己が永劫に続く自己増殖から身を引き離すことができたとき、それはマイノリティの言説や抵抗する人々の異質性に満ちた歴史、対抗的な権威あるいは文化的差異の緊迫した場所などの立場から形作られる流動的な意味化の空間となる。[*110]

通俗道徳的な主体が同一性の貫徹に齟齬を抱える主体であるように、安丸の言う全体性もまた均質化されることのない異種混淆的な集合体として差異をあちこちに孕みながら同一性を志向するものである。その内部を構成する個々の主体は互いに曝され、他者との関係において脱中心化されていく。このように彼の全体性の概念には認識論的なヴィジョンと身体的実践の双方が含まれており、その双方が交差してその二元論的な区別が溶解する瞬間が存在すると見るべきであろう。

ただし、バーバが「発話行為のまっただなかに言表内容と言表行為のつながりが断ち切られ、不均質な分裂が起こるなかでこそ、……社会的意味を内部と外部に分割するあり方自体が掘り崩されることになる」[*111]として、西洋的主体の純粋性を発話の行為遂行性によって脱構築していく戦略を取るのに対して、安丸は通俗道徳的主体から世直し的主体へと、主体形成の積み重ねをおこなう彼方に、主体のかかえる齟齬が異種混淆的な全体性へと結実していく様態を見て取る。そこでは、たしかにバーバが言うように「ネイションの「水平性」という均質で空虚な時間が、亡霊のような共時性たる多重化する時間性によって撹乱される」[*112]状態が引き起こされているのだが、それはアントニオ・ネグリが「マルチチュード」[*113]と呼んだ民衆のような脱秩序的な状態に散種されていくものではなく、安丸にとってはやはり「全体性」へと主体が構築されていくなかでの多重性なのだ。そこに、齟齬や異種混淆性を抱えながらも、安丸がそれを依然として全体性と呼び表すところの、解体ではなく主体を形成しようとする志向性が読み取れよう。

民俗的世界との接合

そして、このような全体性を獲得する際に大きな役割を果たしたとされるのが、民俗的世界である。一九六〇年代の通俗道徳論においては、宮田登が「民衆思想が人間の無限の可能性を喚起させるものならば、その根にあたる日常生活の民俗的なあり方を、たんにマイナスの面だけでとらえることだけでは済まされないように思える」[114]と批判したように、安丸にとっての民俗的世界は人間の世界からの自立性を呑みこむ呪術的なものとして通俗道徳的主体に否定される対象であった。その後、島薗進もまた、「大衆的倫理革新と呪術的なものがまったくの対極にあると考える点で、安丸はウェーバーと立場を等しくしている」[115]と論駁を加え、通俗道徳的主体の捉え直しを次のようにはかった。

呪術的宗教性が大衆的倫理革新のひき出し役となる経緯……呪術的なもの情緒的なものをくみあげつつ、それを明確に形象化することによって、すなわち昇華することによってなされていると考えるのである。……だからこそ新しい宗教意識は人々の非合理的な心情になめらかなはけ口を与えることができるのである。[116]

その後、安丸は宮田の批判に応えるというかたちで、「拙著は、一般民衆の意識をハレ的局面の膨張としてのみとらえたが、ケの局面では、まじめによく働き、……村人と仲よくくらすなどという規範が、長い伝統のなかに定着しており、「通俗道徳」は、こうした日常規範と呼応するものであったからこそ、広範な人びとに受容されたのであろう」[117]と自説の再解釈を試みている。それはケ的な民俗世界との節合を述べたものだか、実のところ、島薗や宮田の批判に先立つ一九七〇年代[118]から、安丸は世直し的主体におけるハレ的な民俗的世界の取り込みを説いている。かれは堀一郎の宗教民俗学に示唆を受けながら、オージー的な民俗世界を次のように説明している。

オージー的な祭りは、前近代社会において広汎に存在するものであったこと、そこでは、日常の生活者としての自己が放擲されて、人びとは熱狂する集団と融合して日常の社会制度や規範の外へでてしまうこと、そのさいに、日常的には抑圧させられ屈折させられていた欲求や感性が爆発的に表現されて、それが世なおし的な意味をもそれにさからえないことなどは、興味ぶかい事実である。前近代社会の民衆は、日常生活における鬱屈した抑圧状況の対極で、こうしたオージー的形態において共同性を回復するものであり、それが独特の「世論」を形成して支配階級をも制約したのでもある。[*119]（傍点は磯前）

ここには、オージー的性格という観点のもとに、百姓一揆の世界が先に取り上げた安丸自身の安保闘争の経験が重ね合わされて描き出されていることが見て取れる。少なくとも、一九七〇年代から安丸にとって民俗的世界は、日常的な通俗道徳的主体との関係のもとでは否定される呪術的世界として分節化される一方で、権力との対抗関係のなかでは、世直し的主体を通じて顕現する全体性を支える異種混淆的な世界——通常の日常においては周縁的世界として押しやられているハレ的世界——として、両義性をもって描かれる。この両義的な性質をよく示しているのが民衆宗教であり、なおが全体性のヴィジョンを獲得するためには神がかりが不可欠なものとされるわけだが、それは「武士階級や村落支配者層」によって「愚昧で非合理的なもの」とみなされた民間信仰的な「憑霊現象」を基盤とする一方で、それを「通俗道徳」と結びつけることで「普遍的原理」へと飛躍していく力動性を有するものであった。[*120]

最終的に安丸は、民俗的な世界は主体化していく民衆から断ち切れてしまうのではなく、彼らが呪術の否定をするにせよ、そこから跳躍していく際のエネルギーを生み出す母体として彼らを存在拘束しつづけると考えている。そして、このような主体形成の母体をなす民俗的世界は、酒井直樹の言葉を用いるならば、まさに身体的なシュタイの交渉空間であり、安丸によれば全体性や主体化によって分節化されるのを待っている。それは身体と身体が触れあい、他者と他者が出会う空間なのだが、主体化や全体性を通じて概念化がおこなわれることで初めてその存在が意識化されていく場なのだ。そして、この世直し的主体のかかえる二つの側面、すなわち百姓一揆における全体性の顕現と、民衆宗教における全体性のヴィジョンの獲得という違いについて、安丸は次のような発言をしている。

> 新政府反対一揆などのなかで形成された天皇と明治国家を拒絶するコスモロジーは、……軍事力と警察力によって運動が解体して、「人民恐怖」とされるような状況で秩序が回復されると、意識の底に曖昧に呑みこまれ抑圧されて、民衆の日常意識の表相からは消えてしまう。これに対して、民衆宗教の教祖たちは、長い苦難の疎外された生活経験と生活思想をふまえて思想形成したコスモロジーの専門家なのであって、国家権力による弾圧はかえって彼らの神学体系を研ぎすまされた鋭利なものへと鍛えあげてゆく媒介となる。[*121]（傍点は磯前）

持続的な日常経験をふまえて言語化した民衆宗教の教説の方が、非日常的なオージーに根ざした世直し的な身体行動よりも、強い持続性と体系性をいずれは回帰していく日常世界のなかに保持できるというわけである。その点について安丸は次のように説明する。「民衆的な通俗道徳を、高い緊張感をもって実践してきたという……過程に媒介されなければ、一揆も打ちこわしも押えつけられた欲求の一時的な爆発にすぎなくなり、たとえその爆発がどんなに巨大な破壊力をもとうとも、あとにはなにも残らない。広汎な民衆の強靱な自己鍛錬（主体的な自覚の過程）にささえられたときにはじめて、社会批判は、はげしさ、鋭さ、持続性、組織性などを獲得しうるのである」[*122]。それは、シュタイ的な身体の次元はあくまで言語的な主体形成の次元に汲み上げられていき、そこで全体性のヴィジョンを獲得することで、日常的次元での恒常的な抵抗の論理になりうると考えられている。

このようなシュタイと主体の二重構造の観点から考えれば、一揆の担い手たちを通して顕現する身体的な全体性はシュタイ的世界に比重を置きつつ、そこに通俗道徳的主体の倫理が加味されていったものであり、民衆宗教の教祖を通して語られる全体性のヴィジョンはシュタイ的世界における他者との交渉のなかから汲み上げられて言語化されていったものと考えることも可能となろう。両者は主体とシュタイの往還関係のベクトルが逆なのである。しかしいずれにせよ、通俗道徳的主体の段階では自己中心化にとどまっていた主体形成が、次の世直し的主体の段階においては周縁化された民俗的なものとの交流をつうじて脱中心化されることで、異種混淆的な全体性へと再構築されていく。その意味で、安丸の民衆史は身体的なシュタイの世界がどのように概念化されて主体化されていくかということに一貫して関心を置いており、民俗的なものを「時代の枠を超越した潜在的かつ連続的な伝承的意識[*123]」として捉える宮田登ら民俗学者とは、やはり民衆がいかにしてみずからの声を獲得するかという視座の有無という点で明白な相違を有するものと言えよう。

そして、こうした民俗的世界、言い換えれば他者との交渉関係を織りなすシュタイ的な身体世界に根ざしているからこそ、民衆宗教は民衆世界の他者に向けて説得的な教説となりえたのである。バトラーの次の言葉は、シュタイとしての身体が人間関係の網の目のなかに埋め込まれて自己同一性を貫徹できないがゆえに、まさに他者に対する倫理へと開かれていく契機となりえることを示している。

もし私たちが部分的に自分には取り戻せないような関係のなかで形成されているとすれば、その不透明性は私たちの形成に組み込まれているのであり、依存関係のなかで形成された存在である私たちの地位の帰結として生じているのである。……実際、人が自分自身に対して不透明であるのはまさしく他者への関係ゆえであるとすれば、また、他者へのこれらの関係が人の倫理的責任の発生源であるとすれば、そのときおそらく次のように言うことができるだろう。すなわち、主体がその最も重要な倫理的絆の幾らかを招き寄せ、支えるのは、まさしく主体の自分自身に対する不透明性によってなのである。[*124]

安丸が通俗道徳的主体や世直し的主体に見出した自己同一性の不可能性とは、バトラーの言う主体の不透明さと重なり合うものである。そこから主体は他者に向かって、その暴力的側面も含めて、開かれていくと考えるべきであろう。そして、個々の具体的な場面において、主体が他者に向かってどのような関わり方をもつかによって、人間関係の網の目は暴力的な作用に傾いていくのか、その暴力性を超えて配慮的なものへと転化していくのかが問われることになる。この点について、安丸は出口なおの教えを取り上げ、彼女がみずからの教説の絶対的正義という観点から現実を裁く厳しさだけではなく、人間のもつ弱さへの共感をもとにすることで、他者へ向けて開かれた語りのかたちを獲得したと主張している。

絶対的な正しさが、そうした正しさでありえぬ他の多くの神々や人間にも一方的で性急に要求されるとき、それは非情な無理難題に転化してしまうだろう。絶対的な正しさを絶対的な正しさのゆえに一方的に要求する神は、正義について思いあがっている神であって愛の神ではない、ともいえようか。他の神や人間に改心を求め善悪を判定する立場のものは、改心や罰によって苦しむものよりもいっそう大きな苦しみをあらかじめ味わうことで、自分の正しさの贖いをしなければならない。艮の金神が三千年のあいだすさまじい苦難をかさね、なおという「世界に外に無い苦労」をした人間に憑依したのは、こうした苦難を媒介として、単純な絶対的正しさの神から、きびしいが愛にみちた救済神に生まれかわるためである。[*125]（傍点は磯前）

さらに安丸は、他者にみずからの信ずる普遍的正義を伝えるためには、否定性の契機が不可欠であり、そのために自分の「原罪性」「罪のおもさ」をどれだけ自覚することができるのかが問われなければならず、[*126]そのみずからに対する絶望と苦しみの深さのなかからしか、他者に対する共感的な倫理的姿勢は生まれえないものであると述べている。

それはおそらくは安丸自身の実存的な立場性、日常的世界と知識社会、あるいは田舎と都会のはざまに身を置く状況がつねに不安や葛藤を生み出しつづけることと密接な関係を有すると見るべきであろう。つまり、そのようなはざまに立つ者が知的特権を行使することで、無自覚なままに民衆世界を権力的に表象してしまうことがある一方で、民衆世界からアウトサイダーとして暴力的な排除を集団的にこうむる立場にも転落する危うさをはらんでいる。安丸は、民衆史の先駆者、色川大吉と民衆世界の緊張関係を指摘し、それゆえ民衆史の研究者が民衆を表象する者でありながらも、彼らによって拒絶される否定性を経験することでしかその立場を貫徹しえないことを次のように述べている。

百姓は「コケ」ではあるが、そのゆえに村という共同生活体を構成して、根源のところで外部の力を拒否するような存在である。民主商工会も演劇運動も、色川を必要としながらまた拒否する。安保闘争のような大きな政治運動に個人や小さなグループが働きかけようとしても、さまざまな錯綜した力に阻まれる。存在するものの惰性態には、曖昧なものに見えて、外部からの介入を拒絶する大きな力が秘められている。こうしたさまざまな否定性の経験をへて、それをばねに歴史と現実に向き合いなおすとき、きびしい批判性を特徴とする色川史学が生まれたということになろうか。[*127]（傍点は磯前）

われわれはここにおいて再び、本源的に外部性を孕むがゆえに内部との齟齬を抱えざるをえない知識人の立場性を、民衆宗教の教祖あるいは一揆の指導者たちと重ね合わせて確認することになる。民衆史の研究者はそのような齟齬を抱えるがゆえに、世直し的主体と同様に、民衆という全体性を表象しえる能力を手に入れることになったのである。それは本源的に表象の暴力性を行使する行為であるとともに、生活世界から疎外される立場に立つことを金とすることで可能になったものであった。そこにおいて冨山一郎は、「死者の傍らにおいてなされる言語行為の臨界からは、暴力に抗するギリギリの可能性こそが見出されなければならないのだ。しかもそれは、言葉として」[128]と、あくまでも言表行為に拘泥することで、暴力が行使される瞬間に身を置くものとして、言葉の可能性を摑み取ろうとする。

殺された死体の傍らにいる者が獲得すべき暴力に抗する可能性こそ、記述という営みにおいて提示しなければならない。そしてほとんどすべての人が、死体の傍らにいる。人は、死体に一体化することも、死体から逃れることも、できない。だからかかる意味では、世界は常に可能態でもある。私たちの言語行為をめぐる基本的な状況とは、このような世界なのだろう。そして死体は語りはしない。この呪われた世界から言葉を注意深く紡ぎ、暴力に抗する可能性をわれわれの可能性として思考することこそ、誰の言葉であれ、言葉にふれることのできる者たちがなすべきことである。[129]（傍点は磯前）

この点において、スピヴァクが指摘する表象の暴力性を、表象の可能性に向けて組み込んでいくことも開けていくはずである。その暴力性ゆえにはざまに立つ者もまた黙りこんでしまうのではなく、沈黙せざるをえない立場におかれた者たちへの原罪性を引き受けることで、ふたたび表現へと向かう可能性が開かれてくるのではなかろうか。そこにおいて、他者に向けた表現の倫理が、暴力性を不可避におびた行為であるからこそ、その自覚にもとづいて確立されていく契機が見出されるのではないだろうか。そのとき、はざまに身を置く者たちはみずからが加害者にも被害者にもなりうる暴力性の、その暴力性に対する不安に包まれながら、みずからのうちに沸きあがるその不安を、他者へ向けた言葉へと分節化していく可能性を手に入れることになる。事実、安丸は不安を主題として、民衆の抱える不安から権力がどのように立ちあがってくるのか、独自の観点からの権力論を一九九〇年代に入ると展開していくことになる。

第四節　主体と権力——天皇像論

敗北する主体

安丸が権力との関係を主眼において民衆世界を分析するようになるのは、『神々の明治維新——神仏分離と廃仏毀釈』（一九七九年）が最初であり、「近代転換期における宗教と国家」（一九八八年）を経て、『近代天皇像の形成』（一九九二年）で集大成され、さらに「「監獄」の誕生」（一九九五年）が続く。『近代天皇像の形成』において、安丸は近代天皇制が成立していく秘密を、「近代天皇制は、内と外から迫りくる危機＝秩序の崩壊に対決する秩序編成の原理であり、……危機への不安と恐怖、またそれに対応する代償的な強がりから作りだされたものである」[*130]（傍点は磯前）と説明している。

周縁的なもの、深層的なものが、無気味な活力を秘めて普遍的に存在しており、その発展線上にカオスの到来が予想されて、不安と恐怖の想いで見つめられている。近代天皇制は、この視角からは、こうした危機意識にもとづいて、それへの対決として推進される合理化＝秩序化であり、混沌を抑えこむことによって成立する抑圧的な合理性として展望できる。[*131]（傍点は磯前）

安丸は天皇を国家権力の抑圧的な象徴として捉える点で、従来のマルクス主義の天皇制国家論の立場に立っているのだが、それを「人びとの意識をとらえたこうした天皇のイメージや観念、権威性のありよう」[*132]、すなわち「広汎な人びとの幻想過程に属する問題」（傍点は磯前）として捉えた点に斬新さがあった。そして、この議論を組み立てるうえで、安丸に示唆を与えたのが、「国家は共同の幻想である」[*133]と断言した吉本隆明『共同幻想論』

（一九六八年）である。安丸は吉本の言う共同幻想にピーター・バーガーの「ひとつの意味秩序」としての「コスモス」概念[*134]を重ね合わせて「コスモロジー」と呼び表し、観念化されたイデオロギーだけでなく曖昧な世界像までを含むという意味のもとに、「もともと秩序付与的・整序的な幻想で、強力な統合機能をもつが、とりわけ危機の自覚化とあいまって構成され、人びとにアイデンティティのよりどころを与える」[*135]（傍点は磯前）ものと定義づけた。

そのうえで、「権威としての天皇は、究極のところでは、人びとが望んだからこそ作りだされたものなのだが、しかしそのことは人びとの自意識からは隠されて、天皇はひたすらに超越性と絶対性へと奉られた」[*136]と述べる安丸の見解は、天皇制をめぐるコスモロジーが民衆側から発生しながらも、それがバーガーの説くように外在化されていくことで、民衆を包摂する公共的な装いをまとう過程を明らかにする。このように国家権力を単に上からの抑圧ではなく、被支配層側からの自発的な服従の動きとして捉えた点で、安丸の議論はしばしばミシェル・フーコーの権力論に準えられてきた。たとえば、一九七七年のインタビュー「真理と権力」のなかでフーコーは、「真理は権力の外にも、権力なしにも存在しない」[*137]として次のように述べている。

> 抑圧という観念は、権力のなかの、まさにモノを生み出すものとしての側面を明らかにするには、まったく不適格だとわたしには思われるのです。……それは、権力はたんに「否」を宣告する力として威力をふるっているわけではなく、ほんとうはものに入りこみ、ものを生み出し、快楽を誘発し、知を形成し、言説を生み出しているからなのです。[*138]（傍点は磯前）

権力は、「社会体の全域にわたって張りめぐらされた生産網なのだ」[*139]とフーコーが考えるように、安丸もまたコスモロジーを「秩序付与的・整序的な幻想で、強力な統合機能をもつ」ものと定義づけており、たしかに両者ともに、人びとの暮らす日常世界に秩序――フーコーはそれを真理と呼ぶ――を付与し、主体構築をおこなうことで統治が可能になると捉える点で共通性を有する。被統治民の自発的服従を誘うものであるがゆえに、コスモロジーといった、かれらの幻想過程に着目することが必要だと安丸は考えたのだ。その結果、実際には暴力的な排除の原理の上に成り立っているものであるにもかかわらず、国家権力は一見民主的な公共圏のような装いをまとって人びとの前に現出することになる。安丸は民衆が資本主義世界に巻き込まれていく不安に負けて、無意識のうちに天皇制という造された伝統との一体感へと走っていく過程を次のように説明する。

　この公共圏の中心に天皇という一見アルカイックな権威が君臨したということは、そうした権威をもちだすことで人びとの潜在意識に訴えてそれを動員する強固な一体性原理が構築されたことを意味している。……商品交換社会としての近代世界は、この世界の本質的属性として人びとの欲動に直接訴える逸脱と分散化の強大な駆動力をもっているからこそ、そのことが人びとを不安にして根源的な恐怖をもたらし、それが権威ある中心を求める一体性原理を呼び出すこととなる。*140（傍点は磯前）

これに対して、民衆の通俗道徳は近代化の論理に組み込まれてしまい、体制を批判する主体を構築しえるものでなかった点についてはすでに確認したとおりである。しかし、外部性を取り込んでいるはずの世直し的主体もまた、同様に天皇制の論理に絡み取られていったのである。その原因について、安丸は「「世直し」の論理の系譜」（一九六六年）のなかで次のように分析している。

　第一に、神道は、……どんな宗教や観念でもそのなかへ取りいれることができるが、それに固有な論理的骨組みをもっていないために論理的思想的な発展が蓄積されにくいことである。……第二に、神道説の系譜の思想は、元来の性格がどうあれ、伊勢神道や記紀神話に結びついて天皇制イデオロギーに癒着しやすいことである。……一方では教義体系をととのえようとすれば伊勢神道や記紀神話を利用せざるをえないために、他方では天皇制権力とのなんらかの妥協が教団の発展のために必要だったために、やがて急速に天皇制イデオロギーに妥協し融合していった。……ひとたび天皇制イデオロギーに融合するや、そこにはすでにみたある一定の民衆の主体形成（通俗道徳的自己規律）が蓄積されているだけに、むしろ天皇制支配を支える下からの強力なエネルギーを提供することになる。[*141]（傍点は磯前）

この見解に対してつよく反応したのが、民俗学者の宮田登であった。宮田は「一方で世直し観念を生み出しながら、他方で天皇制イデオロギーの温床となり易い、そういう相反する性向をもった民俗信仰が、民衆思想の形成に大きな役割をもつとするならば、はなはだあいまいに概括されている天皇制イデオロギーの質は、当然分析の対象としておく必要があるだろう」としたうえで、「民俗信仰的神道説は、すでに内在的に天皇信仰というイデオロギーを保持しているのであり、外在的にそれと癒着するものではない」と、安丸の理解を、国家権力を民衆世界の外部に位置づけるものとして厳しく批判した。[*142]その後、この批判をうけて安丸は、『近代天皇像の形成』の中で「世直し願望の思想的形象化」には「二つの系譜」があるとして、[*143]次のような分類を試みた。

ひとつは、享保期の富士講を出発点として、幕末維新期の黒住教、明治初年の天理教、明治十年代後半の丸山教、明治中期以降の大本教へとつらなる民衆宗教の系譜、いまひとつは、儒教・国学・復古神道などの伝統思想を近代化過程に対置し、批判思想として急進化する系譜である。[*144]（傍点は磯前）

つまり、安丸は世直し的主体のうちの民衆宗教的な言説を二分することで、天皇制の論理を内包するものと、そうでないものとに区別しようと試みたわけである。そして、儒教・国学・復古神道説を「天皇の権威や国体論を前提とし、またしばしばそれを権威のよりどころとして、そうした正統説のなかに生れた異端説」、すなわち「正統のなかに生れた異端という意味でO異端」とし、民衆宗教の系譜を「もともと天皇制的正統説とはまったく異質な思想史的系譜にたつものだという意味で、H異端」と区別したうえで[*145]、あらためて結論づけた。

H異端として出発した思想や運動も、やがて近代日本の現実と触れあってO異端となったり、正統説と見分けのつかないものになったりする。……民俗信仰と民衆の生活思想をふまえて成立した民衆宗教が、もともと天皇制や国体論とはなんのかかわりももっていなかったのは当然のことであるが、こうした系譜もやがて正統説にひきつけられる形で教義をつくっていったことに注目すると、……国民国家による統合の重みを痛感せざるをえない[*146]。

この結論は、宮田の批判を部分的に取り入れながらも、民衆宗教や民俗的世界が基本的に天皇制の論理とは別個の独立した世界を有すると説く点で、結局は従来の安丸説を維持するものであった。むろん、安丸はそのような異質な民衆世界が天皇制の成果に取り込まれていくことを、その幻想過程の力動性をとおして説明づけようとしたわけだが、あくまでその議論では、国家権力と民衆の二元的な対立構造が前提とされており、そのうえで民衆の不安や解放欲求を吸い上げて国家権力がどのように立ちあがっていくのかが問題とされている。その点で言えば、安丸の関心がフーコーと重なるのは、『監視と処罰——監獄の誕生』(一九七五年)における「服従［＝主体］化の種別的な様式」としての「体力に従順＝効用の関係を強調する……《規律・訓練 discipline》」の主題を扱うかぎりにおいてなのである[*147]。事実、安丸は論文「「監獄」の誕生」のなかで、「ひとつの社会の近代への転換はその基底部で広汎な民衆の秩序化・規律化に支えられなければならない[*148]」と、みずからの関心の所在を明確に語っている。

そして、このような問題関心の根底には、いかにして人びとが国家権力から解放されうるのか、人間の自由のあり方をめぐる安丸の問いが横たわっている。たとえば、安丸は明治憲法で達成された信教の自由を「日本型政教分離」と名づけ、民衆は国家権力に服従したうえで、「こうした分割［啓蒙的抑圧］をなんらかの意味でうけいれ、むしろすすんで内面化してゆかねばならなかった」[*149]（傍点は磯前）とする。権力に対する民衆側の敗北。みずからが不自由であることに気づかないほど身体化された服従。それゆえ、安丸は近代天皇制を「それは、私たち個々人が自由な人間であるという外観と幻想の基底で、どんなに深く民族国家日本に帰属しているかを照しだす鏡であり、自由な人間であろうと希求する私たちの生につきつけられた、屈辱の記念碑である」[*150]（傍点は磯前）として徹底的に拒絶するのだ。そして、このような認識の根底には安丸のペシミスティックな歴史観が横たわっているように思われる。すでに第一作『日本の近代化と民衆思想』の段階で、安丸は国家権力に対する民衆の敗北を明言している。

日本近代社会成立期においては、既成の世界宗教たる仏教も、黒住教、金光教、天理教などの新宗教も、民衆闘争のための世界観とはならなかった。近世後期から明治にかけて、農民一揆、打ちこわしが頻発したが、それに照応すべき民衆的な世界観の発展はとぼしかった。既成の秩序がはげしく打破されたばあいにも、民衆的な独自の秩序の構想はほとんど発展せず、民衆の思想形成の伝統として定着しなかった。[*151]（傍点は磯前）

ここで安丸は、百姓一揆や民衆宗教など世直し的主体が国家権力や近代資本主義のシステムを転覆しえなかったことを敗北と言いたいわけではない。民衆思想が「近代資本主義社会の論理に敗北せざるをえない」という醒めた認識を彼は有しており、そのうえで「それがなにを達成した敗北であり、のちの歴史になにを伝統として定着したか」、すなわち「敗北の質」を問うているのだ。その闘争の成果が日本の人民の伝統として継承されていかなったのではないか。その最たる証拠が現在もなお続く天皇制の存在であり、民衆が無意識裡に自由を手放してしまったなによりの証なのだと安丸は考える。それは、みずからが抱えた不安に対して、それを直視しえなかった民衆自身の弱さでもあったともされる。

政府の開化主義的な抑圧政策にたいして、不安・不満・恐怖などが不可避的に生まれても、しかしそれは、筋道たてて意味づけられて表わされることのできない鬱屈した意識（むしろ自己抑圧された下意識）として、漠然と存在するほかない。そして、そのためにまた、権力の抑圧性とそれにたいする不満や不安なども、時間の経過のうちにしだいに意識下の次元に葬られ、開明的諸政策とその諸理念が曖昧に受容されてしまうのであった。[*152]（傍点は磯前）

民衆という主体に潜む不安と亀裂。そこからナショナリズムの問題も、歴史や宗教といった言説、そして差別も発生してくる。このようなみずからのうちに立ち上がる不安にどのように向き合うのかが問われなければならなかったはずである。あらゆる主体形成には不可避に不安が伴わざるをえないからである。ところが、それが新たな民衆の連帯や主体の構築には結びつかず、天皇制に回収されてしまったところに日本近代の根源的な不幸があったと安丸は見る。だとすれば、その「意識の底に抑圧されている解放への希求や活動性」をどのようなかたちで解き放っていくのか、それを「日本の民衆の思想形成＝主体形成にふかくかかわっている[*153]」問題として、さらに安丸の思索から探り出していく必要があろう。

抵抗の可能性

しかし、そもそも自由を、フーコーが述べるような、「真理をいっさいの権力システムから解放せよといっているのではありません――真理はそれ自体が権力なのですから、それは幻想です」[*154]といった理解を前提とするならば、無制限のものでありえるはずがなく、むしろ主体化をするなかで、規律＝服従化と引き換えに真理の力能として獲得されるものとなる。その意味からすれば、宮田登がいささか舌足らずながら、「民俗信仰的神道説は、すでに内在的に天皇信仰というイデオロギーを保持しているのであり、外在的にそれを癒着するものではない」と批判したことは、民衆的世界のなかに力への意志が存在している以上、天皇制に抗するだけでなく、天皇制を通して主体形成することも同様に民衆世界から内発的に起こりえる現象なのではないのかという指摘だったということになろう。その意味で、『性の歴史I――知への意志』（一九七六年）以降のフーコーの議論は、「権力の関係の原理には、……支配する者と支配される者という二項的かつ総体的な対立はな」く、「権力は下から来る」ものとする点で[*155]、宮田の指摘を深化させるものとして注目される。

権力という語によってまず理解すべきだと思われるのは、無数の力関係であり、……絶えざる闘争と衝突によって、それらを変形し、強化し、逆転させる勝負＝ゲームである。……権力の偏在だが、しかしそれは権力が己が無敵の統一化の下にすべてを再統合するという特権を有するからではなく、権力があらゆる瞬間に、あらゆる地点で、というかむしろ、一つの点から他の点への関係のあるところならどこにでも発生するからである。[*156]

この時期のフーコーの議論では、権力はいたるところに偏在するものであり、国家権力も日常世界を含め、あらゆるものを構築する真理への意志とされる。国家権力はその日常の生活世界から生じる力が収斂する独占的な結節点にすぎない。その意味で、フーコーの言う権力（pouvoir）とは本来、ニーチェが述べるような意味で力能あるいは力とでも訳されるべきものであり、国家権力だけでなく、真理を通して主体を構築する力能の働きそのものへと、彼の関心は移っていたと見るべきであろう。

この権力論の観点から、『近代天皇像の形成』における安丸の発言、「人びとはそれぞれの「自由」をこの「天皇という」権威ある中心に結びつけることによって、自分の欲求や願望に正統性と普遍性を与えてみずからを励すが、権威ある中心はまたさまざまの社会的諸勢力からの「自由」を介した献身をうけとめることで、より有効な統合を実現してゆく」[*157]というくだりを読むと、安丸の意図にはそぐわないものの、天皇制という真理があってこそ国民という主体を構築しえたのであり、そのなかで初めて自由も可能になったと受け取ることもできる。儒学の思想の通俗化によって民衆が自己を規律化しえたように、そして神がかりによって彼らがさらに世直し的主体を形成しえたように、天皇制を介することで、国民という主体もまた形成可能になり、その服従＝主体化のなかで自由も成立可能になるというようにも読めるのである。

こういった視点に立つとき、民衆という主体は、儒教の通俗化をとおして、近代化を推進する通俗道徳的な主体も形成しえるし、神がかりやアウトローたちを含み込むことで、否定的全体性に獲得する世直し的な主体へと飛躍しえる一方で、天皇制を通じて国民的な主体形成もまたおこないえるものだと理解されることにもなる。国家権力と民衆は異質な存在ではなく、むしろ民衆のもつ力への意志のなかから天皇制国家もまた下支えされていくのである。その意味で安丸民衆史を、通俗道徳的な主体および世直し的な主体に加えて、天皇制的な国民主体という、三種類の民衆的主体の構築過程を明らかにしてきたものとして解釈することもできる。しかも、これらの三種類の主体は無関係なものではなく、安丸の叙述が明らかにしているように、相互に密接な関係を有するものである。通俗道徳的な主体が近代化を推進するなかで、天皇制的な国民の主体形成も担う一方で、その国民形成に収まらない動きが、通俗道徳的主体を基盤において世直し的主体として構築されていく。[*158]同じく通俗道徳的な主体を基礎としながらも、一方の天皇制的な国民化においては規律化を通して主体の均質化が推し進められ、他方の世直し的主体のもとでは神がかりやアウトローなどの異質な要素が導き入れられることで、外部性を抱えた主体が汲み上げられていく。そのなかで、後者のみが全体性を見通した声を獲得することになるわけだが、安丸によれば、そのような全体性を獲得した主体もまた、いずれは天皇制的な均質化された主体へと変質させられていく可能性を多分に含むものでもあった。

そのような変革主体を貫徹することの困難さを安丸は終始痛感していたわけだが、なかでも『近代天皇像の形成』にいたって、「変革」という言葉は完全に姿を消し、代わって「逸脱」や「崩壊」といった言葉が前面に現われるようになったと、民衆史家の鹿野政直は指摘している。

「崩壊」には、安定の外貌のうちに崩壊の契機を探ろうとする方法と、歴史において転換が不可視の抗しがたい力で進行するとの認識が、こめられている。他方で「逸脱」は、はみだそうとする人間への固執を示している。それはたぶん、自由であろうとすれば、多数派からはみだすほかないとの、またはみだすことに未来への手がかりをみようとの、著者のもがきをものがたっていよう。[*159]（傍点は磯前）

ここからは、一九七〇年代を中心に世直し的主体の議論を展開していた時期とは、安丸が国家権力に対する抵抗を違ったかたちで想定しはじめていたことが窺われる。たとえば、『近代天皇像の形成』のなかで、安丸は「文明化をめざしたみごとな成功譚のように見えやすい近代化する日本社会が、その周縁にこうした異端のコスモロジーをかかえこんでいた」例として、「一八八〇年代の丸山教や一九一〇年代から三〇年代にかけての大本教」を挙げる。[*160] 日本の近代は基本的には天皇制的な主体形成が推進されていった時期と言えるが、それでも「民俗的なものは形をかえることでしぶとく生き残り、新しい活力を発揮してゆく」[*161]ために、国家権力に完全には均質化されない余白が残されており、「周縁」においてそこからの「逸脱」や「崩壊」が「異端」として断続的に生じえると安丸は考えたのである。

このようなとらえ方をするためには、支配的文化との触れあいのなかで形成される、伝統的深層的なものの新しい形態を発見し、そこに分析の焦点をおきかえなければならない。おそらく、メシアニズムは、一九一〇年代〜三〇年代の大本教や一九三〇年代前後の超国家主義の核心にある意識であり、これらの運動のなかに、私たちは、近代国家の統合原理と触れあうことで活気づけられ組織づけられることのできた、きわめて大きな深層的救済願望を読みとることができよう。[*162]（傍点は磯前）

たとえ意識的に主体の構築がおこなわれなくとも、民俗というものは民衆の日常生活態としてつねに存在している以上、脱構築における代補作用のように、自然と均質性に亀裂をもたらす逸脱や周縁として現われ出ることになる。ここに、宮田登の批判に呼応するかのようにして、安丸が民俗的なものを民衆の主体形成において否定的なだけでなく、肯定的な契機として位置づけなおしていった意義がある。しかも、そのような逸脱的な主体形成は、「支配文化との触れあいのなかで形成される、伝統的深層的なものの新しい形態」（傍点は磯前）と述べられているように、天皇制的な主体形成から独立した別の変革主体ではなく、天皇制的な主体が推し進められるなかで、民衆という同一の主体のなかにそれを逸脱する要素として不可避に含みこまれるものとして組みこまれていくとされている。あるいは、より踏み込んで言えば、民衆の主体形成は、「近代国家の統合原理と触れあうことで」（傍点は磯前）、はじめて「活気づけられ組織づけられる」ことが可能となるものとも言える。

ここに安丸の主体論が、かつての国家権力と民衆を二項対立的に別個に捉える観点から変化を遂げ、あらゆる変革主体も天皇制的な主体へと均質化されていくことが免れないのと同時に、どれほど天皇制的な主体に同化されようとも、そこにみずからを脱中心化させていく変革の契機も含まれているとする、ホミ・バーバのような異種混淆的な主体理解へと脱却していったことが確認されよう。フーコーは、「権力という語によってまず理解すべきだと思われるのは、無数の力関係であり、……絶えざる闘争と衝突によって、それらを変形し、強化し、逆転させる勝負＝ゲームである」と述べているが、一九九〇年代以降の安丸もまた亀裂について、「人びとの潜在意識を掬い上げる超越的権威によって統合されると、そうした世界の外へ出てしまうことは難しい。しかしそこには無数の裂け目や逸脱がある」[*163]として、次のような見解を披露している。

現代の日本社会は、企業と市場と官僚制が支配する強固なシステム社会であり、私たちが享受している自由や幸福もこうしたシステムの契機となっていて、自由や幸福を求める私たちの努力自体が私たちを呪縛するような仕組みになっている。……しかし、多元的に絶えず分化していく複合的なシステムは、どんな権力も一元的にはとらえ込むことのできない複雑な網の目を構成していて、私たち自身がそのひとつひとつを担っている。……安心して帰属できる大思想は存在しないが、考えるための示唆・手がかりは豊かに与えられていて、私たちは自分の人生を、ひとつの、あるいはひとまとまりの、小さな決意から出発・再出発させることができるのだ。[*164]（傍点は磯前）

まさにそこにフーコーの抵抗論、「抵抗なしの権力関係は存在しない。……抵抗は権力があるところにこそ存在する。抵抗はそれゆえ、権力と同じように、多様なものであり、包括的な諸戦略に統合可能である」[*165]といった考え方と呼応するものをみることができる。おそらく安丸にとって、一九六〇年代のような大きな政治的抵抗体を組織することは今日の状況では困難であるが、「私たち自身がそのひとつひとつを担［う］」「網の目」として、そこから抵抗の拠点を作り出していくことは依然可能なことなのだ。もちろん、それはもはや永続的な政治的革命を説いたものなどではなく、ベンヤミンの「刹那に一瞬ひらめきもう二度と現われはしない」、歴史の隙間に現われ出る「危機の瞬間にひらめく」経験をみずからの日常のうちに受肉化させていく試みなのだ。世直し的主体が危機的状況のもとで稀有にしか形成されないものであるからこそ、「私たちのいまだ達成しえていないというか、むしろ、けっして成就されることのないユートピア」は、日常を完全に変革するためと言うよりも、日常を異化するためにこそ、日々の生活のなかからゆっくりとかつ持続的に想起されていくべきなのだ。

> 私たちは社会的なものについての自分なりのものの見方や感受性を、日常的な生き方や生涯の仕事を通して、ゆっくりと媒介的につくりあげ表現していく。それは私たちの身体感覚や人格のようなものにまで具体化されて定着してゆき、そのようにして私たちは何者かになっていく。ゆっくりゆっくりさまざまのやり方で媒介的に……挫折や屈辱もなんとか生き延び、生涯をして……。デモも日ごろの学問研究もそうした過程の小さなひとコマひとコマにほかならない。[*166]（傍点は磯前）

晩年のフーコーは、「真理の政治学とでも呼べるゲームにおいて、本質的に主体が服従から離脱する機能」を「批判」[*167]と呼び、その力を駆使することで、既存の言説やコスモロジーに対して自己をずらして主体形成の可能性を模索しようとした。そのような主体のあり方を彼は「自己や自己の欲望にたいして奴隷でないことを意味するかぎりにおいて」自由と名づけ、その意味において主体構築において「ひとが自分の自己や欲望のうえに、支配、統御というある一定の関係をうちたてることを必要とする」と説いた。[*168]その観点からすれば、自由とは天皇制の権力が張りめぐらされた空間の外部に立つことを夢見ることではなく、その空間の内部で「みずからの意思によって不服従を求める技術であり、省察を重ねたあげくに不従順になるための技術」[*169]を発揮することとなる。ここにおいて安丸は国家権力の外部にではなく、偏在する権力の内側において「外部性」へと開かれた亀裂を見出したことになる。その意味で、安丸の言う「周縁」は社会の辺縁に存在するだけではなく、その真っ只中にも口をあけて存在するものなのだ。

このように安丸にとって、亀裂あるいは周縁といった場は国家権力から排除された空間であると同時に、新たな主体へと変容していく可能性を開く拠点にもなりうるものであった。その両義性については、出口なおの回心に関する安丸の記述、「なおの内面的世界は、一見すればなおの生活思想を通して社会体制へ統合されているように見えながら、なおが必死に努力すればするほど、じつは亀裂と疎外のなかでふかく傷ついていったのであって、そこに醸成されてきたなにものかがやがて神の声として、社会にむきなおって自己主張しはじめるのである」[*170]（傍点は磯前）から、はっきりと見て取ることができる。そして、このような亀裂を主体変容の跳躍へと結びつけていくためには、みずからに与えられている苦痛や不安にどれだけ鋭敏になることができるのかが問われることになる。ただし、「商品交換社会としての近代世界は、この世界の本質的属性として人々の欲動に直接訴える逸脱と分散化の強大な駆動力をもっているからこそ、そのことが人びとを不安にして根源的な恐怖をもたら［す］」[*171]（傍点は磯前）と安丸が述べているように、「多数派からはみだす」逸脱や亀裂に身を曝すことは不安や戸惑いといった苦痛の感覚にみずからを委ねることでもある。

快楽の追求、苦痛の減少こそが人間の権利と自由であるということになり、そのための手段やシステムが複雑に発展すると、私たちはそうした次元のほうにとらわれて、死や苦痛をめぐる問題群と正面から向きあうことができなくなり、死という問題の側から生の意味を見つめなおす精神のキャパシティを失ってしまうこととなった。だが、こうした状況こそが私たちを不安にし私たちの意識を断片化して、日本社会の全体を不安定にしているともいえる。[*172]

安丸が看取しているように、現代の日本社会もまた他の資本主義社会と同様に、苦痛をみずからの内から排除することによって、みずからを自由な存在だと思い込もうとする一方で、人間が本来的に逃れることのできない苦痛から完全に目を背けることができず、不安に怯えている。国家権力はそのような不安が社会の内部にはどこにもないという幻想を与えることで、個人を権力に服従させ、秩序を維持しようとするわけだが、まさに安丸の考える抵抗する主体とはそのような幻想に服従しない「自由」を獲得することをめざすものと言えよう。そのために、かれらは自分を取り巻く状況を意識化して全体性のヴィジョンを獲得しようと、みずからの主体を外部性へと跳躍させていくのである。

暴力と主体

このような亀裂の問題を民衆という主体に即して再考を促したのが、ひろたまさきである。これまでの民衆史の叙述を「「差別」の視点」[*173]から「マイノリティーに対する差別を問題にすればするほど、民衆の閉じられた世界が問題になってしまう」[*174]欠点をはらんでいると指摘し、民衆史のみならず民衆の主体形成のあり方そのものを次のように批判した。

私の書いた「近代社会成立期の差別構造」(『差別の諸相』一九九〇年)もまた、「文明と国家」こそが「差別」を作り出したのであり、民衆もこれを内面化することによって「差別者」になる、被差別者さえもそのもとでそうした秩序に同化することで解放されようとしたと、安丸とほとんど同じ論調となっていると言わざるをえない。……マイノリティーに対する差別を問題にすればするほど、民衆の閉じられた世界が問題になってしまうのである。それは、帝国意識にからめとられた日本社会の多数派民衆に対する絶望をも表現するものだったのであろうか。[*175](傍点は磯前)

そして、「もはや「民衆」は一体でありえず、異質な諸集団として、かつその間に深淵を抱えた、しかし複雑な相互関係をもった存在としてとらえるしかないであろう」[176]とするひろたの見解をふまえつつ、酒井直樹は「日本人になり損なう」「少数派」という観点から、「異質性や歴史的文脈の違いを示しつつ、それでも応答しその応答が反復されるような関係を作り出す共同性」のもとに語りなおそうとする。[177]

「少数者」は国民の形象の「内部」には納まらない。……それは周辺的な存在であり、絶えず越境しつつ国民になり損う者たちのことだ。しかし、「少数派」は同一性であるのでもない。「多数派」からの逸脱と「異常」によって、「多数派」からの異化によって、その社会的存在を提示するからである。……「民衆」は「難民」として、もう一度、考え直さなければならない。[178]（傍点は磯前）

そもそも主体やアイデンティティといったものが、安丸が民衆の主体形成をつうじて明らかにしているようにみずからの内部にねじれや異質性を抱えることでしか存立しえないものである。その意味で民衆もまた根本的に酒井の言うように「少数者」であり「難民」なのである。それを無理に自己同一性の貫徹したものと思い込むためには、その違和感を他者に投影せざるをえなくなる。そこで、自己の純粋性を保持することと引き換えに、他者に対する差別や排除が作動することになるのだ。スチュアート・ホールは、アイデンティティを「決して起源と安定性のある一点に差異の運動を固定するものとしてではなく、差延のなかで、あるいは〈差延〉を通して構成され、それが排除するものによってたえず不安定にされているもの」[179]と定義したうえで、その主体化過程に働く暴力性について次のように述べている。

アイデンティティは、権力の特別な様相の運動の内側において生まれるものであり、したがって、同一で、自然に構成された統一体——その伝統的な意味での「アイデンティティ」（つまり、すべてを内包する同じもの、縫い目がなく、内側に差異化のないもの）――の記号であるよりも、むしろ差異と排除とを示すもの の所産である。[*180]（傍点は磯前）

このように考えたときは暴力というもののもつ意味も、民衆との関係において、従来の〈民衆対国家権力〉という二項対立的な図式とは異なるものとして捉えられることになろう。暴力を国家が独占するものと規定してしまうと、その力を民衆が暴力として行使してしまうことは想定されえない。そのためフーコーのように力の作用が暴力と同時に真理を生み出すという両義性までは認知されることがなく、国家権力と民衆という主体は権力の加害者と被害者として分離されて、異質な存在として理解されるにとどまってしまう。「権力のメカニズム……は、すでに内側から身体や魂に働きかけ[*181]」るといった観点を欠くために、民衆の世界そのものが権力によって構築され分節化されたものだという認識が決定的に欠落することになる。それは民衆の主体化という問題にもつながっていくものであり、通俗道徳的主体や世直し的主体が孕む暴力の可能性を読み取れなくさせてしまうのである。なぜならば、暴力が国家権力に独占的に所有されていると考えるかぎり、暴力はつねに民衆の外部に存在するものであり、民衆が暴力的な存在と化すことなど想像しえなくなってしまうからである。

であるとすれば、われわれが他者に対して原初的な暴力を振るうことを回避するためにこそ、みずからの他者に対する侵害性あるいは他者から傷を受ける可傷性という「人間関係の網の目」のなかに自分たちが埋め込まれているのだという状況に気づく必要がある。安丸が明らかにしているように、そしてバトラーが以下に述べるように、主体は決して透明ではありえず、他者との関係においてみずから脱臼を引き起こすのだ。

私自身の形成そのものが私のなかの他者を含みこんでおり、私独自の自分自身に対する外部性が、矛盾するようだけれども、私と他者との倫理的つながりの源をなすのだ。私のことは私自身にもよく知られていない。

> なぜなら、自己とは多くの他者の謎めいた痕跡から成り立っているからだ。この意味で、私は自分のことを完全には知りえないし、他者との「違い」も完璧なかたちでは知ることができない。……私が傷つく、すると私は、自分が接触可能な存在であることをその傷が証明してくれていることを悟る。自分が予測できず完全にコントロールできないような仕方で、一般的な他者にさらされていることがわかるのだ。[*182]

まさしく、ここにおいて他者に対する倫理が生じえるのである。安丸もまた民衆による差別については、「村共同体とその住民は、彼らの世界の弱小性と狭隘性とのゆえに、意識の底に〈他者〉にたいするひそかな恐怖をひめており、そのゆえに、強大な権力に恩頼しようとするのである」[*183]として、他者に対する恐怖やそこから生じる抑圧や排除の働きを指摘している。安丸にとってこのような排除や差別の論理を巧みに組み込んだものこそが、近代天皇制にほかならないのである。事実、『近代天皇像の形成』のなかで、天皇制が生み出す差別原理が次のように述べられている。

> 天皇制は、現代日本においても国民国家の編成原理として存在しており、そのもっとも権威的・タブー的な次元を集約し代表しているということになろう。……天皇制は、政治とは一定の距離をとった儀礼的な様式のもとで、誰もが否定してはならない権威と中心とを演出して、それを拒否する者は「良民」ではない、少なくとも疑わしい存在と判定されるのだという選別＝差別の原理をつくりだしている。……天皇制は、秩序と権威にしたがう「良民」か否かをためす踏絵として、いまも十分に機能しているといえる。[*184]（傍点は磯前）

このような他者との関係性が本源的にはらむ不安や差別の論理をふまえつつも、天皇制とは対極の論理を示したものが、先に引いた『出口なお』における「単純な絶対的な正しさの神から、きびしいが愛にみちた救済神」への転換であった。安丸の描く民衆主体は、全体性のヴィジョンを獲得した世直し的なものだけでなく、通俗道徳的なものにしても、自己同一性あるいは認識の透明性を貫徹できないものとして描かれてきた。民衆的な主体が根本的に齟齬を抱えたものとして想定されていたために、天皇制的な主体のなかにも亀裂を見出すことが可能になったのである。そこには通俗道徳的主体に見られる中心化志向がうみだす他者の排除を民衆自身がどのように乗り越えようとしたのか、そのような他者排除を克服する論理が、ほのかなかたちでありながらも、安丸自身のなかで模索されていたことが窺い知れる。主体の外部に排除されていた不安や亀裂が、その内部に余白として襞のように折り畳まれていくことで、人びとはみずからの内に抱える「生きることの戸惑い」[*185]を絆とする共同性の構築が可能となっていくのである。安丸は、それを出口なおに倣って「きびしいが愛にみちた救済神」のもとでの共同性と名づけたのではなかろうか。

そして安丸は、現代日本の世俗化された社会においては、歴史家をはじめとする知識人こそが、なおのような世直し的主体を担う者の意志を引き継ぐべきものと考えていた。安丸は近代という空間を「実世界とは二元的に対立して敗北を運命づけられており、近世的コスモロジーにおける予定調和的な全体性はすっかり失われてしまっている」状況のもとに捉えているが、それゆえに知識人たちは「近代のジレンマを自らに引き受けて乗り越えようとする努力」、すなわち「人格的主体性の確立を求めての苦闘」を「根源的な否定性を介して」進めていかなければならないと説いている。[*186] そのような知識人こそが、その学問を通して、断片化された状況に置かれた人と人とを結びつける全体性のヴィジョン、すなわち主体の構造とその社会的布置を見透かす視点を明示するのだ。そのような他者を導く俯瞰的な能力に携わるものだからこそ、安丸はオサマ・ビンラディンに対して強い期待を抱いたように、他者のために自分の命を捧げるという姿勢を、彼自身をふくむ現代の知識人たちにも求めているように思われる。そのビンラディンに対する安丸の言葉を引いて本章を結ぶことにしよう。

私は自分だけの妄想として、ビンラディンが自分の個人的な判断で短い声明を残してニューヨークかワシントンに向けて、自分一人で出国するのがよいと思った。……みずからの生命を西側社会に「犠牲」として提供すれば、彼は自分の死とその理念の普遍的側面を「象徴交換」したことになるはずであり、彼がみずから選んだ死の意味について考えていくことは、西側世界も含めて世界全体の課題となり道義となるはずである。……それに、もの悲しそうに低い声で語ったテレビのビンラディンは、ゴルゴタの丘にみずからを磔にするための十字架を背負って登った人に、その風貌が似ていなくもなかった……。これが九・一一事件以後しばらくのあいだ、私がとりつかれてしまった妄想だった。[187]（傍点は磯前）

他者との暴力の重ね合いがなされる空間のなかで、みずからの命を進んで差し出すこと。そのような知識人たりうる倫理を、はたして私たちは担いえるのだろうか。きわめて重い問いかけである。しかし、そもそも思想を紡ぎだす声をもつということは、はざまに身を置き、おのれの身体を引き裂くといった覚悟と引き換えにしてはじめて得られるものであるはずである。民衆の主体形成、その困難さに終生こだわってきた安丸民衆史は、民衆の生をつかみとる行為がこのような険しさに満ちた道にあることを私たちに物語っている。

注

＊1――安丸良夫『出口なお』朝日新聞社、一九七七年、七三頁。
＊2――ガヤトリ・チャクラヴォルティ・スピヴァク「サバルタン・トーク」一九九六年（吉原ゆかり訳『現代思想』第二七巻第七号、一九九九年、八五頁）。
＊3――Gayatri Chakravorty Spivak, *The Post-Colonial Critic: Interviews, Strategies, Dialogues*, New York: Routledge, 1990, p. 166.
＊4――ガヤトリ・チャクラヴォルティ・スピヴァク「サバルタン研究――歴史記述を脱構築する」一九八五年（竹中千春訳『サバルタンの歴史――インド史の脱構築』岩波書店、一九九八年、三〇〇頁）。

*5——レイ・チョウ『ディアスポラの知識人』一九九三年（本橋哲也訳、青土社、一九九八年）。

*6——タカシ・フジタニ「オリエンタリズム批判としての民衆史と安丸良夫」安丸良夫『日本の近代化と民衆思想』平凡社ライブラリー、一九九九年、四八四—四八七頁。

*7——ガヤトリ・チャクラヴォルティ・スピヴァク『サバルタンは語ることができるか』一九八八年（上村忠男訳、みすず書房、一九九八年、一—二頁）。

*8——Gayatri Chakravorty Spivak, “Boding in Diference,” 1993–1994, in D. Landryand G. Maclean, eds., *The Spivak Reader: selected works of Gayatri Chakravorty Spivak*, New York and London: Routledge, 1996, pp. 27–28.

*9——スピヴァク前掲「サバルタン・トーク」（八六頁）。

*10——同右論文（九八・八二・八六頁）。

*11——同右論文（八一頁）。

*12——スピヴァク前掲「サバルタン研究」（三一二頁）。

*13——同右論文（三〇八頁）。Gayatri Chakravorty Spivak, “The New Subaltern: A Silent Interview,” in Vinayak Chaturvedi, ed., *Mapping Subaltern Studies and the Postcolonial*, London and New York: Verso, 2000, p. 332.

*14——安丸前掲『出口なお』五頁。

*15——安丸良夫「「世直し」の論理の系譜——丸山教を中心に」一九六六年（同『日本の近代化と民衆思想』青木書店、一九七四年、八九頁）。

*16——安丸前掲『出口なお』四—五頁。

*17——「J・P・サルトル『知識人の擁護』」『日本の近代化と民衆思想』扉のエピグラフ。

*18——Spivak, “The New Subaltern,” pp. 324–325.

*19——フレドリック・ジェイムスン『弁証法的批評の冒険——マルクス主義と形式』一九七一年（荒川幾男他訳、晶文社、一九八〇年、一六五・五四頁）。

*20——安丸良夫「色川大吉と戦後歴史学——「民衆史」の構想力」（安丸良夫・喜安朗編『戦後知の可能性——歴史・宗教・民衆』山川出版社、二〇一一年、三一九—三二〇頁）。

*21——安丸良夫「はしがき」（『一揆・監獄・コスモロジー——周縁性の歴史学』朝日新聞社、一九九九年、二〇頁）。

＊22――安丸前掲「「世直し」の論理の系譜」（八八頁）。
＊23――安丸良夫「民衆蜂起の意識過程」（前掲『日本の近代化と民衆思想』二七二頁）。
＊24――安丸前掲「色川大吉と戦後歴史学」（二九一頁）。
＊25――安丸良夫「あとがき」『文明化の経験――近代転換期の日本』岩波書店、二〇〇七年、四一三―四一四頁。
＊26――カール・マンハイム『イデオロギーとユートピア』一九二九／一九五二年（高橋徹・徳永恂訳『世界の名著五六』中央公論社、一九七九年、二一八頁）。
＊27――同右書（一八八頁）。
＊28――安丸良夫「平凡社ライブラリー版あとがき」前掲『日本の近代化と民衆思想』平凡社ライブラリー、一九九九年、四六七―四六八頁。
＊29――エドワード・サイード『知識人とは何か』一九九三年（大橋洋一訳、平凡社、一九九五年、一六頁）。
＊30――エドワード・サイード「帰還の権利」二〇〇〇年、ゴウリ・ヴィシュワナータン編『権力、政治、文化――エドワード・W・サイード発言集成』（田村理香訳、太田出版、二〇〇七年、三〇一頁）。
＊31――ホミ・バーバ「文化の中間者」スチュアート・ホール／ポール・ドゥ・ゲイ編『カルチュラル・アイデンティティの諸問題――誰がアイデンティティを必要とするのか?』一九九六年（林完枝訳、大村書店、二〇〇一年）。
＊32――安丸前掲「平凡社ライブラリー版あとがき」四六四―四六五頁。
＊33――ホミ・バーバ「散種するネイション――時間、ナラティヴ、そして近代ネイションの余白」一九九四年（磯前順一／ダニエル・ガリモア訳『ナラティヴの権利――戸惑いの生へ向けて』、みすず書房、二〇〇九年、九八頁）。
＊34――同右書（一〇〇頁）。
＊35――安丸良夫「砺波人の心性」二〇〇三年（前掲『文明化の経験』三八七・三八九頁）。
＊36――安丸良夫「あとがき」（前掲『日本の近代化と民衆思想』二九六頁）。
＊37――同右論文（二九四頁）。
＊38――安丸前掲「色川大吉と戦後歴史学」（三一八―三一九頁）。
＊39――安丸良夫「日本の近代化と民衆思想」一九六五年（前掲『日本の近代化と民衆思想』二二一―二二三頁）。
＊40――安丸良夫「序論」（前掲『文明化の経験』八頁）。

＊41――安丸前掲『出口なお』七〇頁。
＊42――安丸前掲「序論」（前掲『文明化の経験』九頁）。
＊43――同右論文（八頁）。
＊44――同右論文（九頁）。
＊45――安丸良夫「思想史研究の立場――方法的検討をかねて」一九七二年（同『〈方法〉としての思想史』校倉書房、一九九六年、一二二頁）。
＊46――安丸前掲「日本の近代化と民衆思想」（五三頁）。
＊47――同右論文（一一頁）。
＊48――同右論文（七頁）。
＊49――同右論文（三三頁）。
＊50――同右論文（四六頁）。
＊51――安丸良夫／タカシ・フジタニ「いま、民衆を語る視点とは？――民衆史とサバルタン研究をつなぐもの」『世界』第六六三号、一九九九年、二九四頁。
＊52――安丸良夫「はしがき」『日本ナショナリズムの前夜』朝日選書、一九七七年、ｉ頁。
＊53――安丸前掲「民衆蜂起の意識過程」（二八四頁）。
＊54――安丸前掲「思想史研究の立場」（一〇八頁）。
＊55――安丸良夫「戦後イデオロギー論」一九七一年（前掲『日本ナショナリズムの前夜』二二八頁）。
＊56――安丸前掲「「世直し」の論理の系譜」（一三六頁）。
＊57――安丸前掲「日本の近代化と民衆思想」（五五頁）。
＊58――安丸前掲『出口なお』九頁。
＊59――安丸良夫「困民党の意識過程」（前掲『文明化の経験』三三三頁）。
＊60――安丸良夫「民衆宗教と「近代」という経験」二〇〇二年（前掲『文明化の経験』三六一頁）、安丸前掲「あとがき」（前掲『文明化の経験』四一三頁）。
＊61――安丸／フジタニ前掲「いま、民衆を語る視点とは？」（二九二頁）。

＊62――同右対談（二九三頁）。
＊63――安丸良夫「戦後思想史のなかの「民衆」と「大衆」」二〇〇二年（同『現代日本思想論――歴史意識とイデオロギー』岩波書店、二〇〇四年、九五頁）。
＊64――丸山眞男『日本政治思想史研究』東京大学出版会、一九五二年、二三三・二二六・二〇九頁。
＊65――同右書、二三八頁。
＊66――安丸前掲「日本の近代化と民衆思想」（三二頁）。
＊67――同右論文（四六頁）。
＊68――同右論文（四六頁）。
＊69――丸山前掲『日本政治思想史研究』、二四六―二四七頁。
＊70――酒井直樹『過去の声――一八世紀日本の言説における言語の地位』一九九一年（酒井直樹監訳、以文社、二〇〇二年、一五四―一五五頁）。
＊71――酒井直樹『日本思想という問題――翻訳と主体』岩波書店、一九九七年、vi・vi頁。
＊72――ジャック・デリダ『声と現象』一九六七／一九九八年（林好雄訳、ちくま学芸文庫、二〇〇五年、一八六頁）。
＊73――安丸前掲「日本の近代化と民衆思想」（一二・四九頁）。
＊74――同右論文（四五頁）。
＊75――同右論文（一〇頁）。
＊76――スピヴァク前掲「サバルタン研究」（三〇六―三〇七頁）。
＊77――同右論文（三二二頁）。
＊78――ミシェル・フーコー『性の歴史Ⅲ――自己への配慮』一九八四年（田村俶訳、新潮社、一九八七年、九〇頁）。
＊79――安丸良夫「例外状況のコスモロジー――国家と宗教」一九九五年（前掲『一揆・監獄・コスモロジー』二四七頁）。
＊80――島薗進「日本の近代化過程と宗教」『ジュリスト増刊総合特集21現代人と宗教』一九八一年、七一頁。
＊81――安丸前掲「例外状況のコスモロジー」（二四七頁）。
＊82――同右論文、（二四七頁）。
＊83――島薗進「日本新宗教の倫理思想――近代化論から「心なおし」論へ」『日本の仏教』第四号、一九九五年、二六六頁。

＊84――安丸良夫「民衆蜂起の世界像」一九七三年（前掲『日本の近代化と民衆思想』一五七頁）。
＊85――安丸前掲『出口なお』四頁。
＊86――ジョルジョ・アガンベン『例外状態』二〇〇三年（上村忠男・中村勝己訳、未來社、二〇〇七年、一〇二頁）。
＊87――安丸前掲『出口なお』四頁。
＊88――安丸前掲『日本ナショナリズムの前夜』iii頁。
＊89――安丸前掲『出口なお』一二九頁。
＊90――同右書、二五五頁。
＊91――同右書、二五四頁。
＊92――スピヴァク前掲『サバルタンは語ることができるか』（一一五頁）。
＊93――安丸前掲『出口なお』二五五頁。
＊94――同右書、一九七頁、安丸前掲「民衆蜂起の世界像」（一八七頁）。
＊95――安丸前掲「色川大吉と戦後歴史学」（三一九頁）。
＊96――安丸・フジタニ前掲「いま、民衆を語る視点とは？」（二九一頁）。
＊97――酒井前掲『過去の声』（一九〇頁）。
＊98――ハンナ・アレント『人間の条件』一九五八年（志水速雄訳、ちくま学芸文庫、一九九四年、一九八頁）。
＊99――酒井前掲『過去の声』（一九〇頁）。
＊100――ジュディス・バトラー『自分自身を説明すること――倫理的暴力の批判』二〇〇五年（佐藤嘉幸・清水知子訳、月曜社、二〇〇八年、一三七頁）。
＊101――安丸前掲『出口なお』八二頁。
＊102――同右書、八四頁。
＊103――バトラー前掲『自分自身を説明すること』（一四二頁）。
＊104――島薗進「金神・厄年・精霊――赤沢文治の宗教的孤独の生成」『筑波大学哲学・思想学系論集』第五号、一九八〇年、一八九頁、同「疑いと信仰の間――中山みきの救けの信仰」『筑波大学哲学・思想学系論集』第三号（昭和五二年度）、一九七八年、一三五―一三六頁。

＊105――安丸前掲「民衆蜂起の世界像」（一七五頁）。
＊106――安丸良夫「あとがき」（前掲『日本の近代化と民衆思想』二九一頁）。
＊107――同右論文（二九一頁）。
＊108――同右論文（二九一―二九二頁）。
＊109――安丸良夫「はしがき」（前掲『〈方法〉としての思想史』二九頁）。
＊110――バーバ前掲「散種するネイション」（六九―七〇頁）。
＊111――同右論文（一〇三頁）。
＊112――同右論文（九六頁）。
＊113――アントニオ・ネグリ／マイケル・ハート『〈帝国〉――グローバル化の世界秩序とマルチチュードの可能性』二〇〇〇年（水島一憲他訳、以文社、二〇〇三年、二〇五―二〇八頁）。
＊114――宮田登「安丸良夫著『日本の近代化と民衆思想』」『史林』第五八巻第三号、一九七五年、一二八頁。
＊115――島薗前掲「日本の近代化過程と宗教」（六八頁）。
＊116――同右論文（七〇頁）。
＊117――安丸良夫「「民衆思想史」の立場」一九七七年（前掲『〈方法〉としての思想史』九一頁）。
＊118――堀一郎「日本の民俗宗教にあらわれた祓浄儀礼と集団的オージー（Orgy）について」『民間信仰史の諸問題』未來社、一九七一年。
＊119――安丸前掲「民衆蜂起の意識過程」（二五三頁）。
＊120――安丸前掲『出口なお』八七頁、同「「世直し」の論理の系譜」（一四三頁）。
＊121――安丸良夫『近代天皇像の形成』岩波書店、一九九二年、二二一頁。
＊122――安丸前掲「日本の近代化と民衆思想」（五四―五五頁）。
＊123――宮田登『ミロク信仰の研究新訂版』未來社、一九七五年、二〇頁。
＊124――バトラー前掲『自分自身を説明すること』（三六―三七頁）。
＊125――安丸前掲『出口なお』一三二―一三三頁。
＊126――同右書、一三三頁。

＊127――安丸前掲「色川大吉と戦後歴史学」（三〇二頁）。
＊128――冨山一郎『暴力の予感――伊波普猷における危機の問題』岩波書店、二〇〇二年、一二頁。
＊129――同右書、一三頁。
＊130――安丸前掲『近代天皇像の形成』二八三頁。
＊131――同右書、六〇―六一頁。
＊132――同右書、一〇頁。
＊133――吉本隆明「角川文庫版のための序」『改訂新版共同幻想論』角川文庫、一九八二年、七頁。
＊134――ピーター・バーガー『聖なる天蓋――神聖世界の社会学』一九六七年（薗田稔訳、新曜社、一九七九年、二八・四一頁）。
＊135――安丸前掲『近代天皇像の形成』八八頁。
＊136――同右書、二八〇頁。
＊137――ミシェル・フーコー「真理と権力」一九七七年（北山晴一訳『ミシェル・フーコー思考集成VI』筑摩書房、二〇〇〇年、二一六頁）。
＊138――同右論文（二〇一―二〇二頁）。
＊139――同右論文（二〇二頁）。
＊140――安丸前掲「序論」（前掲『文明化の経験』一六頁）。
＊141――安丸前掲「「世直し」の論理の系譜」（一四四頁）。
＊142――宮田前掲「安丸良夫著『日本の近代化と民衆思想』」一二九―一三〇頁。
＊143――安丸良夫「一揆と世直し」一九八七―一九八八年（前掲『一揆・監獄・コスモロジー』五九頁）。
＊144――同右論文（五九頁）。
＊145――安丸前掲『近代天皇像の形成』二二二頁。
＊146――同右書、二二二頁。
＊147――ミシェル・フーコー『監獄の誕生――監視と処罰』一九七五年（田村俶訳、新潮社、一九七七年、二八・一四三頁、磯前一部改訳）。
＊148――安丸良夫「「監獄」の誕生」一九九五年（前掲『一揆・監獄・コスモロジー』一五六頁）。

＊149――安丸良夫『神々の明治維新――神仏分離と廃仏毀釈』岩波新書、一九七九年、七頁。
＊150――安丸前掲『近代天皇像の形成』二九二頁。
＊151――安丸前掲「「世直し」の論理の系譜」（九一頁）。
＊152――安丸前掲『神々の明治維新』、一七九頁。
＊153――安丸前掲「「世直し」の論理の系譜」（九一頁）。
＊154――フーコー前掲「真理と権力」（二二八頁）。
＊155――ミシェル・フーコー『性の歴史Ⅰ――知への意志』一九七六年（渡辺守章訳、新潮社、一九八六年、一二一頁）。
＊156――同右書（一一九―一二〇頁）。
＊157――安丸前掲『近代天皇像の形成』一九七頁。
＊158――主体構築における複数性をめぐる精緻な議論としては、植民地状況下のインドの事例について論じた以下の文献が示唆的にとむ。Dipesh Chakrabarty, *Provincializing Europe: Postcolonial Thought and Historical Difference*, Princeton and Oxford: Princeton University Pres, 2000, chap. 5.
＊159――鹿野政直「安丸良夫著『近代天皇像の形成』」『日本史研究』第三七三号、一九九三年、九七頁。
＊160――安丸前掲『近代天皇像の形成』二二一頁。
＊161――同右書、二二三頁。
＊162――同右書、二二三頁。
＊163――安丸前掲「序論」（前掲『文明化の経験』一七頁）。
＊164――安丸良夫「現代日本の思想状況」一九九五年（前掲『現代日本思想論』五二―五三頁）。
＊165――ミシェル・フーコー「権力と戦略」一九七七年（大木憲訳『ミシェル・フーコー思考集成Ⅵ』五九三頁）。
＊166――安丸良夫「あとがき」前掲『現代日本思想論』（二四八―二四九頁）。
＊167――ミシェル・フーコー「批判とは何か――批判と啓蒙」一九七八年（同『わたしは花火師です――フーコーは語る』中山元訳、ちくま学芸文庫、二〇〇八年、八一頁）。
＊168――ミシェル・フーコー「自由のプラチックとしての自己への配慮の倫理」一九八四年、J・バーナウアー／D・ラズミュッセン編『最後のフーコー』一九八七年（山本学他訳、三交社、一九九〇年、二七頁）。

＊169――フーコー前掲「批判とは何か」（八一頁）。
＊170――安丸前掲『出口なお』七三頁。
＊171――安丸前掲「序論」（前掲『文明化の経験』一六頁）。
＊172――安丸良夫「現代日本における「宗教」と「暴力」」二〇〇六年（前掲『文明化の経験』三八一頁）。
＊173――ひろたまさき「パンドラの箱――民衆思想史研究の課題」酒井直樹編『歴史の描き方1　ナショナル・ヒストリーを学び捨てる』東京大学出版会、二〇〇六年、四三頁。
＊174――同右論文、三五頁。
＊175――同右論文、三五頁。
＊176――同右論文、四二頁。
＊177――酒井直樹「小序　ナショナル・ヒストリーを学び捨てる――誰が誰に向かって歴史を語るのか」前掲『歴史の描き方』ix・xxvi頁。
＊178――同右論文、xxvi頁。
＊179――スチュアート・ホール「誰がアイデンティティを必要とするのか？」前掲『カルチュラル・アイデンティティの諸問題』（一四頁）。
＊180――同右論文（一三頁）。
＊181――ジル・ドゥルーズ『フーコー』一九八六年（宇野邦一訳、河出書房新社、一九八七年、四六―四七頁、磯前改訳）。
＊182――ジュディス・バトラー『生のあやうさ――哀悼と暴力の政治学』二〇〇四年（本橋哲也訳、以文社、二〇〇七年、九〇頁）。
＊183――安丸前掲「民衆蜂起の意識過程」（二七九頁）。
＊184――安丸前掲『近代天皇像の形成』二八九―二九二頁。
＊185――バーバ前掲「散種するネイション」（一一五頁）。
＊186――安丸前掲「民衆宗教と「近代」という経験」（三五九―三六一頁）。
＊187――安丸良夫「あとがき」（前掲『現代日本思想論』二五四―二五五頁）。

第二章　ポストコロニアリズムという言説

――ホミ・バーバ　その可能性と限界

本稿ではさまざまなナラティヴを繋ぎ合わせることで論を展開してきたわけだが、そこでわたしが試みようとしてきたことは、一般理論を打ち立てることではなく、生きることのさまざまな位相において、言語に感ずる戸惑いに実りのある緊張感をあたえることであった。また、ファノンの謎めく流動性やクリステヴァの並行する時間という視点を、ベンヤミンのいう近代の物語作者がかかえる「共約不能な語り」に持ち込こもうとしたのは、救済をもたらすことなどではなく、人びとの生き延びようとする不可思議な文化的力といったものが存在することを示すためであった。なぜならば、歴史や言語の境界線上で、あるいは人種やジェンダーの臨界で生きていくことは、そこに存在する差異を、ある種の連帯へと翻訳できるような場所に私たちが立っていることに他ならないからである。

ホミ・バーバ「散種するネイション」*1（傍点は磯前）

はじめに

ホミ・バーバは、精神分析やナラトロジーを援用した脱構築の観点からポストコロニアル状況下のアイデンティティのあり方を論じた文学・文化研究者として知られる。英国のオックスフォード大学クライスト・チャーチで英文学博士号を修得したのち、ロンドンのサセックス大学で教鞭をとり、一九八九年、フランツ・ファノン『黒い皮膚、白い仮面』に寄せた序文「ファノンを想起すること——自己・心理・植民地的状況」[*2]において、それまでの暴力的な革命家のイメージから、植民地下の異種混淆性にみちたアイデンティティの肯定的解読者としてファノンを再解釈したことで一躍名をなす。さらに一九九〇年には、ルナンの「国民とは何か」を収録した編著『ネイションとナレイション』、一九九四年には単著『文化の場所』を刊行し、異種混淆性のもとでのネイション解釈、被植民者や移民の擬態などの概念を掲げ、エドワード・サイードやガヤトリ・チャクラヴォルティ・スピヴァクらと並んで、「ポストコロニアリズムの創始者」[*3]としての評価を得る。

その後、一九九七年にアメリカ合衆国に渡り、シカゴ大学を経て、二〇〇一年からハーバード大学英米文学科、さらにはアフリカ・アフリカ系アメリカ文学科の教授を務めて、現在に至っている。同大学英米文学科（department of English）には十人を超える教員がいるが、その中でバーバは、アフリカ系アメリカ人であるヘンリー・ルイス・ゲイツ・Jrとともに数少ない有色人の教授である。彼の教授就任を、V・S・ナイポール、サルマン・

ラシュディ、J・M・クッツェーら、バーバが敬愛する旧植民地出身の文学者たちの活躍によって、保守的なハーバード大学の「英米文学」科も「英語文学」[*4]への変転を余儀なくされた証と見るべきか、むしろバーバが英米文学の保守的権威のなかに取り込まれたと見るべきかは微妙なところであろう。かれの同僚および受講生に圧倒的に白人が多いという事実をどのように考えるか。それはこれらの授業や研究活動がだれに向かって開かれているか、ポストコロニアリズムのかかえるアドレスの問題と密接な関係を有するものである。

「現実離れしたテクスト主義」、「観念を弄ぶ難渋な文章」。ホミ・バーバが評されるときに、よく用いられる文言である。ポストコロニアル御三家として並べ評せられるエドワード・サイードやガヤトリ・チャクラヴォルティ・スピヴァクと比べられると、バーバの仕事に関する本格的な論評が日本においてきわめて少ないのも、そのあたりに由来すると思われる。したがって、オリエンタリズムをめぐるサイードとの相違、サバルタンをめぐるスピヴァクとの齟齬も、はっきりと認識されて議論されているとは言い難い。それは日本だけではなく、彼が活動の主舞台とする英語圏でもさほど変わるものではない。[*5]しかし、表象能力を有する知識人という存在が民衆の日常生活から乖離することで初めて成立可能となるものであるとするならば、そのような知識人としての彼の立場そのものが責められるものではなく、むしろその立場を通して、どのような場所に彼が身を置こうとしているのかが、そのアドレスの先が、抑圧された人びととの関係性のもとで確認されていかなければならないであろう。あるいは、そのような関係性のもとへと、バーバの発話を意図的に読み直していく作業が読み手であるわれわれには求められているのである。もちろん、本来、思想を評価するという作業は、たんにポストコロニアルの思想家というレッテルを貼れば済むというようなものではない。その点に関しては、同じポストコロニアル思想を代表する南アフリカ出身の小説家J・M・クッツェーの作品について、デレク・アトリッジがどのように論じるべきかを語った言葉がきわめて示唆的である。

［クッツェーの］『ダスクランド』や『石の女』の重要性は、これらの作品がポストコロニアリズムを批判していたり、その批判の権化であるからというわけではない。白人世界にたいする他人種の屈服がいかに残忍で非人間的なものであるかを告げるために、わざわざクッツェーに言及する必要はないのだ。これらの作品は、西洋人の支配という苦痛に満ちた歴史を書くという点では、新しく示唆的な詳細な事実を付け加えるものではない。たしかにこれらの小説には残忍さや搾取といったものが感じとられ非難されるべきものとして、ここかしこに書き込まれてはいる。しかし、だからといってそれがこれらの小説を独自のもの、固有の力強さを備えたものにしているわけではない。そのような残忍さがなにをもたらし、それがどのように起こったのか。そして、ナラティヴの力によって他者性というものがどのように描きこまれていったのか。……それが問題なのだ。それをモダニズムと呼ぶかポストモダニズムと呼ぶべきかなどは、結局どうでもいいことなのだ。[*6]（傍点は磯前）

その中で、アトリッジはクッツェーの作品を読むということは、「この奇妙で葛藤しつづけるポストコロニアル的な世界のなかで、偶発的なもの、予期しえぬもの、そして他者に対して応答していくことなのだ」、それが文学にとっての「倫理」だと答えている。[*7] であるとすれば、クッツェーの読解と同様にバーバの場合においてもまた、ポストコロニアル的なアプローチをとおして彼がなにを論じ伝えようとしてきたのか、その表現の質を読み取るべきではなかろうか。そのなかでバーバにとってポストコロニアリティとは何なのかという問題もまた、その名前をラベルとして用いるのではなく、その論述の内容を明らかにするために確認されていかなければならないであろう。そのために、まずかれの発話の立場性を明らかにするためにも、その生い立ちおよびその教育歴をたどって行くことにしよう。

第一節　国際都市ボンベイとパールシー

バーバの生年は一九四九年。ペルシア系インド人、ゾロアスター教徒の末裔であるパールシーとして国際都市ボンベイに生まれた。多民族がごったがえすボンベイの雑居性について、バーバは次のように叙述している。

わたしたちがマリン・ドライブ通りから道を変えて、ボンベイの旧市街へと入るならば、……英国スコットランド系カトリック教会の向かいにあるアザド広場を抜けて、ギルガウム地区の近くにあるゴア系ローマ・カトリック教徒のコミュニティを通り、グラント通りのパールシーの居住区あたりに出る。そして、モハメド・アリ通りのイスラーム教徒が暮らすコミュニティへと入ってく。また、ビキュラにある英国系インド人の貧しいコミュニティの手前で鋭角に左に折れ曲がると、ナグパダの元ユダヤ人の居住区へ足を踏み入れる。そこでは青白く痩せこけた女性がストリング・チーズやイラク系ユダヤ人の食べる平べったいゴマ入りパンを売っている光景が目に入ってくる。このようにボンベイという都市は多様なコミュニティを含みこんでいるのだが、一方でその肥沃な後背地には一九世紀初頭にコミュナル暴動がおこり、いまだ多くの人びとにとっては消し去りがたい記憶としてなまなましい傷跡を残している。[*8]

そこに住むマイノリティであるパールシーは、七世紀にササン朝ペルシアを滅ぼしたイスラーム勢力によってインドに押しやられて来たイランのパールス州からの移民であった。インドの言語のひとつ、グジャラート語を話し言葉とするが、パフラヴィー語を儀礼言語とするゾロアスター教の宗教共同体を形成して、インド社会のなかで独自のアイデンティティを保持している。[*9] 一九世紀にインドに訪れた都市化の波のなかで、彼らは大都市部で商業関係の仕事に携わり、経済的に富裕な層に属することになる。

パールシーは、正直さと信頼性ゆえに、雇用者には好評だった。……パールシーは楽しげで社交的だった。パールシーは、その人口から推定できるよりかなり大きな経済力を獲得した。……ゾロアスター教が勤勉を奨励し、彼ら自身も学習を尊重したからもたらされたのであろう。……彼らの成功は、パールシーは繁栄を享受した。彼らは勤勉に働き、新しい考えの受容も素早かった。……全体として、パールシーは繁栄を享受した。彼らは勤勉に働き、新しい考えの受容も素早かった。造船業、貿易、繊維産業、鉄鋼業、工業などの分野で巨万の富を築いたパールシーも少なくない。[*10]

筆者が本人から聞いたところでは、バーバの一家もかつてはボンベイで帆船関係の仕事に関わり、父親の代に弁護士の職についたという。バーバ本人と接して感じられる世俗的価値を肯定する志向性、あるいには楽観的な社交性というのも、その民族的エートスから来るものなのかもしれない。一方、その信仰については、一般に西洋世界と交流するようになったパールシーは他宗教に対しても開放的になる傾向があると考えられており、[*11]事実、論文「アウラとアゴラ」のような芸術・宗教論を書くバーバがゾロアスター教の厳格な信仰をいまも保持しているとは考えがたい。パールシーの宗教的コミュニティもまた「開かれゆく世界の動きにともなう異族結婚によって、その純粋性は薄れつつある」[*12]と言われており、バーバもまたドイツ系ユダヤ人の女性とオックスフォードで出会い結婚している。しかし、それでも次のようなゾロアスター教の特質は、依然としてバーバのパーソナリティを規定する要因として働いているようには思われる。

ゾロアスター教は、幸福指向の楽天的な宗教である。悲観や絶望は罪とされる。それは邪悪への屈服を意味する。ゾロアスター教徒は生活を愛し、人生の喜びを享受するように教えられる。懸命に働き、出世し、結婚し、家族を養い、社会の一員として活躍するように進められる。……ゾロアスター教では、世間から身を引くことは罪行と見なされる。ゾロアスター教徒は、まったく俗世に生き、現世の素晴らしい事柄をすべて享受するのである。……キリスト教徒がイエス・キリストの信仰と神の恩寵によって救われると信じているのとは異なって、ゾロアスター教の信者は善行によって救済される。また、ゾロアスター教徒は原罪を信じていない。[*13]

そして、パールシーたちはこうした自分たちのコミュニティを強く保持し、インド人あるいはヒンドゥーといったアイデンティティに積極的に同化しようとしなかった。むしろ植民地の宗主国である英国の文化を積極的に取り入れ、インド国内において、あるいは西洋社会へと飛び出して社会的成功を収めていった。彼らはインド社会のマイノリティと言っても、「植民地のエリート」[*14]と目されている人びとなのである。バーバの家庭を取り巻く環境もまたその例外ではなく、英国と往来を頻繁に繰り返し、かれの女兄弟や親戚も英国をはじめとする英語圏に居住する者が少なくない。現在のバーバもまたハーバード大学のあるケンブリッジのほかに、ボンベイおよびロンドンにみずからの拠点を有し、休暇のたびに往来を繰り返している。

このような国境横断性を、バーバ自身が説明するように、「パールシーは自分をある種のコスモポリタンのように感じていて、自由に移動したり、まっさきに英国式のコミュニケーション方法を取り入れることができました」[*15]と解釈することも可能であろう。しかし、一方で、「何百年インドに住んでも他所者である彼らには、英国の支配を厭う理由はなかった。むしろ、英国が教育や仕事の機会を提供してくれるのを歓迎した。すぐに英語を習得し、ますます英国人に気に入られた」[*16]という一般的な評価があることも見落としてはなるまい。それを見きわめるためには、バーバ自身の活動にそくして言うならば、ポストモダンという、西洋みずからが西洋至上主義を批判する学知をもって、どのようなかたちで、なんのために西洋啓蒙主義的な知の脱構築をおこなうのか。やはりその発話のアドレスと戦略が具体的に問われなければならないであろう。

以上のような文化的背景を念頭においてバーバの教育歴を見るならば、それは典型的なパールシーの秀才が辿る英語圏進出の軌跡を示したものと言えよう。彼がボンベイで通ったエルフィンストーン・カレッジは植民地時代に英国人のボンベイ総督が設立した学校であり、オックスフォードやケンブリッジに留学経験をもつ教員も少なくなく、かれの家庭環境と相まって、自然とバーバのオックスフォード大学の大学院進学をうながしたものと考えられる。一方で、ボンベイ時代のバーバは一九六〇年代から一九七〇年代にかけてのアメリカ主義的なアヴァンギャルドの文化生活の影響下にあり、インド的な英国らしさから抜け出そうともしていた。バーバの家庭は「パールシーの伝統である祖先崇拝」をおこなうかたわらで、アメリカや英国文化にとどまらず、「バウハウス風のスタイル、一九五〇年代から一九六〇年代のヨーロッパスタイル、一九二〇年代のクロムやアール・デコ、アール・ヌーボーなど、さまざまな要素を取り入れ」ていた。[*17] それはバーバによれば、自分の家庭特有のものというよりも、パールシーの独自性に起因するものであり、かれらはみずからの特質を文化の純粋性に求めるのではなく、さまざまな文化的要素を組み合わせる配合の妙に見出そうとするのだという。その点で興味深いのは、「［あなたたち］パールシー人は基本的にヒンドゥー教徒ですか、ムスリムですか」という、自分たちの宗教観について素朴な問いを投げかけられた際の、バーバの回答である。

どちらでもない。むしろ私は次のような冗談を言いたいね。パールシー人は預言者ゾロアスターに従ったわけだから、ニーチェ派なんじゃないかな、と。これまでずっと彼らはハイブリッドな共同体を形成してきた。その儀礼はヒンドゥー教の慣習と儀礼に形式上倣ってきた部分もあるし、自分たち自身の宗教的・民族的アイデンティティを表現してきた部分もある。つまりパールシー人が面白いのは、彼らにとって文化アイデンティティとは交渉することを通して成立するものだという感覚なんだ。……パールシー人の文化全体に浸透したような明快な宗教的テクストといったものは存在しない。パールシー的な小説、パールシー的音楽、パールシー的美術といったような、なんらかの文化的正典を特定することで、その文化を保持しようとするようなやり方はしないんだ。[18]

さらに、そこに彼はパールシーの特質として、「ユーモアの感覚であり自己アイロニー」[19]といったものを加えている。それは後述するように、バーバにとってはマイノリティが生き延びるための知恵ということになろう。このようなパールシーとしての彼の自意識を垣間見るとき、良くも悪くも、彼の唱える「ハイブリッド」や「隙間にあること in-betweeness」といった概念が、西洋との関係においては一括してインド人として表象されてしまうものの、インドのなかではペルシア系のマイノリティとして表象されざるをえない、彼自身の出自がおびた複雑さと密接な関係を有していることが推察されよう。

こうして、われわれはバーバの英語圏での表現活動が、かれの文化的背景と重なり合うなかで生じてきたものであることを確認することになる。ただし、「テロ攻撃やコミュナル暴動の爪痕がそのあちこちに痛々しいまでに残っている」[20]ボンベイの記憶は、バーバの語りを、その異種混淆性をめぐる語りを完全に口当たりのよいものだけにはしない。

> 私が、おそらくは無意識に確信したことは、異種混淆化というものがけっして幸せなものでも、同意にともなわれた多様な文化の混合でもないということでした。それは、文化の覇権的な権威体制が、文化的な置き換えや反復の過程に巻き込まれていくなかで、基調や価値や意義や場所といったものを戦略的かつ翻訳的に転移させられていくこと、すなわち権力の転移の過程なのです。……それは、文化的翻訳を求めてやまない生きる姿勢であり、精神のあり方なのです。[21]（傍点は磯前）

ここで確認しておくならば、バーバにとっての異種混淆性の自覚とは、「普遍性や自律性や主権といった規範を回復することを目的としたものではなく」、「たがいの文化を寛容する倫理、さまざまの文化が豊かに交錯するなかで共に生き延びるための倫理」の模索なのである。[*22] もちろん、それは容易なことではなく、アイデンティティの真正さを失う「メランコリー状態」[*23]を引き受けながら生きていくことをも意味するものである。バーバはこのようなメランコリー状態から生じる意識を、「罪悪感 guilt」や「戸惑い perplexity」あるいは「満たされないままの感情 unsatisfaction」と呼んでいるが、[*24] まさにそれが後にヴァナキュラー・コスモポリタニズムと彼が名づけたところの生の様式にほかならない。

ただし、バーバのような存在が、ユダヤ人のボヤーリン兄弟が「インド人ディアスポラ」[*25]と期待をもって名づけたような範疇に属するものであるかについては、かなりの疑問がある。さきに説明したように、パールシーはインドではマイノリティであるものの、移民と呼ぶにはすでにインド内で長い定着の歴史を有しており、「インドのマイノリティで迫害されることのなかった集団の一員」[*26]の地位を確固たるものとして確立している。たしかに彼らはいまでもインドの外部へ、西洋世界へと移住をおこなうものの、「ユダヤ人のディアスポラの経験は死と強奪の試練をともなったが、パールシーにとって移民とはおもに人生のチャンスの増大を約束するものであり」[*27]、それを低賃金の労働力として酷使され、移住先の言語もおぼつかない移民たちと同一視することはできない。

このような、バーバが記述対象とする人びと――まさに彼らこそがディアスポラであり移民である――と彼自身の生活環境との違いは、すでに明らかなように、たんにバーバがその知性によって西洋世界で成功したことだけに起因するものではなく、かれの文化的母体をなすパールシー社会のもつ「西洋の高尚文化のなかで認められること」を目的とする現世肯定的な価値観と密接に絡み合うものと見るべきものなのである。ここで、同じ大英帝国の旧植民地に育ったトリニダードのインド系移民である小説家、V・S・ナイポールが、バーバの生れた一九七〇年代のボンベイを描写した様子を次に掲げておきたい。

しかし掘立小屋の街は掘立小屋の街だった。屑入れは屑入れにすぎなかった。便所も洗濯場もうこの近くにはなかった。曲がりくねった道路はつづいて、空気を締め出し、暑さを凝集させており、小さな山腹は、その小人国風のもの珍しさが消え失せると、ちっぽけな暗い部屋からなる巨大なすずめばちの巣のように感じられてくるのだった。部屋はしばしば箱くらいの大きさしかなく、またしばしば土間には一台の寝台しかなく、時には部屋と部屋のあいだに汚物の黒い小川が流れ、ときたま力の弱った鼠が切り立ったところがぬるぬるする側溝を攀じのぼろうともがいており、流れを邪魔する屑のまわりには急速に泡が立っていた。……それらの区域をわれわれは飛び散り、かたまり、ねじれた人間の排泄物のあいだをぬって口もきかずに通りぬけた。清掃は不浄だった。気づくことさえ不浄だった。排泄物を片づけるのは清掃員の仕事だった。清掃員が来るまで人びとは自分自身の排泄物のまっただなかに甘んじて暮らしていた。[*28]

そこにはバーバが、「テロ攻撃やコミュナル暴動の爪痕がそのあちこちに痛々しいまでに残っている」と但し書きをつけながらも、流麗に描き出したコスモポリタン都市の面影はない。希望のない貧しい光景がただひたすら広がるばかりである。ナイポールの眼差しはこのように底辺でうごめく人びとに注がれ、そこからインド社会への苛立ちの言葉もまた生まれてくる。ナイポールを非西洋世界を蔑視する者として、「帝国の介入の影響をなんと表面的にしか見積もっていない」[*29]とサイードのように断じることもできようが、それでも、「私の根底には、惨めさや敗北感や恥ずかしい思いがあった」[*30]といった、当事者意識から来る拭い去りがたい絶望感がナイポールの発言の奥底に存在していることを見て取っておかなければなるまい。

ナイポールの鋭い言葉には、「たしかに被支配者に対しても寛大さのかけらさえないが、一方、植民地の支配者のことはいつも疑ってかかっているのである」[31]。その比較のなかで、バーバの語りを考えるならば、たしかに両者は、「宗教的あるいは文化的純粋性などというものは原理主義者の空想にすぎない」[32]という異種混淆的なアイデンティティ観を共有しているものの、非西洋世界——具体的にいえば彼らの故国インド——の置かれた状況にたいする反応が極端に異なっている。同じように第三世界の現実の困難さを認めながらも、異種混淆性を称賛するバーバと、停滞した現実に苛立ちを隠せないナイポール。それを西洋ポストモダン的な浮遊するコスモポリタンを第三世界の移民の経験を通して描き出そうとするバーバと、そのような動きから取り残された貧しい人びとの生活に愛憎半ばした眼差しを向けるナイポールといった、かれらの拠って立つ立場性の根本的な違いが見て取れると言えるのかもしれない。むろん、それはここまで述べてきたバーバの生い立ちといったものとも決して無縁なものではなかろう。

英国のムスリム系移民の大半は無産階級に属する。その多くは北イングランドの工業都市にコミュニティを作って暮らしている。彼らは退職後に出身国に戻ることもなく、英国文化の「中核的価値」に完全に同化しようと願っているようにも見えない。『悪魔の詩』に含まれる諸々の物語は、この人々の政治経済的な体験、文化的体験に関わるところをもたない。それらは、帝国的英国の支配階級を見つめる一人の英国化したインド人の凝視が生み出した高度に両義的な感情に、強い関係をもっている[33]。

このように、バーバと同様に異種混淆性をうたうインド人小説家のサルマン・ラシュディを批判してみせたタラル・アサドの言葉は、ナイポールとバーバの発話のアドレスの相違をはっきりと示すものになっているのではないだろうか。それが完全に的を得たものかどうかは別にしても、非西洋世界に近い立場に身を置こうとするがゆえに、手厳しい言葉が口を衝いて出てくるということも十分あり得るのだ。そこには、バーバとナイポールを、あるいはサイードやスピヴァクをポストコロニアルの知識人と総称することによって、かえって見落とされてしまう複雑な問題が、今日の思想状況に存在することが見て取ることができるであろう。圧倒的に避けがたいポストコロニアル状況のなかに置かれているからこそ、それぞれの立つ位置とその戦略の違いをはっきりと弁別しておく必要性がある。そのなかでバーバの書くテクストもまた吟味されていくべきなのだ。

以下、本章では拙訳によるバーバ『ナラティヴの権利——戸惑いの生へ向けて』（みすず書房、二〇〇九年）に収録された諸論文をとりあげ、第二節でバーバの芸術・宗教論として「アウラとアゴラ」（一九九六年）を、第三節でネイション論として「散種するネイション」（一九九四年）を、第四節で「ナラティヴの権利」（二〇〇二年）および「振り返りつつ、前に進む」（二〇〇五年）を軸にして彼の主著『文化の場所』以降の活動を概括しておきたい。いずれにしろ、それはアイデンティティと共同性、そしてナラティヴをめぐる議論となろう。

第二節　バーバの芸術・宗教論——「アウラとアゴラ」

エージェンシーとしてのナラティヴ

バーバの論文「アウラとアゴラ——他者との交渉に開かれた陶酔、そして隙間から語ること」は、わが国でポストコロニアリズムやネイション論の研究者として位置づけたられ彼の評価にたいして、かれの文学研究者の本領に関わる芸術・宗教論の批評家といった新しい側面を明らかにしてくれる。以下、本論文の柱をなす二つの論点、エージェンシーとナラティヴ論の観点から、バーバの議論をその思想背景に遡りつつ紹介してみたい。

バーバが「アウラとアゴラ」をめぐる議論を展開するさいに手がかりとしたのが、ヴァルター・ベンヤミンとハンナ・アレントの研究である。この論文「アウラとアゴラ」の題名のうち、アウラはベンヤミンから、アゴラはアレントから着想を得たものと考えられる。アウラという言葉の定義についても出自についてバーバはこの論文のなかでは触れていないが、周知のようにベンヤミンの「複製技術の時代の芸術作品」（一九三六年）に遡るものである。そこでベンヤミンは、「物質的に存続していることに依拠している」「事物の権威、事物に伝えられている重み」として、[*34]個々の芸術作品が兼ね備えた固有の雰囲気を指して述べた概念としてアウラという言葉を用いている。さらにアウラとは、「時間と空間とが独特に縺れ合ってひとつになったものであって、どんなに近くにあってもはるかな、一回限りの現象である」[*35]とベンヤミンが描写するように、物質的作品そのものに帰属するものというより、それを介して発生する作者と作品のあいだ往還関係のようなもの、すなわち芸術作品を体験するさいに現れ出る時空の雰囲気でもある。

バーバのアウラ理解は基本的にベンヤミンに倣うものと言えるが、二つの点において読み替えを試みているように思われる。ひとつは、アウラを芸術作品だけでなく、宗教的な聖なるもの或は神の体験にも拡大して用いている点。もうひとつは、このようなアウラというものは「複製技術時代の芸術作品において滅びてゆくもの」[*36]（ベンヤミン）ではなく、現在においても、たとえばビル・ヴィオラのインスタレーションにおいても、それぞれの鑑賞者と作品のあいだでの一回性の出来事として発生しうるものと捉えなおしている点である。このようにアウラを鑑賞者あるいは体験者とのつながりのなかで捉えようとするために、バーバはこの論文のなかでアウラを陶酔と呼び表わし、鑑賞者を襲う体験の側面を強調することになる。このような読み替えの姿勢は、前者については特定の表現ジャンルを特別視しないナラトロジーの方法、後者についてはベンヤミンの翻訳の概念というものが関わっていると思われる。

一方、アゴラについては、アレント自身はこの言葉を用いてはいないのだが、この論文でバーバが再三引用する彼女の著書『人間の条件』（一九五八年）の中にある「交換市場 exchange market」[*37]という術語と対応するものと考えられる。アウラがラテン語であるのに対して、ギリシア語に由来するアゴラは、この論文でバーバ自身がアレントを引いて規定するように「商品を売り買いする市場」、まさに交換市場のことであり、「人間関係の網の目」のもと、われわれが他者との交渉関係のなかで生きる日常性のことなのである。

よく知られているように「人間関係の網の目」という概念を提唱したのはアレントであり、彼女は「活動と言論が行われるためには、その周囲に他人がいなければならない。……活動と言論は、行為の網の目と他人の言葉に取り囲まれ、そのような行為の網の目が他人の言葉と絶えず接触している」[*38]というように定義した。その網の結び目をなす人間ひとりひとりを彼女はエージェントと呼び、その関係性、すなわち網を隙間（in-between）と呼んだのである。それは単独者たる人間の相互関係性として成立する予測不能性をはらんだものであり、バーバはそこにデリダの差異の概念を読み込んでいく。ただし、バーバはアレントと異なり、この隙間を人間関係という空間にだけでなく、文化間の関係や時間軸にも当てはめ、その関係は固定化される一方で行為遂行的な読み換えが可能な両義性からなるものと考えたのである。

本論文「アウラとアゴラ」でバーバが引用しているように、アレントはこのような日常生活のなかでこそ、エージェント間の働きかけ行為としてナラティヴは機能するのだと述べている。バーバの説明によれば、ナラティヴとは、「馴染んでいる慣習や習慣を問いただし、自然に思える理念や理想を討論したり広めたり、未来に対する大胆な希望や恐れをあえて引き受ける」といった「創造的な振る舞いの諸形式」[*39]、すなわち「生きる姿勢 form of the living」[*40]と呼ぶような広範な意味をもつものであり、アレントの言う「会話と行動」[*41]に対応するものだという。すなわち発話行為だけでなく、芸術の表現行為、さらには生きることの姿勢までを含むものである。つまりナラティヴとは言葉を握っている知識人だけではなく、その主体も個人には限定されない万人に当てはまるものとなる。バーバにとってナラティヴとは、日常生活におこったことを自分なりに意味づけて生きる姿勢のことなのである。それは、人間関係の網の目のなかで、エージェントとして他者との交渉関係のなかで、みずからが他者に働きかけると同時に、他者から働きかけられ変容を余儀なくされる日常的関係のなかで機能するものである。その点について、ナラティヴと物語（story）という呼称の違いこそあれ、次のアレントの説明がバーバの発想の源をなすと言えよう。

活動と言論を通じて自分を人間世界に挿入し、それによってその生産を始める。にもかかわらず、だれ一人として、自分自身の生涯の物語の作者あるいは生産者ではない。いいかえると、活動と言論の結果である物語は、行為者を暴露するが、この行為者は作者でも生産者でもない。言論と活動を始めた人は、たしかに、言葉の二重の意味で、すなわち活動者であり受難者であるという意味で、物語の主体ではあるが、物語の作者ではない。*42

この日常性、すなわち人間関係の網の目を、バーバはベンヤミンの翻訳という概念と結びつけることで、人間相互のあいだ、あるいは作品や神と人間のあいだに意味の齟齬を、つねにズレ行く差異化の働きを不可避に引きおこす交渉の場として位置づけるのである。このように誤読の不可避性というものを積極的に受けとめることで、かえって芸術や宗教などの聖なるものは、それが生み落とされた時代性を超えて、いかなる歴史的状況のなかにも読み替え可能なものとして、個々の特殊状況のなかで、そこでの固有の一回性を有するアウラを生起させていくものと捉えなおされることになる。このような視点からアゴラを捉えたとき、「アウラとアゴラ」という題名は、陶酔と人間関係、あるいは非日常性と日常性という対語へと置き換えることも可能であろう。その点から言えば、この論文は、陶酔という私秘的に見える非日常的な体験が、一見相容れることのない、人間関係の網の目からなる日常生活との間にどのような往還関係を有するかという、バーバならではの関心にもとづいて書かれたものであることが理解される。

かれの芸術・宗教論は、神秘的な陶酔体験をナルシシスティックで内閉的なものとして捉えるのではなく、他者との関係性のなかで生じる流動性をもった変容可能なものとして理解する。そうすることで、宗教・芸術的体験を自己の立場の超越的絶対化ではなく、他者との対話の可能性のなかに開いてゆこうとする。神秘的体験の根源はだれにとっても翻訳不能なものであり、その全体像は把握不能なものであるが、それゆえに現実の日常生活のなかへと、すなわち人と人の関係性の網の目のなかへと、その都度その時々の状況に応じたかたちで分節化されていくのだとバーバは説く。そして、それは人と人あるいは神や芸術作品とを結びつける一方で、その関係性に亀裂をもたらす両義的なものである。逆の言いかたをすれば、宗教や芸術といったものは、固定化しがちな日常の安逸さのなかに異質性を持ちこむと同時に、人と人を結びつける共同性を生み出す力にもなりうるのだ。

とすれば、日常性というものが有する意味も、体験の私秘性を強調する通俗的な神秘主義とは異なって、非日常的な崇高さによってたんに克服否定されるべきものとしてではなく、あるいは人間が社会慣習に閉じ込められた一方的な抑圧的世界ではなく、まさに人間が今ここで生き延びるべきかけがえのない場として位置づけられることになる。本論文のなかでバーバが、日常から解放され、陶酔に思いを馳せることの大切さと同時に、日常に浸ることで、かえって崇高さや受難から適度な距離をたもつことの重要性も説いていることも見落としてはなるまい。周知のようにバーバの思想を理解するうえで、本論文でも用いられている「隙間にあること in-betweeness」、「時間性 temporality」あるいは「非連続的 disjunctive」といった言葉は重要なものである。それは時空の隙間を想起することで、分節化された日常的秩序に囚われた我々の感性や思考を解き放つための概念であるが、純然たる余白すなわち時空の外部との同一化を主張するものでは決してない。それはあくまで分節化された場所からの余白の想起であり、均質的な連続性として想定された時空感を微分化していくことで、不均質で非連続的なものが絶えず置き換えられ、ついには時空の感覚そのものが撥撫される瞬間を感じとることなのである。そして、ハイデガー的とも言えるこの時間の脱臼を遂行させるにあたって決定的な役割をはたすのが、ナラティヴの力なのである。

行為遂行論としてナラティヴ

さて、日常と非日常の往還関係に目を遣るという点から見ても、ナラティヴの力に寄せるバーバの厚い信頼というものは注目される。この点にこそ、それがネイション論にせよ、神秘的体験論にせよ、たんなるポストコロニアルやポストモダンの思想家という分類では片づけることのできない、英語文学研究者としてのバーバの特質があると考えられる。かれ自身が認めるように、そのナラティヴの理解は、シカゴ派の文学批評家ウェイン・ブースの物語理論からの影響をうけている。その代表作『フィクションの修辞学』（一九六一年）に現れているように、ブースは読者と作者のあいだのコミュニケーション、すなわち「言葉による意味の伝達」としてのレトリックに力点を置く立場をとる。その点で通俗的な意味での脱構築派とは異なり、バーバは現実を認識論的に相対化することを唱えるだけでなく、ナラティヴの力を介して、日常世界への関与を積極的に説く。

かれにとってナラティヴとは余白を分節化する両義的な力であり、日常の意味づけを変える行為遂行的側面（the performative）と同時に特定秩序への同一化をはかる固定的側面（the pedagogical）なものからなる。

たしかに断片的で意味のない日々の生活は、ネイションという文化の記号のもとにたえず統一されて組み込まれていく必要があるのだが、同時に、この自己増殖していくネイションという主体はナラティヴのもつ遂行的な行為によっておのれの自明性にたいする疑問を突きつけられることになる。このようにネイションをナラティヴとして読み替えていくなかで、固定化されたもののもつ連続的に蓄積されていく時間性と、行為遂行的なもののもつ反復的に回帰する戦略とのあいだに亀裂が生じていく。[*43]

そのなかで「行為遂行的なもの」とは、周知のようにジョン・オースティンが事実確認的発言との対比で用いた術語である。事実確認的発言が何らかの事態を陳述するものであり、真偽の判断対象となるのに対して、行為遂行的発言は何かを発言することがそのまま何ごとかをおこなう行為として捉えられた。このオースティンの考察をめぐるデリダらの議論においては、すべての発話行為は行為遂行的発言にほかならないという認識に導かれることで、ジュディス・バトラーの主体形成の行為遂行性といった理解に見られるように、行為遂行的発言／事実確認的発言という二項対立が瓦解させられていった[*44]。それをうけてバーバは、ふたたび行為遂行的発言を対比関係のなかに据えなおし、固定化されたものとの対語として読み換える。オースティンの行為遂行的発言が慣習的と呼ばれる社会規範の共有が前提とされるのにたいして、バーバは行為遂行的なものをむしろ社会規範を読み替えるような一回性の性質のものと捉え、一方の固定化されたものを既存の社会規範に埋没するようなルーティン的な性質のものと理解したのである。そして、このナラティヴさらには主体の両義性を理解する際に役立つのが、ジュリア・クリステヴァのル・セミオティックとル・サンボリックの関係である。以下、西川直子の解説を通して、クリステヴァの見解の簡単に見ておこう。

ル・サンボリックは……、言語の論理的意味作用のレベルであり、ラングや記号、記号体系の領域、また対象を定立する主体の成立以降の領域である。……ル・セミオティックとは……、ル・サンボリックの成立を準備すると同時にその成立によって排除される身体的欲動の場であり、不確かで定まることのない非表現的なかりそめの文節がおこなわれる場である[*45]。

さらに、クリステヴァは「この二様態は、言語現象そのものにほかならない意味生成過程のなかでは、不可分である」として、主体を「みずからの生成と崩壊のつねに途上にある」ものとして説明する[*46]。それが、バーバの言う「言語それ自体のもつヤウスの顔のごとき両義性」、あるいは「言語の他者性」と相重なっていくところである。[*47] このような主体の決定不能性を前提するからこそ、差異と同一性の反復として、ナラティヴおよび主体は行為遂行的なものと固定化されたものとの係争として、せめぎ合いの過程として理解されることが可能となる。まさにバーバの言う擬態（mimicry）という主体のあり方も、そのようなつねに「過程に」おかれた主体の状態を想定することで、むしろそのほうが自然な状態として理解されるようになる。

旧来のナラティヴを読み替えるや否や、その新しい読みもまた瞬時に抑圧的で固定的なものに堕してしまう。同一のナラティヴが不可避的にもたざるをえない両義性、その力を駆して絶えまなく意味の置き換えを繰り返していく。すると、そのくり返しの行為の隙間に、より正確にいえばナラティヴという両義的な行為そのものに時空の余白が付着することになり、わたしたちの日常は居心地の悪さ（unheimlich）あるいは崇高さに染め上げられていくことになる。[*48] そして、ナラティヴというものが他人の存在を念頭においてはじめて成り立ちうる、他者への関係づけの行為として存立するものである以上――たとえその他者というのが実在しない相手に向けてのものであったとしても――、ナラティヴの行為も、そこで生じる陶酔的感情にしても、「他者との交渉に開かれた」日常世界に回帰していくものなのである。

それと同時にそのナラティヴが本当に力を持ちえるものであるとすれば、それは決して日常には回収し切ることのできない、神でも人でもない、ナラティヴの主体を引き裂く「隙間から語る」声として現れ出でることになる。本論文「アウラとアゴラ」をバーバが『ビラヴド』（一九八七年）の作者、トニ・モリスンに捧げているのも、この論文の副題「他者との交渉に開かれた陶酔、そして隙間から語ること」が示すように、彼女の作品が母親によって弑殺された子の憑依した声として、隙間から日常世界の人びとにむって語りかける構造をもつためと考えられよう。母に殺された子、ビラヴドは永久に満たされることのない寂しさを以て暗闇から語りかけてくる。

あたしは落ちてくる雨の中に立っている　他の人たちは入れてもらえるのに　あたしは入れてもらえない

雨が落ちてくるみたいにあたしも落っこちていきそう……バラバラになりそうだわ　あの男はあたしの眠っている場所を痛くするの　そこに指を入れるの　あたしは食べものを落として、バラバラに壊れてしまうの　あの女はあたしの顔を持っていってしまった　誰もあたしをほしがらない　あたしの名前を呼んでくれない。[*49]

そのとき、ナラティヴの接合される日常そのものが以前のように安逸なものとして存立することは出来なくなる。このようにナラティヴの力を捉えたとき、われわれの声は純然たる自分のものではなくなり、マイノリティの声も純然たるマイノリティの声として特定できるものではなくなる。であるとすれば、バーバの「隙間で宙吊りになること in-betweeness」や「異種混淆性 hybridity」といった概念もまた、これまで安直に理解されてきたようにマジョリティに対するマイノリティの称揚といった二分法を前提として成り立っているものではないことが分かってくる。

私にとって印象ぶかい「マイノリティになる」という言葉はW・E・デュボアから示唆を得たものであり、それは「マジョリティになろうとしないマイノリティ」という彼の発言によるものである。かれらもまた公的な帰属やアイデンティティの分節化を模索しているが、社会的権威と結びつけた文化的主権を打ち立てるという発想には陥らない。もしこういう表現が可能であるならば、「換喩的な」意味でマイノリティになるということは、ジェンダー、人種、世代、場所といったあらゆる差異の「エージェンシー」は歴史的起源をなすアイデンティティによって基礎づけられたものではなく、（レヴィナスが言うように）倫理的な横のつながりによって形成されるものなのである。差異の交渉や翻訳のなかで、「エージェンシー」は認識可能なものとして姿を現すのである。[*50]

彼が「散種するネイション」論文でジャック・ラカンの影響下に「差異化する自己 differentiating self」という言葉を用いたように、マイノリティの内側にも、マジョリティの内側にも、起源をあきらかにすることのできない、どこからか知れない隙間から語りかけてくる異質な声がみずからの裡に響いているのだ。まさにそれが、バーバの言うところの「具体的な場所に固定されない空間、連続性を欠いた時間」であり、「均質化できない共約不能な隙間」[*51]なのである。

もう一点、バーバのナラティヴ論について、作者というものに対する評価という点から触れておきたい。彼に影響を与えたウェイン・ブースは読者と作者のコミュニケーションを重要視するため、作者の存在に注目したわけだが、そこで言われる作者とは現実の作者ではなく、作品のなかに内在する意味を紡ぎだす核としての「内在する作者」であった。そのようにして生み出される作者の「神秘的性格」をブース以上に的確に説明していると思われるのが、次の柄谷行人の文章である。

> この問題の神秘的性格を明らかにしたのはヴァレリーである。彼は、作品は作者から自立しているばかりでなく〝作者〟というものをつくり出すのだと考える。作品の思想は、作者が考えているものとはちがっているというだけでなく、むしろそのような思想をもった〝作者〟をたえずつくり出すのである。たとえば、漱石という作家はいくども読みかえられてきている。かりに当人あるいはその知人が何といおうが、作品から遡行される〝作家〟が存在するのであり、実はそれしか存在しないのである。[*53]（傍点は磯前）

ベンヤミンの思想の流れを引くバーバもまた、この論文を読めば感じるように、この作者というものに対して微妙な距離感を示している。つまり一般的な脱構築の理解と異なり、バーバは作品自体がもつオリジナルな意味を否定し切ってはおらず、なんらかのかたちで作品そのものに原初的な意味が含まれているとしたうえで、それが後代の解釈によって読み替えられ克服されていくのだと述べる。さらにそれは、彼が「散種するネイション」論文の末尾で引いたベンヤミンの論文「翻訳者の使命」の一節と共鳴し合うことになる。

ある容器の二つの破片をぴったりと組み合わせて繋ぐためには、両者の破片が似た形である必要はないが、しかし細かな細部に至るまで互いに嚙み合わなければならぬように、翻訳は、原作の意味に自身を似せていくのではなくて、むしろ愛情をこめて、細部に至るまで原作の言い方を自身の言語の言い方のなかに形成していき、その結果として両者が、ひとつの容器の二つの破片、より大きなひとつの言語のなかの二つの破片として認知されるようにしなければならない。[*54]

「より大きなひとつの言語」をめぐるベンヤミンの理解というものは、バーバの考える翻訳というもののイメージと折り重なるものである。すなわち翻訳というものは、各翻訳者の置かれたそれぞれの状況のもとに意味を読み替えるだけでなく、その読み替えられた翻訳テクストが部分となって、ふたたび全体性——ベンヤミンが純粋言語と呼ぶところのもの——を構成するというのである。

同様のことを本論文「アウラとアゴラ」の主題にそくして言い換えるならば、作者という全体性と鑑賞者という部分性になぞらえることができるであろう。バーバの論理からすれば、作者という概念を手放してしまったときには、個々の鑑賞者のもとに翻訳された部分を、ふたたび共約可能な共同性のもとにまとめ上げる決定的な契機を欠落させてしまうことになる。むろん、ブースの内在する作者と同様に、さらに言えばデリダの言う固有名のように、この全体性は決して具体的なかたちで現前することのない不可視の同一性、すなわち絶えず内から異質化をうながす場として措定されるにとどまるものである。

このような翻訳が作り出す非共約性をふたたび共約可能にする場として、把握不能な作者を想定しているとすれば、この作者に対する位置づけ方はベンヤミンの純粋言語を介して、バーバのネイション論へとさらに結びついていくことになる。日本で人口に膾炙した国民国家論がその抑圧的側面をおもに批判するのとは異なり、バーバの議論はネイションを両義的な場としてとらえ、社会的同質化を押し進める抑圧的な側面を有するとともに、そのような同質化を絶えず読み替える異質的な場でもありえるのだとする。後者の立場を強調するとき、ネイションは、抑圧的な同質性から開放された非共約的な人びとがふたたび集う共生の場として、しかも完全には具現化しきることのない非現前の場として想定されることになる。それはバーバの故国インドがそれを構成する多民族の共存をはかると同時に、宗主国である大英帝国から独立を達成するためにある種の統一体であるネイションの形成を課題としてきたことと密接に関係していると考えるべきであろう。バーバが自分自身の過去を振返って、「私の幼年時代もまた帝国主義の終焉という岐路にあたっていたこともたしかである。その雰囲気を典型的に現わしているのが、第三世界の独立国家化という新時代をめざす植民地解放への欲求、ヨーロッパの近代主義的な美術や文学への嗜好と時として一緒くたになってしまうバンドン会議の精神であ［った］」[*55]と述べているとおり、国民国家インドという理念をめぐる政治状況はかれの精神形成にも強い影響を与えるものであった。しかし、それについては節をあらためて触れることにしたい。

全体性とナラトロジー

ここで触れておく必要があるのが、このようなナラティヴの戦略をとるバーバに対する批判である。バーバが説くような語りの力が現実の社会矛盾に対してどのような有効性をもたらしうるのか、むしろナラティヴの可能性に訴えることで、現実に作動する暴力を隠蔽することさえありえるのではないか、といった批判である。たとえば、マルクス主義の影響を受けたカルチュラル・スタディーズの立場に立つ合衆国在住の中国人研究者、レイ・チョウは次のようにバーバを批判している。

バーバによれば、言説のシステムは発話状況において避けがたく分裂しており、それゆえ植民者のテクストそれ自体がすでにネイティヴの声を含んでしまっている。両面価値的なかたちで。バーバの言葉を使えば、植民地的テクストの「異種混淆性」とは、サバルタンがすでになにかを語っていることを意味するのだ。だがサバルタンの「声」が、帝国主義者の語りのアンビヴァレンスのなかに発見し得るとは、いったいどういうことなのだろう？　この議論を押し進めれば、サバルタンについて考える必要など結局なくなってしまうのではないか、サバルタンがいわばシステムの狭間においてすでに「語って」しまっている以上。となると、私たちは帝国主義者の豊かでアンビヴァレントな言説を研究し、脱構築するだけでよいことになるわけだ。バーバの「ハイブリディティ」という用語が、脱構築、反帝国主義、「難解な」理論といった装いを保ちながら実のところ再生するのは、支配的な文化が平衡を維持するためには何を許容するのかという、手垢にまみれた機能主義者の議論である。[*56]（傍点は磯前）

その結果、ベニタ・パリーが厳しく批判しているように、「ここで起こっているのは、「差異」というものがポストモダン的な批評の理論的策略によってゆがめられ、イデオロギーから解放された中立的な立場を確立しうるものと見なされてしまうことである。そこでは、植民地の支配者と被支配者といった二項対立に刻み込まれた社会的な不協和音や政治的な闘争が取り除かれてしまう。……「差異」という言葉は「非西洋」のさまざまな歴史や社会に存在する階級闘争や反帝国主義の動きを否認するものになってしまうのだ」[*57]という懸念が生じることになる。このようなチョウやパリーの問いは、脱構築としてナラティヴ、あるいは脱構築の唱える差異化作用が、現実の社会構造の本源的な矛盾をどれほど鮮明に問題化しえるものであるのか。差異化が自然発生的に起こっているということで、むしろ現実の矛盾を隠蔽することになってしまっているのではないかなど、ポストコロニアル批評の中核をなすポストモダニズムの代補作用に対する根本的な疑念をしめすものと言えよう。たしかに、差異が一方的に主体の「脱中心化」を肯定するものとして固定的に理解されてしまうときには、テリー・イーグルトンやフレドリック・ジェイムスンら、マルクス主義者が懸念するように、ポストモダニズムは「資本主義時代の消費主義的自我」[*58]を称揚する時代的イデオロギーにと転落していく危険性を孕むことは否めないのだ。

さらに、ジェイムスンと近い立場を取るハリー・ハルトゥーニアンもまたポストコロニアリズムをポストモダニズムと重ね合わせて理解したうえで、バーバの仕事に言及しながら、マルクス主義的な弁証法との違いを次のように説明している。

ポストコロニアル的な言説のもとでは、差異――それは分業によって生じた差異化作用を理念的にまつりあげたインチキのようにみえる――が物神化されてしまい、サバルタンは語れないとか、かれらを表象する腹話術は非共約性へと単純に解体されていくといったことが述べられる。［アイデンティティの］曖昧さを唱えることで何が適切な価値観あるいは姿勢として確保されることになるかといえば、機能主義の社会科学者がくり返し述べてきたような同意であり、葛藤から解放された社会秩序であり、均衡であり調和である。……ポスト構造主義的な哲学公式にもとづくポストコロニアリティの動きは反マルクス主義的な欲求を誤った方向へと導くものであり、「止揚」の操作を脇に追いやろうとする発展主義者の衝動を刺激し、「欠如態」を回復することが目的だと言いつのることで、弁証法的運動に代えて無限の散種を根づかせようとしているのである。[*59]

この発言がバーバの意図をどこまで正確に受け止めたうえでの議論になっているかは別として、ここにはポストコロニアル思想におけるポストモダニズムの取り込み方が、マルクス主義の弁証法的理解や社会矛盾を俯瞰的に捉える特質を台なしにさせてしまうのではないかといった鋭い洞察が見て取れる。しかも、ポストコロニアル思想と言っても、実際にはサイードやスピヴァクの仕事はマルクス主義に深く関与しているために、ここでの批判はおもにバーバの議論に収斂していくものとなる。ジェルジュ・ルカーチや安丸良夫の仕事に端的に見られるように、西洋マルクス主義では社会構造のもつ矛盾を全体性の把握という言表行為を通して露呈させ、社会体制を変革させていく契機を見出していこうとするわけだが[*60]、少なくともホミ・バーバのナラティヴや異種混淆性をめぐる議論からはそのような社会変革の意図を見出すことはできない。

ナラティヴが日々を生きる姿勢として身体に内在する性格をつよく有するものだとするならば、マルクス主義の唱える社会変革論は認識対象の全体化を志向する点で、むしろ超越論的な脱身体化する性格を前面に押し出すものと言うことができよう。マルクス主義が自分の属する社会状況を構造的矛盾として俯瞰的に捉えるのは、当初は革命によって異なる社会構造を作り出そうとしたためであった。このような根源的な社会転覆を意味する革命の希望が潰えた今日の社会状況のもとでは、マルクス主義は政治的な革命運動としては過去のものになったが、社会に対する批判的認識としては依然として状況を相対化する力を有している。一方、バーバの戦略というものは、変革の可能性が潰えた絶望的な植民地状況のなかで、いかにして生き延びるかということに関心があるように思われる。たとえば、バーバが講義で好んで取り上げる作家にJ・M・クッツェーがいるが、彼の作品『石の女』（一九七七年）では、自分の家の奴隷であった黒人に凌辱される白人女性の内的独白が次のように描かれている。

地上のこのあたりには神もいないと見える。ここにあるのは太陽のみ。そもそも人間が暮らすようにはできていない。ここは砂を食らい、死んだ仲間の死体に卵を産みつける昆虫たちの土地。台所にいってナイフをとってきて、わたしを辱めた男の性器を切ることぐらい平気でできる。そうして、しまいにはどうなるんだろう? ここでわたしに残されているものがあるだろうか?……終わりがきてほしい。だれかの腕に抱かれ、やさしく撫でられ、もう終わりにしてもいいよといってもらいたい。洞穴がほしい。もぐりこんで心地よくいられる穴がほしい。わたしの内から出てきて、内へと入ってゆく果て知れぬおしゃべりの流れに耳をふさぎたい。……鳥の囀り、糞のにおい、男の陰部のにおい――もう怒ってはいない優しい男が、わたしの血のぬくもりのなかでからだを揺らし、石鹸みたいな精子をわたしのなかに入れ、そうして今わたしの洞窟のなかで眠っている。[*61]

『その国の奥深く *In the Heart of the Country*』という原題をもつこの作品は、バーバが示唆するように、ジョセフ・コンラッド『闇の奥 *Heart of Darkness*』の流れを明らかに汲むものである。そこでは植民者でさえもが、自己のアイデンティティを覆され、暴力をこうむる可能性に曝される。精神が崩壊しはじめた『石の女』の主人公はつぶやき続ける。「わたしたちは歴史から見捨てられた者、神から見捨てられた者。それこそわたしたちの孤独感の源。わたしは世界の中心にいたいなんてけっして望んではいない。わたしはただ世界のなかにある家庭にいたいだけ。……話し相手がいないこと、わたしたち――このわたしたちがだれだろうと――の欲望は言葉とおなじに目的も応答もなく、めちゃくちゃに流れ出るということ。もしかしたら、わたしは自分のためにだけしゃべるべきなのか[*62]」。

このような状況で、苦難にさいなまれる者たちに何ができるのであろうか。何をすることが許されているのであろうか。「クッツェーの登場人物が身を置く架空の「社会」には、成員が共有する文化もなければ、歴史についての共通の理解もない。主人公たちのたったひとりの日々の闘いは、ただ生き残るためのものだ。かれらは歴史の創造と無縁の人々で、ただ歴史を耐えしのぶ[*63]」。私たちは、ここにおいて全体性を俯瞰できる能力をもった有機的知識人とは異なる、地の果てで、闇の奥でなすすべもなくのたうちまわる人びとの姿に出会うことになる。ジョセフ・コンラッド『闇の奥』（一八九九年）にはじまり、ポール・ボウルズ『シェルタリング・スカイ』（一九四九年）、V・S・ナイポール『自由の国で』（一九七一年）、サルマン・ラシュディ『真夜中の子供たち』（一九八一年）、トニ・モリスン『ビラヴド』（一九八七年）、高行健『霊山』（一九九〇年）、J・M・クッツェー『恥辱』（一九九九年）、マイケル・オンダーチェ『アニルの亡霊』[*64]（二〇〇〇年）など。植民者が、あるいは移民が異郷の地でアイデンティティの自明性を覆され、漆黒の闇——実のところ自分の裡にひそむ暗闇——に呑み込まれていく物語は今日では枚挙にいとまない。

征服者か被征服者か、西洋か土着かという弁別よりも、完全な外部や純粋な真正さということが想起不能になった状況のもとで、いかにして生き延びていくのか。しばしば、バーバが口にする「生き延びる survival」あるいは「生き抜く」といった、デリダを介して、ファノンから示唆を得た言葉をわたしたちは思いおこすことになる[*65]。「自分たちの住む世界が断片化された構造のもとにあり、その規則もしばしば齟齬をきたし、文化的権威の喪失もいかんともしがたいものになっている」[*66]、それでも「生き延びていくとは、最後まで何かにしがみつくことだけを意味するものではありません。それは私にとっては、自分たちの理念や思想さらには自分自身の住処をたえず作りつづけ、移動させ、移し替え、運動させていくといった経験を意味するものなのです」[*67]。そこには、擬態や流用（appropriation）といった、アイデンティティ形成における抵抗と脱構築がつねに伴っている。しかし、そのためには完結的な自同性への欲望からみずからを引き剝がしておくことが求められることになる。

そこでわたしたちは、マルクス主義のような社会構造の全体性を捉えかえす思想か、バーバのような日常のナラティヴの戦略かという問題を二者択一的に捉えるのではなく、それぞれの思想のもつ特質から、その発話行為が有効になる文脈を特定して関係づけていくべきであろう。すべてにおいて万能な思想などなく、あらゆる思想は特定の状況のなかでその批判として出現し、異なる文脈へと翻訳されていくものだからである。バーバの理論に対する評価もまた、全面的な称賛か否定かではなく、どのようにわれわれが置かれた個々の状況のなかに流用していくかにかかっている。

私は自分自身の理念を完結することのない不完全な翻訳へと置き換えていくことを奨励しているのです。……各人が自分の立場からの読み替えをおこなうときにこそ、私の概念や理念は拡張されて変容させられていきます。特定の概念は自分に所属するものであるといった、支配的な自己主張を私は望みません。概念とはもっと協業的で、意味の置き換えが頻繁におこなわれるものなのです。それが私の願いであり、自分の読者に望むかかわり方なのです。[*68]

それが、バーバの言う「理論を生き延びていく」ことなのだ。それは、われわれとバーバとの関係においてもまた例外ではない。田中雅一の表現を借りるならば、マルクス主義の社会構造論が「意味の体系という名の、全体化されかつ脱身体化された表象」を生み出していくのに対し、日常の倫理であるナラティヴは「全体化という呪縛から解放された地平にて、日常生活での語りや抵抗、想像力、身体あるいは感情に注目する知的実践」ということになる。[*69]超越論的自我と身体的実践は一方が他方を駆逐したり、一方が他方をその支配下に置く関係ではなく、補い合い、中断し合い、交渉しあうなかでエージェントとして人間の主体を構築し、意味を読み替えていく。人間はみずからの身体を涵養する同時に、それを脱身体化した超越論的立場から対象化し意味づけ直していく。そして、その意味づけを身体的な「人間の関係の網の目」のなかへと絶え間なく分節化していくのだ。だとすれば、バーバのナラティヴ論もまた、今後、社会構造論との関係のなかで多様な状況に応じて新たな可能性が与えられていくことになろう。

第三節　ポストコロニアル状況下のネイション論——「散種するネイション」

ポストモダニズムからポストコロニアリズムへ

理論を生き延びていくこと。ホミ・バーバの場合には、それは西洋に出自をもつポストモダンの思想を、いかにインドをはじめとする非西洋世界のポストコロニアル状況に流用していくかということにあった。すでにその生い立ちに明らかなように、バーバはインド人といった国民性に同一化を感じることが困難な立場にあり、パールシーの共同体に身をおきながら、西洋文化とのつよい親近性のなかで自己を形成していった。とくにオックスフォード大学への留学以降、英語圏で研究活動を開始したバーバにとって、一九六〇年代後半から盛行しはじめたポストモダニズムはみずからの思想を言語化する際の基本的な語彙を構成していくことになる。『文化の場所』の序論のなかで、バーバは自分にとってのポストモダニズム思想がどのような意味をもつものであるのか、ジャン＝フランソワ・リオタールの「大きな物語は……その信憑性をすっかり喪失してしまっている」[*70]という文章を念頭に置きながら次のように語っている。

「ポストモダニティ」「ポストコロニアリティ」「ポストフェミニズム」といった、現代のジャーゴンが何らかの意味を持ちうるとするならば、それは「ポスト」といった言葉の通俗的用法に意味があるからではない。「アフター・フェミニズム」といった連続性でもないし、「反近代」といった対立を含意するものではないのだ。「超える」という仕草をつねに意味するこの言葉は、それが現在という時間を、引き延ばされ脱中心化された経験と力能へと変容させていくかぎりにおいて、たえず休みなく更新されていくエネルギーとなるのだ。万一、ポストモダニズムに対する関心が、ポスト啓蒙主義という「大きな物語」の断片化を寿ぐ程度のものに限定されるのだとしたら、確かにそれは大きな知的興奮をもたらすかもしれないが、結局は極めて矮小化された試みの域を出ることはできまい。[*71]

そもそもジャック・デリダやミシェル・フーコーら、ポストモダンの思想自体が、それまでの西洋形而上学の信奉するロゴス中心主義に対する、西洋内部からの批判として始まった。それを承けてバーバらは、西洋外部にひろがるポストコロニアル状況の文脈のもとで、西洋中心主義やそれを支える論理を徹底的に批判したものと言える。その意味で、先に紹介したようにパリーやハルトゥーニアンがポストコロニアル思想の中核にポストモダニズムの存在をみてとったのは、サイードであればフーコー、バーバであればデリダと、そこに見出す思想家は異なっているにせよ、決して的外れなことではない。

当初、ポストモダニズムの議論は主体の超越性や自同性といった信念への批判として展開され、「エクリチュールはいわばひとつの遊びとして——それも、かならずその諸規則を乗り越えた彼方まで行ってしまう遊びとして、展開され、こうして外部へと移り出てしまう」[*72]といった、超歴史的な純粋さとして固定化された主体の同一性を相対化するために差異化の側面が強調されていったのである。[*73] ロラン・バルトが告げる「作者の死」、ミシェル・フーコーの「作者の消滅」、ジャック・デリダの言う「ロゴス中心主義」批判。[*74] 主体は、その自己意識とは異なるかたちで意味を読み取られていき、それ自身が空虚なメタファーとして翻訳され、意味を増殖し変容させていくのである。デリダは、バーバの論文「散種するネイション」の着想源となった論文「散種 Dissemination」のなかで、散種という言葉の意味をこう説明している。

多重的な（plural）ものとは、それぞれの固有性のもとに成り立っている多数性であり、それに先立って存在するような単一の起源は一度たりとも存在したことはない。それは種が発芽することでもあり、種を散布することでもある。播種や受精のなかから、どれがいちばん最初の種や精子なのかを特定することはできない。……このようなかたちでの「原初的な」種まきこそが散種なのだ。……いわゆる「言語」（言説やテクストなど）や「実際の」種まきにおいても、一つ一つの立場が固有の胚芽となり、個々の胚芽が固有の特質を備えているといえる。これら一つ一つの特質は原子のようなものであり、そこから細胞分裂を繰り返すことで芽を出し、木を接ぎ、増殖していく。……群れに先立つものは何も存在しないのであり、このような分裂に先だった起源としての単一体などは存在しない。そのような分裂から生命は自らが現れてくるのを見るのであり、種子ははじめから多重化されていたのである。[*75]

ただし、この主体の脱中心化作用はポストモダン思想の合衆国における初期受容のなかで、「言葉の戯れ jeu」あるいは「テクスト外なるものは存在しない」というデリダの言葉を根拠として、[*76]主体自身の意図など存在しようのない幻想であり、主体の責任など問いようのないものであり、どのような解釈も許されるのだという相対主義的な態度を賛美するものとして曲解されていった。そこから、イーグルトンのように「ポスモダニストにとって、世界は差異と非同一性の際限のない戯れであり、その戯れを残酷にもおし潰すことこそもっと反道徳的態度である」[*77]というような否定的な評価も出てくることにもなる。しかし、差異は同一性との反復関係を必ず伴うものであり、純然たる差異といったようなものなど存在しえない。主体は一方でその自明性がつねに脱中心化されるとともに、差異性から同一性を分節化しようとする動きも不可避に孕んでいる。[*78]そもそも「戯れ」という言葉は、デリダ自身が認めているように、起源を欠いた偶発性のもとでの同一性と差異の絡み合いとして受け止められるべきものであり、恣意的な解釈を楽しむ遊戯を肯定するものではない。[*79]「人間の死」を唱えて一世を風靡したフーコーは、「もはや主体は……絶対的な起源ではなく、つねに変容可能な機能となっている」[*80]として、後年その意図したところをこう説明している。

> 歴史を通じて、人間は絶えず自分自身を構築してきたということでした。すなわち人間は、みずからの主体性を終始ずらすことを絶えずおこない、相異なり、決して最終的なものとなることのない主体性、……そうした無限でおびただしい一連の主体性においてみずからを構成することを絶えずおこなってきたのです。……混乱し、単純化した仕方で人間の死を語ることで私が言いたかったのは、そうしたことでした。[*81]（傍点は磯前）

後期フーコーの関心から語り直された言葉ではあるが、少なくとも人間の死あるいは作者の死というものは主体の安易な否定ではなく、特定の主体構築のあり方を脱歴史化させることなく、歴史の変化相のなかで絶えず捉えなおしていく試みであった。作者の死がもたらしたテクストの決定不能性は絶えず散種されて構築されていく主体の分節化を産み出す根源的差異として、その往還関係のなかで捉えなおされるべきなのである。初期のポストモダン思想は差異と同一性の働きのうち、当時自明視された主体の同一性を解体するために差異の側面を戦略的に強調したわけだが、その後、主体の異種混淆性あるいは欠如態がひろく認識されるに従って、むしろ差異化作用との絡み合いのなかで歴史的地平に分節化されていく主体の構築過程にどのように交渉していくかということが主題として浮上していったと見るべきであろう。フーコーの主体の解釈学あるいはデリダの正義としての脱構築といった研究主題は、このようなポストモダン思想の展開を端的に示すものである。[*82]

　そして、このような歴史的地平に規定された主体を根源的な決定不能性と結びつけることで、新たな主体のポリティクスを産み出していこうという試みは、スチュアート・ホールを軸とするカルチュラル・スタディーズの影響と相まって、バーバやスピヴァクらポストコロニアルの知識人たちに受け継がれていく。ポストモダン思想の鍵をなす「ポスト」という言葉を主体の概念とどのように結びつけて考えるべきかについて、バーバはそれが陥りがちな実体主義や相対主義の陥穽を回避しつつ、第三世界のポストコロニアル状況下の主体の分節化の働きについて、ファノンを想起させる文章で次のように説明している。

> ポストモダンという条件の広範な意義は、自民族中心主義のような理念の認識論的「諸限界」といったものが、居心地の悪い人や意見を異にする者たちの発話の境界線にもなりうるのだということに気づくということなのだ。女性、植民地で支配された人々、マイノリティ集団、性的に差別された人びと、などの。……その意味で、境界線とは何ものかが存在しはじめる空間であり、私が言ったように「超える」という仕草のもつ移動性であり両義性といった動きなのである。橋というものはそこを渡っていく人々を何時でも、しかしその都度違ったやり方で、彼らを向こう岸に渡すために迎え入れる。……そう、橋がそこを渡る人々を一緒にする場所なのだ。[*83]（傍点は磯前）

ポストコロニアル状況下において主体を問題にするということは、植民者と被植民者、マジョリティとマイノリティといった、現実の被加害関係を曖昧にすることなく、諸々の主体がそれぞれに置かれた状況性を越えてふたたび共約可能になる場を模索していくことなのである。それは、戯れの名のもとに主体の歴史性を否認するものでもなく、同時に主体の歴史性を真正なものとして本質化するものでもない。むしろ、その両者を二項対立的な思考の産物として同時に脱構築することによって、非本質主義的なかたちで主体の歴史的含意を語り出そうというものなのだ。サイードにおいてはそれはオリエンタリズムという語りを作り出してきた西洋的学知の批判をとおして、そこで単一化された非西洋的主体を異種混淆性のもとに読み直していく作業であった。スピヴァクにおいては、西洋世界と非西洋世界、さらには非西洋世界における男性と女性、あるいは西洋世界にディアスポラの知識人と非西洋世界に住む人びとといった、幾重にも織り込まれていったサバルタン性の問題を考えぬくことであった。

そして、バーバにとっては、「ナラティヴの知識をめぐるポスト構造主義的な諸理論」を通して「ネイションという空間のもつ両義的な余白を喚起していくこと」[*84]で、マイノリティとマジョリティ、非白人と白人といった二項対立的なアイデンティティ形成を脱臼させていくこと。そのなかで新たなアイデンティティと共同性のあり方を模索していくこと。それが、インドと西洋世界を横断的に移動してきた彼にとって最大の関心事であったと思われる。周知のように、その具体的な成果は一九八〇年代に書かれた諸論文を通して、一九九四年の『文化の場所』へと結実していくことになるのだが[*85]、その中核をなす論文がここに取り上げる「散種するネイション――時間、ナラティヴ、そして近代ネイションの余白」である。すでに触れたようにデリダの論文「散種」に着想をえたこの論文は、旧植民地からの移民が流入した旧帝国の都市という場――それは彼にとってロンドンでありボンベイである――を通して、人と人を結びつける共同性の絆とは何か、他者と出会うとは一体どのようなことなのかを考えようとしたものである。彼は自分の体験をふまえ、故郷を離れ、都市に流れ込んできた人びとの集い合いを描くところから、論文「散種するネイション」を書きはじめる。

> これまで私が生きてきたのは、人びとが本来自分の帰属するところではないネイション、すなわちさまざまな他人の時間と場所のなかに散り散りになっていくことが、同時に人びとが集い合うひとつの時間になりえるような瞬間であった。流浪の民や移民、あるいは難民が集い合うということ、それは「馴染むことのできない異国」の文化という、切り立った断崖のような不安定な場所で集うことであり、異文化に曝される諸々の最前線で集うことであり、街の中心にあるゲットーやカフェで集まることでもある。あるいは、意のままにならない異国の言語を使うように強いられたほの暗い、人間らしいとはいえない暮らしのなかで集い合うことであり、逆に自分の言語でないにもかかわらず、不気味なほどの流暢さを身につけた生活のなかで集まることでもあったりする。[*86]（傍点は磯前）

ひとつのネイションから人びとが流れ出し、出自の異なるネイションから集い合った人びとがまた新たなネイションを形成する。それがバーバの言う「散種するネイション」の意味である。それとりもなおさず、アイルランド出身の人類学者であるベネディクト・アンダーソンが描き出した「想像の共同体」、すなわちそれを支える「均質で空洞な時間」のもたらした「水平性」を、ポストコロニアル状況から、ポストモダニズムの語彙を通して読み直していくナラティヴとなる。バーバが「ネイションは、人びとの共同体や親族が根絶されることで生じた空洞を充填し、その空洞をメタファーという言語へと転じさせていく。メタファーとは……、故郷や帰属性といった言葉の内容を変転させていく行為であり、国民という想像の共同体全体に拡がる空間的な隔たりや文化的差異を横断しながら、その意味を転化させていくものなのである」[*87]と語るとき、ポスモダニズム的な非本質主義は主体の歴史性を戯れのなかに消し去るものではなく、むしろ個々の歴史的状況のなかに主体を散種させていく増殖運動へと変転していく。デリダの表現を用いるならば、「エクリチュールに固有の〈不在〉」こそが、「反復を他性に結び付ける」現象を生み出していくのである。[*88]

ネイションの時間性

周知のように「想像の共同体」とは、ベネディクト・アンダーソンの著作の題名によるものであり、そのなかでアンダーソンはネイションについて次のような説明をおこなっている。

ネイションはイメージとして心に描かれた想像の政治共同体である——そしてそれは、本来的に限定され、かつ主権的なもの〔最高の意思決定主体〕として想像されると。……というのは、いかに小さなネイションであろうと、これを構成する人びとは、その大多数の同胞を知ることも、会うことも、あるいは彼らについて聞くこともなく、それでいてなお、ひとりひとりの心の中には、共同の精神的親密さのイメージが生きているからである。……そして最後に、ネイションは一つの共同体として想像される。なぜなら、ネイションの心の中にたとえ現実には不平等と搾取があるにせよ、国民は、常に、水平的な深い同志愛として心に思い描かれるからである。[*89]（傍点は磯前）

それに対し、ネイションを空虚なメタファーとして捉えるバーバは、同じく想像の共同性を前提としながらも、このような意味を与えている。

ネイションのなかを移動するというわたしたちの理論では、想像の共同体の住人――それは移民の場合も大都市の住民の場合もある――というメタファーを自分自身が生きているかぎり、近代なネイションを構成する人間の空間が単純に水平的なものではありえないことは明白である。このメタファー的な動きこそが、エクリチュールに「多重化 doubleness」をもたらす。これこそが表象の時間性がもたらすものであり、それは単一の原因に還元されてしまわず、さまざまな文化編成や社会過程のあいだを移動するものなのである。[*90]（傍点は磯前）

近代のネイションは、地域的なあるいは親族的な共同体が崩壊していくなかで、そのような身近な共同体の崩壊を補うもののために「想像の共同体」として成立したものであるが、バーバによれば、そうである以上、一見均質にみえるネイションの空間と時間のなかにも、周縁のみならずその中心部においても、さまざまな余白が存在していることになる。いたるところに隙間があったり、亀裂がある。そのようなネイションの内部はアンダーソンが言うような水平で均質な共同体などではなく、いろいろな意味の読み替え、すなわち翻訳行為が可能な余白をふくんだ共同性なのだ。ここがバーバとアンダーソンの決定的な違いである。

ここでバーバの言う「余白」とはデリダの概念によるものであり、中心に対する周縁や外部といった実体的に固定された場所ではなく、内部に同化することができないながらも、内部にとりついて止まない内なる異界を意味する。マイノリティや移民だけでなく、マジョリティとされる人びとのうちにも余白は逃れようがなく存在している。それが代補的な差異化作用をネイションに対して、それを構成する人びとのナラティヴ、すなわち日々の生きる姿勢をとおして働きかけていく。このような差異化作用は、ネイションがその同一性を保持しようとする以上、必然的に同一性への欲求への代補作用として呼び起こしてしまう不可避の運動である。デリダはみずからの脱構築の思想あるいは散種の概念の根源をなすこの差異化の働きを、クリプトという言葉に託してこう説明している。

クリプトとは何でしょうか。それは喪の作業――成功することのない、つまり正常な解決を見ない喪の作業――において、身体内に死んだ対象のためのクリプト〔地下墓所〕として形成されたもののことなのです。……つまり、あらゆる「正常な」喪の作業におけるように、自己の内部に再び取り込まれ、消化され、同化されることがないがゆえに、死者が自我の或る特定の場所に嚢種化して、いわば生ける死者としてとどまっているというわけです。……私は死んだ他者を内在化しおおせない、しかもその他者を自分の内部に保持している、それは私にうるさくつきまとうものとなる、つまり生ける死者となりうる、というわけです。[*91]

トニ・モリスンの小説に登場する、母親に憑依した娘の霊のつぶやきのように、J・M・クッツェーの小説の凌辱された主人公の内面から堰を切って流れ出す声のように、それは主体に執りついて止まないものとなる。このような余白のもたらす差異化作用に着目するとき、ネイションはアンダーソンの言うような均質性を保ったものではありえなくなる。それゆえ、アンダーソンの「水平的な深い同志愛」を支える時間性の鍵概念、「均質で空虚な時間」についても、バーバは否定的な評価をくだすことになる。

記号とは、言語内で循環しつつ反復される差異を時間化するものであり、そこではたしかに言語の意味は決定されるのだが、均質で空虚な時間というナラティヴをとおしてその意味を主題的に表象することは無理である。なぜなら、均質で空虚な時間性は、記号のもつ他性とは相容れないからである。記号の他性とは、文化的意味作用の「代補性」にかんする私の立場からすれば、想像の共同体の時間的均質さを異化するものなのだ。文化的な同質性や民主主義的な無名性がネイションの共同体を分節化する水平性という場所からみれば、そこに現われ出てくるのは、サバルタンたちの一瞬の声であり、時空の隙間で語るマイノリティの言説なのである。[*92]（傍点は磯前）

元来、「均質で空虚な時間」という言葉は、ヴァルター・ベンヤミンが論文「歴史の概念について」（一九四〇年）のなかで用いたものであり、それをエーリヒ・アウエルバッハの解釈にもとづいて、アンダーソンは近代ナショナリズムの水平性を成り立たせる時間観念として、「横断的で、時間軸と交叉し、予兆とその成就によってではなく、時間的偶然によって特徴付けられ、時計と暦によって計られるもの」[*93]として規定したのである。他方、中世的世界では、「ベンヤミンがメシア的時間と呼ぶ、今という瞬間における過去と未来の同時性に相当する」時間が支配し、すべてが神の支配する垂直的な関係性のもとに置かれていたとされる。つまり、「均質で空虚な時間」とは、かつては中世的世界にみられた垂直的な摂理を司る神を喪失した、あるいはそこから解放された人間のあいだの共約的時間を意味するものである。それゆえ、アンダーソンとって「均質で空虚な時間」と「メシア的時間」は、近代と中世という固定された時間軸上に不可逆な前後関係として存在するにとどまるものであり、異なる時代に移行してしまえば、もう一方の時間観念へと覆る可能性はまったく失われることになる。しかし、ベンヤミンのテクストを読むならば、ベンヤミン自身はこのふたつの時間を同時に存在する両義的なもの、まさに行為遂行的なものと固定化されたものとして理解する立場をとっていることが容易にあきらかになる。

ベンヤミンの論文においては、「歴史が均質で空虚な時間をたどって連続的に進行する観念」という文言にあるように、「均質で空虚な時間」とは、「過去の〈永遠の像〉を立てる」「歴史主義」のもとで「自動的なものとして直線なり螺旋なりの軌跡を描く……本質的に停止することのない進歩」を奉じる概念として否定的な意味で用いられている。[*94] それに対して、ベンヤミンは「歴史は構成の対象であって、この構成の場を成すのは均質で空虚な時間ではなく、今という瞬間によって満たされた時間である」と考え、「歴史の連続性を打ち砕いてこじあける」ために、均質で空虚な時間を粉砕する必要性を唱える。[*95] それは「メシア的な時間のモデルとして、全人類の歴史を途方もなく短縮して包括する今という瞬間」が現出する「救済（解放）」の試みである。[*96]「救済（解放）された人類にしてはじめて、みずからの過去の、そのどの瞬間も呼び出すことができる」のだ。[*97]……救済（解放）された人類にしてはじめて、その過去が完全なかたちで与えられる。「均質で空虚な時間」という文言における「空虚さ」とは、ベンヤミンにもアンダーソンにも同じように神の不在を意味するものであるが、ベンヤミンが救済のメシア的な契機を欠いた、「今という瞬間」の噴出を押し殺した同質性として否定的に位置づけたのに対して、アンダーソンはむしろ神を欠くがゆえに、人間本位の共約的な時間が成立可能になったと肯定的に読み替えていく。

バーバの用法はあきらかにベンヤミンの解釈に倣うものであり、ベンヤミンの言うような、「過ぎ去った事柄を歴史的なものとして言表するとは、それを〈実際にあったとおりに〉認識することではなく、危機の瞬間にひらめくような想起を捉えることを謂う。……危機の瞬間において歴史的主体に思いがけず立ち現れてくる、そのような過去のイメージこそが重要なのだ」[*98]という感覚を共有する。ただし、バーバはユダヤ教的なメシアの観念を前提としてはおらず、終末論的な救済のときが瞬間に立ち現れるとか、すべての人類の歴史がこの一瞬に凝縮されるというようなことまでは述べない。バーバの芸術・宗教論「アウラとアゴラ」でもそうであったように、連続性の時間を断ち切る、瞬間の集積体を強調しながらも、かれはユダヤ・キリスト教的なメシアニズムの発想を、ベンヤミンともデリダとも共有することはしない。[*99] それゆえ、バーバは「均質化できない共約不能な隙間」を積極的に認めつつも、それをベンヤミンのように「メシア的時間」と呼ぶことをせず、むしろルイ・アルチュセールから「具体的な場所に固定されない空間、連続性を欠いた時間」という言葉を、本来の文脈から切り離して借用してくる。[*100] こうしてベンヤミン的な宗教性がバーバの議論から消去されていることは、かれの世俗主義的な傾向として抑えておく必要がある。

　このようにしてバーバはベンヤミンの時間論を自分なりに取り込むことで、ネイションを流れる時間が両義的であるという理解に立つ。その点で、日本とアメリカ合衆国の例をもとにネイションをナショナリズムの抑圧的相のもとにとらえる酒井直樹の立場とは異なって、むしろアルジェリア民族解放戦線に加わったファノンのようにネイションとナショナリズムを区別する立場をとるのである。[*101] ネイションがその内部に余白を含みながら、差異と同一性のあいだを揺れるものであるとするならば、それはバーバの言うナラティヴ、すなわち人びとの日々の生き方によって大きく左右されていくことになる。だからこそ、「政治的実体として［ネイションを］主体化させるうえで大きな役割を果たしているのが時間性の問題だ」[*102] として、ナラティヴを介して歴史主義的な時間を脱臼させることで、ネイションの均質化された共同性を崩していこうとしたのである。

　そして、この時間性の概念はバーバがマルティン・ハイデガー『存在と時間』から示唆を得たものである。[*103] このハイデガーの概念について、哲学者の木田元は「〈おのれを時間化する〉仕方の違い、つまり時間性の違いによって、〈世界内存在〉、つまり世界が組織される仕方も変わってくるし、ということは同時に〈存在了解〉、つまり存在という視点の設定のされ方も変わってくるということになろう」[*104] と説明する。このハイデガーの理解をうけて、バーバは自分にとって時間性の意味を次のように語っている。

> この遅延された行為こそが時間性であり、それは無意識的なものを日常生活や合理性の過程へと導き入れるものである。それは、人びとに現在の中に現出する過去のなかを一貫して「通り抜けていく」ように求め、記憶と歴史の関係に交渉し、精神的なものを社会的な構築物のなかに位置づけたり、様々な働きを求めるものである。……なぜなら起源という要因は、「それ自身には」原因も源も欠いているものであり、それは翻訳され変質され、修正され再表現されるため、その兆候は偶発的で状況に応じた記号として扱われるべきものであり、（わたしたちが呼ぶところの）「太古的な今日性」あるいは「短縮された未来性」、位置づけられ解釈されることで非連続的な共時態のなかに過去・現在・未来が複雑なかたちで分節化されるもの、そのようなものの布置として理解すべきものである。……私たち自身の亀裂や不安、あるいは両義性を克服する方法などは存在しないのだ。……主体なるものはつねに自らに対する収まりのつかなさの中に存在するものであり、自己を代補するものであり、そのような「過剰さ」や流動的なリミナリティこそが間主観的関係の基盤をなすものなのである。[*105]（傍点は磯前）

このように時間性は、起源を欠いているがゆえに直線的な固定化が不可能な、そのつど具現的なかたちへと分節化されていく非断続的な瞬間の集積であり、歴史的変化を越えた連続性をしめす歴史主義の「歴史性」とは真逆のものとされる。むろん、このようなハイデガー解釈はデリダによる理解を経たものであり、存在という存在者の回帰すべき根源が実体的に希求されることはなく、つねに差異を生み出して止まない欠如態がベンヤミンの言う純粋言語のごとく、起源として措定されるにとどまっている。[*106]

ただし、そこでも見落としてはならないのが、バーバの世俗主義的な傾向である。先に触れたように、ベンヤミンのメシアニズムを「メシア的時間」から脱落させたように、バーバはハイデガーの時間性をめぐる議論においても、存在がはらむ死の影といったものを削ぎ落している。ハイデガーは、「本来的時間性にあっては、将来はもっとも自己的な究極の可能性であるおのれの死への「先駆」として、既往はあったがままのおのれをふたたびとりもどし、それに意味を与えなおすこと……、そして現在は、そのように先駆し反復することのうちで開かれてくるおのれの置かれた歴史的状況に豁然と眼を開き、それを「瞬間」的に直視すること……として生起する」[*107]と考えていたはずである。それに対して、バーバの議論では時間性はナラティヴの両義性、すなわち現世を生きる姿勢に委ねられると捉えられるにとどまり、そこから死の実存的問題へと議論が展開されることはない。

このようなバーバの現世的姿勢は、実のところ、アンダーソンの想像の共同体をめぐる解釈の際にも見られる。アンダーソンには、「結局のところ、この同胞愛の故に、過去二世紀にわたり、数千、数百万の人々が、かくも限られた想像力の産物のために、殺し合い、あるいはみずからすすんで死んでいったのである」[*108]という、死の共同体としてネイションを規定する有名な一節があるが、バーバはアンダーソンのネイション論に再三論及しているにもかかわらず、ネイションと死の関係については触れていない。アンダーソンの言葉が明示しているように、死や信仰の問題は個人のアイデンティティにとどまらず、個人を共同体へと収斂させる契機をなす。まさにそれがネイションと死の関係であり、ユダヤ教のような成立宗教のもつ民族的な共同性の問題である。おそらく、バーバは死や宗教の問題を回避することで、既存の共同体に回収されないアイデンティティのあり方を普遍的なかたちで模索しようとしたと考えられる。

しかし、死の問題を回避しようとしながらも、バーバの議論はエルネスト・ルナンの「想起するための忘却」の能動的な働きを論じるにいたって、抑圧したはずの死の記憶に抵触してしまう。バーバは、ルナンの言う「国民になろうとする意志」は強制的な忘却と対をなす行為遂行的なものであり、フランス人が国民としてひとつにまとまるために聖バルテルミの虐殺という過去を忘れ去ったように、「毎日の人民投票」のごとく、われわれの意志によって構築可能なものであると説く。[*109] 周知のように、「フィヒテの〈国民〉はある種種族的本質と結びついた有機体的構成」をとるのに対し、「ルナンにとって〈国民〉とは人種や言語によらない意志的かつ選択的な構成で、より個人主義や民主主義に適合している」と、一般には高く評価されている。[*110] しかし、その一方で人種主義や愛国主義といった批判もルナンに対して多々なされており、ツヴェタン・トドロフもまたルナンが政治的自由としての国民の意思を一方的に強調するあまりに、過去の文化的規制力を見落としていることを厳しく指摘する。

政治的レベルにおいては、国籍は一片の政令によって獲得されるのにたいし、文化的レベルにおいて国民としての性質を獲得するには長年の学習を要求される。文化としての国民の観点からすれば、実際、過去を共有すること、あるいはむしろこの過去についての――そして場所についての――共通の知識が不可欠である(このことはルナンが指摘するように、共通の忘却が必要であるということでもある)。……ルナンは一方の手でわたしたちに与えたもの(国民における自由)をもう一方の手で取り上げる(文化における決定論)。[*111]

バーバは、民主主義的で個人意思を重視するルナンのネイション論にナラティヴの可能性を見出そうとするのだが、トドロフの批判も十分理解しており、そのために議論はねじれをふくんだ表現となっていく。その結果、「忘却を強いられたことが、かえってネイションを想起させ、それを新たな内容で満たす」と言いつつも、「ネイションの「水平性」という均質で空虚な時間が、亡霊のような共時性たる多重化する時間性によって撹乱される」として、忘却された記憶が現在に憑依してネイションに亀裂を走らせてしまうことをバーバは示唆するにいたる。抑圧された過去は体内化されて、抹消することのできない「クリプト」化された記憶となる。現在から見れば同じフランス人同士のあいだに起きた聖バルテルミの虐殺は、完全には忘れ去ることのできないトラウマなのだ。

この問題は、記憶をめぐる行為遂行性が実際にどのようなかたちで機能しえるものなのかを指し示すものでもある。すでに確認したように、行為遂行的なナラティヴは固定化された場において規制されたかたちでしか機能しえないものであり、固定化されたナラティヴもまた行為遂行的なものによってたえず代補されていく。両者は「たえまない生成過程にある主体」におけるル・セミオティックとル・サンボリックのような表裏一体の関係にある。そうである以上、記憶は決して都合よく忘却されることなどなく、忘却されたかのように見える過去もまたネイションの記憶の底に澱のように沈み、そこから記憶の余白として現在に憑依してやまないものとなる。忘れようとしても忘れられないトラウマがどんな国民にも存在するのだ。下河辺美知子が言うように、それが「国民になる」ために支払わねばならなかった代償なのだ。

> 共同体の成立には不思議な瞬間がある。言語化できぬその地点を歴史の中に位置づけるために、人類はさまざまな方策をとってきた。神話として語る方法、聖人や王や英雄の誕生と重ね合わす方法、……。どれも、共同体として立ち上がるというその出来事自体が、共同体にトラウマ的一撃を与えることを隠蔽するための装置として、文化の中で稼動してきたものである。……共同体の起源には、排除という一撃が加えられている。……同質性を浮き上がらせるために、異質性を排除・抑圧しようとする力である。排除されるのは他者と名指しされた者たち。抑圧されるのは、自己の内にあって、共同体の掲げる同質性にそぐわぬ自己内差異である。[*112]（傍点は磯前）

結局のところ、バーバは議論に死の問題を取り込むことをためらいながらも、その抑圧された死の不安が彼の内部に巣食い、死の影を追い払うことができない。ハイデガーにとっては自然死、ルナンやアンダーソンにとっては虐殺や戦死といった相違はあるが、記憶と密接に結びついた時間性の議論においては、死をめぐる問題はいずれにせよ拭い去ることのできないトラウマをなす。それゆえに、私たちは死をめぐるナラティヴをとおして、体内化された記憶をたえず意識の内へとすくいあげていく必要があるのだ。そのとき主体になにが起きるのか。異質性さらには異種混淆性をめぐるバーバの議論はそれを具体的に語るものとなろう。

ネイションの空間性

まず確認しておきたいのは、アンダーソンにおいて「均質的 homogenous」という言葉は時間という単語のみを形容する修飾語として肯定的な意味で用いられているのに対し、バーバは「異質的 heterogenous」という言葉の対概念として否定的な意味を与えていることである。そもそもアンダーソンは『想像の共同体』で異質的という言葉をまったく使っておらず、バーバの異質性の概念はアンダーソンではなく、デリダを経由してジョルジュ・バタイユへと遡る系譜に沿ったものである。[*113] この異質性が同質性とは決して対照的な二項にはなりえないこと、それをデリダはバタイユの至高性という言葉をとおして次のように語っている。

至高作用の非＝意味とは、意味の否定でもなければその状態でもないのだ。……それは、肯定、否定の対立の彼岸にこそ身を持するものなのである。……言説的な知の安寧をゆるがせるべく、《神秘的なもの》として提示されるものが、神秘的なものと合理的なものの対立自体を超え出たところへと向うのだ。……それが、いかなる現前にもいかなる充実態にも関係づけられてはおらず、刑苦を通じてのみ《感じとれる》あの不可能事にしか関わっていないからである。このようなものをなお《体験》と呼ぶとしても、この体験が内的であろうはずがない。……この体験はまた……、外部に向って開かれ、留保も内的権威もなく、この上なく表面的なものでもあるのだ。[*114]

ここで述べられているごとく、否定と肯定を超え出たもの、それがバタイユからバーバへと連なる「異質性」の中核の意味をなしている。異質性とは永遠に歴史の外部にあるものであり、絶え間なく内部の均質性を脱臼させる、恍惚とともに苦痛に満ちた体験をもたらすものなのだ。こうして見ると、「均質で空虚な時間」と「メシア的時間」を近代と中世の時間に振り分けたアンダーソンのように、つねに歴史の内部で思考する者にとっては、異質性という概念を議論のなかに組み込むことが困難である理由が判明する。それは、「異質性」が歴史の内部に完全に押し込めることのできない、その外部から内部へと侵犯する力だからである。さらにバーバはこの「異質性 heterogeneity」を「同質性」と対をなさない文脈で単独にもちいるときには、「異種混淆性 hybridity」という言葉へと置き換えていく。

この異種混淆性という言葉は、ロシア語で書かれたミハイル・バフチン『小説の言葉』が英語に翻訳されたさいに、異質性という言葉に由来する「異言語混 heteroglossia」と相補う関係のもとに、「異種混淆的 hybrid」あるいは「異種混淆化 hybridization」として訳出されたものである。[*115] バーバの引用が明示するように、[*116] バフチンは「異種混淆的なもの hybrid」を次のように定義している。

異種混淆的なものは……単に二声的・二アクセント的であるだけでなく、二言語的なものなのである。……異種混淆的なものの中に存在するのは、二つの個人的意識、二つの声、二つのアクセントだけでなく（だけではなく、というより、ではなくて、と言うべきかもしれない、二つの社会的言語意識、二つの時代である。……それらは……言表の領域において意識的に出会い、闘争しているのである。……これらの諸形式の中に秘められている世界に対する視点が衝突するのである。……このような無意識的な異種混淆的なものこそ、歴史的にきわめて生産的なものであるということである。このような混淆は諸々の新しい世界観、世界を言葉によって認識するための新しい〈内部形式〉をはらんでいるからである。[*117]

バフチンは異種混淆性という言葉によって小説文の多声性を言い表そうとしたのだが、バーバはそれを植民地下あるいは移民のアイデンティティ論として読みなおしていく。しかもバフチンの場合のように二つの要素から構成される異種混淆性としてではなく、単一のアイデンティティに固定することが不可能な多重性あるいは起源の決定不能性という意味をあてることで、文化の自同性を前提とする多文化主義や文化相対主義の発想を否定する。ただし、「異種混淆性 hybridity」という単語は日本語にせよ英語にせよ、異なった系統のものが複数存在したうえで、それが混じりあうといった意味を含んでしまう以上、かえって酒井直樹の用いる「混成的 mixed」[*118]といった術語のほうが、分割不能な多重的な余白という意味をより的確に言い表わしているのかもしれない。

いずれにせよ、そこにはマジョリティになろうとするマイノリティの欲望も存在しないし、真正なヒンドゥー文化やイスラーム文化といった完結した自同性も存在しない。あらゆる同質性は異質性によって代補され、異種混淆化を引きおこしてしまう。「そもそもアイデンティティとは、それがたえず他の象徴体系と干渉しあうものであるがゆえに、つねに「不完全な」ままであり、恒常的に文化的意味を移し変える過程に巻き込まれていくのである」。[*119]ここで「多重的」と「多数的」という言葉の意味の違いを確認しておこう。バーバにとって多数的(multiple)とは個々のアイデンティティが完結した自同性のもとに並存する状態を意味するが、多重的(plural)とはそのような自同性そのものが差異化を起して内部に亀裂をはらむ状態をさす。

そのうちの多数的なものの見方に立つのが、チャールズ・テイラーに代表される多文化主義(multiculturism)であり、[*120]「そうした文化が単一文化であり、一枚岩の全体性であって、これが発生的にも構造的にも、他の諸文化とともに規定されることもなく、他の諸文化によってまったく構造化されることもな[い]」[*121]立場をとる。一方、多重的な見方に立つのがヴェルナー・ハーマッハーの唱える他自律(Heterautonomien)であり、「あらゆる文化は超文化化〔Transkulturierung〕であり、したがって二重の意味で異文化適応である。二重の意味というのは、あらゆる文化が、一方では別の文化への開かれにおける、他方ではそもそも文化とは別の何ものかへの開かれにおける、ひとつの文化の中断すること、ということである」[*122]。多重的な立場からすれば多数的な立場は、どれほど他者との共存を唱えたところで、「あらゆる他の文化、「自らの」文化の他者、もしくは「文化」そのものの他者を、もはやその他者性においてではなく、自らの文化のひとつのヴァリアントとしてのみ感知するよう誘導してさえいる」[*123] 文化融合主義的な暴力性を帯びたものとなる。バーバもハーマッハーに近い見解をとり、テイラーに対して、多文化主義は移民やマイノリティの「自同性を欠いた文化的境遇」[*124] を排斥するものであると厳しく批判している。

バーバが一九八〇年代前後を過ごした英国は、複数の民族・宗教コミュニティが併存する多文化主義にもとづいて構成された社会であったが、もはやそこでも多文化主義が「エスニシティや宗派集団が互いに孤立して交わらないということによる弊害」を生み出していると難じられ、「「多文化主義」は、文化の多様性を包含する理想社会の社会像を体現する概念から、社会の分裂と集団間の相互隔離、治安の悪化を意味するネガティヴな概念へと急速に転じていった」[*125]。その状況を鑑みるならば、ハーマッハーの唱える他自律、そしてバーバの異種混淆性が多文化主義に代わって、文化的アイデンティティの自同性を脱構築する概念として注目を浴びてきたのも、増大する移民を抱え、植民地主義の後遺症に悩む社会の現状を考えたときに、その脱出口を期待させる点で当然の帰結であったと言えよう。

さらに、バーバの故国インドの独立後の歴史を振り返るとき、「パンジャーブとカシミールの分離主義者の暴動や、ヒンドゥー国民主義の高揚といった、もっとも顕著な例を考えてみるだけで、誰がインド人なのか、という定義をめぐる絶えざる論争が依然として現代インド政治の多くの部分を占めていることはあきらかである」[*126] と指摘されるように、インドもまた統一的なネイション像を確立できないままにきた社会であることが思い起こされる。インド人研究者のスニル・キルナニは、ガンディーが推進した独立運動期の段階から、「西欧の国民主義概念の書き直し」が試みられ、「インドに存在する宗教的、文化的な自己認識の多様性」を包摂できるような複合的なネイション像が模索されてきたことを指摘している。[*127]

そこに宗主国である英国の圧倒的な政治・文化的影響を加味して考えるならば、その独立当初からインドという純粋な単一性は喪失されていたことを認めざるをえなかったのである。アーネスト・ゲルナーが述べているように、「ナショナリズムとは、第一義的には、政治的な単位とネイションの単位とが一致しなければならないと主張する一つの政治的原理である」[*128]とするならば、インド社会でもこの起源の喪失に対して二つの反応が想定し得るであろう。ひとつは、起源との一致を主張するヒンドゥー・ナショナリズムのような原理主義。もうひとつはバーバたちのように、異種混淆性の場としてネイションを捉える立場である。事実、長崎はインドにこのような二極化した動きが認められると述べており、そのなかでバーバをスピヴァクやアルジュン・アパドゥライとともに「アメリカのインド系移民」の理論家として注目している。

インド文明から真理の多面性を引きださなかったヒンドゥー・ナショナリズムのイデオローグたちに対して、多面性、多元性をナショナリズムに対抗しうる原理として主張する人々がいる。そのなかで際だつ存在が、アメリカのインド系移民たち、とりわけ「頭脳環流」しつつある知識人たちである。彼らは国境の存在を問い、民族の間の境界を問い、宗教の間の境界を問いかける。彼らは二重市民権や重層的主権のような新しい国家の形を提案する。[*129]

こうして見ると、西洋文化のつよい影響を受けつつも、多言語・多民族社会であるインド社会に、しかもマイノリティとして育ったバーバが、西洋から生まれた多文化主義をふまえつつも、それを脱構築するような異種混淆性を言表するにいたったのは、その歴史的背景から言って必然的であったとも言える。本質主義的なアイデンティティを批判し、異種混淆性を唱えるその議論は、近代の国民国家に回収されえないインドの多言語・多民族社会を背景としつつ、自身を含む移民やディアスポラの脱国境的な経験を重ね合わせ、それを一九六〇年代末以降のポストモダニズムの論理をとおして言表していくことで、西洋人の論理に即しながら、西洋のロゴス中心主義的な世界理解を非西洋世界の眼差しのもとに脱臼してみせたのだ。それは、西洋の知識人にとっては、構造主義からポストモダニズムへと展開していった西洋のロゴス中心主義批判を推し進めるものであったために、非西洋世界からの批判にも進んで耳を傾けざるをえないものとなった。

他方、非西洋世界にとっては、近代とともに始まった西洋化の絶対的な影響のもとで、西洋的な価値規範に同化するか、それに反発して排他的な土着主義に陥るかといった、従来の二項対立的な思考から脱却する道を指し示すものとなった。結局、そのような二項対立的な発想は、アフリカ系アメリカンの神学者、コーネル・ウェストが指摘するように、「黒人世界と白人世界の間で「どっちつかず」の生き方——両者の境界を横断するけれども、どちらにも決して落ち着かない生き方——」を根本的に解決することができないために、「どちらからも仲間として受け入れられることを望むものの、どちらからも本当の承認を得ることはない。……たいていの結果は白人の人種差別的評価による失望の中に黒人たちを閉じ込める」結果を招いてきた。[*130] しかし、このような「「どっちつかず」の生き方」をむしろアイデンティティの自然なあり方と位置づけなおすことで、非西洋世界は、西洋的なものか非西洋的なものかといったいずれかの真正さを追い求めることなく、むしろ両者が異種混淆されたあり方——ファノンが「謎めく流動性」と名づけたもの——をそのままに肯定することが可能になったのである。バーバを一躍有名にしたファノン論とは、その著作『白い仮面、黒い皮膚』を軸にファノンの思想を、被植民者の異種混淆的アイデンティティ論として読み出したものである。それはフロイト派の精神医であったファノンを、ポストモダン的なラカンの精神分析のもとに読み替える試みだといってもよい。

「ニグロは存在しない。白人も同様に存在しない」。……植民地問題をあつかう際にお馴染みの、黒人／白人、自己／他者といった図式は短い中断によって掻き乱され、人種的アイデンティティの伝統的基盤は、それがネグリチュードや白人文化といったナルシスティックな神話のなかでうたたねしていることを見てとられると散り散りにされた。この分断と置換から成り、手に取るように知覚することの出来る緊迫感こそが、ファノンのエクリチュールを事物の縁へと押しやるのだ。[*131]

この解釈に対して、アルジェリア独立運動の闘士でもあったファノンの思想をアイデンティティ論に還元することで、『地に呪われたる者』に描かれるような暴力革命論のような現実の政治運動を去勢したものだという批判も再三おこなわれている。[*132]しかし、バーバからすれば暴力の作動は、ファノンのアイデンティティ論のもうひとつの側面、「白人にとっての本当の他者は今も、そしてこれからも黒人であり続けるだろうし、またその逆もしかりである」という二項対立的思考へと収斂すると同時に発生するものであり、「欲望の主体が単純な私自身でないとするならば、「他者」もまた単純にそれ自身として存在したり、アイデンティティ、真理あるいは誤認が脈々と湧き出る泉であるはずがない」[*133]と、暴力革命論者としてのファノンをはっきりと拒絶する。われわれここに、さきに見たハルトゥーニアンやチョウによるバーバ批判、すなわちその議論には社会の構造的矛盾を全体化する視点が含まれていないという批判と呼応する問題を見出すことであろう。

たしかにハルトゥーニアンたちの指摘のとおり、バーバの議論には、「植民地の支配下に置かれた者たちは暴力を通じて、暴力によって、自己を解放する」[*134]というファノンの言葉は届かない。眼前で人が撲殺され、自分もまた暴力の予感にさらされる現場の視点から、「植民地社会の暴力のまえで立ち止まったのは、ファノンではなくバーバ自身である」[*135]という冨山一郎の指摘は、その議論の根本的な弱点を抉り出すものとなろう。近年、バーバが『地に呪われたる者』に主眼をおいてファノンを再論した論文「ファノンを枠づける」では、議論のなかにファノンの暴力論を肯定的に組み込もうとしているものの、やはり「精神情動的な領域」[*136]で論じられるにとどまり、冨山の言う「戦場の叙述」[*137]とは程遠いままである。冨山は植民地で言葉が発せられる状況を次のように規定する。

武装において圧倒的に不利な状況に置かれた位置からなされる言語行為からは、整理された支配の構造的な配置図ではなく、暴力に対する言葉の可能性の臨界こそが、まずもって見出されなければならないのだ。そしてこの言葉の賭けは、すぐ横で暴力がすでに行使されていることを、常に暗示している。「間違われ」ないようにという言葉は、殺された者のすぐ傍らにいる者の声なのだ。そしてこの言葉により暗示される暴力は、傍らで行使されているが、既に他人事ではない。……そして、この死者の傍らにおいてなされる言語行為の臨界からは、暴力に抗するギリギリの可能性こそが見出されなければならないのだ。しかもそれは、言葉として。[*138]

死の臭いに満ちた現場性の欠如。おそらく、ここにバーバの思想の大きな制約が存在する。それはバーバが、さきに指摘したようにハイデガーやアンダーソンから死の問題を取り除いてしまったこととも関係しよう。バーバのナラティヴ論は変革の可能性が潰えた困難な状況下ならではのものであるが、それでも冨山が指摘するように、その叙述は死という極限状態を前にして立ち止まってしまうのだ。

ここで、私たちはバーバの議論の実践的限界を見きわめていくと同時に、それを以てすべてを否定するのではなく、かれの思想が機能を発揮しうる文脈を見定めながら、その語りの可能性を限界の認識とともに最大限に引き出していく必要性がある。それがバーバの言うように「理論を生き延び」ていくこと、すなわちテクストを読むという行為の意味なのである。パリーやハルトゥーニアンの社会構造論が冨山の言う暴力的変革の実践へと開かれていくものであるならば、バーバの議論はもうひとつの道、「彼らのサバイバルと抵抗の文化が、彼らの生と意志を制度化するなかで挫かれようとしている」ときに、変革の可能性の潰えたときに、二項対立的思考を消し去ることで、「人間と社会そのものの全面的な変容」を「ゆっくり」と日々のナラティヴのもとで推し進めていくものとみるべきなのだ。[*139] ここで、今一度、バーバの異種混淆性論に戻ることにしよう。

それは権力の言説につきまとう不確かさ、イギリスの「国民的」権威というなじみの象徴を脅かし、植民地での流用の過程を通じて、差異の記号として現出する不確かさが作り出すものだ。異種混淆性とは、象徴から記号への価値の置き換えのことである。こうした置き換えによって支配的言説は、その代表的あるいは権威的であろうとする権力の軸にそって引き裂かれる。異種混淆性とは、差別された主体が偏執狂的な分類の対象として恐るべきもの・途方もないものへと、両義的な「転換」をとげる表象なのである。……植民地的な鏡像的表象は、二重に書き込まれているために、自己把握が可能になるような一枚の鏡を作り出せないでいる。それは常に、自己とその分身である異種混淆性という、亀裂を起したスクリーンであらざるをえないのだ。[*140]

アイデンティティの攪乱、すなわちバーバが異種混淆性と呼ぶ代補作用は被植民者だけが経験するものではなく、宗主国側の人間もまた、かれらが他者と接触した以上、避けがたく引き起こされていく。それは決して同一化しつくすことのできない、絶えず余白が侵犯してやまない異質性、ベンヤミンが純粋言語と名づけた存在の本性なのだ。むろん、それは決して心地の良い経験ではない。みずからの自明性が覆されていく「不気味なるもの」(フロイト)の経験なのだ。[*141]

親密さはみずからのうちに不気味さを含んでいる。デリダが言うように、「文化の固有性とは自己自身と同一でないことである。同一性をもたないというのではなく、……自己にあっての差異においてでなければ、おのれを同一化しえず、「わたし」あるいは「われわれ」とは言えず、主体の形式をとることができない」[*142]。その同一性のはざまから不気味なものは立ち現われてくる。そのような不気味さに主体が包まれていくさまを具体的に描いてみせたのが、バーバとおなじボンベイ生まれの小説家サルマン・ラシュディである。かれは、かつて自分が属していたイスラーム世界との間に紛糾をもたらした問題作『悪魔の詩』のなかで、イギリスの老女ローザ・ダイヤモンドのエピソードを取り上げ、ネイションの記憶が異種混淆の時間に陥っていくさまを例示する。バーバは「亀裂と欠損感」に覆われたローザの記憶を、ラシュディの文章から次のように引用する。

> 彼女はそれが遠い昔の話であろうがお構いなしに、ほんとうの真実かでたらめかなどをまったく気にせず、語りはじめた。ジブリールは、彼女の話しぶりにほとばしる激しいエネルギーを目のあたりにする思いであった。……さまざまなものが混在しているぼろ入れ袋のように支離滅裂な彼女の記憶は、まさに彼女を彼女たらしめるものであり、彼女の自画像であった。……もはや記憶から願望を、あるいは罪深い捏造と真実の告白を峻別することは不可能であった。というのも、死の間際にあってさえ、ローザ・ダイヤモンドは眼前に広がる自分の歴史をどのように理解したらよいのか、皆目見当がつかなかったからである。[*143]（傍点は磯前）

亡霊を幻視する能力をもつローザの眼前では英国の過去の歴史絵巻がくり広げられるのだが、それは征服王ウィリアムやヘイスティングスの戦いといった正統な歴史的出来事にとどまることはない。「異種混淆的な移民のジブリール」と恋に陥ることで、「植民地主義のナラティヴ」が転移され、彼女の幻視は「発話行為の中断や分裂が引きおこされる反復の時間性」へと陥っていく。「想起 remembering とは決して内省や回顧といった穏やかな営みではない。そうではなく、それは現在という時代に刻み込まれた精神的外傷を意味化するために寸断された過去をふたたび呼び起こし re-remembering、構築するという痛みを伴う作業であるはずだ[*144]」。ここにおいて植民者と被植民者という二項対立は消える。すべてのものが異種混淆性に満ちているとすれば、誰も純粋なものなどなく、それゆえ不純といった形容さえ存在しなくなる。

わたしたちはローザのように「眼前に広がる自分の歴史をどのように理解したらよいのか、皆目見当がつかなくなる」。ローザは死を前にしても安らぐことなく、ただひたすら自分自身に戸惑うばかりである。しかし、バーバは言う。「このような日々の生活のただなかにある共約不能性にもとづいて、ネイションのもとで連続性の断ち切られた時間が語られる。モダニティの余白から物語るという押さえがたい極限行為のもとで、ネイションを生きることや記述することの戸惑いとして、文化的差異の問題がわたしたちの前に立ち現れることになる[*145]」（傍点は磯前）。自分自身に対する「戸惑い[*146]」（ベンヤミン）の感覚。居心地の悪さこそが、新たな共同性の出現を呼び覚ます。クリステヴァが言うように、「裂け目は結び目となる[*147]」のだ。

わたしたちは自分自身のなかに異質性が代補されていく過程を体験にして戸惑う。そして異種混淆性たる存在は、同質性を共通項とする共同性を不可能にさせていく。しかし、今度はその戸惑いの感覚が、共約性がもはや自分自身とも他者との間でも不可能だという相互認識――ラシュディの言う「互いの苦痛を相互に認め合うこと[*148]」――が、あらたな共同性をもたらすのだ。「隙間にあること」がもたらす「多重化」、「戸惑い」、「異質性」、そして「異種混淆性」。それが死やメシアといった彼岸の言葉に代わって、バーバが現世のなかに見出した此岸の絆（re-ligio）である。それは人間関係の網の目のあいだから、日常生活のアゴラから立ち現われ、既存の神といった形を取ることはないが、やはり現実を越えた「隙間から語りかけてくる」。バーバが掲げてきた共約不能性を示す言葉が、いまや新たな共約可能性を、決して同一性や真正性には回収されることのない不安（anxiety）に満ちた共同性を行為遂行的に生み出していく。ここに、故郷からの離散で始まった論文「散種するネイション」は、ひとつの帰結を見ることになる。散り散りになった人びとは、移民あるいはディアスポラとなって、みずからの異種混淆性を顕わにして都会へと集い合う。

イングランドの天候は、白亜の石灰石で精巧に作り上げられたネイションの「拭い去りがたい」記憶――キルトのような丘陵地帯、風が吹きすさぶ沼地、大聖堂のある静謐な街、永久にイングランド領である異国の原野の片隅――をいきいきと思いおこさせる。一方で、それはもうひとつの側面、悪魔のごとき分身にかんする記憶をも蘇らせる。インドの暑気と埃、アフリカの暗黒な空虚さ、熱帯の混沌。これらの地域は専制的社会で、統御不能なものと見なされてきたがゆえに、むしろ使命感をもって文明化すべき対象と考えられてきた。しかし、このような諸国や諸帝国を横断する想像上の地理空間はつねに変化するものであり、この想像の共同体は、ネイションのユニゾン的な境界線上で思い描かれるがゆえに、多様な声をこだまさせる空間となる。さまざまな国へと人びとが散り散りになっていく場面からわたしは話をはじめたからこそ、かれらが都会で集い合う場面で本稿を結びたいと思う。故郷喪失者の帰還、まさにそれがポストコロニアル的なものなのだ。[*149]

バーバにとってポストコロニアルとは、異種混淆性の経験なのだ。それは均質さを脱臼させた共同性なのだ。故郷の均質性は、移民の流浪の体験とともに脱臼されていき、都市にたどり着いた人びとは異質性に浸されている。そこでは他者に対すると同時にみずからに対する戸惑いの感覚、それに打ち震える不安や苦痛を媒介として、決して同一性に回収されることのない、すなわち同一性の名のもとに他者を排除することのない共同性が模索されていく。もちろん、行為遂行性と固定性がひとつの主体の両義性を示すものである以上、そのような共同性もまた新たな同一性へと回収されつつ、差異化の作用によって崩されるという反復をくり返す。その意味で、この戸惑いの共同性とは、決して現前することのない共同性である。バーバが言うように、それは「具体的な場所に固定されない空間、連続性を欠いた時間」[*150]のもとに想起することが可能な、絶えず現実に分節化される同一性を脱臼してやまない異種混淆的な共同性なのだ。都市とは現前するロンドンでもボンベイでもなく、決して十全には出現することのないメタファーなのだ。

異種混淆性というナラティヴ

バーバの語りは直接的には英語圏の知識人に向けて、彼らの西洋中心主義を脱臼させることにあると考えられるが、英語圏に向けた著作を読むことのできる非西洋の知識人を媒介とすることで、たとえバーバ自身のアドレスは非西洋世界に向けられていなくとも、英語で書かれたテクストがもつ覇権力ゆえに、世界中へと散種していく可能性を有している。英語という言語のもつ植民地主義的性格ゆえに、バーバが論文「散種するネイション」で述べているとおり、それは世界中へと拡散する同時にみずからをその在地性のもとに脱構築させていく。いま、私たちが東アジアの日本という地で、バーバのテクストを読むということは、ロンドンやボンベイという都市の異種混淆的なメタファーが日本各地へと散種され、日本人という真正さを脱臼させ、ナショナリティを越えて他者と共存する倫理を模索させる行為となろう。

しかし、各地域の在地性のもとへと異種混淆性が分節化されることで、すべての文化がみずからの真正さを脱構築して平等な状態が生まれるかと言えば、むしろ異種混淆性という名前のもとに新たな暴力的構造が作り出されてしまう現実が存在することも否めない。タラル・アサドは異種混淆性のもつ主体の脱中心化作用が異文化間の格差を生み出すとして、次のような批判をしている。

人間のエージェンシーの場が広がって主体の脱中心化が進むことを大いに喜ばしいとする者たちが真剣に取

り上げようとしないある問題が見えている。可動性の言説の直中より支配的権力が姿をあらわす過程を把握するという問題である。可動性というのは……一つの行為が他の行為の下位に置かれてゆく契機でもある……なぜなら、近代の権力が既存の構造に浸透するのは、地理的・心理的な移動を通じてのことであるからだ。まさにこの過程を通じて、既存のアイデンティティや動機が余計なものとなり、そこに他のアイデンティティ、動機が打ちたてられるのだ[*151]。（傍点は磯前）

あるいはインド在住のマルクス主義批評家であるアイジャス・アフマドが「文化的な異種混淆性の概念はあらゆる歴史性を単なる偶発性に置き換えてしまう。グローバル化された永遠の現在というハイパー現実性を支持するために、あらゆる意味での個別性という感覚を喪失してしまう」と指摘するように、異種混淆性という理念が浸透したときには、その概念そのものが、「後期帝国主義の市場」や「グローバル化された市場」といった没個性的で安逸な無責任さに満ちた消費主義を肯定するイデオロギーへと転落しかねない[*152]。ジェムスンが述べるような、「非均質性、差異性、リビドー的興奮、個人的過剰消費を通じて、かつての個人的主体を効果的に脱中心化する過剰個人性」が「世界規模での差異の抹消を喚起」し、「空間的等質性が逆らいがたい勝利を収める光景」がそこには浮かび上がってこよう[*153]。行為遂行的なナラティヴもまた、その両義的性質ゆえに社会的イデオロギーとして固定化されていく動きをまぬがれえないのは、異種混淆性の理論とて例外ではない。

さらにアフマドの批判に耳を傾けてみよう。「バーバが称賛する文化的「異種混淆性」という論理そのものが、先進資本によって決定づけられた文脈や植民地主義の余波のなかで、ヨーロッパと非ヨーロッパが混じり合うことを前提としている。その出会いの場を規定しているヨーロッパという存在がなければ、非ヨーロッパ同士が出会うなどほとんどありえない[*154]」。たしかに、西洋世界がもたらしたポスト植民地的な空間に包摂されることで、はじめて非西洋世界は異種混淆という概念に出会うのであり、そのような概念を必要とする状況も生じるのである。このようなポストコロニアル思想に刻印された西洋中心主義について、真正な起源の解体という具体例に即して、チュニジアの思想家フェティ・ベンスラマは次のような懸念を示している。

ヨーロッパ人が、「原住民」を隷属させ、彼らの起源の合法性を奪い去り、新たな基盤として「普遍的なもの」を提案する。……何と言おうとも、普遍的なものについてのテクストは、植民地支配の暴力と傲慢の手段のひとつだったし、この傲慢は、みずから普遍化するヨーロッパの高揚を生み出した普遍的なものの思考の内実と切り離すことはできないのだ。暴力は空間と時間において二重に機能する。つまり領土を占拠する一方で、テクストの時間を、つまり、他者の起源は解体されたと見なす世界の時間を押しつけてくる。ところが他者の方は、その時間のなかでは何者でもないというだけでなく、起源の解体といった行為が可能だということさえ知らず、そのあげくに、彼らがやがて反抗するときには、通用しないと見なされたこの起源を大儀としてかざすことになるのだ。*155（傍点は磯前）

この批判は、イスラームの預言者をパロディ化して物議をかもしだしたラシュディ『悪魔の詩』に向けたものだが、バーバがどれほど慎重に宗教の議論を回避しようとも、異種混淆性をめぐる言表行為が不可避に帯びるイデオロギー性を抉り出したものとして受け取ることも可能である。すなわち、ベンスラマが「起源の解体」と名づけた真正さの脱臼が他者と共存するための共通の倫理とされることで、この論理を推進してきたポストモダニズムの西洋的知識人こそが、異種混淆性という新たなアイデンティティの規範を示す存在であり、それが理解できない者は他者との対話能力を欠く存在として指弾されてしまうのだ。

これはスピヴァクが自戒の念を込めて述べていることでもあるが、結局のところ、異種混淆性といった概念は、非現前のメタファーとして西洋のロゴス中心主義を脱構築しようとするものであるにしろ、それが西洋の帝国主義が作り出した植民地状況のなかから生まれ落ちてきた以上、その語りの語彙や論理が西洋という特殊空間を前提として成り立っているものであり、その空間の外部へと広がっていくときには文化的な軋轢が非対称的なかたちで引きおこされてしまう。[*156] たしかに、異種混淆性の概念は、西洋世界とくに合衆国で社会的成功を収めた非西洋のディアスポラ知識人たちが高らかに掲げるアイデンティティではあっても、非西洋世界に住むサバルタンの生活とは埋めがたい懸隔を示すものとなっている。[*157] 加えてアサドは、ラシュディがイスラーム信仰を批判するさいに前提とする「文学」という言説空間もまた中立的なものではなく、そこに含意されている西洋の世俗主義が暴力的に他者に押しつけられるといった事態が生じていると指摘する。

> ラシュディが「文学」と言うとき、かれが意味しているのは、極めて限られた一部のエクリチュールである。かれの言明は、……あきらかに近代ブルジョワ文化に属するものである。［私のラシュディに対する］不信は近代のもの、あるいはブルジョワのものだからというのではない。理由は他にある。すなわち、文学と呼ばれる言説は、以前には宗教的テクスト性が演じていた役割を満たし得るものであると、ここでは考えられているからである。[*158]（傍点は磯前）

この西洋の世俗主義とイスラームの信仰世界が衝突したのがラシュディ事件であり、そこでラシュディは、本人が言明するように西洋的な「世俗的」立場から「異種混淆性、不純、混合、変容を称賛」したわけである。[*159] バーバもまた異種混淆性の議論を展開する際に『悪魔の詩』から引用をおこなっているが、この小説の半分を占めるイスラームに関する章――その信仰に対する冒瀆とされた部分――からの引用はまったく見られない。[*160] アイデンティティにとって根源的な要素をなす信仰問題に触れないことで、ラシュディのように異文化間での物議をかもしだす事態を避けたとも考えられる。あるいはそれ以上に、現世的傾向のつよいパールシー共同体に育ち、しかもゾロアスター教からも距離を取っていると思われるバーバには、預言者や神観念などの宗教的問題は、死やメシアをめぐる議論と同様に、現世のなかで新たな共同体を構想するための障害にはなっても、積極的な要素にはなり得ないと判断したのかもしれない。

しかし、たとえバーバがそうすることで自分の議論を移民のアイデンティティ論に限定したにせよ、かれの異種混淆性の概念もまた、ラシュディの著作が示すように、ネイションやアイデンティティをめぐる「宗教」の問題を「文化」の問題へ移し替えることで成立したものであることに変わりはない。地球上には西洋的な啓蒙主義とは異なる社会に属する人びとが数多暮らしており、西洋世界の内部にも、福音主義のように啓蒙主義では対処できない宗教的な問題が依然として存在している以上、世俗主義的な理念をもって他者との共存を説くことには限界があることを認めざるをえない。そのようなポストコロニアル知識人の言表行為のもつ難しさについて、中東研究者の臼杵陽はサイードの例をあげてこう指摘している。

> サイードはあまりにもよく知られたこれまでの知的営為の中で、オリエントに属するアラブ出身のパレスチナ人知識人として、欧米（西洋）的教育で培われた〈オクシデント〉的知性を武器に、いかに〈オリエント〉、〈イスラーム〉、そして〈パレスチナ〉が、〈オクシデント＝欧米〉、〈ユダヤ＝キリスト教〉、そして〈シオニズム＝イスラエル〉の支配的な言説によって自らを〈表象＝代表〉する機会を奪われてきたかを告発してきた。サイードのラディカルな知的攻撃性は、現代アメリカという〈場〉そのものが孕む構造的な〈知＝権力〉性への絶望的な苛立ちに由来すると同時に、エスタブリッシュメント的〈知〉の体系を知悉し、それを自らの精神と肉体からはもう切り離せなくなっていたサイード自身の内部のアンビヴァレンスにもその根源をもっているように思える。*161（傍点は磯前）

ここで、サイード自身がアラブ人であるにもかかわらず、西洋的な学知に深く浸食されており、皮肉なことにそれゆえに西洋的学知の暴力性を批判しえたという両義的構造が、おそらくは英語圏で活躍するポストコロニアル知識人がひとしく抱えるねじれとして浮き彫りにされる。バフチンの唱える異種混淆性、あるいはベンヤミンに由来する生の戸惑いといったバーバの鍵概念がポストモダニズムという西洋の知的最前線の論理に則ったものであるかぎり、西洋的な世俗主義の流布する範囲のなかでの、その世界に含みこまれた人間にとっての倫理的な問題にはなりえても、その外部の論理に生きる人間の状況をふまえた言表行為にはなりがたい。[*162] かつて、サイードは『悪魔の詩』に対して支持を表明するなかで、「このような世界でサルマン・ラシュディは、イスラム社会の出身者として、西側のためにイスラム教について書いてきた」[*163] と評したが、その表現型を借りるならば、バーバの場合は、西洋世界の内部で、一方では非西洋世界と接せざるをえない西洋人のために、他方では故郷を喪失して西洋世界で生きざるをえない非西洋出身の人間のために、共存していくための倫理を語ってきたと、その発話のアドレスを理解すべきであろう。

サイードがいかにオリエンタリズム批判をしようとも、アサドのような世俗主義批判の立場をとるものにとっては、[*164] サイードがその解釈方法とする、「社会的、知的な権威とは直接神に由来するものではなく、現世的な知識人は……歴史的アクチュアリティの複雑な形での存在を示すために仕事をする……世俗的解釈」[*165] は、西洋の啓蒙主義的な考え方を前提としてはじめて成り立つことのできる言説として映ってしまう。それは、日本語で今このバーバの書物を読んでいるわたしやあなたがいったい何者であるのか、どのような世界の住人なのかといった問題でもあろう。その点において、私たちはみずからに対しても、世界に対しても、まさに戸惑ったままの状態に置かれている。しかもその戸惑いが、たとえ共約不能性の名のもとであるにせよ、バーバが言うようには新たな共同性の絆へと転化していかない臨界点が、デリダの言う至高性のように捉えがたい外部として横たわっているると見るべきなのかもしれない。あるいは、サイードの弟子であるゴウリ・ヴィシュワナータンが改宗行為に見出そうとするように、宗教的言説や実践にもまた、世俗的批評に通底するような「異種混淆的なアイデンティティ」を喚起するものだと考えるべきなのだろうか。[*166] いずれにせよ、真正さといった表象がこれまでどのように機能してきたのか、そして宗教と世俗といった二分法を越えて、これから何らかの可能性をもたらすものとなりえるのか、戸惑いの感覚との関係性とともに熟考していかなければなるまい。

第四節　コスモポリタニズム論へ——『文化の場所』以降

最後の節でとりあげる論文「ナラティヴの権利」は、当時バーバが所属していたシカゴ大学がミレニアムを祝して企画した、十五名の連続講演「リフレクション２０００」の最後を飾ったものである。この連続講演では、民主主義、正義、人種など、現代社会の抱える問題状況を反映した論題が、人文科学、社会科学、自然科学の諸分野を横断して取り上げられた。そのなかでバーバは、「ナラティヴ」の意義を「グローバリゼーション」と「人権」という今日的問題に結びつけることで、彼独自の立場から社会的な介入を試みている。

バーバは一九九四年に『文化の場所』を出版したあと、その関心をネイションからグローバリゼーションへ、異種混淆性から倫理的なものへと展開させていった。ただし、それは従来の立場の放棄ではなく、ナラティヴの可能性に賭けるといった基本的姿勢を維持したうえで、今日の世界状況により深く関与しようとしたために生じた変化と考えられる。この「ナラティヴの権利」はそのような近年の思考を、短い報告ではあるが、それゆえに凝縮したかたちで伝える興味深いものとなっている。『文化の場所』以降の時期の著作は、これまで日本語にはほとんど訳されておらず、その点でこの論文を手がかりにして、バーバの近年の関心を整理しておくことは有意義な作業といえよう。以下、この論文の主題をなす、ヴァナキュラー・コスモポリタン、ナラティヴとサバルタンの関係、来るべき民主主義の三点について、他の同時期の論文にも触れつつ、順次解説を加えていきたい。

ヴァナキュラー・コスモポリタン

論文「散種するネイション」を収めた編著『ネイションとナレイション』（一九九〇年）によって、バーバはネイションをめぐる論客として脚光を浴びるようになる。しかしその後、かれは論文「満たされぬままで——ヴァナキュラー・コスモポリタニズムに関する覚書」（一九九六年）、ディペッシュ・チャクラバルティらとの共編著『コスモポリタニズム』（二〇〇二年）、そして『ナラティヴの権利』に収録された論文「振り返りつつ、前に進む——ヴァナキュラー・コスモポリタニズムに関する覚書」（二〇〇五年）などを発表するなかで、[*167]ネイション論からコスモポリタニズム論へと思考の比重を移していく。コスモポリタニズム論は今日のグローバル化状況と表裏一体をなすものであり、もはやネイション論の枠内では対応できない現在のグローバル化状況、すなわちアメリカ的な資本主義が推進されていく空間のなかで、私たちがどのようにして生き延びていったらよいのかという問題を考えようとするものである。[*168]そして、その問いに対するバーバの答えが「ヴァナキュラー・コスモポリタニズム vernacular cosmopolitanism」——地域に根ざしたコスモポリタニズム——なのである。

バーバの言うコスモポリタンとは、非西洋世界の土着エリートの一部に見られるような、西洋への同一化欲求に憑かれたものではない。ジャック・デリダが難民や亡命者の存在を引きつつ、「コスモポリタンの法は、制約のない普遍的歓待を包摂するものである」[*169]と述べているように、現代のコスモポリタンは、理解不能な他者を歓待するという居心地の悪さに貫かれたものでなければならない。さらに、グローバル化が進んだ現在の状況だからこそ、個々の生活世界の状況に適応したかたちへとコスモポリタニズムは分節化されていくべきであると、バーバは説いている。

他方、土着エリートが陥りがちなもうひとつの反応として、西洋的な一元化に抗するなかで、みずからの属する非西洋的社会を閉じた「伝統」として実体化する傾向も存在する。しかし、バーバの言う「地域に根ざした

vernacular」とは、そのような歴史主義的な固定化された伝統ではなく、「今ここでの contemporaneous」生活世界のもとへと散種されていく力動性に満ちたものである。それはコスモポリタニズムを介することで、ネイションの境界を横断していくと同時に、それぞれの地域の生活に根ざすことで、グローバリゼーションがもたらす均質化の作用を脱構築していく。それが、「ヴァナキュラー・コスモポリタン」という言葉が意味するものである。

　このようにグローバリゼーションの影響を読み替えようとする背景には、そのネイション論と同様に、自分たちの置かれた状況の「外部」に立つことは物理的な意味ではほぼ不可能に近く、グローバリゼーションという空間の外に逃れ出ることはできないという、バーバの冷静な認識がある。たとえば、バーバは行為遂行的なナラティヴが現実に及ぼす役割を、サイードの発言を引きながら次のように説明している。

> ゆっくりとした状態は、緊張を解決するよりも維持する倫理的・政治的反省の用心の行き届いた尺度となる。それは随時変化していく効果であり、この効果がナラティヴの動きを規則づけ、この動きを通して（審美的なものとナショナルなものとの解きえない緊張関係と交渉することによって）、わたしたちは「自分の目にはいる部分と全体のあいだの関係付けを行なうのであり、その関係付けこそが大事なことである[*170]」。

バーバは現実の問題を解決するよりも、むしろその問題が生み出す苛酷な緊張を自覚し続けることを、ナラティヴの効果性として求める。このような現実の問題状況を未解決のままに据えおく姿勢に対する批判として、マルクス主義の立場からパリーやハルトゥーニアンの見解があるのはすでに論じたとおりだが、ここではむしろバーバの主張に即して、革命の可能性が潰え、現実の外部が消失した状況のもとでいかに生き延びることができるのかという思考の論理を明らかにしたいと思う。植民者であれ被植民者であれ、特定の文化の圧倒的影響下におかれた状況では、人間はその外部に逃れ出ることはできない。解放が望みえない絶望的な状況下では、どのようにして毎日を生き延びるかということが唯一の現実的な課題となる。その意味で、内部と外部をめぐる次のデリダの発言は、バーバの思考を深く理解するための参考となろう。

「脱構築」が依然として形而上学のなかにあるというのは本当です。わたしたちは形而上学の内部にいるとしても、箱や環境の内部にいるかのように形而上学の内部にいるわけではないということを想起しなければなりません。われわれは、特定の言語のなかにいるという特別な意味で、依然として形而上学のなかにいるわけです。したがって、わたしたちが形而上学の外部に出ることができるかもしれないという考えは素朴すぎると、いつも私には思われました。ですから、私が形而上学の「囲い」に言及するときに主張していることは、問題は、形而上学をひとつの限界や単純な境界をもった円とみなすことはできないということです。形而上学の限界や境界という観念は、それ自身大いに問題があります。……われわれが形而上学の限界－境界が分割可能であることを認めるや否や、内部と外部の間の論理的関係は、もはや単純ではなくなります。したがって、実際には、わたしたちは形而上学に「閉じ込められている」とか「運命づけられている」と言うことはできません。……ここから、哲学の「他者」であるような非－場所あるいは非－場を発見しようとする私の試みが出てきます。これが脱構築の役割です。[*171]

デリダの「形而上学」という言葉を「グローバリゼーション」に置き換えるならば、バーバの意図することが鮮明になるであろう。ここには共同体や現実をめぐる内部と外部といった区分を前提とする思考法が見られない。境界線の内側か外側の一方に帰属しているという発想そのものが問題視され、その想起の仕方そのものが脱構築されていくのである。そして、このようなバーバの思考法は、デリダとの関係だけでなく、本章の冒頭で述べたパールシーという彼の出自が影響を与えているように思われる。

そのインド社会での地位について、井坂理穂は、「パールシーはどれほど「不快な」状況におかれても、必ずそれに適応してきた人びとである」として、「彼らは先祖の言葉を話すのをやめて「この国［インド］の言葉」を用いることを求められ、女性は「インド流の」服装をすることとされた。……子どもたちの結婚式は……ヒンドゥー教徒の慣行に倣うことが命じられた」と述べている。[*172] そして、「パールシーが一方ではみずからの宗教や伝統を守るなどの「独自性」を保ちながら、他方ではつねにインド社会に適応してきた」[*173]と結んでいる。冨山一郎が指摘したように、バーバの思考は暴力が行使される現場を回避するものであるが、ここでの井坂の説明を併せ考えるならば、そのような傾向は彼自身の個性というよりも、インド社会で外来者として生き延びてきたパールシーの特質、その処世術に由来する部分も少なくないと見ることもできよう。

このように共同体の外部への脱出、あるいは共同体の「内部／外部」を前提としないバーバの思考法は、ジャン＝リュック・ナンシーのような分有の共同体のヴィジョンとも重なり合っていく。[*174] バーバは共同体に対する個人の関わり方として、「参加」と「分割」を鍵概念として次のような見解を述べている。

> 共有するとは、共同体に参加することであり、仲間に加わることである。同時に共有するとは、分割や分有あるいは分離といった矛盾を抱えた過程に関わるということを意味するものでもある。……自分が帰属する文化の存在を確かなものにするためにも、まずはその帰属の絆が確定されてしまう以前の段階において、みずからの存在を揺さぶるような自己の他性と出会う状況のなかで、自分を認識していく必要がある。……人種主義者の言説にみられるような、他者を死者扱いすることでミイラ化させる眼差しやその「他者性」に対する固定したイメージとは異なって、自己批判的な共同体は、みずからが両義的な立場に置かれていることもあって、「差異」が自己変容的な契機を有することをよく認識しているのである。なぜならば、差異というものは、文化のもつ葛藤的な側面とその反動としての自己統合のあいだでたえまなく揺れていくものだか

らである。つまり、集合的な人物を共有するということは、同質性を日常化したり共同体の経験を均質化させることに抵抗することなのである。[*175]（傍点は磯前）

共同体とは完全に同質化されたものではなく、参加者たちを包摂する共通の場であるとともに、各構成員の立場から読み替えが行なわれる場でもある。であるとすれば、共同体の一員であるということは、先験的に存在する共同体に一方的に同化することではなく、その共同性を各自の立場から意味づけ直し、差異に満ちた翻訳可能なコミュニケーションの場を築き上げていく主体的権利を有することでもある。バーバによれば、そのコミュニケーションのあり方は、我－汝という当事者間の閉じた関係にとどまることなく、非当事者である第三者の存在を意識し、たえず働きかけていくような開かれた関係に支えられたものでなければならないとされる。そうすることで、共同体の内部で話される言語は当事者だけに通用する暗黙のものではなく、立場を共有しない第三者である他者を絶えず意識したものとして、この共同体の境界が流動化した状況が保たれることになる。[*176]そして、その共同性が「生きることの戸惑い」や「満たされない感情」といった、共約不能なものを絆として成り立ちうるものとして想定されていることは、前章で確認したとおりである。

ただし、そのような共同性をバーバが「ヴァナキュラー・コスモポリタニズム」と呼ぶのに対して、近年のスピヴァクが「批判的地域主義 critical regionalism」[*177]を提唱しているのは、見過ごすことのできない違いである。両者ともに純粋なアイデンティティを斥け、差異を媒介とする共同性を構想する点では同じポストモダニスト立場をとるのだが、最終的にそれをコスモポリタンと呼び表すのか、地域主義として捉えるかという点に根本的な視点の相違が現れている。

コスモポリタンはしばしば「世界市民」と邦訳されるように、もともとネイションへの帰属に拘泥しないものであり、パールシーとインドの関係がそうであるように、彼らは容易に国境を越えていく。そのコスモポリタンが、みずからの内にひそむ差異を梃子としてそれぞれの地域に回帰していく、それがヴァナキュラー・コスモポリタンという術語の含意である。一方、スピヴァクの批判的地域主義は、バーバの説くような、ディアスポラ的な異種混淆性だけにアイデンティティを還元することを拒絶する立場に立ち、ナショナリズムのような均質性に回収されることも注意深く回避しながらも、より地域的な日常生活に密着した場から共同性を考えていこうとする。[*178] その際、彼女が思考の出発点とするのが、「多重化するアジア pluralized Asia」という概念である。それは、「単数型のアジア monolithic Asia」という呼称が西洋のオリエンタリズムから生じた空間的均質性を前提とする概念であることを批判しつつも、それを各地域の固有性のもとへと多重的に分節化していくことで、西洋の大都市を拠点とする非西洋系の移民、すなわちバーバがヴァナキュラー・コスモポリタンに見出す異種混淆性とは異なるアイデンティティと共同性のあり方を模索するのである。[*179]

スピヴァクの理念は、地域的な場への帰属を起点として、それを開かれた共同性へと「批判的」に脱臼させていく戦略を取る点で、おなじ「隙間に立つ」感覚を中核にしながらも、コスモポリタンズムを始発点として各地域へと下降していく「ヴァナキュラー・コスモポリタン」とは正反対の方向性を取る。それは、インドとのつながりを保ちながらも、基本的には西側の知識人として国境横断的に活躍するバーバと、西洋の知識社会で活動しながらも、インド社会で実際の教育活動に従事するスピヴァクとの、[*180] 故国との関わり方の違いを反映しているようにも思われる。バーバがヴァナキュラー・コスモポリタニズムの典型として、自分の生まれた国際都市ボンベイに言及するのに対し、スピヴァクが自分の故郷であるベンガル地方の農村に批判的地域主義の具体的姿を求めるのは、異種混淆的なメトロポリスに対する両者の評価の違いを端的に表すものであろう。[*181]

このように同じポストコロニアルの知識人と総称されるバーバとスピヴァクの違いを意識化することで、自分が誰に向かってどのような立場から発話をしていくのか、私たち自身の立場性を自覚化していかなければならないだろう。彼女自身の立場もふくめ、アメリカ合衆国で活動するディアスポラ知識人の語り方そのものに「合衆国知識人の膨張主義[*182]」を感じるスピヴァクと、ディスポラの知識人として自己表象する誘惑さえ振り切って、さらに国境横断的な異種混淆性というアイデンティティを前面に押し出していくバーバ。そのはざまで、各読者がどのような立場を取ることができるのか、自分の置かれた状況をふまえて熟考していく必要がある。さらに、その際には主に英語のみで執筆活動をおこなうスピヴァクとバーバに対して、英語と日本語という異なる読者に向かって同時に直接発話する酒井直樹の存在もまた、「異言語的な聞き手への語りかけの構え[*183]」を実践するポストコロニアル知識人のあり方として念頭に置いておくべきであろう。異言語的な発話について、酒井は次のように述べている。

> 相互的な理解や透明な伝達がまったく保証されていない「われわれ」という集団のなかで、私は話し、聞き、書き、そして読むように努めてきたのである。……「われわれ」の推定された共同性は、会話における直接的な了解と相互的な理解のあらかじめ思い込まれた確実さの上に築かれた共通性による一つの言語共同体の共同性とは一致するはずはなかった。「われわれ」の間では、誤解や了解や聞違いだけでなく理解に欠如にも常に出合うのでなければならない。このように、「われわれ」は本質的に混成的な読者の集まりを意味し、この混成的な「われわれ」においては、話し手と聞き手の関係を雑音の入らない共感の相互性に支えられた転移の関係として想像するわけにはいかず、……「われわれ」はむしろ統合されていない共同体（nonaggregate community）であって、聞き手はその意味作用が完全に抜け落ちてしまうゼロ度の了解を含めて、異なった度合いで私の表明に対して応答するだろう。[*184]（傍点は磯前）

これは、どれだけ彼らの著書が多言語に翻訳されているかという数量の問題を指摘しているではない。多くの著書はまず英語圏に向けて発信され、そこでの評価を獲得することが契機となって、派生的に他の言語に翻訳されていく。[*185] それらの諸地域の状況を考慮していないテクストとして書かれたにもかかわらず、スピヴァクが彼女自身の存在のあり方も含めて指摘しているように、西洋知識社会のもつ覇権性ゆえに他の非西洋社会はそのテクストを読まなければならなくなる。西洋の覇権性を糾弾する言葉が英語を介して、非英語圏へと翻訳されていく。それをなおも続く英語帝国主義と呼ぶか、テクストの散種を介して西洋世界の優位性が転覆されていく過程とみるかは、先に臼杵陽が指摘したポストコロニアル知識人の西洋に対する知のあり方と相まって、一律的な判断はできない両義性を孕んだ事態と言える。

ただし、英語中心主義的な構造を当然としてテクストを書き、副次的に非西洋世界に翻訳されていく構造を暗黙の前提とするのであれば、「均質言語的な聞き手への語りかけの構え（homolingual address）の前提」[*186] は、そのテクストが西洋中心主義をどれほど批判し、脱臼させようとしているにせよ、まったく揺らいでいないことになる。しかし、そのような派生的な翻訳ではなく、執筆の当初より異言語の読者を想定し、複数言語で執筆する酒井の戦略は、可能な範囲でその読者たちのおかれた状況――酒井の場合には合衆国と日本のナショナリズムであり、その普遍主義と特殊主義の共犯関係――を問題化することがはっきりと意図されており、[*187] その理論的な実践性においてポストコロニアル思想やカルチュラル・スタディーズの理論家たちのなかでも注目されよう。酒井が主宰する雑誌『トレイシーズ』という、英語、日本語、中国語、韓国語、ドイツ語といった、同時に複数言語への翻訳が目論まれた雑誌の刊行はまさに「異言語的な聞き手に語りかける」戦略の実践である。それは、中国の孫歌や台湾の陳光興など、東アジアに拠点をもつポストコロニアル思想の知識人たちに共通するひとつの特徴となる可能性も秘められており、スピヴァクが彼女自身やバーバの名をあげつつ、「南アジアのモデルに依拠したポストコロニアル批評はもはや時代遅れである」[*188] と批判を加えた状況を克服する新たな動きとなるのかもしれない。スピヴァクは、現在のポストコロニアル研究の地政的限界を次のように指摘している。

ポストコロニアル批評は南アジアから始まったと、よく言われます。エドワード・サイード、私自身、そしてホミ・バーバが、ポストコロニアリズムの創始者だと。しかし、ホミもわたしも広義のポストコロニアル、すなわち南アジア・モデルについて多くのことを考えてきたとは言えません。たしかにそれは実り豊かな分野であり、しっかりと根を下ろし始めていると言えるでしょう。もちろん、私はそのことに対して何も異議を唱えるつもりはありません。しかし、南アジアにもとづいて南米を考えることはできません。旧ソ連地域で起こったことを考えることもできません。アジアと呼ばれる地域の一部をなす日本や韓国あるいは台湾のはたす役割についても、南アジア・モデルからでは考えることはできないのです。……たしかに、南アジア・モデルは中国と比肩しうるものでありますが、今やそれがおそろしく退屈なものになっていることにあなたがたも気がつくでしょう。私たちはそこから脱出すべきなのです。[*189]

むろん、そこから先はバーバやスピヴァクの問題ではなく、多重化された形で存在する「わたしたち」読者の受け止める力が問われているのである。そこに、ホミ・バーバを日本で読み解く意義もある。テクストは自然発生的に散種していくものだが、どのように散種されていくかは読み手の主体性に委ねられた部分があり、それが今問われているのだ。

ナラティヴとサバルタン

ナラティヴが、文学研究者でもあるバーバにとっては重要な手段であることは既に述べたとおりである。そして彼のナラティヴ論は、「サバルタンは語ることができない」とするスピヴァクの見解と、語りをめぐる議論としてときに比較されてきた面をもつ。日本語に訳すと、いずれも「語る」という言葉に置き換えられてしまうが、スピヴァクのものは“speak”、バーバのものは“narrative”と、異なる英語が充てられている。[*190] ここでは両者の異同を論じることで、バーバのナラティヴ論に対する理解をより深めていきたい。スピヴァクの議論から見てみよう。

　「サバルタンは語ることができない」ということは、サバルタンが死を賭して語ろうとするときですら、彼女は聞いてもらうことができない、そして語ることと聞くことが一対になり、はじめて言語行為は完成するのだ、ということなのです。*[191]

「サバルタンは語る speak ことができない」とは、かれらが話しかけて talk も、聞いてもらえないという「応答責任の構造」*[192]の不在を指す。それに対して知識人は、沈黙を強いられたサバルタンを自分たちが代弁し得るとか、サバルタン自身がみずからの言葉で話しえるとか楽天的に思いがちであるが、そのような理解自体が、「自分の方が文化的に優位だという思い上がりがあって、その思い上がりが勝手にロマンティックな思いこみ」*[193]、あるいは知識人という「透明性のなかにいっしょに縫いこまれてしまっている主体は、労働の国際分業の搾取者の側に属している」*[194]という自覚を欠くものだとして、スピヴァクによって批判される。すなわち、「サバルタンは語ることができない」という彼女の表現は、語れないのだからサバルタンは沈黙するほかにないと言いたいのではなく、知識人の立場性に対する問いかけとして読まれるべきものなのである。スピヴァクの議論が知識人による表象行為を一切拒否するものではないことは、「慣習法を書きなおし概念化しなおす――発明するではありません、ここではホブズボームの言葉を使いたくない、発明ではなく書きなおしです――そのことを通して伝統が変化の媒体になるようにする」*[195]（傍点は磯前）という、行為遂行的な語りを強調する彼女の戦略からも確認される。また、彼女はデリダの思考を介して次のようにも述べている。

　デリダが……「思考とは……テクストの空白部分である」とまで述べているのは、……ポストコロニアルの批評家や知識人は、そのテクストに書きこまれた空白を前提としてはじめて、自分たち自身の生産活動を転移させることを試みることができるのである。これとは対照的に、思考ないし思考主体を透明または目に見えない存在にしてしまうことは、同化による他者のお構いなしの認知がなされていることを隠蔽してしまうもののようにおもわれる。デリダが「他者（たち）に自分で語らせる」ことをもとめず、むしろ「まったき他者」（自己をうち固めるための他者とは対立する関係にあるものとしての tout-autre）への「呼びかけ」をおこなって、「わたしたちのなかの他者の声である内なる声にうわ言をいわせる」ことをもとめているのは、こういったことを用心してのことにほかならない。[*196]

そこには、サバルタンとの安易な同一化を成立不能としたうえで、それでも表現行為を通して他者に働きかけようとするスピヴァクの強い意志が窺える。他者を表象することの不可能性を徹底的に自覚したうえで、みずからの裡にひそむ余白を介して他者に開かれていく方途を見出そうとする。スピヴァクが問いかけているのは、そのような他者へ向かう意志が、知識人の自己満足に堕することなく、その不可能性にどれだけ向き合えているのかいうことなのである。そして、この語りの不可能性こそ、バーバがスピヴァクと立場を同じくする点であり、論文「ナラティヴの権利」のなかでも、彼は「過去に遡ってナラティヴを行使する権利を獲得する手立ては存在しない」と言明している。バーバにしても、「沈黙と死に直面するなかで加わる知識と正義に対する探求は、人類のサバイバルと社会的尊厳のあいだでの終わりのない格闘に対するより広い反省を促す」[*197]（傍点は磯前）と述べているように、ナラティヴという行為の「虚しさ」にどれだけ自分を曝すことができているのか、その姿勢が決定的な意味を有するのだ。そのうえで、バーバはサバルタンを全体に対する部分として位置づけて、議論を展開していく。

部分と全体の複雑で矛盾を持った関係――重層決定、リミナリティ、翻訳、置き換え、マイノリティ化、支配――を目に見えるようにする過程で、ゆっくりさは言葉の空間と社会的世界のあいだに存在する動きを分節化し、知識や正義に関係する我々の困難で慎重な選択――「なぜそうであって、そうでなくはないのか」――を可能にする決心を強固なものとする。偶発性、沈黙、死に直面することで。ヒューマニズム的批判のゆっくりとしたナラティヴは対抗的な記述、すなわち覇権性をもった全体に対する部分の抵抗に対する可能性を切り開くものであり、それはサバルタンや拮抗勢力の連帯を構築するなかで生まれるものである。*198

全体に対する部分の抵抗、ネイションに対する認識論的な緊張関係の維持――解決ではないものを直視すること――、不純さや異種混淆性の保持。ナラティヴを基軸にすえて、サバルタンを全体と部分の弁証法のもとに把握しようと試みるところが、スピヴァクとは異なるバーバの特徴をなすともいえる。バーバにとってはサバルタンが純粋な声をもつべきであるという発想が不自然であり、サバルタンだけでなく、あらゆる声は枠づけられた条件が伴ってこそ聞き届けられるのだとされる。次のようにバーバは述べている。

あたらしい利害の共同体を形成する人びとの多く、たとえば難民や最下層民やディアスポラのような人たちは、彼ら自身の性質からいって、そのおおくは自分自身を表象する機会にめぐまれるということがありません。私が思うに、かれらの表現やその声は、かれら自身の言葉をとおして聴き取られる必要のあるものです。わたしたちが日頃、ネイションやネイションへの帰属あるいは国民的文化といったものをとおして理解しているものを再考させるためにです。……しかし、かれらの声がそのまま声として聴き届けられなければならないというのは、まったく適切な考え方ではありません。なぜなら、彼らの声にしてもまったく無垢なものなど存在しないし、その声は質問者との対話を媒介として、みずからを表現する手段にたいする自身の感

> 覚をとおして、かれらの拠って立つイデオロギーをとおして分節化されてくるものだからです。その意味で、かれらの声もまた枠づけされた声であり、そのような表現が嫌でないならば、作られた声であるということになるのです。しかし、まさにその意味においてこそ、その声はたえまなく変わっていくアイデンティティや政体や国境を越えたコミュニティを構築するさいの証言となるのです。[*199]（傍点は磯前）

さらに、論文「ポストコロニアル的権威とポストモダンの罪意識」のなかで、バーバはスピヴァクの『サバルタンは語ることができるか』におけるフーコーとドゥルーズに対するその批判に賛意を示しながらも、自己を透明化する知識人のアイデンティティはサバルタンのような植民地的他者との出会いのなかで覆されていくとして、サバルタンという存在の肯定的側面を述べている。[*200]

> マイノリティが反ナショナルであったりトランス・ナショナルであること、あるいは国内的であったり、ディアスポラ的であることを理解するのは、あまりに容易すぎて難しい。単に彼等を「グループ分け」するのではなく、あるいは特定の統計学的や法的カテゴリーに分類するだけではなく、マイノリティは未解決な議論を民主主義的過程のさなかに提起する存在なのだ。[*201]

このように、バーバにとってサバルタンあるいはマイノリティは、マジョリティや知識人に対してそのアイデンティティの自明性を撹乱し、「生きることの戸惑い」を想起させるものとして積極的な意義が与えられている。論文「散種するネイション」のなかでも、バーバは同様のことをより明確なかたちで述べている。

ここで、わたしたちは庶民の声に耳を傾けるべきであろう。植民地状況にさらされた人びと、ポストコロニアル状況を生きる人々、移民やマイノリティなど、かれら非ユダヤ・キリスト教徒のほとんど声にならない伝統に耳を傾けるべきなのである。これら流浪する人びとは、ネイション文化という故郷やそこに生じるユニゾン的な言説に安住することができないために、近代ネイションの国境を異化してやまない移動する境界線の徴となる。かれらはマルクスの言う移民労働という予備軍なのだが、意のままにならない異国の言葉を喋らされることで、それまでユニゾン的であった母語に分裂をきたし、ニーチェのいわゆるメタファー、換喩、擬人化といった機動部隊へと変貌をとげていく。いまや、ネイションという「想像の共同体」の理念に潜む人生の暗部は、かれらによって分節化されていくことになる。[*202]

たしかにスピヴァクが指摘するように、サバルタンは「語ること」のできない状況を余儀なくされる。しかしいま一度確認するならば、バーバの言うナラティヴとは言語行為にとどまるものではない。それは「生きる姿勢 form of the living」であり、「自由に対する人間の根源的関心のメタファー」なのである。語ることができなくとも、彼らの日々の生きる姿が自分自身やマジョリティのアイデンティティを、さらには社会全体の言説を撹乱していく。それがバーバにとってのナラティヴの力なのである。それは、革命のように社会の構造的矛盾を根本的に解決するものではなく、マジョリティかマイノリティであるのかを問わず、あらゆる人びとが非自明性のなかで戸惑いの生を生きぬいていくことへの誘いとなるのだ。そこではマジョリティもまたマイノリティと同様に、みずからの裡にひそむ他者性に曝されていき、母語との関係をふくめて、自己の純粋性といったアイデンティティが剝がれ落ちていく。それがバーバが「言語の他者性」と呼ぶところのものである。

発話行為のまったただなかに言表内容と言表行為のつながりが断ち切られ、不均質な分裂が起こるなかでこそ、社会的な意味作用は形成されていく。そうして、社会的意味を内部と外部に分割するあり方自体が掘り崩さ

> れることになる。……純粋言語の気圏では、言表内容が現実に引き起す効果は完全に無効化され、あらゆる文化的言語はその言語自体にとってさえ「理解不能な他者」へと姿を変える。この他者性の視点を身につけたとき、共約不能な差異である各文化体系の在地性を表出することが可能になり、このような差異に対する十分な認識にもとづいて、文化的意味を移し変える翻訳行為もまた遂行可能なものとなるのである。そして、この翻訳行為をとおして、「既存」の言表内容は異化され見知らぬ他者と化する。[*203]（傍点は磯前）

外なる他者ではなく、内なる他者と出会うことで、〈異質な外部／同質な内部〉といった二分法そのものが消失する。自明性を失って不気味なものに曝されているという意味では、マイノリティかマジョリティであるかといったことに関わりなく、あらゆる人間は対等になる。東欧からパリに住みついた移民でもあるクリステヴァは言う、「自分たちは同じような異種混淆の存在、同じように内部分裂をかかえた仲間だと認識すること、……我々というものが可能になるのは、この分離の事実、この裂け目を乗り越えた時しかないだろう[*204]」。この点において、バーバとクリステヴァの近似性は驚くほどである。

そして何よりも、語ることのできないサバルタンにとっては最大の関心事は、理不尽な日常を「生き延びていく」こととなる。その生き延びるための戦術のひとつが、選択不能な状況に対する抵抗としてのジョークなのである。バーバはフロイトの見解に拠りつつ、次のように述べる。

> マイノリティの日常生活というものは、しばしば自己認識のナラティヴをとおして構築されていくものだが、そのような自己認識は特定の目的を有する対話や差別的な会話にしたがうほかに選択肢がないものであり、こうしてマイノリティたちの日常的なあり方は決定づけられていってしまう。マイノリティが規律・規範化され表象の空間の外部に出るのはきわめて困難なことであり、自分たちについてステレオタイプ化されて

統計化された、静態的な報告書や法令や資料にたいして、嫌悪感を表明する機会は皆無にちかい。特定の意図を有する自己批判的なジョーク——「権威に対する抵抗であり、権威の圧力からの解放である」……——が文化的抵抗の戦略であったり、共同体が生き延びるためのエージェンシーとなりうることは、きちんと議論されてしかるべきである。[*205]（傍点は磯前）

生き延びる術としてのジョーク。それもまた、バーバにとっては「生きる姿勢」としてのナラティヴである。それは、母語や共同体との同一性から引き剝がされた者だけが、自分をとりまく不気味さに身体を浸した者だけが、習得することのできる知恵なのかもしれない。ともすれば世俗的にみえるバーバの明るさは、そのような同一性を脱臼させた者だけが身につけることのできる楽天さといったものなのかもしれない。

未完の民主主義

近年のバーバの特色として、さかんに「倫理」をめぐる発言をしていることがあげられる。『文化の場所』刊行時までに発表された論文を読むと、アイデンティティにひそむ不気味さ、異文化に生きる戸惑いといった、人びとの自明性を揺るがせる発言がまず目につくが、さらにバーバの思考はそこに留まることなく、戸惑いや不気味さの感覚を絆として新たな共同性を築き上げていこうとする。たしかに最近の論文では、考察の対象とされる共同性の規模がかつてのネイションから、それを超えたコスモポリタニズムへと拡大され、それとともに共同性の同質性をどのように脱臼させるかという関心よりも、異質性を絆とする共同性をいかに立ち上げていくかといった構築的な側面が前に押し出されている。そのなかで、新たな共同性を実現するために、晩年のフーコーが説くような「主体の自由や他者との関係」[*206]としての倫理が取り上げられるようになったと考えるべきであろう。その倫理との関係でバーバが口にする言葉が、論文「ナラティヴの権利」（二〇〇〇年）における「人権」であり、論文「未完の民主主義」（二〇〇二年）での「民主主義」であり、論文「アダージョ」（二〇〇五年）での「ヒューマニズム」である。

人権について、バーバは「あらゆる願い事の例に漏れず、……失敗や徒労に終わる可能性が大きい」という但し書きをつけたうえで、「市民権、女性の権利、エイズ・コミュニティーの要求とそれに呼応する義務、文化や芸術における表現の自由」などを具体例にあげて、「異なる生き方や自分と他者のあいだに公平な関係を打ちたてようとする動き」として捉える。[*207] ヒューマニズムについては、サイードの人文学という理解をふまえて、「日常生活の実践のなかにあるナラティヴの場所に対する稔りある反省[*208]」と定義づける。

文献学的ヒューマニズムは緻密な読解と修正的解釈へのコミットメントとしてのナラティヴの理念に関心がある。しかし、固定化された視点は「ヒューマニズム的な抵抗」（サイードの言葉）へのコミットメントによって克服される。このようなヒューマニズム的な抵抗は、認識論的なものとナショナルなものとの間にある緊張を解決するというよりもむしろ、その緊張を維持する行為遂行的なナラティヴの機能として現れる。それは審美的なものを、まさにヒューマニストのやり方であるそのゆっくりとした合理的な受容と理解の様式の下で、ナショナルなものに対して挑ませ、再吟味させ、抵抗させるのだ。[*209]

このようなナラティヴが、バーバがサイードに倣って「ヒューマニズム」――ヴィーコに端を発する「人文学的な教育の遺産である合理的な解釈の技術[*210]」――と呼ぶものである。それは、「人文学の中心にあるのは人間ひとりひとりの個性と主観的な直観の力であって、よそから受容した考えや定評のある権威ではない[*211]」という意味で、サイードの世俗的解釈が説くところの人間主義なのだ。ただし、「主体をあらゆる人間の知の中心に置き、そうすることで思考それ自体を本質化する」デカルト的な人間中心主義とは相容れないものであり、「一つの伝統、民族、宗教に限ることができないような」「異種混淆的現実」を出発点にすえたものである。[*212] ここからも、バーバがサイードに拠りながら、西洋的な知の伝統により深く食い込むことで、通俗的なポスモダニズムによる主体否定論を超えて、むしろ主体の再構成のあり方に関心を寄せていることが読み取れよう。

ヒューマニズム的なナラティヴのもとでは、革命家のように問題を解決することが性急に求められるのではなく、現実に対する批判的反省を日常における抵抗として維持していくことが重要視される。イタリアのマルクス主義者、アントニオ・グラムシが「陣地戦」と呼んだところの、持久戦をとおして国家のみならず市民社会からも人民の意識を徐々に解放していく戦術、「ゆっくり」(サイード) だが粘り強い姿勢が強調されていく。バーバによれば、「文化的差異の不気味な構造」への認識をひとりひとりが深めていくことで、日々の生活のなかで個々のアイデンティティが変化をおこし、社会のあり方もまた根底から覆されていくのである。

このバーバの立場が、すでに指摘したように、支配体制の打倒といった革命の可能性が閉ざされた植民地状況、あるいは旧宗主国に渡った移民の無力な日常生活に対する思慮から生まれたものであることは疑いはない。その点で、かれの唱えるヒューマニズムや人権、民主主義といった概念は、その言葉の出自は西洋の知識社会にあるものの、そのような世界とは異なる経験をもつ移民やサバルタンの立場をふまえて読み換えていこうとするものである。それは、民主主義について、「本国における民主主義者が植民地における独裁者となり、「普遍性」が自民族中心主義にもなる」[*213]と留保をつけたうえで、西洋的文脈だけで理解する必要はないとする発言にも確認される。バーバは二〇〇一年にヨーロッパで開かれた会議「未完の民主主義」[*214]でこう述べている。

ドクメンタ[「未完の民主主義」の企画]がわたしたちに問いかけているのは、「民主主義の概念が西洋的な認識の哲学的地盤の中で維持できるようなものかどうか」ということであり、グローバリゼーションがもたらした変容のなかで「その修正と再評価の潜在力」を掘下げていくことであり、すなわち民主主義の理想と理念を「決してその理想には達しない永遠に開かれたものとして、本質的に未完のプロジェクトとして」調べていくことなのである。[*215]

バーバにとって、「民主主義の力能は自己審問の能力であり、現代に存在する諸伝統を横断する翻訳性に存する」[*216]ものであり、グローバリゼーション下の「未完のプロジェクト」として捉えられる。それは、具体的に名前は挙げられてはいないものの、シャンタル・ムフの唱える「ラディカル・デモクラシー」との関係を想起させよう。リベラリズムを民主主義との緊張関係におくことで、脱構築的な拮抗関係の政治的アリーナを開こうとするムフは、その「最終的な保証、確固たる正統性が不可能である」点で、民主主義は決定不能性のもとに開かれた「多重的デモクラシー plural democracy」という形態をとらざるを得ないのだとする。[*217]デリダが理念としての正義と現実の法を区別したように、[*218]バーバもムフも「グローバルな規模で正義を現実化することは不可能であり」、「脱現実化された民主主義」が現実に対する「批判的「距離」や異化」をもたらすと考えているのである。[*219]

西洋の内部からか、西洋の外部からかという違いはあるものの、デリダをふくめ三者とも、民主主義のような西洋的概念をグローバル状況下で脱構築していこうとする戦略は共通している。そのための基本戦略が、バーバにおいては「われわれに求められているのは、「他者性」や「他性」に満たされることであり、自分たちに関心を持たないものや、社会的尊厳や道徳的自明さに関する自分たちの感覚に不気味な亀裂を引き起すこと」[*220]といった、「生きることの戸惑い」や「疎外感」のもとでの読み換えていくことなのである。それは、「デモクラシーは自然的秩序に反して平等を要求するがゆえに、社会を不安定にする。……デモクラシーとは、そもそも自然的秩序に反して、何の資格ももたない民衆が権力を要求する実践過程そのものであり、そのかぎりで社会的な不和を生み出すのは当然である」[*221]と主張するジャック・ランシエールの民主主義の考えとも響き合っていく。一方的に発話や分析をおこなう客観的な立場など存在せず、あらゆるものがナラティヴの能動態であると同時に受動態として相互作用のなかに置かれる。バーバが論文「アウラとアゴラ」のなかで、エージェンシーとしての人間を「演じ手としても受難者としても」規定しているとおりである。

このような「権利」は単に法的なだけでなく、手続きの問題である。それはまた認識論的で倫理的形態なのだ。表現の自由は個人の権利である。ナラティヴの権利は……表現上の権利というよりも、発話の権利なのである。それは、対話的なものであり、公共のものであり、話しかけ話しかけられ、意味化し解釈され、話し聞かれ、記号を作りそれを十分な注意のもとに受け取られる集団の権利である。[*222]（傍点は磯前）

このような「人間の関係の「網の目」」のなかで生きること。それがバーバにとっての倫理であり、そこにおいて民主主義やヒューマニズムや人権といった理念が、人と人を結び付ける具体的な役割を果たすとされる。ただし、それはバラ色の未来として夢想されるものではなく、「アパルトヘイト、ホロコースト、ベトナム、アフガニスタン、南アフリカ、ルワンダ、コソボといった、過去や現在の沈黙に支配された殺戮現場」といった苛酷な現実の廃墟の上に想起されるべきものである。そこに不気味なものを、人と人を結びつける絆に据えるバーバの真骨頂がある。

破壊でも脱構築でもなく、未構築なものとは、視角的には何も見えないものが、歴史的な災害や個人的なトラウマに結びついた場所で、しかもそれがあたかも別の場所であるようにして、再出発することが一体どのようなことであるかという問いを提起するものである。残された瓦礫は、バベルの塔のような他の倒れた塔の記憶を運んでくる。……わたしたちに許されていることは、……建物を建築することだけである。同時に、わたしたちの建物のあらゆる視界には未だ建てられていない建物のヴィジョンがともなっている。それは

「可能な建築物の土台をなすものであり」、他の土台であり、他の選択可能な世界である。[*223]

しかし、これからどのような世界をわたしたちが現実に作っていくのかといった問題を考える段階になると、どのように他者と向き合うべきなのか、その具体的な方策が求められることになる。そのさい、民主主義を政治的な場においていかに具現していくかという今日の政治理論的な議論は異種混淆的なものの分節化を考えるうえで有効な手掛かりを与えてくれる。たとえば、「「へゲモニーを超えること」などありえない」とするムフは、未完の民主主義という基本的立場はバーバと共有するものの、「コスモポリタン的な企画は、権力諸関係をめぐって構築されることのない世界秩序を夢見るのだが、この夢は、あらゆる秩序のへゲモニー的本性と折り合いをつけることを拒むのだ」として、[*224] バーバの取るコスモポリタニズムをアントニオ・ネグリとマイケル・ハートの『〈帝国〉』の見解とともに次のように退ける。

> コスモポリタニズムのさまざまな形態における中心的な問題は、それらすべてが、たとえ見かけは多様であっても、政治的なもの、対立、および否定性を超えた合意型の統治形態を前提としていることである。それゆえに、コスモポリタン的な企画は、政治にそなわるへゲモニーの次元を否定することになるのである。事実、コスモポリタンの理論家のなかには、「へゲモニーを超えた」政治を志向することが目的であると断言している人びともいる。このような方法は、権力関係が社会的なものを構成するがゆえに、あらゆる秩序は必然的にへゲモニー的秩序であるという事実を見逃してしまっている。等しい権利と義務をもつコスモポリタンな市民からなるコスモポリタン的民主主義が可能であると信じること、その市民である構成員が「人類」と一致するはずだと信じること、これらは危険な幻想でしかない。[*225]（傍点は磯前）

ムフにとって、「単一の権力に依存する世界を乗り越えるための戦略で可能なのは、ヘゲモニーを「多重化していく」方途を見いだすことだけ」であり、ネグリらの立場は「政治的分析にかかわる決定的な問い、たとえば、マルチチュードはいかにして革命主体になるかという問いはすべて回避される」夢想的なものに過ぎない。[*226] 一方、ネグリとハートは、異種混淆性をはじめとするバーバの理論を自分たちのマルチチュードの概念と重ね合わせて高く評価する。

要約的にいうなら、バーバの解放の論理は次のようになる——すなわち、権力ないしは社会的抑圧の諸力は、二分法的構造と全体化の論理を諸々の社会的主体性に押しつけ、それらの差異を抑圧することによって機能する。だが、こうした抑圧的構造はけっして全体的なものではなく、諸々の差異はつねに何らかの仕方で（擬態、両義性、異種混淆化、断片化された同一性、等々を通じて）表現されている。それゆえ、ポストコロニアルな政治的プロジェクトは、諸々の差異の複数性を肯定することで、支配的な二分法的構造を攪乱することにある。[*227]

「マルチチュードがいつまでも閉ざされることのない構成的な関係性であるのにたいし、人民は主権のために整えられたすでに構成済みの統合体なのである」[*228] という対比のもとに描かれるマルチチュードは、アイデンティティの不完全さ——バーバが不気味なものと呼ぶところのものに沿って——を絆として、新たな共同性を形成するものとされる。

全体化を推進する権力の二分法的な諸構造が断片化され、ずらされたあとに、バーバが目指すユートピアは孤立した断片的な存在ではなく、共同体の新たな形態、「不気味なもの」の共同体、新しいインターナショナリズム、ディアスポラの人びとの集まりである。……バーバの信じるところでは、オルタナティヴな共同体の萌芽は、文化の局所性や異種混淆性、社会的階層秩序の二分法的構造化に対するその抵抗に、こまやかな注意を払うことのなかから現われてくるのである。[*229]（傍点は磯前）

ただし、ネグリが「本質主義と自己同一主義のあらゆる形態の破壊」を前提としつつも、「主体化の過程の結果としての〈共〉」を唱えるように、[*230]異種混淆性あるいはマルチチュードという概念もまた一切の主体形成を拒むものではない。彼らにとっては、「ローカル化と同じようにグローバル化もまた、同一性と差異を同時に生産する体制として、つまり、均質化と異質化の体制として理解されるべきもの」であり、「マルチチュードの組織について語ることは、局地的決定に統合された、そしてその局地的決定によって、局地的決定のために共通の名前と決定と化す全体的視点を表現しうる可能性について語ることにほかならない」[*231]（傍点は磯前）。グローバル化かローカル化かといった二者択一ではなく、〈帝国〉が生み出すグローバル化の絶え間ないローカル化、あるいはローカル化を絶えずグローバル化する異種混淆的な動きが、〈帝国〉の支配と同時にそれを覆すマルチチュードの主体を構成する力をなすのである。しかし、それが同質性を逸脱する異種混淆的な力——バーバが「散種するネイション」で描いた移民たちのもつ力——であるかぎり、ネグリの言う主体は、一方で局地的な場所に根ざすものでありながらも、異質化をもたらす側面を強調するものにならざるをえない。

その点で、現実の分節化作用を重視するムフは、酒井隆史が指摘するように、「なんでもありの排除なき多元主義と捉えられたポストモダンの思想を批判しながら、みずからの多元主義が排除をともなっていることをはっきりと認めている」[*232]。さらに酒井が、「私たちは［ムフの用いる］antagonism の訳語として「敵対関係」ではなく敵対性を選んだ。それは象徴的なもののうちにあっては関係は可能だが、現実的なものとの遭遇において、むしろ「関係」はありえないがためである」[*233]と記すように、ムフの議論では、他者の異質性に向き合う関係自体を拒否する状況までが考察の対象におかれている。ここにおいて、私たちは他者に向き合う倫理が機能しえない場に、クッツェーが描き出したような状況にふたたび直面することになる。

「なんという屈辱だ」彼はしばらくのちに言う。「あんな大志を抱きながら、こんな末路を迎えるとは」「ええ、そのとおり、屈辱よ。でも、……受けいれていかなくてはならないものなのよ、きっと。最下段からのスタート。無一文で。それどころか丸裸で。持てるものもなく。持ち札も、武器も、土地も、権利も、尊厳もなくして」
「犬のように」
「ええ、犬のように」[*234]

来るべき民主主義は、デリダが唱えるような可能性を胚胎するばかりでなく、現実への分節化に際して、そもそも他者と向き合うことが可能なのかといった根源的な問いを突きつけるアポリアへと転じていく。現実の他者とともに在ることの難しさを政治的な次元で受けとめていくなかで、他者性をめぐる問いは、ムフやネグリ、コノリー、さらにはランシエールらによって、政治制度としての民主主義の問題として考察されつつある。関わりそのものを拒む他者の存在を前にして、私たちはさらに深く戸惑いながら、思いを廻らしていかなければならないであろう。

その点について、他者との共約不能な共同性を希求する酒井直樹は、「「われわれ」がバラバラにあることを教えてくれる伝達の失敗は、だから、「われわれ」のもっとも根本的な社会性を告知してもいる」[*235]としたうえで、「「われわれ」の間では、誤解や了解や聞違いだけでなく理解に欠如にも常に出合うのでなければならない」と述べている。実のところ、この対話への意志を欠く共同性もまた、酒井が「混成的な「われわれ」」と名づけたように、異種混淆性の一側面を顕わにするものである。異種混淆性が完結的な自同性を機能不全におとしいれる代補的なものである以上、「われわれ」と呼ばれる共同性のうちには、他者との対話を拒むような差異化作用も含まれざるをえない。親密さ（heimlich）が不気味な（un-heimlich）ものを招き寄せるように、差異（difference）もまた無関心さ（in-dieffrence）と両義的な関係にあるのだ。他者のおびる根源的他性について、エマニュエル・レヴィナスはこのように述べている。

絶対的に〈他なるもの〉とは〈他者〉である。〈他者〉は〈わたし〉に加算されることがない。「きみ」あるいは「私たち」と私が語るような共同性は、「私」の複数形ではない。……所有も、数的な単位も概念の統一性も、私を他者にむすびつけるものではない。いわば共通の祖国が存在しないことによってこそ〈他者〉は〈異邦人〉となり、その〈異邦人〉がわが家をかき乱すことになるのだ。とはいえ〈異邦人〉は自由な人間をも意味している。〈異邦人〉に対して私は、権能をふるうことができない。私が〈異邦人〉を操作しようとしても、〈異邦人〉の本質的な側面は私の掌握を逃れる。……〈異邦人〉と共通する概念をもたないこの私にしてもやはり、〈異邦人〉と同じように類を欠いて存在しているということになる。*236

対話を拒む他性が他者の特質のひとつであるのならば、バーバが希望を託する倫理とは異なるナラティヴもまた新たに求められていくことになろう。冨山一郎が言う暴力の問題もまたそこで議論の俎上にあげられなければなるまい。そこにいたっても、酒井直樹が「われわれを結びつけるのはわれわれのなかの共通性ではなく、伝達がいかに困難なものかを自覚した上でもなお伝達しようとする意志なのである」*237と断言するように、私とあなたは「私たち」であろうとする意志を保つことができるのであろうか。ならば、この世の果てるまで、ともに苦しみを引き受けることができなかったのは何故なのか。「〈他〉の異邦性――《私》に、私の思考と所有に〈他者〉が還元されえないということ——が、まさに私の自発性が問いただされることとして、倫理として成就される」[238]。
このレヴィナスの言葉の重みに思いをはせつつ、今は本章を結ぶこととしたい。

注

*1——ホミ・バーバ「散種するネイション——時間、ナラティヴ、そして近代ネイションの余白」一九九四年（磯前順一／ダニエル・ガリモア訳『ナラティヴの権利』みすず書房、二〇〇九年、一一六頁）。

*2——ホミ・バーバ「ファノンを想起すること——自己・心理・植民地状況」一九八九年（田中聡志訳『Imago』第三巻七号、一九九二年）。

*3——Gayatri Chakravorty Spivak, *Other Asias*, Malden, Oxford and Victoria: Blackwell Publishing, 2008, p. 251. たとえば、ポストコロニアリズムにおけるバーバ・スピヴァク・サイードをめぐる通説的評価については、Robert Yong, *White Mythologies: Writing History and the West*, London and New York: Routledge, 1990. Bart Moore-Gilbert, *Postcolonial Theory: Contexts, Practice, Politics*, London and New York: Verso, 1997.

*4——斎藤兆史「訳者あとがき」V・S・ナイポール『魔法の種』二〇〇四年（斎藤兆史訳、岩波書店、二〇〇七年、三三六頁）。

*5——欧米でのバーバをめぐる議論については、David Huddart, "After Bhabha," in *Homi K. Bhabha*, London & New York: Routledge, 2006. ただし、アイジャス・アフマドの発言を除けば、インド在住の研究者からのバーバ評価について論及されていないこと自体が、ポストコロニアリズムがどのような言説空間で流通しているものなのかを指し示している。

*6——Derek Attridge, *J. M. Coetzee and the Ethics of Reading: Literature in the Event*, Chicago and London: The University of Chicago Press, 2004, pp. 30–31.

*7——*Ibid.*, pp.111–112.

*8——ホミ・バーバ「振り返りつつ、前に進む——ヴァナキュラー・コスモポリタニズムに関する覚書」二〇〇五年（前掲『ナラティヴの権利』一五八—一五九頁）。

*9——ポーラ・ハーツ『ゾロアスター教』二〇〇三年（奥西俊介訳、青土社、二〇〇四年、八〇——八一頁）。他にパール

シーについては、Eckehard Kulke, *The Parsees in India: A Minority as Agent of Social Change*, Delhi et. al., 1974; Jesse S. Palsetia, The Parsis of India: Preservation of Identity in Bombay City, Leiden: Brill, 2001.

＊10——ハーツ前掲『ゾロアスター教』(八二—八三頁)。

＊11——John Hinnells, "Parsi Attitudes to Religious Pluralism," in Harold Coward, ed., *Modern Indian Responses to Religious Pluralism*, Albany: State University of New York Press, 1989, pp. 221–223.

＊12——V・S・ナイポール『イスラム再訪』一九九八年(斎藤兆史訳、岩波書店、二〇〇一年、下巻、四頁)。John R. Hinnells, "The Parsi Community," in Robert D. Baird, ed., *Religion in Modern India*, 3rd ed., New Delhi: Manohar, 1995, p. 179.

＊13——ハーツ前掲『ゾロアスター教』(一七・二七頁)。

＊14——T. M. Luhrmann, *The Good Parsi: The Fate of a Colonial Elite in a Postcolonial Society*, Delhi: Oxford University Press, 1996.

＊15——ホミ・バーバ「アイデンティティのはざまで」一九九四年(前掲『ナラティヴの権利』一六九頁)。

＊16——ハーツ前掲『ゾロアスター教』(八二頁)。

＊17——バーバ前掲「アイデンティティのはざまで」(一七〇頁)。

＊18——Homi Bhabha, "Translator Translated," in *Artforum*, 33 (7), 1995, p. 81.

＊19——バーバ前掲「アイデンティティのはざまで」(一七〇頁)。

＊20——バーバ前掲「振り返りつつ、前に進む」(一五八頁)。

＊21——ホミ・バーバ「理論を生き延びていく」二〇〇〇年(前掲『ナラティヴの権利』二〇五—二〇六頁)。

＊22——同右論文(二〇六頁)、同前掲「アイデンティティのはざまで」(一七八頁)。

＊23——Homi Bhabha, "A uestion of Survival: Nations and Psychic States," in James Donald, ed., *Psychoanalysis and Cultural Theory: Thresholds*, London: Macmillan/ New York: St. Martin's Press, 1991, p. 100.

＊24——*Ibid.*, p. 100. ホミ・バーバ「散種するネイション——時間、ナラティヴ、そして近代ネイションの余白」一九九四年(前掲『ナラティヴの権利』一〇七・一〇九頁)、同「振り返りつつ、前に進む」(一五〇頁)。

＊25——ジョナサン・ボヤーリン/ダニエル・ボヤーリン『ディアスポラの力——ユダヤ文化の今日性をめぐる試論』(赤尾光春・早尾貴紀訳、平凡社、二〇〇八年、二九頁)。

＊26——ホミ・バーバ「冗談はさておいて——自己批判的な共同体の理念について」一九九八年(同『ナラティヴの権利』三

七頁)。
＊27――同右論文(三八頁)。
＊28――V・S・ナイポール『インド――傷ついた文明』一九七七年(工藤昭雄訳、岩波書店、一九七八年、九〇・九一頁)。
＊29――エドワード・サイード「『オリエンタリズム』新版序文」二〇〇三年(中野真紀子訳『みすず』第五一一号、二〇〇三年、九頁)。
＊30――V・S・ナイポール『インド・新しい顔――大変革の胎動』一九九〇年(武藤友治訳、岩波書店、一九九七/二〇〇二年、下巻、三三七頁)。
＊31――キャリル・フィリップス「V・S・ナイポール」『新しい世界のかたち――黒人の歴史文化とディアスポラの世界地図』二〇〇一年(上野直子訳、明石書店、二〇〇七年、二八八頁)。
＊32――V・S・ナイポール『イスラム再訪』一九九八年(斎藤兆史訳、岩波書店、二〇〇一年、上巻、八六頁)。
＊33――タラル・アサド『宗教の系譜――キリスト教とイスラムにおける権力の根拠と訓練』一九九三年(中村圭志訳、岩波書店、二〇〇四年、二七二頁)。
＊34――ヴァルター・ベンヤミン「複製技術の時代の芸術作品」一九三六年(野村修訳『ボードレール他五編』岩波文庫、一九九四年、六六・六七頁)。
＊35――同右論文(六九頁)。
＊36――同右論文(六七頁)。
＊37――ハンナ・アレント『人間の条件』一九五八年(志水速雄訳、ちくま学芸文庫、一九九四年、二五五頁)。
＊38――同右書(三〇四―三〇五頁)。
＊39――Homi Bhabha, "On Writing Rights," in Matthew Gibney, ed., *Globalizing Rights: Oxford Amnesty Lectures 1999*, Oxford and New York: Oxford University Press, 2003, p. 180.
＊40――ホミ・バーバとの私信による。
＊41――ホミ・バーバ「アウラとアゴラ――他者との交渉に開かれた陶酔、そして隙間から語ること」一九九六年(前掲『ナラティヴの権利』一一頁)。
＊42――アレント前掲『人間の条件』(二九八――二九九頁)。

＊43――バーバ前掲「散種するネイション」（六五頁）。

＊44――ジョン・オースティン『言語と行為』一九六〇年（坂本百大訳、大修館書店、一九七八年）、ジャック・デリダ『有限責任会社』一九九〇年（高橋哲哉他訳、法政大学出版局、二〇〇二年）。Judith Butler, *Bodies that Matter: On the Discursive Limits of "Sex,"* New York and London: Routledge, 1993.

＊45――西川直子『現代思想の冒険者――クリステヴァ』講談社、一九九九年、三九八―三九九頁。

＊46――同右書、一〇四・一四一頁。

＊47――Homi Bhabha, "Introduction," in Bhabha, ed., *Nation and Narration*, New York and London: Routledge, 1990, p. 3. バーバ前掲「散種するネイション」（一〇二頁）。

＊48――不気味なものを、フロイトからデリダへの展開として辿ったものとして、Nicholas Royle, *The Uncanny*, New York: Routledge, 2003.

＊49――トニ・モリスン『ビラヴド』一九八七年（吉田廸子訳、集英社、一九九〇年、下巻、一五四頁）。
バーバのモリスン論については、"The World and the Home," in *Social Text*, 31/32, 1992.

＊50――Bhabha, "Speaking of Postcoloniality in the Continuous Present," p. 17.

＊51――バーバ前掲「散種するネイション」（五八・九八頁）。

＊52――ウェイン・ブース『フィクションの修辞学』一九六一年（米本弘一他訳、水声社、一九九一年、一〇四―一〇七・二〇五頁）。

＊53――柄谷行人『マルクスその可能性の中心』一九七八年（講談社学術文庫、一九九〇年、八九頁）。

＊54――ヴァルター・ベンヤミン「翻訳者の使命」一九二三年（野村修訳『暴力批判論他十篇』岩波文庫、一九九四年、八五頁、磯前一部改訳）。

＊55――バーバ前掲「振り返りつつ、前に進む」（一三七頁）。

＊56――レイ・チョウ『ディアスポラの知識人』一九九三年（本橋哲也訳、青土社、一九九八年、六三頁）。

＊57――Benita Parry, "Signs of Our Time," in *Postcolonial Studies: A Materialist Critique*, London and New York: Routledge, 2004, p. 65.

＊58――テリー・イーグルトン『ポストモダニズムの幻想』一九九六年（森田典正訳、大月書店、一九九八年、一二七・一二一頁）。

＊59——Harry Harootunian, "Outwitted by History: Modernization, Postcoloniality and the Romancing of Culture," unpublished, pp. 12–13.
＊60——マルクス主義の全体性とポストモダニズムの差異の思想との違いについては、イーグルトン前掲『ポストモダニズムの幻想』（二二一——三〇頁）。
＊61——J・M・クッツェー『石の女』一九七七年（村田靖子訳、スリーエーネットワーク、一九九七年、一六九——一七〇頁）。
＊62——同右書（二一一頁）。
＊63——キャリル・フィリップス「J・M・クッツェー」前掲『新しい世界のかたち』（一七〇頁）。
＊64——ポール・ボウルズ『シェルタリング・スカイ』一九四九年（大久保康雄訳、新潮社、一九九一年）、V・S・ナイポール『自由の国で』一九七一年（安引宏訳、草思社、二〇〇七年）、サルマン・ラシュディ『真夜中の子供たち』一九八一年（寺門泰彦訳、早川書房、一九八九年）、高行健『霊山』一九九〇年（飯塚容訳、集英社、二〇〇三年）、J・M・クッツェー『恥辱』一九九九年（鴻巣友季子訳、早川書房、二〇〇〇年）、マイケル・オンダーチェ『アニルの亡霊』二〇〇〇年（小川高義訳、新潮社、二〇〇一年）。
＊65——Bhabha, "A uestion of Survival," p. 89 & 101. フランツ・ファノン『地に呪われたる者』一九六一年（鈴木道彦他訳、みすず書房、一九六六年、三〇六頁）。
＊66——バーバ前掲「振り返りつつ、前に進む」（一四一頁）。
＊67——バーバ前掲「理論を生き延びていく」（二一三頁）。
＊68——同右論文（二一一頁）。
＊69——田中雅一「序論　ミクロ人類学の課題」田中・松田素二編『ミクロ人類学の実践——エイジェンシー／ネットワーク／身体』世界思想社、二〇〇六年、七頁。
＊70——ジャン＝フランソワ・リオタール『ポスト・モダンの条件——知・社会・言語ゲーム』一九八四年（小林康夫訳、水声社、一九八九年、九七頁）。
＊71——Homi Bhabha, "Introduction," in *The Location of the Culture*, New York and London: Routledge, 1994, p. 5.
＊72——ミシェル・フーコー「作者とは何か」一九六九年（清水徹・根本美佐子訳『ミシェル・フーコー思考集成III』筑摩書房、一九九九年、二二八頁）。
＊73——ただし、ポストモダニズムという言葉のもつ多義性については、ペリー・アンダーソン『ポストモダニティの起源』

一九九八年（角田史幸訳、こぶし書房、二〇〇二年）。

*74――ロラン・バルト「作者の死」一九六八年（花輪光訳『物語の構造分析』みすず書房、一九七九年）、ジャック・デリダ『根源の彼方に――グラマトロジーについて』一九六七年（足立和浩訳、現代思潮新社、一九七二年）。

*75――Jacques Derrida, *Dissemination*, 1972 (trans. Barbara Johnson, London: The Athlone Press, 1981, p. 304).

*76――デリダ前掲『根源の彼方に』（下巻、二八七・三六頁）。

*77――イーグルトン前掲『ポストモダニズムの幻想』（五一頁）。

*78――Todd May, *Reconsidering Difference*, Pennsylvania: The Pennsylvania State University Press, 1997.

*79――ジャック・デリダ「後記　討論の倫理にむけて」前掲『有限責任会社』（二四九頁）。

*80――ミシェル・フーコー「ある世界の誕生」一九六九年（廣瀬浩司訳、前掲『ミシェル・フーコー思考集成Ⅲ』二二二頁）。

*81――ミシェル・フーコー「ミシェル・フーコーとの対話」一九七八年（増田一夫訳『ミシェル・フーコー思考集成Ⅷ』筑摩書房、二〇〇一年、二三九頁）。

*82――ミシェル・フーコー『コレージュ・ド・フランス講義1981‒1982年度　主体の解釈学』二〇〇一年（廣瀬浩司／原和之訳、筑摩書房、二〇〇四年）、ジャック・デリダ『法の力』一九九四年（堅田研一訳、法政大学出版局、一九九九年）。

*83――Bhabha, "Introduction," in *The Location of the Culture*, p. 5.

*84――Bhabha, "Introduction," in *Nation and Narration*, p. 5.

*85――『文化の場所』に収録された各論文の解説については、Moore-Gilbert, "Homi Bhabha: 'The Babelian Performance'," in *Postcolonial Theory*.

*86――バーバ前掲「散種するネイション」（五〇―五一頁）。

*87――同右論文（五一―五二頁）。

*88――ジャック・デリダ「署名　出来事　コンテクスト」前掲『有限責任会社』（二一―二二頁）。

*89――ベネディクト・アンダーソン『増補　想像の共同体――ナショナリズムの起源と流行』一九八三／一九九一年（白石さや・白石隆訳、NTT出版、一九九七年、二四―二六頁、磯前一部改訳）。

*90――バーバ前掲「散種するネイション」（五五頁）。

*91――Cl・レヴェック／C・V・マクドナルド編『他者の耳――デリダ「ニーチェの耳伝」・自伝・翻訳』一九八二年（浜

名優美・庄田常勝訳、産業図書、一九八八年、九九—一〇〇頁）。
＊92——バーバ前掲「散種するネイション」（九二頁）。
＊93——アンダーソン前掲『増補　想像の共同体』（五〇頁）。
＊94——ヴァルター・ベンヤミン「歴史の概念について」一九四〇年（浅井健二郎・久保哲司訳『ベンヤミン・コレクション1』ちくま学芸文庫、一九九五年、六五九・六六一・六五八頁）。
＊95——同右論文（六五九・六六〇頁、磯前一部改訳）。
＊96——同右論文（六六三・六四六頁、磯前一部改訳）。
＊97——同右論文（六四七頁）。
＊98——同右論文（六四九頁）。
＊99——ベンヤミンにおけるメシアニズム的な要素については、ステンファヌ・モーゼス『歴史の天使——ローゼンツヴァイク・ベンヤミン、ショーレム』一九九二年（合田正人訳、法政大学出版局、二〇〇三年、一五九頁）による。
＊100——バーバ前掲「散種するネイション」（五八頁）。
＊101——Bhabha, "Introduction," in *Nation and Narration*, p. 4. ファノン前掲『地に呪われたる者』（二四一頁）。
＊102——バーバ前掲「散種するネイション」（五三頁）。
＊103——マルティン・ハイデガー『存在と時間』一九二七年、第一部第二編（原佑／渡辺二郎訳　中央公論社、一九八〇年）。
＊104——木田元『ハイデガー『存在と時間』の構築』岩波書店、一九九九年、一二五頁。
＊105——Homi Bhabha, "Speaking of Postcoloniality, in the Continuis Present: A Conversation," in David Goldberg, Atouayson, eds., *Relocating Postcolonialism*, London: Blackwell, 2002, pp. 31–32.
＊106——ジャック・デリダ『ポジシオン』一九七二年（高橋允昭訳、青土社、一九九二年、一六—一七頁）。
ハイデガーの時間性の概念をめぐるデリダの解釈については、ハーマン・ラパポート『ハイデッガーとデリダ——時間と脱構築についての考察』一九八九年（港道隆他訳　法政大学出版局、二〇〇三年）。
＊107——木田前掲『ハイデガー『存在と時間』の構築』七三頁。
＊108——アンダーソン前掲『増補　想像の共同体』（二六頁）。
＊109——バーバ前掲「散種するネイション」（九五頁）。

＊110――西谷修「ルナン『国民とは何か』」大澤真幸編『ナショナリズム論の名著50』平凡社、二〇〇二年、二四頁。

＊111――ツヴェタン・トドロフ『われわれと他者――フランス思想における他者像』一九八九年（小野潮訳、法政大学出版局、二〇〇一年、三五八頁）。

＊112――下河辺美知子『歴史とトラウマ――記憶と忘却のメカニズム』作品社、二〇〇〇年、二〇〇―二〇一頁。

＊113――ジョルジュ・バタイユ「サドの使用価値――現今の友人たちへの公開書簡」（吉田裕訳『異質学の試み』書肆山田、二〇〇一年）。Paul Hegarty, *Georges Bataille: Core Cultural Theorist*, London, Thousand Oaks and New Delhi: Sage Publications, 2000, pp. 28–29.

＊114――ジャック・デリダ「限定経済学から一般経済学へ」『エクリチュールと差異』一九六七年（梶谷温子他訳、法政大学出版局、一九八三年、下巻、一九八―一九九頁）。

＊115――Michael Bakhtin, "Discourse in the Novel," 1975 (trans. Caryl Emerson and Michel Holquist, *Dialogic Imagination*, Austin: University of Texas Press, 1981).

＊116――Homi Bhabha, "Culture's in between," in David Bennett, ed., *Cultural States: Rethinking Difference and Identity*, London and New York: Routledge, 1998, pp. 33–34.

＊117――ミハイル・バフチン『小説の言葉』一九七五年（伊東一郎訳、平凡社ライブラリー、一九七九／一九九六年、一八七―一八八頁）。バーバの依拠する英語版に基づいて磯前一部改訳）。なお従来のバフチンの日本語訳では、「異種混淆」は「混成」と訳されている。

＊118――酒井直樹『日本思想という問題――翻訳と主体』岩波書店、一九九七年、八頁。Naoki Sakai, *Translation and Subjectivity : on Japan and Cultural Nationalism*, Minneapolis: University of Minnesota Press, 1997, p. 4.

＊119――バーバ前掲「散種するネイション」（一〇〇頁）。

＊120――チャールズ・テイラー「承認をめぐる政治」エイミー・ガットマン『マルチカルチュラリズム』一九九二／一九九四年（佐々木毅他訳、岩波書店、一九九六年）。

＊121――ヴェルナー・ハーマッハー『他自律――多文化主義批判のために』二〇〇三年（増田靖彦訳、月曜社、二〇〇七年、五七頁）。

＊122――同右書（一五一頁）。

＊123——同右書（一五〇頁）。

＊124——Homi Bhabha, "On Writing Rights," in Matthew Gibney, ed., *Globalizing Rights: Oxford Amnesty Lectures 1999*, Oxford and New York: Oxford University Press, 2003, p. 166. ちなみに、同書にはテイラーの反論 "Response to Bhabha" も収録されている。

＊125——池内恵『イスラーム世界の論じ方』中央公論社、二〇〇八年、八六頁。

＊126——スニル・キルナニ「インド人とは誰か？——インド国民主義をめぐる解釈」一九九六年（井上あえか訳『思想』第八六三号、一九九六年、一六五頁）。

＊127——同右論文（一六七頁）。

＊128——アーネスト・ゲルナー『民族とナショナリズム』一九八三年（加藤節監訳、岩波書店、二〇〇〇年、一頁、磯前一部改訳）。

＊129——長崎暢子『インド——国境を越えるナショナリズム』岩波書店、二〇〇四年、一五九—一六〇頁。

＊130——コーネル・ウェスト『人種の問題——アメリカ民主主義の危機と再生』一九九三年（山下慶親訳、新教出版社、二〇〇八年、一四七—一四八頁）。

＊131——バーバ前掲「ファノンを想起すること」（九七頁）。この時期のバーバのファノン論をめぐる討議として、バーバおよびスチュアート・ホールの論文をふくむものに、Alan Read, *The Fact of Balckness: Franz Fanon and Visual Represenation*, Seattle: Bay Press, 1996.

＊132——ヘンリー・ルイス・ゲイツ・Jr「批判的ファノニズム」一九九一年（阿部小涼訳『現代思想』第二五巻第一一号、一九九七年、六一—六二頁）。Anthony C. Alessandrini, "Introduction," in A. C. Alessandrini, ed., *Franz Fanon: Critical Perspectives*, London and New York: Routledge, 1999, pp. 6–8.

＊133——バーバ前掲「ファノンを想起すること」（一〇五・一〇四頁）。

＊134——ファノン前掲『地に呪われたる者』（八六頁、磯前一部改訳）。

＊135——冨山一郎「対抗と遡行——フランツ・ファノンの叙述をめぐって」『思想』第八六六号、一九九六年、九四頁。

＊136——Homi Bhabha, "Foreword: Framing Fanon," in Frantz Fanon, trans. by Richard Philcox, *The Wretched of the Earth*, New York: Grove Press, 2004, p. xix.

＊137——冨山前掲「対抗と遡行」一〇九頁。

＊138――冨山一郎『暴力の予感』岩波書店、二〇〇二年、一二頁。
＊139――バーバ前掲「散種するネイション」（九八頁）、バーバ前掲「ファノンを想起すること」（九七頁、磯前一部改訳）。
＊140――ホミ・バーバ「まじないになった記号　アンビヴァレンスと権威について――一八一七年五月、デリー郊外の木陰にて」『文化の場所』（本橋哲也他訳、法政大学出版局、二〇〇五年、一九六頁、磯前改訳）。
＊141――ジークムント・フロイト「不気味なもの」一九一九年（藤野巻寛訳『フロイト全集第一七巻』岩波書店、二〇〇六年）。ジュリア・クリステヴァ『外国人――我ら内なるもの』一九八八年（池田和子訳、法政大学出版局、一九九〇年、二二二―二二三頁）。
＊142――ジャック・デリダ『他の岬――ヨーロッパと民主主義』一九九一年（高橋哲哉・鵜飼哲訳、みすず書房、一九九三年、七頁）。
＊143――サルマン・ラシュディ『悪魔の詩』一九八八年（五十嵐一訳、プロモーションズ・ジャンニ、一九九〇年、上巻、一六〇・一六八頁、磯前改訳）。
＊144――バーバ前掲「ファノンを想起すること」（一〇七頁）。
＊145――バーバ前掲「散種するネイション」（九八頁）。
＊146――ヴァルター・ベンヤミン「物語作者」一九三六年（三宅晶子訳『ベンヤミン・コレクション2』ちくま学芸文庫、一九九六年、二九三頁、磯前改訳）。
＊147――クリステヴァ前掲『外国人』（一〇四頁）。
＊148――Salman Rushdie, "In Good Faith," originally published in 1990, in *Imaginary Homelands: Essyas and Criticism 1981–91*, London: Granta Books, p. 395.
＊149――バーバ前掲「散種するネイション」（一一四―一一五頁）。
＊150――同右論文（五八頁）。
＊151――アサド前掲『宗教の系譜』（一二一―一三頁）。
＊152――Aijaz Ahmad, "The Politics of Literary Postcoloniality," in *Race and Class* 36 (3), 1995, p. 17.
＊153――フレドリック・ジェイムスン『カルチュラル・ターン』一九九八年（合庭惇他訳、作品社、二〇〇六年、九七・九三頁）。ただし、ジェイムスンやイーグルトンのポストモダニズム批判もまた一面的であることについては、ガヤトリ・・

チャクラヴォルティ・スピヴァク『ポストコロニアル理性批判――消え去りゆく現在の歴史のために』一九九九年、第四章（上村忠男、本橋哲也訳、月曜社、二〇〇三年）。

＊154――Ahmad, "The Politics of Literary Postcoloniality," p. 17.

＊155――フェティ・ベンスラマ『物騒なフィクション――起源の分有をめぐって』一九九四年（西谷修訳、筑摩書房、一九九四年、七六―七七頁）。

＊156――Spivak, "1994: Will Postcolonialism Travel?," in *Other Asians.*

＊157――スピヴァク前掲『ポストコロニアル理性批判』（五一三頁等）。

＊158――アサド前掲『宗教の系譜』（二五八頁）。

＊159――Salman Rushdie, "In Good Faith," originally published in 1990, in *Imaginary Homelands: Essyas and Criticism 1981–91*, London: Granta Books, p. 396 & 394. 世俗主義の妥当性に焦点をおいた観点から、ラシュディ『悪魔の詩』をめぐる西洋とイスラーム世界のあいだでおこなわれた知識人の議論の概要については、Stephen Morton, *Salman Rushdie*, New York: Palgrave Macmillan, 2008, chap. 4.

＊160――大熊栄『サルマン・ルシュディの文学――「複合自我」表象をめぐって』人文書院、二〇〇七年、一六九頁。

＊161――臼杵陽「越境する知識人とオリエント的植民地都市――エドワード・サイードとエルサレム・カイロ」『見えざるユダヤ人――イスラエルの〈東洋〉』平凡社、一九九八年、一八六頁。

＊162――この問題は、英語使用をめぐるグローバル化状況を西洋的覇権の確立と見るか、その散種がもたらした西洋中心主義の脱構築とみるかという価値判断に密接に関係している。後者の立場を取るバーバと異なり、前者の立場を取るものとして、大石俊一『英語帝国主義に抗する理念――「思想」論としての「英語」論』明石書店、二〇〇五年、第三・四章。

＊163――エドワード・サイード「ラシュディと鯨」一九八九年（『みすず』第三三九号、一九八九年、五三頁）。

＊164――Talal Asad, "Reflections on Blasphemy and Secular Criticism," in Hent de Vries, ed., *Religion: Beyond a Concept*, New York: Fordham University Press, 2008, p. 600.

＊165――エドワード・サイード「敵対者、聴衆、構成員、そして共同体」ハル・フォスター編『反美学――ポストモダンの様相』一九八三年（室井尚・吉岡洋訳、勁草書房、一九八七年、二六六頁、磯前一部改訳）。

＊166――Gauri Viswanathan, *Outside The Fold: Conversion, Modernity, and Belief*, Princeton: Princeton University Press, 1998, p. 72.

＊167——Homi Bhabha, “Unsatised: Notes on Vernacular Cosmopolitanism,” in Laura Garcia-Moreno and Peter C. Pfeier, eds., *Text and Nation: Cross-Disciplinary Essays on Cultural and National Identities*, Columbia: Camden House, 1996; Homi Bhabha et al., eds., *Cosmopolitanism*, Durham and London: Duke University Press, 2002.

＊168——コスモポリタニズムをめぐる最近の議論状況については、Bhabha et al., *Cosmopolitanism* のほかに、下記の文献を参照のこと。Pheng Cheah and Bruce Robbins, eds., *Cosmopolitics: Thinking and Feeling Beyond the Nation*, Mineneapolis and London: University of Minnesota Press, 1998. ジェラード・デランティ「コスモポリタン・コミュニティ——ローカルなものとグローバルなものの間」『コミュニティ——グローバル化と社会理論の変容』二〇〇三年（山之内靖・伊藤茂訳、NTT出版、二〇〇六年）。

＊169——Jacques Derrida, “On Cosmopolitanism,” 1997 (trans. Mark Dooley, *On Cosmopolitanism and Forgiveness*, London and New York: Routledege, 2002, p. 20).

＊170——Homi Bhabha, “Adagio,” in Bhabha and W.J.T. Mitchell, eds., *Edward Said: Continuing the Conversation*, Chicago and London: The University of Chicago Press, 2005, p. 11.

＊171——ジャック・デリダ「脱構築と他者」リチャード・カーニー編『現象学のデフォルマシオン』一九八四年（毬藻充他訳、現代企画室、一九八八年、一九七—一九八頁）。

＊172——井坂理穂「植民地期インドにおける歴史記述——パールシーの書く「自分たち」の歴史」甚野尚志編『歴史をどう書くか』講談社、二〇〇六年、一八九・一九一頁。

＊173——同右論文一八九頁。

＊174——ジャン＝リュック・ナンシー『無為の共同体——哲学を問い直す分有の思考』一九八六／一九九九年（西谷修・安原伸一朗訳、以文社、二〇〇一年）。

＊175——バーバ前掲「冗談はさておいて」（四三—四四頁）。

＊176——同右論文（四七—四八頁）。

＊177——Spivak, *Other Asias*, p. 113.

＊178——*Ibid*., p. 113 & 118. スピヴァクも、Cheah and Robbins, eds., *Cosmopolitics* に論文 “Cultural Talks in the Hot Peace: Revisiting the “Global Village”” を寄稿しているが、コスモポリタニズムという概念に積極的に言及することはない。

＊179──Spivak, *Other Asias*, p. 2 & 220.

＊180──ガヤトリ・チャクラヴォルティ・スピヴァク『ポスト植民地主義の思想』一九九〇年（清水和子・崎谷若菜訳、彩流社、一九九二年、九〇──九一頁）、同「フェミニズムと人権」ネルミーン・シャイク編『グローバル権力から世界をとりもどすための13人の提言』二〇〇七年（篠儀直子訳、青土社、二〇〇九年、二九四─二九五頁）。

＊181──バーバ前掲「振り返りつつ、前に進む」（一五七頁）、Spivak, *Other Asias*, p.191.

＊182──Spivak, *Other Asias*, p. 119.

＊183──酒井前掲『日本思想という問題』一七頁。

＊184──同右書、八頁。

＊185──Gayatri Chakravorty Spivak, *Outside in the Teaching Machine*, New York and London: Routledge, 1993, p.182.

＊186──酒井前掲『日本思想という問題』四頁。

＊187──酒井直樹『日本／映像／米国──共感の共同体と帝国的国民主義』青土社、二〇〇七年、同『希望と憲法──日本国憲法の発話主体と応答』以文社、二〇〇八年。

＊188──Spivak, *Other Asias*, p. 251.

＊189──*Ibid.*, pp. 251–252.

＊190──付言すれば、スピヴァクもまたナラティヴという言葉について、積極的には活用していないはいないものの、リオタール的な含意での狭義の「物語 stories」に加えて、バーバと同様に「身体の存在形式」という広義の意味をも理解している。Gayatri Chakravorty Spivak, "Colloquium on Narrative: Spivak at Deakin," in *Typreader* vol.3, 1989, p. 28.

＊191──ガヤトリ・チャクラヴォルティ・スピヴァク「サバルタン・トーク」一九九六年（吉原ゆかり訳、『現代思想』第二七巻第七号、一九九九年、八五頁）。

＊192──同右論文（八六頁）。

＊193──同右論文（八六頁）。

＊194──ガヤトリ・チャクラヴォルティ・スピヴァク『サバルタンは語ることができるか』一九八八年（上村忠男訳、みすず書房、一九九八年、二八頁）。

＊195──スピヴァク前掲「サバルタン・トーク」（一〇〇頁）。

＊196——スピヴァク前掲『サバルタンは語ることができるか』（六九—七〇頁）。

＊197——Homi Bhabha, "Adagio," in Bhabha and W.J.T. Mitchell, eds., *Edward Said: Continuing the Conversation*, Chicago and London: The University of Chicago Press, 2005, p. 10. なお、日本語訳として、ホミ・バーバ／W・J・T・ミッチェル編『エドワード・サイード　対話は続く』上村忠男他訳、みすず書房、二〇〇九年）。

＊198——*Ibid.*, p.12.

＊199——バーバ前掲「アイデンティティのはざまで」（一九九—二〇〇頁）。

＊200——Homi Bhabha, "Postcolonial Authority and Postmodern Guilt," in L. Grossberg, C. Nelson and P. A. Treichler, eds., *Cultural Studies*, New York and London: Routledge, 1992, pp. 63–64.

＊201——Homi Bhabha, "Democracy De-realized," in Okwui Enwezor et al., eds., *Democracy Unrealized: Documenta 11 Platform 1*, Ostldern-Ruit: Hatje Cantz Publishers, 2002, p. 359.

＊202——バーバ前掲「散種するネイション」（一〇四頁）。

＊203——同右論文（一〇三頁）。

＊204——クリステヴァ前掲『外国人』（一〇三頁、磯前一部改訳）。

＊205——バーバ前掲「冗談はさておいて」（四〇頁）。

＊206——ミシェル・フーコー「自由の実践としての自己への配慮」一九八四年（廣瀬浩司訳『ミシェル・フーコー思考集成X』筑摩書房、二〇〇二年、二四五頁）。

＊207——ホミ・バーバ「ナラティヴの権利」二〇〇〇年（前掲『ナラティヴの権利——戸惑いの生へ向けて』九頁）。

＊208——Bhabha, "Adagio," p. 11.

＊209——*Ibid.*, p. 11.

＊210——サイード前掲「『オリエンタリズム』新版序文」（一五頁）。

＊211——同右論文（一六頁）。

＊212——エドワード・サイード『人文学と批評の使命——デモクラシーのために』二〇〇四年（村山敏勝・三宅敦子訳、岩波書店、二〇〇六年、一二・五九・六一頁）。なお、サイードのヒューマニズム理解については、上村忠男「無調のアンサンブル——エドワード・W・サイードと人文主義の精神」二〇〇三年（『無調のアンサンブル』未來社、二〇〇七年）。

＊213——Bhabha, "Democracy De-realized," p. 350.

＊214——Okwui Enwezor et al., "Preface," and "Introduction," in Enwezor et al. eds., *Democracy Unrealized.* この会議は、「ドクメンタ」と名づけられた現代美術の展覧会の一環をなすものである。この民主主義の理念の可能性を討議する会議には、スチュアート・ホール、エマニュエル・ウォーラスティン、スラヴォイ・ジジェク、シャンタル・ムフ、アントニオ・ネグリなど、日本でもなじみのある研究者たちが多数参加している。

＊215——Bhabha, "Democracy De-realized," p. 349.

＊216——*Ibid.*, p. 349.

＊217——シャンタル・ムフ『民主主義の逆説』二〇〇〇年（葛西弘隆訳、以文社、二〇〇六年、六頁）。Chantal Mouffe, "Religion, Liberal Democracy, and Citzenship," in Hent de Vries and Lawrence Sullivan, eds., *Political Theologies: Public Religions in a Post-Secular World*, New York: Fordham University Press, 2006, p. 320. 一般に "plural democracy" は「多元的民主主義」として日本語に訳されているが、バーバは「多元主義 pluralism」を「多文化主義 multiculturalism」と同じ意味で、個々の文化・宗教的共同体の自同的完結性を前提とした「多数的な multiple」立場に対して用い、その自同性が多重化 doubling を起こす形容詞用法としての「多重的な plural」と区別する。それゆえ、本稿ではムフの言う "plural democracy" に対して多元的民主主義ではなく、「多重的民主主義」という訳語を充てた。

＊218——ジャック・デリダ『法の力』一九九四年（堅田研一訳、法政大学出版局、一九九九年）。

＊219——Bhabha, "Democracy De-realized," p. 356 & 349.

＊220——*Ibid.*, p. 357.

＊221——松葉祥一「デモクラシーとは何か——訳者解説」ジャック・ランシエール『民主主義への憎悪』インスクリプト、二〇〇八年、一六三—一六四頁。

＊222——Bhabha, "Democracy De-realized," p. 363.

＊223——*Ibid.*, p. 365.

＊224——シャンタル・ムフ『政治的なものについて——闘技的民主主義と多元主義的グローバル秩序の構築』二〇〇五年（篠原雅武訳、明石書店、二〇〇八年、一七一頁）。

＊225——同右書（一五六—一五七頁）。

＊226――同右書（一七一―一七二・一六二頁、磯前一部改訳）。

＊227――アントニオ・ネグリ／マイケル・ハート『〈帝国〉――グローバル化の世界秩序とマルチチュードの可能性』二〇〇〇年（水島一憲他訳、以文社、二〇〇三年、一九二頁、磯前一部改訳）。

＊228――同右書（一四二頁）。

＊229――同右書（一九二頁）。

＊230――アントニオ・ネグリ『さらば、〝近代民主主義〟――政治概念のポスト近代革命』二〇〇六年（杉村昌昭訳、作品社、二〇〇八年、一三七―一三八・九二頁、磯前一部改訳）。

＊231――ネグリ／ハート前掲『〈帝国〉』（六八頁、磯前一部改訳）、ネグリ前掲『さらば、〝近代民主主義〟』（二一二頁）。

＊232――酒井隆史「敵対性、闘技、多元主義――解題にかえて」ムフ前掲『政治的なものについて』一九九頁。

＊233――同右論文、一九九頁。

＊234――クッツェー前掲『恥辱』（二六六頁）。

＊235――酒井前掲『日本思想という問題』一三頁。

＊236――エマニュエル・レヴィナス『全体性と無限』一九六一年（熊野純彦訳、岩波文庫、二〇〇五年、上巻、五二頁）。

＊237――酒井前掲『日本思想という問題』一四頁。

＊238――レヴィナス前掲『全体性と無限』（上巻、六二頁）。

第三章

他者と共に在ること——ディアスポラの知識人

タラル・アサド

あなたが指摘した私の思考にみられる矛盾というのは、結局、限られた変化しかもたらさないような権力の行使される条件をモダニティが生み出していることへの強い疑念をもち、それに対して全く異なる道を見出そうと苦闘する人々への強い共感を感じながらも、しかもそのような異なる道が本当に実現可能なのか、それは正気の沙汰なのかと、悲観的な疑念ももたざるをえないところにあるのです。

タラル・アサド「思考が生みだす困難さ」[*1]

第一節　ディアスボラの知識人としてのタラル・アサド

タラル・アサドの父はロシア系ユダヤ人で、イスラームに改宗したムハンマド・アサド（Muhanmad Asad、旧名はレオポルド・ヴァイス Leopold Weiss）。母はサウジアラビアのシャマル族の族長の娘、モニラ（Monira）。ふたりは一九三〇年に結婚し、サウジアラビアのメディナに居を定める。そして一九三三年にその子タラルが生まれる。父ムハンマドの波乱に富んだ生涯は、タラルに深い影響を与えているために、ここでムハンマドについて簡単に触れておきたい。

ムハンマドは一九〇〇年にウクライナのリヴォフに裕福なユダヤ人弁護士の息子、そしてラビの孫として生まれ、オーストリア国籍を取得し、ドイツ語圏でジャーナリストとして活躍する。幾度か中東に特派員として派遣され、イスラームに入信。当時すでに彼はユダヤ教に懐疑的になっており、イスラーム入信は信仰の目覚めを意味するものとなった。ムハンマドは中東で目の当たりにしたベドウィンの生活に、ユダヤ人よりも、アブラハムやダビデの時代の信仰に近いものを感じ取ったのである。しかし、それはムハンマドをしてユダヤ教を否定するような排他的な信仰を取ることがなかったことも見逃すべきではない。その点について、タラルは次のように語っている。

父に関することで私が誇りに感じていることのひとつは、三つの一神教が相互理解をおこなう必要性をきわめて強く自覚していたことである。父はかつてはユダヤ教徒であったわけだが、彼がユダヤ教のことを悪しざまに語ったことを聞いたことがない。一度たりともない。イスラームがより開かれた宗教だと父は考えていたようだが、多くの点からいって、イスラームはユダヤ教に近い宗教だと考えていたのである。[*2]

一方で、バルフォア宣言に見られるような、ユダヤ人がパレスチナを占拠して国家を建設するシオニズム運動に対しては、ヨーロッパにおけるアラブ社会に対する無知を表すものとして反対する姿勢を貫いていた。この点は、彼のユダヤ人とイスラームに対する距離の取り方を明確に示すものとして注意されるべきである。後年、彼は自伝『メッカへの道』を書くなかで、それを「わたしの人生はヨーロッパ人がイスラームに目覚め、ムスリムの共同体に統合されていくひとつの物語である」[*3]と総括している。

そして一九二七年、ムハンマドは当時の妻、一五歳年上のドイツ人であるエルザ（Elsa）とメッカの巡礼に旅に出かけた際に、妻が急逝してしまう。その後、サウジアラビアの皇太子に招かれ、宮廷顧問の一員となる。そして一九三〇年に、今度は一五歳年下のモニラと結ばれ、一九三三年にタラルが生まれる。ほどなく一家は、ムハンマドの生来の漂泊癖からか秘密裡にサウジアラビアを出国し、インドへと渡る。しかし、そこで英国政府を批判した新聞記事を書いたこと、オーストリア国籍などが問題となり、ムハンマドは一九三九年に逮捕されてしまう。そして、一年後には妻と息子タラルとともにボンベイ近郊の強制収容所に収監される。この時期、ヨーロッパにいたムハンマドの父や姉妹がナチスに殺害されるなど、一家には厳しい時期であった。

第二次世界大戦後はイスラーム国家であるパキスタンの建国に尽力し、パキスタンへと移住する。その前後する時期に、タラルはキリスト教系学校で寄宿舎生活を送るようになるが、そこでの生活がみずからの人格形成に与えた影響について、彼は次のように述懐している。

わたしは戦闘的な姿勢を早い時期から育んでいたし、またそうある必要にかられていたとも言える。ミッション・スクールの寄宿生活では私は一握りのムスリムの一人にすぎず、つねにキリスト教との同級生たちと論争をしなければならなかった。たった一一歳でだ。たしかに、私は戦闘的な感覚を備えるようになっていたし、人生のきわめて早い時期から、自己弁護を強いられるような状況に置かれていたのだ。[*4]

その後、一九五一年にはタラルと母はロンドンに、一方で父ムハンマドはパキスタンの国連大使としてニューヨークに赴くことになる。そこで彼はポーランド系のアメリカ人ポーラ（Pola）と恋におちる。モニカと離婚し、ムスリムに改宗しハミダと改名したポーラと再々婚する。タラルの母モニラはサウジアラビアの家族のもとに戻るが、タラルはエディンバラ大学、そしてオックスフォード大学の大学院へと英国に滞在し続けることになる。西洋的価値観との関係については、タラルは次のように回顧している。

自分が若かった頃、すくなくとも一四歳のころからは、西洋に対する、正確にいえば啓蒙的な西洋という理念にに対するきわめて強い憧憬が生い育っていった。西洋とは人間が理性を見出し、自由を発見した場所であるという考え方に私はすっかり染まっていたのだ。そして、このような素晴らしいものはパキスタンにはまったく欠けていると当時の私は考えていた。この英国での、そして今私がここにいる米国での体験は……、そのような迷いからゆっくりと目覚めていく過程だったともいえる。……すなわち、英国の人たちがいかに偏見に染まっていたかということを、次第にわたしは理解しはじめることになる。……たしかに私はナイーブだった。だから、私は自分のナイーブさを目の当たりにすることで、学ばなければならなかったのだ。……なぜなら、私は長い間、英国人が偏見に満ちた人々であることを認識できずにいたのだから。もちろん、あらゆる地域の人間が偏見に満ちいているのだ。しかし、英国人は啓蒙された西洋的国家に住んでいると見なされていたのだから、事情は異なる。そこから私はイデオロギーの問題に関心を持ち始め、大学生の時にマルクスを読み始めることになる。[*5]

そして、タラルはエディンバラ大学時代に英国人の人類学者、ターニャ（Tanya）と知り合い、後に結婚し、現在にいたっている。ちなみに、ターニャはムスリムではなく、無神論者である。

さて、話を父ムハンマドに戻すならば、アメリカ人と再々婚した彼の立場はパキスタンでは有利なものにはならず、国連大使の辞任へと追い込まれることになる。それが、ムハンマドを政治からふたたび著述活動に向かわせることとなり、ニューヨークからアルジェリアへ移り、さらにはカイロのアズハル大学で教鞭をとることになる。そして晩年はスペインで過ごし、一九九一年に九二歳で死去している。彼の手になる『コーランのメッセージ』は現在もなお英語圏でもっとも知られたコーランの翻訳および注解の書物と言える。ムハンマドはパキスタンを人種や国籍に限定されない国家にしようと考えたのだが、それは現実の政治のもとでは実現することはなく、アラブ世界の腐敗政体とともに、彼の晩年は現実のイスラーム世界に対する失望を隠しおおせなかった。たしかに「彼の多くの素朴な夢がその眼前で砕け散ったわけだが、だからと言って、彼が人間に対する信頼を失うことはなかった。そして、その晩年は自分が愛した国々や文化の発展の仕方に悲しむものがあったが、決して強い楽天的姿勢を見失うことはなかった。この楽天主義こそが生涯を通して彼を導いてきたところのものである」[*6]と言えよう。

このような父ムハンマドの波乱に満ちた人生は、イスラーム国家パキスタンとの関係がもたらした政治的緊張、家族の別離、キリスト教とイスラームの軋轢など、西洋世界の魅力とその懐疑など、タラルの人生にも様々な襞を織り込むものになったと思われる。サウジアラビア、インド、パキスタン、英国、そして現在の居住地である米国と、彼の遍歴は苦渋に満ちたものでもあり、まさに異文化のはざまで生きてきた「ディアスポラの知識人」であったと言える。彼は現在もムスリムであるが、サウジアラビア生まれにもかかわらず、アラビア語の能力はおもに後天的に習得されたものであった。タラルは自分が博士論文を執筆するために一九六一年から一九六六年に滞在したスーダンの滞在についてこう述べている。

私はスーダンの人々とできるかぎり接触し、自分のアラビア語を話す能力を向上させる必要があった。たしかに私はアラビア語を自分の母親から習い、その後もエジンバラ大学の学部時代に勉強した。しかし、それは読む能力を身に習得しただけだった。だから、スーダンでの滞在は、私のアラビア語が自由に使える能力を向上させる格好の時期であった。[*7]

こうして、スーダンでの五年間のフィールドワークをふまえたタラルの博士論文が一九六八年にオックスフォード大学に提出され、彼の処女作『カヴァヴィシュ・アラブ――ある遊牧部族おける権力・権威・同意』（一九七〇年）として刊行されることになる。しかし、その著作が英語で書かれたことが以後の彼の著作活動を端的に示すように、アラビア語は彼の母語とは言えるものではなく、現在に至るまで英語圏で研究活動をおもに展開することになる。むろん、そのような母語と彼のねじれた関係は、彼の父ムハンマドが当初はレオポルド・ヴァイスという名のユダヤ人であり、その後の人生におけるイスラーム世界との複雑な関係が示すように、タラル自身のアイデンティティにもまた単純にはアラブ・イスラームに同一化できないような入り組んだ状況をもたらしたのだと言える。

それは、一方で若い時期に彼がつよい憧れを感じた西洋の啓蒙主義の世界に対しても同様のところのものであり、まさしくタラルは本人が「原則的に私はヨーロッパと中東の双方の世界について思考を廻らざるを得なかった自分をつねに見出してきた」[*8]と述べるように、ディアスポラの知識人として西洋とイスラーム世界のはざまに身を置く宿命のもとに育ってきたと言える。であるとすれば、英語で執筆活動をする彼が、誰に向ってどのような表現活動をするのかという発話の内容もまた、そこから今日の彼の活動を含めて理解が可能になるものと思われる。次節では、そのような彼の生い立ちをふまえた視点から、アサドの作品『自爆テロ』の内容を押さえていきたい。

第二節　『自爆テロ』——西洋リベラリズムの批判

アサドの研究目的は、かつての彼自身の西洋啓蒙主義への傾倒に対する自己批判にも見られるように、「世俗的近代性という特殊に西洋的なモデルの再考」[*9]にあり、西洋的なモデルの中核には世俗主義的リベラリズムが位置していると考えられている。彼にとって伝統と近代性とは排他的なものではなく、むしろ共存するものとして考察されるべきものである。事実、彼は西洋の世俗主義的リベラリズムを「西洋の近代性の中核的要素を定義する伝統です。それは伝統であることによって、他に劣らぬほどに近代的なのです」[*10]と定義している。そして、これはアサドがみずからに認める悲観的な性質と通じるところがあるのだろうが、彼には「私たちは……「西洋」が覇権を握っている世界の中で暮らしている」[*11]という明確な認識があり、西洋近代を批判するポスモダニストさえも、その域外に立っているわけではないとして、次のように述べる。

いわゆるポストモダニスト——にしても、自らが近代性の中心的価値と見たものに対して、ある程度防衛的な戦略を立てることになります。近代性を批判するポストモダニストのうちで、社会的平等、言論の自由、あるいは個人の自己形成に対して反論しようとする者はほんのわずかです。[*12]

そして、アサドは何よりも西洋的近代性のもつ普遍主義的な傲慢さ、すなわち「ある特定の西洋の歴史……を、普遍的でもあればグローバル化されてきたものであるような何かと等置すること」、あるいは「世界の他の地域においても同様にしてそれらの全てがひとまとまりに起こるに違いないし、またそうであるべきである、という仮定」を根本から問題化しようと試みる。[*13]それはすでに明らかなように、彼の人生体験から生じてくるところの根本的な姿勢であるし、二〇〇六年のカルフォルニア大学アーバイン校での講演録『自爆テロ』を貫く主題ともなっている。そして、むろん彼は「近代には多様な形態がある」[*14]と考えており、その多様性の一端を、イスラーム社会を例に明らかにしたいと目論んでいるのだ。

このような西洋近代性との強い緊張関係をはらんだ思考であることを見落とした時に、アサドの著作は単なるイスラーム社会を擁護する土着主義的なものとして見誤られてしまう可能性がある。しかし、改めて申し述べるならば、彼は西洋近代との拮抗関係のなかでイスラームを考え、イスラームを通して西洋近代を問題化しようと試みているのである。それはまさに西洋近代という時空と無関係に生きてくることができなかったムスリムという彼自身の生のあり方を如実に言表したものとなっている。むろん、ここで問われるべきはその言表のあり方であり、西洋近代とイスラームの入り組んだ状況のなかにどのように自分自身を介入させるか、その身の置き方、発話の在り方の質であるべきなのだ。いかにその状況が困難に見えようとも、あるいは状況が困難であるからこそ、アサドは自分の言表行為によって状況に介入し、その状況を少しでも深く理解し、変化させようと試みてきたと私には思われる。

さて、『自爆テロ』の内容であるが、それは自爆テロを行った者の動機をめぐる心理分析や彼らの奉じるいわゆる原理主義そのものの分析ではない。それは、なによりも〈正義としての戦争／悪としての自爆テロ〉という二項対立的な西洋側の——主としてアメリカ合衆国の——言説を問題することを目的として書かれたものであることを、まずはっきりと確認しておきたい。この本の出る前年、二〇〇六年にはフランスでのムスリム移民のヴェール論争をめぐって、アサドがフランスの共和国的理念である「ライシテ」に疑問を呈したのに続く、西洋の世俗主義の中立性を問題化した試みである。[*15]合衆国では、依然として自爆テロは宗教的なイスラーム世界が引き起こした文明の衝突に起因するものであり、衰退したイスラーム世界による狂信的行為であるという見方が強い。それに対して、アサドは果たして正義の戦争とテロのあいだに明確な線引きは可能なものなのか。[*16]それが不可能であるにもかかわらず、そのような二分法的見方が成立してくるとしたならば、それは何によるものなのかを深く考察しようと試みていく。それが『自爆テロ』を執筆したアサドの動機である。

結論を言ってしまえば、アサドはテロが生じる前提には、西洋世界が生み出した世界の圧倒的な非対称性があり、その構造自体がテロを生み出していることを西洋世界の論者は多く見逃しているのだと主張する。「過激派が、無関係の市民を殺すことを意図しているのに対して、兵士（「正しい」兵士）はたまたまそうするだけである」という米国の世論を取り上げ、それに対して「近代戦争における軍事戦略の複雑さを理解すれば、「意図」の網の目が、単純などとはとてもいえないものだということがわかる」という自説を対置する。[*17]そしてまた、米国とイスラーム世界での戦死者について、「世界の貧しい人々の死は、豊かな社会における人々の死ほど重要ではないというのは、紛れもない真実である」[*18]にもかかわらず、その報道のされ方も含めて死の重さに不平等さがあることを西洋側の人間は気づいていないのだという。

リベラル・デモクラシーにおける国内世論は、自国軍が戦場で多数の損害を出すことに批判的である。こうした人道主義的な関心は、兵士がもはや死を覚悟して戦場に行く必要はなく、ただ殺害のために行くことが認められることを意味している。このことは、人間の死と殺害行為が交換される活動という戦争の伝統的な理解を、本質的に不安定化させる。この不平等な殺害行為の心理的な帰結は、軍事的および倫理的に劣った人々と戦い、そうした人たちの間にはるかに多数の死者を生み出す戦争の、長い伝統があるという事実によって和らげられる。彼らは、文明化された人々ほど人命の価値を重視しないので、自殺的な作戦を企てて自分自身をより大きな危険にさらし、結果として多数の死傷者を出すことは当然なのである。[*19]

アサドはそのようなテロを生み出した西洋世界の覇権的構造を本書で分析しようとしているのである。その意味で本書は言説論的な手法がとられているのであり、そこには彼がヴィトゲンシュタインから受けたとする認識論的な影響が見て取れる。

ヴィトゲンシュタインは、やや子供っぽくて、論理実証主義に惹かれていた若い時分の私にきわめて複雑なものの考え方をもたらしてくれた。……ヴィトゲンシュタインは反本質主義者であり、心理的な原因論に関する単純な過程を問題化している。これは私にとって「フーコー的な」権力のカテゴリーを再考する上で重要なものとなった。[*20]

ここでもアサドのものの見方というものが、単純な二分法に基づいて、認識主体と認識対象を分けるようなものではなく、彼自身がもはや拒否することのできないほどに西洋的な知の素養に浸されるなかで、そのまなざしを通してイスラーム世界を認識せざるをえない状況にあること。そして、そのような入れ子状の認識布置が、アサド自身の認識のみならず、イスラーム認識を生み出す西洋世界の規定性へとそのまなざしを向けさせていると言えよう。であるとすれば、西洋世界のステレオタイプ化された自爆テロに対する認識を、その認識主体である西洋世界が生み出している部分に着目して反省を促すのも、そのふたつの世界のはざまで生まれ育ち、それをたんに異質な文明として腑分けをすることのままならない異種混淆的な状況に置かれた者としては、当然の手法と言える。

そのアサドが問題化する西洋世界の認識様式の根底をなすものが、リベラル社会であり、それを根底から支える世俗主義である。この世俗主義をアサドは極めて西洋に特殊的に表れた歴史的産物にもかかわらず、普遍的な中立性を主張する言説として二〇〇三年の著作『世俗の形成――キリスト教、イスラム、近代』の主題に据え、「国家が階級、性、宗教に基づく種々のアイデンティティーを超越し、対立する世界像を統一的な体験に置き替えるべきだ」[*21]とする教説として定義し、リベラリズムの信奉する中立性を次のように批判している。

世俗国家は寛容の保証とはならない。それはさまざまな野心と怖れの構造を起動させる。法が暴力の排除を求めることはけっしてない。なぜなら、法の目的は常に暴力の管理にあるからである。……公共領域とは必然的に(単に偶然的にではなく)権力によって分節化される空間だということである。これらがみな、リベラルな特性としての自由な公共的討議の思想が成り立つための前提条件である。だが、万人が等しくこのような遂行的発話を行なえるわけではない。なぜなら、言論の自由の領域は、常に予め確立された制約のもとに形成されているからである。[*22]

ここで言うリベラリズムとは、例えばその通俗的論者である合衆国の政治学者フランシス・フクヤマの言葉を借りて表現するならば、「歴史の終わりに登場する普遍的で均質な国家」として想定されるもので、「自由と平等のバランス」を重んじ、他者に対する「寛容の美徳」をうたった社会ということになろう。[*23]そして、それは諸定宗教からの中立性を保つ世俗化された公共空間が成立して初めて、他者の権利を尊重することが可能となるという信念に基づいている。[*24]アサドは、まさにそのような中立性を一つのイデオロギーにすぎないとして、「公共領域とは必然的に(単に偶然的にではなく)権力によって分節化される空間だということである」と批判しているわけである。

このようなみずからの発話空間の権力性を忘却した中立性願望のうえに立って〈文明／非文明〉という価値観が、さらにそこから〈正戦／テロ〉という二項対立的認識も生じてくるのだという。そのリベラル社会の抱く「正義の戦争」、すなわち「悪を攻撃する道徳的義務」という観念についてであるが、それに対してアサドは、それもまた現実の市民生活を破壊している点でまぎれもない「悪」であると規定する。彼にとっては、そもそも戦争の「必要性」——正義の戦争を根拠づける理念——という概念が問題なのであって、組織的殺人を正当化するものにほかならないのだと言う。その点で正義の戦争とは「国家テロ」にほかならないとされる。結局は現代の戦争が総力戦である以上、正しい戦争といえども市民の士気をくじくことを目的に置かざるを得ず、その点で正義の戦争に巻き込まれた市民の死と、テロによる市民殺害の差はそれほど明確なものではなくなると言う。その点について、彼は「国家によって主導された一般市民の殺害とその日常生活の破壊は、テロリストがなしうるいかなる被害よりも甚大である」[*25]とはっきり述べている。アサドからすれば、あらゆる戦争とは市民に出会う場にほかならず、その点で、正義の戦争をめぐるリベラリズムの理念すなわち悪を攻撃する道徳的義務という観念は現実とかけ離れたものでしかない。

結局、戦争は勝つことがすべてであり、そのために軍隊の士気をどのように鼓舞し、逆に「敵国市民の戦意」をくじくことが肝要になるのである。そのことを端的に示しているのが、敗戦国にのみ課される国際法という存在であり、その理念からいって本来は戦勝国も含めてあらゆる殺人行為にこの法は課されるべきであるとアサドは指摘する。ここで、アサドは市民を殺害しない戦争など存在するのか、その一点において戦争とテロとどこが異なるのかという根本的な問いを読者に突き付けているのである。

このようなアサドの正義の戦争に対する根本的批判は、米国のリベラリストにとっては当然のことながら愉快なものではありえず、『ニューヨーク・タイムズ』誌の二〇〇七年七月二九日付け書評欄では、民主党に近い立場にあると考えられる評者から次のような批判も被っている。

彼［アサド］は、自分で書いているように、「読者を十分に混乱させよう」と欲している。そのために、国家が殺戮行為を許しているという規則の虚偽性を暴き、一方で非国家的な行為［テロ］にはそのような要素が存在することを否定するためである。アサドが腹を立てているのは、アラビア語も話せず、中東に一歩も足を踏み入れたこともないのに、自爆テロに対して不平の声をあげている者たちに対してなのである。……しかし、依然として読者が（私と同じように）、可能な限り市民を殺戮しようと企てることと、軍事目的の遂行のために図らずも不承不承に市民を殺してしまう行為との間に道徳的な区別を設けようとするならば、やはり自爆テロとは不安を掻き立てるものに事実ほかならないことに気付くであろう。[*26]

アサドは私への私信のなかで腹を立てているのは「（私ではなく）彼女のほうである」と述べているが、たしかにアサドは彼自身が言明していないように、「アラビア語も話せず、中東に一歩も足を踏み入れたこともない者がこの件について語る権利がない」などとは本書のどこでも述べていない。彼が意図していることは、次のようなことなのだ。アサドは序論の末尾で明確に次のように述べている。

最後になるが、本書は、制度化された暴力に関する道徳的ジレンマに解決を与えることを意図してはいない。この本は、他人に対する残酷さの中には、容認されるべきものがある、などということを主張するものではまったくない。むしろ、本書が期待しているのは、テロや戦争、自爆行為に対するあらかじめ決められた道徳的な反応が組み込まれている無難な公的言説から距離をとることができるように、読者を揺さぶることである。[*27]

この本が英語で書かれている以上、当初は合衆国の大学の批判理論をめぐるレクチャーとして講演されたように、英語圏の読者が直接の対象として想定されており、それはステレオタイプ化されたリベラリズムの言説に対して距離を置くように西洋世界の、特に合衆国の読者に対して呼びかけたものなのである。そして、批判的立場に立つ知識人を除くと、その反応がどのようなものなのかについては、上記の『ニューヨーク・タイムズ』誌の書評からその一端を知ることができるであろう。一時ほど支持されてはいないとはいえ、依然としてイラク派兵が国策として続いている状況を考えれば、その状況下でのアサドの発言は、米国のリベラリストの強い反発を招くことは承知の上での行為であったと推察される。その一方で、後述するように、批判的立場に立つと称する知識人のアサドに対する理解もまた、大いに疑問が付されるものではあるのだが。

いずれにせよ、『自爆テロ』にかぎらず、アサドの本を読む行為は、西洋リベラリズムとイスラーム原理主義のどちらが正しいかといった二項対立的な思考に答えを与えるものではなく、その思考の枠組み自体を歴史的文脈のなかで問題化する、読者に緊張を強いる作業なのである。日本語版の序文で彼が「この本での私の関心は、人々の道徳的な判断のしかたが偽善的であることを非難することではなく、近代戦争における殺害行為の複雑な構造――意図の多くが形成されるのは、その内部である――についてもっと大きな注意が払われるべきである、と主張することである」[*28]と明言しているように、我々がそのような緊張感のなかで日常を生きていかなければならないことを、自覚として促しているのだ。ただし、アサドはいわゆる脱構築が引き起こすような価値観の転覆や相対主義に終始する立場には否定的で、「言説としての伝統を認める立場に立つならば、一度転覆されたものは再び伝統のなかで再構築されなければならない」[*29]という、伝統の再構築への強い意思を語っている。むろん、そこで言う伝統とは「近代的でもあり同時に伝統的でもある、真正でありかつ創造的であるようなもの」として複合的に捉えられており、「「真の伝統は」不動で、反復的で、非合理的なものだと仮定」するような復古的な立場に立つものではない。[*30]

その観点からすれば、西洋がみずから普遍的と考えてきたリベラリズムもまた「西洋の近代性の中核的要素を定義する伝統」[*31]にほかならず、その特質が歴史的文脈のなかで十分に対象化されなければならないものとなる。それがアサドの場合は、世俗主義およびプロテスタンティズム的な宗教概念の批判として展開されてきた点に、彼独自の貢献があるのだが、その点についてはまた次節で扱うこととし、ここで『自爆テロ』での、正しい戦争との関係のなかでのリベラリズム批判の内容を押さえておきたい。アサドはリベラル社会はなによりも「世俗主義」に立脚する社会であり、「人道主義」を謳うものだという。しかし、その人道主義あるいはリベラル・デモクラシーは、故国や仲間のためであれば人を殺す、自己防衛のためである暴力の行使を容認するといった、「残酷さと同情」の共存として近代性のもつ矛盾をはらみながら形成されている。その点について、アサドは次のように断言している。

自らの所属する共同体への愛ゆえに殺人を犯す反乱者は、自分たちの国土を守るために戦うリベラルな社会の軍隊の鏡像である。両者はいずれも、著しく残酷になりうるのである。[*32]

しかし、リベラル・デモクラシーの暴力行為は、みずからは死の危険性に曝されることのない、初期植民地戦争の延長のような一方的で非対称的な殺害に終始する。アサドにとっては、「自由主義的な思想において政治の観念は暴力の観念から切り離されている一方で、死をもたらす暴力の問題が、政治的な編成としての自由主義に不可欠なものである」[*33]のだ。アサドはそこに西洋近代の一つの伝統を見出しており、人道主義的な「文明」の推進の名のもとにそのような殺害が行われるため、彼らは国家が殺人行為を犯していることなど思いもつかないのだという。そして、このようなリベラル・デモクラシーの暴力性は一部の政治家や軍隊のみに帰されるべきものではなく、リベラル社会の存立構造から言って、市民に責任が求められるものではないかと、アサドは根源的な問いを突き付ける。

リベラル・デモクラシーにおいては、すべての市民とそれを代表する政府とが、相互的な義務によって結びつけられている。そして、正当に選出された政府の行為は、その市民全員の行為と見なされる。テロの容疑者や劣勢な軍事的な敵対者に対して政府が行動するとき、すべての人が、(正しくか否かはともかく)暴力の空間に巻き込まれているのである。[*34]

そのような思考のもとで、アサドによれば、「文明の衝突」というバーナード・ルイスやサミュエル・ハンチントンが唱える見解が準備されていくわけだが、[*35]しばしばそれは〈文明/非文明〉という二項対立的思考を下敷きとしたものとなり、非文明すなわち野蛮的世界は国際法の埒外にあり、文明の推進のためならば殺害でさえ許容されるといった道徳的な優越感が自己の暴力行為、今回の自爆テロについて言えば、米国側の正しい戦争という、国家的暴力に対する認識を曇らせているのだと指摘する。「一九世紀のヨーロッパは、世界を文明化された国と文明化されていない国に分割して捉え、前者が後者のための道徳的な光をともす存在であるべきと考えていた。……文明化されていない敵対者が国際法を守らない以上、彼らに国際法の保護を与えるべきでないことは自明である」[*36]。つまり、人道主義の名のもとに、非人道的行為が正当化されるところに、リベラリズム言説の問題点、はっきり言えば欺瞞性があるということになる。

しかし、アサドからすれば、そもそも単一なまとまりとして固定化された文明などは現実には存在しておらず、今回の自爆テロでしばしば取り上げられるようになった「近年のイスラーム的ジハード主義を現代におけるテロリズムの代表例として説明しようとする「文明の衝突」テーゼ」[*37]にしても、西洋世界との接触のなかで大きく浮上するようになったものである。しかも、それは「固定的な価値を持つ自己完結的な文明という観念を前提とする歴史記述[*38]」に立脚することではじめて想起可能になったものにすぎないという。しかし、そのような文明を一つの完結体として見る理解は、「キリスト教徒、ユダヤ教徒、ムスリムの三者の間での相互貸借関係や連続的な相互作用の豊かな歴史を無視して」おり、「ヨーロッパとイスラームの歴史を完全に切り離すことは不可能なのである[*39]」。たとえば、インドにおけるムスリムとヒンドゥー教との関係についてアサドは次のような考えを披見している。

ムスリムと非ムスリムの境界線が明瞭に引かれるというのは事実であろうか？……だが、宗教共同体の境界線の問題は、なによりもまず実践的なものである。人々は、特定のコンテクストのなかで、そして特定の目的のために、社会的境界線を引き、あるいは線引きに反対する。……だが、彼ら［英国人］は、そうすることで、さまざまな地域のムスリムとヒンドゥーの地元民の間で共有されていた信条と実践の複雑なパターンを覆い隠してしまった[*40]。

そして、「テロ行為それ自体は非近代的で非リベラルな文化と不可分のものとして否定されるにもかかわらず、テロリズムはリベラルな主題（すなわち、政治的なテロ打倒の要求、社会の脆弱性、あるいは、死と破壊のもたらす恐怖や魅力）の不可欠の部分ともなって[*41]」おり、先にあげた〈文明／非文明〉というリベラリズムの二項対立的思考から生みだされたものであると、アサドは西洋世界の住人に対して自分の認識枠組みに注意深くあるように促している。そのような人道主義的観点では解決のつかない「植民地あるいはポスト植民地権力のもたらす非対称性[*42]」、すなわち「片方は望み、片方は無関心というこの非対称性が、歴史的に、西洋と非西洋とのひとつの対立の関係を作り上げ、したがってまた、両者を連絡させるときの様式を作り上げている[*43]」事態に自覚的になるべきだと彼は再三指摘する。ゆえに、「ジハード主義の台頭と党派間の凄惨な殺し合いが、アメリカの侵攻と占領に深いかかわりがあることは疑い得ない」とアサドは明言する。繰り返し言うならば、そのような非対称的構造に無自覚なままに、西洋側の人間がテロの動機探しをする時に、〈文明／非文明〉といった二項対立的思考が容易に滑り込み、正しい戦争による殺戮行為が正当化されるとアサドは考えているわけである。[*44]

だから、テロリストと戦争の軍隊の区別で問題なのは、……その文明的な地位なのである。本当の争点は、文明の衝突（二つの通約不可能な価値の間の紛争）ではなく、文明の非文明に対する闘争なのである。この闘争において、すべての文明的な規則は、棚上げにされる。……コルビーは、野蛮人が人道的な行動をとることはないと考えている。そして、おそらく彼の言うことは正しい。しかし、特に興味深いのは、リベラルな言説が非人道的行為を人道的行為に変換する工夫である。これは、確かに野蛮な言説では実現不可能なことではある。[*45]

このようにリベラル社会の特徴をなす人道主義をその文明観に結び付けて抉り出したアサドは、さらになぜ彼らがそのようなみずからの価値観を自覚化することができないのか、その根底に存在する「恐怖 horror」という感情に着目して議論を展開していく。

「恐ろしい」と表現されているのは、単に自爆者が一般市民を殺害したことでも、自らの死を覚悟していたことでもない（戦争では普通のことである）し、彼が自殺したことでもない（平時でも異常なことではない）。彼が、一般市民を殺すために自らを犠牲にしたことが恐怖を呼び起こすのである。[*46]

そして、アサドは恐怖を「受苦 pain」と区別したうえで次のように定義する。

私は、恐怖の概念を探査して、それがアイデンティティの解体に対する本能的な反応であることを明らかにし、……否定し非難したいという欲望から責任ある理解と行動への移行が、戦慄によっていかに困難になるかという問題について考察している。……経験を記述することができない、つまり、経験を言語的に把握することができないのは、戦慄に本質的なことである。[*47]

後述するように、受苦とは中世カトリックの根幹をなすものであり、人間の徳を養うための身体的実践である。それに対して、恐怖は物事を判断する能力を失わせるようなパニック状態を指す。それは、言語化がはるかに及ばないような事態に直面して、みずからのアイデンティティが解体される危機に瀕するためであり、現実に何が起きているかという理解そのものを拒む事態を引き起こす。ここでアサドが言いたいことは、今日の西洋リベラリズムの言説が自爆テロという理解しがたい現実に直面して、まさにそのような恐怖の状態に陥り、正確に事態を把握できないままに、みずからの〈文明／非文明〉というの二項対立的思考で問題を処理しようとしているということなのである。つまり、近年のリベラリズムの人道主義的な発言は恐怖に陥った産物にほかならず、もっと冷静に現実を見つめなければならないとアサドは説いているのである。その点で、アサドは神風特攻隊という国家テロを体験した日本社会は、そのように恐怖をより深く理解できる歴史的経験を有しているのではないか。それを深める可能性を有しているのではないかと期待を託す。

戦争の恐怖と、一般市民に対する広範囲にわたる戦争被害が生み出す恐怖に苦しんだ国である日本では、戦争の一行為という意味での自殺行為は熟知されているのではないかと考える。したがって、私がこの本で言わんとしたことを、他の多くの地域でよりも理解しやすいのではないだろうか。*48

ちなみに、彼は来日のさいに、本人の希望で戦死者を祭った靖国神社を見学し、日本における戦争体験のあり方に強い関心を示している。その後も、そのような国家テロを生み出した戦争体験が日本社会にとっていかなるものなのかについて一貫した関心を保持し続け、『硫黄島からの手紙』など、日本の戦争体験に関する映画をいくつか見ている。そのなかで彼が最も印象に残った日本社会の戦争体験の表現として筆者に紹介してくれたのが、オムニバス映画『11'09"01 セプテンバー11』(二〇〇二年)に収められた今村昌平監督の作品であった。

この映画はまさに二〇〇一年九月一一日に起きたニューヨーク世界貿易センターの自爆テロを主題としたものであり、ショーン・ペンやケン・ローチなど一一ケ国の一一人の映画監督が撮った一一分九秒一フレームとした作品を収めたものである。その最後を飾るのが、日本の今村昌平であった。ただし、今村の作品は九・一一テロを直接扱ったものではなく、第二次世界大戦に従軍した日本兵の帰還後の姿を写したものであった。

この帰還兵は村に戻り家族と暮らすのだが、言葉を失い、まさに蛇さながらに、手足を用いず、腹ばいになって蛇のような行動を繰り返す。扱いかねた家族たちは彼を檻のなかに閉じ込めるが、餌を与えれば噛みつくし、そこらのネズミを捕獲して飲み込んでしまうありさまである。最後は、その人間性を失った行動のあまりのおぞましさに家から叩き出され、川の水辺まで這ってたどり着くと、そこで入水(自殺を意味するか?)してしまい、物語は終わる。

アサドはこの映画にひどく印象づけられたようで、日本兵が蛇のようになってしまったことは何を意味するものなのだろうか、彼から幾度か私は尋ねられた記憶がある。そして、それは日本人だからと言って容易にわかる問題ではなく、あくまで筆者の個人的見解としてと前置きしたうえで、おそらく戦場での言語に尽くしがたい体験によって彼は人間性を喪失してしまい、蛇になってしまったのだ。その床や地面を這って歩く無残な姿は彼の言いようのない悲哀と恐怖を物語っているのではないかと説明した。その恐怖こそ、アサドの言う「アイデンティティの解体に対する本能的な反応」であり、人間が人間たるべき理性や感情を見失わせる原因になっていると筆者は解釈したのである。おそらく、この主人公を覆い尽くした恐怖感ゆえに、アサドはこの作品に魅了されたのであり、先にも引いたように日本社会の戦争体験に深い関心を示したのではないかと思われる。

果たして戦後の日本社会が、そのような戦争体験のもたらした恐怖に正面から向き合って来れたのかどうかは、アジアに対する戦争賠償、あるいは靖国問題などから見ても、大いに疑問とされるところであるが、そこに日本社会における戦争体験を意識化していくための一つの焦点が存在することは間違いがなかろう。恐怖へのとらわれが、加害者的な厭戦感、アジアとの関係、戦没者祭祀、天皇の戦争責任など、さまざま点で私たちに理性的な判断を妨げてきたことは明らかである。そこに、合衆国から戦後の占領政策の一環として入ってきたリベラル・デモクラシーによる〈文明／非文明〉という二項対立的枠組みが、〈米国／日本〉、〈日本／アジア〉、さらには〈戦後の日本／戦前の日本〉という諸表象に振り分けられ、複雑なかたちで、しかも極めて無自覚にアイデンティティ再編が進められてきたと見るべきであろう。アサドは、この恐怖の体験を凝視することで、日本が今日の自爆テロをめぐる言説を、みずからの過去を語りなおすために、そして今日の世界平和を推進するためにも、対象化することを望んでいると思われる。

さらに、恐怖の問題からアサドはキリスト教の系譜学を展開し、キリストの死を一種の自殺として規定し、「愛の贈り物であると同時に、不正な受苦のモデル」として、近代リベラリズムとは異なる伝統を西洋中世のカトリシズムのなかにも見出そうとする。

ユダヤ・キリスト教の歴史では、神の一人子が、熟慮の上、自らの意志によって、人類の救済のために自らの生命を与えた。これが至高の犠牲である。キリストは、自らを害したわけではないけれども、自らが残酷に殺されるようにしむけた。……それは、有罪とされた犠牲者の受苦によって、社会的・形而上学的な秩序が回復される一種の返済行為であり、失われてしまった徳を再生させるための手段であり、罪であると同時に罪を浄化する死の例と見なされた。……それは、愛の贈与であると同時に、不正な受苦のモデルでもある。[*49]

そして、皮肉にも西洋リベラリズムが嫌悪感を持ってやまない自爆テロが「犠牲ととらえることは、キリスト教的あるいはポスト・キリスト教的伝統を自爆行為に対して読み込むことになる」[*50]と明言する。つまり、アサドは「キリスト教文明においては、人間に対する生命の贈与は、自殺によってのみ可能なのである。救済は、残酷さに依存しているし、少なくとも人間の生命を軽視する罪に依存している」[*51]として、「十字架上でのキリストの残酷な死によって、信仰深いキリスト教徒の間に、人間の受苦に対する特徴的な感受性が生み出された」[*52]と西洋リベラリズムからは消滅した宗教伝統を中世カトリシズムから取り出してみせるのである。そのような苦痛や自己犠牲に向き合えなくなったところに、西洋リベラリズム言説の根本的な欠陥があり、それはプロテスタンティズム的な〈ビリーフ／プラクティス〉という二項対立的な宗教観および世俗主義と深く結びついたものであるのだと言う。

近代リベラル・デモクラシーは、人間主義と、世俗主義的を公言している。そして、リベラルたちは近代ヨーロッパに大混乱を引き起こした宗教的な熱狂から距離をとっている。宗教的な残酷さに付随する中世的な感覚は、彼らには明らかに戦慄と見なされる。しかし、近代の人道主義的な感性の系譜学は、無慈悲さと共感を接続し、残忍な殺害行為が、この上ない悪であると同時に最高の善であり得ると主張する。……近代性そのものにも不穏な矛盾があることは明らかではないだろうか。つまり、同情と残酷さとの間の矛盾と、それがリベラルな精神に恐怖を引き起こす力を持っていることは、西洋に特徴的なことなのではないだろうか。[*53]

こうして、アサドはリベラル社会の人道主義を、中世カトリシズムが有していた自己犠牲を通した苦痛への感受性を見落としたところに、他者の死に対する冷酷さが生じたものとして厳しく指弾するのであった。苦痛に対する感受性の欠如。それ自体が世俗主義と結びついて成立したリベラリズムを自爆テロに対する恐怖に追い込むものであり、アサドの西洋社会に対する根本的な批判をなすものなのである。そのような観点から見たとき、アサドが期待を寄せる日本社会もまた、きわめて苦痛に対する感受性を欠落させたものになっていると言わざるをえまい。あるいは、先にあげた今村監督の作品における蛇と化した兵士の例を引くならば、いまだもって私たちは先の戦争について「経験を述べることができない」、つまり、経験を言語的に把握することができない」「恐怖」にいまだ捕らわれているのだとも言える。

なぜならば、人は自分の背負い切れない場面に直面したとき、恐怖やパニックに陥り、自分の殻に閉じこもり、理解できないものに対しては旧来の二分法的な表象に無理やり押し込めて解決したふりをするか、その存在そのものをなかったことにしてしまうのである。しかし、そこにおいてこそ、われわれが予測不能な他者の存在に自分をさらすことができるのか、真の意味で粘り強く交渉することができるのか否かが問われているはずである。他者とは、自分を教え導いてくれるような英知に満ちた、あるいは我々の予測にかなうような理知的な対話に応じてくる存在であるばかりではない。だからこそ、一見すると理解不可能な、あるいは理解を拒むような愚かさや恐怖にいろどられて常に立ち現われて来るものが他者なのである。

第三節　アサドの思索――受苦と他者

では、このような西洋リベラリズムの言説に陥ることなく、どのようなかたちで他者と向き合うことをアサドは考えているのだろうか。『自爆テロ』では十分に展開されてこなかった彼の見解を、彼の主要著作である『宗教の系譜――キリスト教とイスラームにおける権力の根拠と訓練』を中心として紹介し、アサドの考える他者との交渉関係がどのようなものであるのかをここでは明らかにしておきたい。以下、その宗教論から説き起こし、まず、苦痛としての身体論、そして「エージェンシー」と翻訳を通した他者論について見解をみておきたい。まず、アサドは現在の「宗教」概念を世俗主義と表裏一体をなすものと捉える。

私は「宗教」は近代的概念であると強調したい。物象化のゆえにではない。それがそのシャムの双生児である「世俗主義」と結びついているがゆえにである。……世俗主義のイデオロギーは、「実在」についての多数の形而上学的信条に基づいて、「宗教」の社会的・政治的な場を恒久的に固定しようと努めている。[*54]

近代的な宗教概念が含意する私秘性は、中立的な公共領域として世俗の空間が成立したとする言説と同時に成立したものであり、西洋近代における「ポスト宗教改革史」[*55]、すなわちプロテスタンティズムおよび啓蒙主義が生み出したものとされる。このような「宗教には、科学や政治や常識などの本質と混同してはいけない独立の本質があると主張する」考え方は、「様々な権力と理性が近代固有の生を分節化する種々の領域から――きれいに切り離しておきたいという今日のリベラルの要求と、目指すところを同じくしている」ものであり、ポスト宗教改革史の産物にすぎない「宗教を……超歴史的で超文化的な現象として定義すること」になってしまう。[*56]そこから、アサドが「宗教の超歴史的定義には望みがない」[*57]と帰結するにいたる点は重要である。

宗教の普遍的定義というものは有り得ないというのが私の議論である。その理由は、宗教を構成する要素や関係が歴史的に個々別々であるとからというばかりでなく、そうした定義そのものが言説の過程における歴史的産物だからなのである。[*58]

これは、いわゆる宗教概念論として近年の日本の宗教学や近代史にも一定の影響を及ぼすようになった見解であるが、依然として日本の宗教学者がそのような宗教概念の歴史性をふまえたうえで、ふたたび宗教概念を普遍的なものとして次のように再措定しようとするのは対照をなす帰結となっている。たとえば、今日の宗教をめぐる諸分野からの研究状況を伝える『岩波講座　宗教』について、宗教学者の土屋博は次のように宗教学を中心とした観点から総括してみせる。

「この語の近代ヨーロッパにおける浮上以来の系譜と変転を再確認」した結果としてならば、これを捨て去る必要はない。深澤の結論も、「どのようなかたちであれ、宗教という語彙を自由かつ創造的に運用することは、試みるに価する賭である」ということであり、これは、現時点での総括として妥当であると思われる。……鶴岡によれば、……「近代キリスト教的偏差はあるにせよ、「宗教」という名で人々が名指そうとしてきた何かそのものは「人類」とともに古く、普遍的であるとかんがえることはなお可能である」と言われる。[*59]

（傍点は磯前）

ここに見られる宗教という言葉に対する固執は、アサドが宗教という術語に拘泥せずに、苦痛や謙遜といった個々の要素を通して人間の自己規律や他者との共存の在り方を模索していくのとは全く異なる道を示している。

そこには、あらかじめ、宗教という言葉を、自己の帰属する宗教学という言葉を存続可能とする言葉としていかに再生させるか、その普遍的真理を再確保するかという目的が、その批判に先立ってあらかじめ設定されているからである。たとえば、土屋が論及する宗教学者の深澤英隆は宗教概念の有効性を次のように論じている。

「宗教」が近代の、そしてポスト近代の反省的自己解釈のカテゴリーのひとつであるかぎり、宗教言説に終焉はない。……自らの宗教言説の真理請求や妥当請求の性格と限界と理解し、自覚するかぎりで、さまざまな性格の宗教言説には、それぞれの機能と存在価値がある。こうした自覚はまた、言説形式相互の差異の知覚を高める。……この差異に、またその差異によって自己を新たに差異化し、更新し続けなければならないことに敏感であること、これが宗教言説のもうひとつの格率となるだろう。[*60]

そこでは、宗教はアサドのような自己との関係や他者との関係性なかで論じられる一指標ではなく、研究者の宗教学者としての言説の純粋性を学的言説として温存していこうとする傾向が見て取れる。「差異化」といった脱構築的な術語がちりばめられながらも、宗教という概念は非宗教的な外部との接触に曝されることはなく、宗教という言葉の内部で自己言及をし続けている。それについて、「私が「宗教の普遍的定義」に難点を見るのは、ある一個の本質的単一性を主張することによって、その定義が何を、いかにして、誰によって、何の目的のため（等々）排除し、また包含するのかを問うことから私たちの注意を逸らしてしまうことである」[*61]というアサドの言葉を今一度対峙させれば事足りるであろう。あるいはアサドは次のようにも述べている。

わたしは宗教の定義に代案を与えることには関心がない。そうではなく、身体化がどのようにしてある種の意志をもつ主体の構築を可能にするのか、すなわち、それが世俗的なものであれ宗教的なものであれ、そのなかで規律化がどのような役割を果たすのかということを問題にしたいのである。[*62]

その点で土屋らの定義には宗教の身体的次元が除去されており、その定義の網羅性への主張とは裏腹に、「ポスト宗教改革史」的なビリーフ中心主義といった偏りが如実に見て取れる。アサドに言わせれば、そのような彼らの語り方こそ、宗教を「科学や政治や常識などの本質と混同してはいけない独立の本質がある」と措定するものにほかならず、それゆえに人類学でもなく社会学でもなく、宗教学においてこそ宗教はその固有性が確保されると、宗教学の独自性を主張するのだということになろう。同様の動向は日本にとどまらず、欧米の宗教学にも看取されるところのものである。たとえば、「世界宗教」という概念に対する批判的視点が好評を博している増澤知子の『世界宗教の発明――あるいは、いかにしてヨーロッパは言語的多元主義のうちに普遍性を確保してきたのか』での議論は、結局のところ、最終的には「過剰に排他的な覇権的な版（キリスト教優位の教義主義）から開かれた多元的な普遍主義的なもの（世界宗教の多元主義）[*63]」としての世界宗教という概念の可能性を肯定するに終わっている。

そこで説かれる多元性や普遍性のあり方が宗教の社会的存在形態との接合のなかで脱構築されることはなく、世界宗教という概念は多様な移民を呑み込んだアメリカ合衆国の社会のように、異なるアイデンティティの競合を可能とする場として素朴な多元主義的な言説が言祝がれてしまっている。[*64] つまり、そこでは世界宗教という諸宗教を比較する場は、まさにアサドが批判する世俗主義によってもたらされており、その世俗主義こそが自由な比較討究を客観的なかたちで保証するというリベラリズムの論理へと帰結していくのである。[*65] 事実、アサド自身も神学者ヘント・デ・ヴリースとの議論のなかで、このような他者に対する寛容さをヨーロッパに固有のものとみなす危険性が存在することを危惧している。[*66]

そして皮肉なことに、世俗主義や宗教概念に対するアサドの批判もまた、米国の批判的な人類学者や宗教学者のなかでは肯定的に受け入れられているものの、その受容のされ方はやはりリベラリズムの論理に基づくものであると言わざるを得ない。たとえば、二〇〇七年一〇月にロングアイランドのホフストラ大学で開かれた会議「構築されるつつある宗教、そのポリティクス」[*67]には、筆者も加わり、タラル・アサドや増澤知子を基調講演者として、二〇人を超す若手宗教研究者のかなりの者がアサドの『世俗の形成』を引用し、イスラームを理解しようとしない合衆国の世俗主義を批判していたが、それはイスラームをどのように実際に理解するかという方向に開かれたものではなく、どれだけ合衆国の研究者が他者に開かれた理解能力を有しているかということを、みずからの世俗主義に対する自己批判のしぐさを行ってみせることで、米国人が相互確認する議論に終始していたように思われる。そこには三人のムスリムの研究者が米国の外部から招かれていたが、厳しく言えば、彼らは米国がどれだけイスラーム側の発言に耳を傾ける寛容さをもっているかということのアリバイ作りにも見えるものであった。そこではムスリムの研究者が西洋の世俗主義を批判すればするほど、米国の研究者はそれを歓迎するという表層的な寛容主義に満ち溢れたものであった。[*68]

ホフストラの会議では、みずからの世俗性を自己批判できるほど米国社会は世俗主義が徹底しており、他者の宗教性までが了解できるのだということが誇示されている。そしてなによりも、みずからの社会が市民宗教や福音主義に満たされたきわめて宗教的な社会であること。すなわち世俗主義の形式に依拠したうえで、その内部には私的領域を超えて宗教性が満ち溢れているという、みずからが帯びた宗教性に対する危惧感が欠落した議論になっていた。その意味で世俗主義自体が、アサドの言うように「市民宗教とよび、……疑似宗教と呼んだ」という根本的なイデオロギー性を温存している自体はまったく自覚されていないままに、その言説が世俗主義批判のしぐさによる世俗主義を維持する目的に用いられてしまう救い難い状況がある。

そして、タラル・アサドの世俗主義批判をめぐる発言もまた、彼がアラビア語を母語としない西洋世界に住むムスリムであるにもかかわらず、アラブ・ムスリム世界の代弁者として、その世界からの西洋世界を指弾する発言として意味づけられてしまう。しかも世俗主義を言祝ぐ増澤の世界宗教論と共存可能なものとして位置づけられてしまうのである。皮肉なことにアサドもまた、彼自身の意図を超えて、第三世界の代弁者として西洋の批判的しぐさを示す知識人たちの口当たりのよい自己批判の材料へと組みこまれてしまいかねないのだ。その点で、レイ・チョウの次の発言はアサド自身の発話のポジショナリティを問う厳しい批判としても読むことができる。

ディアスポラ状況の「第三世界」知識人の空間とは、「ネイティヴの土地」に結びついたかつての闘争の「地盤」からは、切り離された空間であるはずだ。しかし、物理的な遊離によって、かつての闘争に顕著だった「マイノリティ」的地位という価値観がより増幅され、美学的に先鋭化されたことは、まず避けがたい。……「第三世界」の文化……を、自己反省なしに支持し続けることは、彼ら彼女らが本国にとどまっている人々に対して有しているヘゲモニックな優位状態を隠蔽する仮面でしかないのだ。「第三世界」の知識人にとって、ディアスポラの誘惑とは、この隠されたヘゲモニーのことにほかならない。[*69]

アサドが「ディアスポラの誘惑に抗して読み、書く」[*70]のであるとすれば、第三世界の代弁者として西洋世界に組み込まれることをいかに拒んでいくか、その点でアサドの発話もまたアドレスの質が問われなければならない。[*71]その点で、アサドもエドワード・サイードと同様に、西洋世界とアラブ世界のはざまに立つ、どちらにも属しないイン・ビトウィーンとしての、文化のはざまで宙吊りになったものとしての「ディアスポラ知識人」の覚悟が求められるであろう。その意味で次のサイードの言葉は、まさに第三世界の民衆世界との緊張関係に立ったディアスポラ知識人ならではのものとしてうけるべきものであろう。

わたしは講演のなかで、知識人の公的役割を、アウトサイダーであり、「アマチュア」であり、現状の撹乱者であると語っていた……まもりを固めて防御すべき縄張りもない知識人には、つねに、不安定で遊牧民的なところがある。……これは孤独なむくわれない生きざまといえば、まさにそのとおりである。……知識人の語ることは、総じて、聴衆を困惑させたり、聴衆の気持ちを逆なでしたり、さらには不快であったりすべきなのだ。[*72]

そこにわれわれは、真に他者に向き合うことの本源的な難しさを見て取ることが可能であろう。それは、増澤が可能性を見出そうとする「世界宗教」の、あるいは日本では深澤が期待を寄せる「宗教」概念の包括性のなかに、アサドの世俗主義批判そのものを含めて、あらゆる批判を併せ呑むことができるという、ひたすら外延化していく反省意識の不気味な肥大化が見て取れる。それがアサドの懸念するリベラリズムが生み出す客観性や中立性の延命化の作業であるとすれば、そこに西洋啓蒙主義の自意識の度し難さを見出すのは筆者だけであろうか。

一方、現在の日本の宗教学においては、このような内閉的に宗教概念の独自性を再構築しようとする動きは、具体的な研究分野においてはほとんど関心を引かないものになっている。ただ、方法論や理念的な議論をする時に、宗教学では依然として、その個別的な研究と無関係に、宗教および宗教学の独自性に帰結しようとする発想が依然残存している点に問題がある。[*73]そこでは、宗教という抽象化された理念が唯名論の如く現象に先立って存在し、肝腎の人間や社会における宗教の存在形態がその傍証資料の地位に貶められてしまう。その点で、宗教概念論は、アサドと土屋の議論においては正反対のベクトルのもとに位置づけられてしまっているのだが、日本においてはそのような相違点が自覚されないままに両者が同じ意匠のもとに同一視されてしまっている点に大きな問題点がある。[*74]

そして、このような独自の閉域たる反省意識として宗教概念を捉える姿勢こそが、アサドによれば、まさに西洋近代が生み落した産物にほかならないということになる。それに対して、アサドは実践的な宗教のあり方を対置させて次のように述べている。

心にとめるべき重要な対照は、具体的実践のありかたに直接の関係をもたないような、こうした種類の知性化された抽象的な教義システムと、それから、正しい道徳的・宗教的な実践を徐々に学び、熟達させていくことを中心として組織された生活との間にあります。前者のタイプの宗教性は、何といってもヨーロッパの近代宗教の特徴となっているものでする。そして、実のところ、宗教の定義の一部となっています。すなわち、ひとつの宗教を他の宗教と比較することを可能にし、そうした抽象的な言明の有効性を――さらにはその意味までも――判定することを可能とするような信条・言明のセットです。こうした状況は、正しい実践が宗教的な徳性の涵養にとって必須のものとされ、それ自体が宗教的徳性の本質であるような状況とはまったく対極的です。[*75]

アサドは、中世カトリック教やイスラームにおいては「実践は遂行的であって、陳述的ではないのです」として、近代において「〝訓練〟から〝象徴〟へ、〝特有の徳性（情念）を実践すること〟から〝実践によって表象すること〟への変質」が起こったのだと説明する。[*76] ここでアサドの言う実践とは、「生活する身体が発達させた能力や育成した感官に依拠している活動のこと、また、身体が物質や社会的条件に関与するときに、有意味な経験を可能にする活動のこと」であり、「（心の）内的状態」たるビリーフとしての宗教とは区別される。[*77] この実践すなわちプラクティスは、概念であるビリーフと二項対立をなす一方としての、身体として捉えられがちであるが、ここで注意深くあらねばならないのは、アサドはプラクティスあるいはビリーフ、いずれの一項であれ、このような二項対立の枠組み自体が近代プロテスタンティズムの影響下に成立したものにすぎないと断じていることである。

例えば、アサドは人類学者クリフォード・ギアーツの「文化のシステムとしての宗教」論を「象徴のシステムを実践から切り離して捉える憶断」と厳しく批判しているが、それは身体が「〝異種混淆の生（何かをなし、何かをなされる生）〟から〝読解されるべきテクスト〟へ」貶められてしまっているからである。[*78] すなわち、イスラームや中世カトリック社会においては〈ビリーフ／プラクティス〉という二分法そのものが存在しない。そこでは、身体実践はビリーフによって解読されるべき非合理的な対象ではなく、共同体の抱く徳を身につけるための規律実践であったのだ。[*79] そのような規律実践をみずからのムスリムの信仰生活にも依拠しながら、彼はビリーフ的な象徴論を超えて、ミハイル・バフチンが説く物質性としての記号論へと意味づけ直していったのである。

その物質性とは、記号とは物の単なる反映ではなく、モノそのものなのであるということである。そして、もし記号が物であるとしたならば、それは感覚——聴覚・触覚・視覚——によって把握される物質的存在でなければならない。このように物質性を強調するということは私にとっては大切なことであり、身体とそこから生じる感情との関係で記号をとらえるためにはそれはどうしても必要なことであった。……『宗教の系譜』で、自ら服従する意志という観点から権威的な言説の問題を考え始めた。私は修道院における規律化を外部から押し付けられるものとしてではなく、みずからの力によって自己を内側から形成するものとして語ったのである。「権威的な言説」という言葉は私にとっては、観念的な象徴論的方法から距離をとる手段でもあった。[*80]

〈ビリーフ／プラクティス〉の二分法を越えたかたちでの、「質料的手段を通じて身体に「徳性」を育むように教える」[*81] 身体実践への着目。それがアサドの宗教論——イスラーム論と中世カトリシズム論——の中核をなすものである。そこから「修道の自己の十全なる成長を目指して実践形態を組織する「儀礼」[*82]」として、中世カトリシズムの修道会における「受苦 pain」を重視する身体実践が取り上げられていくことになる。

修道士の共同体は自らを監視し、試験した。そしてその成員は、受苦を通じて従順を学んだ。従順は各々の規律ある意志を形成した。自己の意志ではなく、主の意志としてである。宗教的共同体は、自己を抑圧したのではない。反対にそれは、ある特定の種類の自覚を構築するのに必要な規律＝訓練を供給した。「神の前に彼とともに罪人として並ぶ者たちの共同体」のなかに生きる罪深い人格である。……服従的な修道士とは、服従＝従順が、（彼自身の才能、潜在可能性、権力であるという意味で）自らの徳――訓練を通じて育成されるキリスト教徒の徳――であるような人間である。[*83]

「身体は……単に真理への障害だったのではなく、何よりもまず媒体であったのだ」[*84]と述べるアサドの議論は、身体の規律化を重視するミシェル・フーコーの権力論にきわめて接近していくことになる。実際にフーコーは「権力という語によって私が表わそうとするのは、特定の国家内部において市民の帰属・服従を保証する制度と機関の総体としての「権力」のことではない」と断ったうえで、権力を「時間と空間の中に、程度の差はあれ、強度をもって散らばされており、時として、集団あるいは個人を決定的な形で調教し、身体のある部分、生のある瞬間、行動のある形に火をつけるのだ」と定義している。[*85]さらに、アサドは儀礼を通した自己規律の経験を次のように述べている。

このプログラムが規定した儀礼は、単に普遍的な感情を喚起したり、解き放ったりするだけのものではなかった。それらは、神への服従というキリスト教の中心的な徳を成り立たせる特定の感情――欲望、謙遜、自責の念――を構築し、再編成することを目指すものであった。ここが大事なところである。なぜなら、これらの感情は、普遍的な人間的感情――……「人間の生理機能……に結びついている強力な衝動や情念」――ではないからである。……そしてそれらは、単に象徴を読みとることで生み出されるものではなく、権力の過程によって生み出されるものなのだ。[*86]

そこでは、身体に直結した生理的な感情は「衝動が自己生成していくような経験」として、「身体の感覚と身体の学習とが互いに互いを構築しあうような経験」とは注意深く識別されることになる。[*87]「徳……においては、外面における行動と内面における動機との間に、社会的儀礼と個人的感情との間に、表現的行動と記述的行動との間に、いかなる根本的な食い違いもあり得ない」[*88]と言われるように、ここで身体と内面は表裏一体のものとして位置づけられ、ポスト宗教改革史の〈ビリーフ／プラクティス〉の二分法のように、解読するものと解読されるものといった乖離は見られない。

そのうえで、身体の規律化を通した徳の養成にとって、「受苦」と「謙遜」という二要素が中世カトリシズムにおいては大きな役割をはたしていたとアサドは説く。謙遜については、それが「神の法が要求する規律＝訓練に従属するもの」であり、「禁欲的訓練によって漸進的に育成されるべき、内面的な状態」をさすこと。そして、謙遜を通して「修道の規律＝訓練を、有機的全体に連繋させるのに必要な強制力」が発揮されることを指摘しておけば、ここでは十分であろう。[*89]確かに、アサドは「はじめ宗教は、個々の権力ないし知識の働きと結びついた一組の具体的な実践的規則であった」と考える点でフーコーの立場を踏襲しているが、「ベネディクト会修道士の真実に忠実な自己は、構造化された共同体の継続的な作用」（傍点は磯前）とする点で、「孤独の小宇宙」として身体実践を捉えるフーコーとは、個と共同性の関係をめぐる理解において見解を異にしている。[*90]

もう一点の受苦についても、「受苦が不可欠であるのは、自己が感覚、感情、欲望と無意識に結びついているので、魂が騙されることのないように、絶えず身体を精査し、試験するように努めなければならないからである」[*91]と捉える点で、アサドはフーコーとおおよそ見解を同じくする。しかし、それを先に『自爆テロ』において触れたように、キリストの磔刑と積極的に結びつける点で、アサドは独自の見解を示すことになる。「愛の贈与であると同時に、不正な受苦のモデル」として「十字架上でのキリストの残酷な死によって、信心深いキリスト教徒の間に、人間の受苦に対する特徴的な感受性が生み出された」とするその見解は、キリスト教自体が本来は信仰者に苦を科す宗教であったこと、それは現代の福音主義が説くような、キリストの磔刑が信者たちの身代わりとしてその苦痛を除去するものではなく、むしろ受苦のモデルとして信者たちに均しくその身体的あるいは精神的な規律・実践を促すものであったことを突き付けるものとなっている。その受苦の実践こそが信仰共同体を形成させる絆となる。そこにアサドの宗教理解の特質――中世カトリシズムだけでなくイスラームにも共通するものとして[*92]――がある。ここにおいて、かえってキリストに一身の苦痛を負わせ、みずからはグローバル資本主義の代名詞であるようなディズニーランドやマクドナルドの付与する快楽に身をゆだねる現代福音主義者の生活は、キリストの名のもとに否定されることになる。むろんそこでは、イラクに爆弾を落とす「正義の戦争」がもたらすイラク市民たちへの苦痛に対しても、みずからがキリストと同じように受苦を引き受けるのであれば、無感覚ではいられなくなることになる。

もちろん、もはやアサドの目的が、宗教あるいは世界宗教という概念や宗教学の再生にあるのではなく、日常的実践を生きる人間の徳目の育成そのものにあることは明白であろう。その点で、宗教あるいは宗教学に固執する議論の矮小さは言うまでもあるまい。それは、宗教概念や宗教学の再生に拘泥する立場がリベラリズムと深く結びついたものである以上、そこから身体的な受苦や共同体的な謙遜が脱落していくのも、それらが世俗主義が推進されていくなかで成立してきたものであることを考慮するならば当然の帰結ともいえよう。近代のリベラル社会はその意味で苦痛を廃し、快楽を前面に押し出した社会と言えるが、それゆえに社会から苦痛が完全に除去されたわけではなく、下記にアサドが指摘するように特定の場所に苦痛が集中的に、しかもきわめて暴力的に押し付けられた構造をとるようになったと見るべきなのである。

近代になると、苦痛を科すことは、道徳にかなう宗教とはまるで相容れないものと見なされるに至った。今では、受苦は「宗教的態度」の助けによって克服しうる悪の一つとさえ見られている。しかしなお、戦争、犯罪学、医学的動物実験において合理的に正当化できるものとして、受苦の配備と理論化は続いている。痛みや苦しみを科すことは、所与の目的に対するその道具的な適切性の点から合理化されなければならない、という形で、この文脈における合理性の性格が現れている。実際、現代における暴力の定義の一つは、痛みと苦しみを与えることの誤った手段というものである。[*93]

アサドからすれば、このような他者の受苦に対する共感の欠如が、リベラリズムの「残酷さ」、すなわち他者の苦痛に対する無関心さにつながるのであり、フーコーが「孤独の小宇宙」と名付けたような個と個が切り離された、内閉した自意識にもとづく個人主義の社会が生み出される一因にもなっているということになるのであろう。

このような受苦あるいは謙遜をめぐるアサドの思考は、そのような要素を媒介とする他者との関係性のもとで、初めて個人は存在可能になると捉える「エージェント」論へと展開されていく。アサドは、自己意識に囲われた主体と区別することで、彼の用いるエージェントという言葉を次のように規定する。

自己［自我意識に近いもの］の構築概念は、……近代国家あるいは近代化途上の国家において道徳的・法的・政治的に広大な影響を及ぼしているリベラル・ヒューマニズムの原理である。……自己構築の原理の本質にあるのは「意識」である。……［しかし］日常用いているような心理学的な意味での意識（意識性、意思、経験に与えるもの）だけではエージェンシーなるものを説明することはできない。……本能的反応、従順な身体、無意識といったものが様々なしかたで意識よりも広範かつ持続的に作用していることは明らかである。エージェントの行為が当人が意識している以上（そして以下）のものになるのは、一つにはこのためである。ここでもう一つ関係するのは、当人の行為が他のエージェントの営みの下に置かれていることである。ある地点より行為は、その行為の開始者のみに帰属するものではなくなる。[*94]

すでに気づかれたように、ここでの主体とエージェントの対比は、世俗主義的リベラリズムに立脚したビリーフ中心主義と中世カトリシズムあるいはイスラームの身体実践との相違に基づくものであり、共同体から独立した個人の自我意識と共同体に帰属する身体性——それもまた自己意識との往還関係を有することは言うまでもない——の対比を意味するものである。「どんな人間も何らかの程度において他者としての対象物であり、また他者の物語の対象物であるのだから、……自己の歴史のただ一人の能動的なエージェントないし主体になることなど誰にもできないことである」とアサドが述べるように、「人は能動者であり受動者である」双方向的な存在としてのみ、この歴史的世界の内部に住まうことが可能となる。[*95] 一方的に自分が他者を眺め、能動的に働きかけるのではなく、自分もまた他者の眼差しに自己を曝し、他者からの働きかけに身を委ねなければならないのだ。そこにおいて、アサドの言う受苦や謙遜といった行為も、他者との共同性のなかで意味をもつものとして、より踏み込んで言うならば、他者と自己を架橋する営為として明確な意味を有するものとなる。

その点から、比較宗教学者であるキャントウェル・スミスに対するアサドの批判も、スミスがプロテスタンティズム的な宗教概念を一見退けながらも、結局は「宗教を本質的に個人的で他世界志向であるような信仰であるというふうに捉える敬虔主義的な考え方」にとどまっており、依然として「信仰は、公共的に観察可能な生活のあり方にいかなる変化ももたらさないかのよう」に考えている点を問題にしているのである。[*96] むろん、そこには信仰行為は世俗化された公共空間では、積極的な働きかけをしないものであるし、たとえそれができたとしても、働きかけることは許されないとする世俗主義の考え方に対するアサドの根本的な批判がある。そのような世俗主義的な前提が西洋のポスト宗教改革の言説にすぎないことを理解したときに、宗教は人と人が触れ合い、能動者でもあり受動者でもあるような——後に引くジュディス・バトラーが言うような「可傷性」に満ちた——公共的な関係性を構築する営為として捉えなおされるのである。

それゆえ、アサドは「公共的空間（政治的に責任のある生活がオープンに営まれる空間）と私的空間（個人が自分のことを好きに行なう権利を有する空間）とを分ける近代リベラルの分離」を批判して、ヴィトゲンシュタインに依拠しながら、「言語ゲームにおいては、信仰は単一の行為ではなく、継続的な実践に基づく関係、他者に対する（他者を疑うのではない）信頼の態度なのである」（傍点は磯前）と再定義している。[*97] むろん、ここで言う信頼とは安直な依存の感情でもないし、ゆるぎなき不動の状態を指すものでもない。人間が互いに加害性に満ちた存在であることを認めた上での、自己を賭した行為なのである。「スカイダイバーが、相棒のバランスシュートを持ってあとを追って降下するときの信頼には、どこかエロティックなものがある」[*98] という比喩のもと、哲学者のアルフォンソ・リンギスは信頼を次のように説明している。

> われわれは、その言葉や動作を理解できない人物に、理由や動機がわからない人物に、絆を感じる。信頼は、社会的に規定された行動を表わす空間をショートさせ、そこにいるリアルな個人と——きみと——触れあう。ひとたびだれかを信頼する決心をすると、……そこには興奮と浮きたつ気分がある。信頼は、他の生き物ともっともよろこばしい絆だ。だが、だれかとともにいきることを楽しむとき、そこには危険性の要因があり、同時に信頼の要因があって、それが恍惚ぎりぎりの快楽を与えるのではないだろうか。……信頼という力は、死が抱く動機と同じように、その動機が知りえないだれかに対して湧きあがり、しがみつく。知らない相手を信頼するには勇気が必要だ。[*99]

このリンギスの信頼という概念に導かれて、私たちはアサドのエージェント論をジュディス・バトラーの可傷性の議論へと展開させていくことも可能になるであろう。バトラーは、ハンナ・アレントが「人間関係の「網の目」」[*100]と呼ぶような私たちの本源的な結びつきについて、次のように述べている。

「あなた」なしでは存在しえない「私」、それは「私」でも「あなた」でもないものから発する、いくつかの承認規範に根本的に依存しているものでもある。……私自身の形成そのものが私のなかの他者を含みこんでおり、私独自の自分自身に対する外部性が、矛盾するようだけれども、私と他者との倫理的つながりの源をなすのだ。私のことは私自身にもよく知られていない。なぜなら、自己とは多くの他者との謎めいた痕跡から成り立っているからだ。……私が傷つく、すると私は、自分が接触可能な存在であることをその傷が証明してくれていることを悟る。自分が予測できず完全にコントロールできないような仕方で、一般的な他者にさらされていることがわかるのだ。[*101]

バトラーはわれわれの関係性を「身体が不可避に孕む死と可傷性と行為能力(エージェンシー)」を有しているところから認識しており、「私たちの闘う根拠である身体そのものが、実は私たちだけのものであったためしはない。どんな身体も公的な次元をもっている。……最初から他者の世界に差し出されたものとしての私の身体は、他者の痕跡を刻まれ、社会生活のるつぼの中で形成されている」[*102]。すなわち、「共同体のなかで密接に存在する私、他者によって刻印された私、他者を侵害してもいる私、それでいながら自分でコントロールもできず、予測もできないかたちで他者と関与せざるを得ない私」[*103]として避けえない他者との身体的関係性のなかで自己を捉えるのである。そこから、われわれの人間関係は「人間が可傷性〔=傷つきやすさ〕をもった存在であること」[*104]、つまり他人に対する原初的暴力の被害者であるとともに加害者であることを認めたうえではじめて成立するものであると説く。

私たちが暴力を犯すとは、他の人間に対して行いを起こすこと、他者を危険にさらすことであり、他人に損害を与え、他人を除去しようとすることだ。ある意味で私たちは皆、このように暴力によって傷つけられる可能性とともに生きている。それが肉体をもった生の一部分である他者に対する可傷性であり、私たちには予測できない、どこかからやってくる突然の呼びかけに対する傷つけやすさである。……だが私たちは、この傷つきやすさを無視することはできないだろう。……こうした身体的な可傷性、すなわち、私たちが消滅させられたり、他者を喪失したりする状況を念頭に置き続けることで、どんな政治が可能になるかを考え始めるのだ。*105

このような人間関係が本源的に暴力的な加害性に満ちたものであること。眼前の私とあなたの関係がそのような可傷性に基づいたものであるところから、人間関係の倫理を再構築しようとするところにバトラーの思考の特質があり、次のように人間関係の本源的暴力性に対する抑止力として、自己否定の意味での発話の暴力の必要性を唱えるジャック・デリダにきわめて近い認識を有していることになる。

言説が根源的に暴力的なら、言説は自らに暴力を加えるのほかなく、自らを否定することによって自らを確立するのほかかない。つまり言説は、言説を設定するにあたって言説としてこうした否定性をけっして自らのうちにとり入れることのできない、またそうすることを当然としない戦いに対して、戦いを開くほかないのである。というのも、言説がそれを当然としないならば、平和の地平は夜（暴力以前としての最悪の暴力）

のなかに消滅していくにちがいないからである。この同意としての……戦いは、可能なかぎり最小の暴力であり、最悪の暴力を抑える唯一の方法である。つまり原始的で論理以前の沈黙の暴力、昼の反対ですらないような想像もつかない夜の暴力、非暴力の反対ですらないような絶対的暴力の暴力、すなわち純粋無もしくは純粋無意味を抑える唯一の手段なのである。[*106]

そこから、バトラーは九・一一以降の合衆国の社会状況に目を遣り、「自分自身の傷つきやすさを否定するという代償のもとに、みずからの周りに壁を築き、自己の想像上の全体性を再構成すること。アメリカは可傷性や相互依存、自分が他人の前にさらされる体験をみずからにおいては否認し、それらすべてを他者のものとして利用することによって、そうした人間の生にそなわった基本的な特性を自己の「他者」としてしまったのである」[*107]と懸念する。そのようなみずからに潜む可傷性を否認することで、合衆国の社会全体がメランコリー状態に陥っているのだと批判している。

アメリカ合衆国やそれに連合する勢力によって殺された人びとを、死者たちとして考えようとするとき、公共の場で悲しみを表現することが禁止されれば、そこからはまた、メランコリーが社会全体に広がることを容認する雰囲気が（喪失の非現実化とともに）生まれるのである。……おおやけの悲嘆のなかのある特定のものだけを禁止することによって、そうした禁止にもとづく公共空間が作られるメカニズムを考察することも大事ではなかろうか。……呼んではいけない死者の名前がある、悼んではならない喪失がある、非現実化され、かき消されてしまう暴力がある、こうした禁止や削除によって公共空間が形づくられる。[*108]

つまり、バトラーはデリダのような暴力の重ね合わせという思考へと展開するのではなく、[*109]「かりにメランコリーという自己に埋没した心情を他者の可傷性を慮ることへと移し変えることができたなら、新たな理解への出発点ともなりうる」として、「人間が共有している可傷性を熟慮する」という慮りの倫理的行為を通して、「私たちがこうむったような暴力から他人を守る」倫理を確立しようとするのである。[*110] リベラル・デモクラシーにおいては、人間を中立的で超越的な主体だと措定しているため、みずからが他者に受苦を強いるような加害性を有していることへの感受性が欠落しているといってよい。それが、アサドの言う「残酷さと同情」を使い分けるリベラリズムの正体ということになる。

アサドはそこまで踏み込んだ議論を行っていないが、人間関係を自我意識ではなく、エージェンシーたる身体的存在として不可避に帯びざるを得ない他者との相互干渉をその基本的関係として認識している以上、バトラーとデリダのいずれの立場をとるにせよ、基本的にはバトラーが展開するような可傷性への認識、すなわち「自己の生存に対する恐怖、そして他者を傷つけるという不安、このふたつの衝迫が互いにせめぎあう」[*111] 緊張関係のもとに身をおいて「人間関係の網の目」を捉えなければならないことは確かであろう。そこでは、プロテスタンティズムのビリーフ中心主義のような自意識の自明性、「(心の)内的状態」[*112] の透明な自立性はもはや成り立ち得ず、つねに他者の行為や眼差しのもとに自己が曝される「異種混淆の生(何かをなし、何かをなされる生)」を生きていかなければならないことになる。つまり、「信仰は、公共的に観察可能な生活のあり方にいかなる変化ももたらさないかのようである。逆にまた、自己の振る舞い方は、自己の「内的」状態に何の意味ももたないかのようである」[*113] といったリベラリズムの宗教観――は、フーコーが批判したようなデカルト的な近代的自我意識にもとづく一つの歴史的言説にすぎないのである。さらにそこから、アサドはアレントに言及しながら次のように議論を展開していく。

彼女[アレント]の目には、人間のエージェンシーの場が広がって主体の脱中心化が進むことを大いに喜ばしいとする者たちが真剣に取り上げようとしないある問題が見えている。可動性の言説の直中より支配的権力が姿を現す過程を把握するという問題である。可動性というのは……、一つの行為が他の行為の下位に置かれてゆく契機であることにアーレントははっきりと気づいていた。[*114]

ここでアサドのエージェンシー論は、バトラーやデリダには表だって見られない独自の論点を展開することになる。関係の権力性、不均質性である。つまり、われわれはその可傷性において均しく暴力的であるにとどまらず、確かにそれは原初的暴力の次元でデリダの言うように当てはまるものではあるが、植民地状況や社会階級の問題においてはそれが現実には不均質なかたちで具現化されてくる状況にアサドは目を遣るのである。かれは人類学者アーネスト・ゲルナーの民族調査のあり方に対して、「ゲルナーはベルベル人の語りの「真の」意味を読み解こうと、みずから特権的な場所に身を置いている」として、「この特権的な場所は、ともに生活した人々、現在書かれている人々と純粋な対話をしなかった人間、あるいは対話の余裕のなかった人間が身を置く場所なのだ」と、記述対象との対話の欠如について厳しい批判を加えている。[*115] ここでアサドが問題にしているのは、「「文化の翻訳」の中に権力がいかに入り込んでいくかという問題なのであ［り］」、「「文化の翻訳」の過程が不可避的に力の状況――知的職業的に、国家的な、国際的な――とからみついているということである」。[*116] すなわち、他者と出会うとき――ここでは異文化間の翻訳関係とされる――に、ホミ・バーバやサルマン・ラシュディなど、ポストモダン系のポストコロニアリストが言うような「主体の脱中心化」が望ましいかたちで起きるのではなく、そこには権力関係が不可避に働かざるを得ない、現実の不平等さを指摘しているのである。

ここには、アサドのフーコー権力論理解のもうひとつの面、一方で権力が主体を構築・規律化する「構築的」な力として働くかたわらで、それが不可避に現実の不平等さをもたらす「抑圧的」な力として捉えるマルクス主義に共通するような洞察が見て取れる。[*117] その点では、ホミ・バーバらの脱構築的なポストコロニアリストの議論を、現実の社会矛盾から目をそらすものとして激しく批判するハリー・ハルトゥーニアンやベニタ・パリーらのカルチュラル・スタディーズに近い立場をとるものとアサドは近いところにいることがわかる。[*118] 彼の学問の根底をなす意志は、「西洋の歴史と非西洋の歴史に間にある非対称性の諸相」[*119]（傍点は磯前）を見極めることなのである。異言語間の翻訳について、アサドはヴァルター・ベンヤミンやバーバのように純粋言語という非在の存在に向かうのではなく[*120]、異言語が接触するなかで起きる現実の権力関係へと眼差しをむける。

> 第三世界の社会の諸言語――勿論社会人類学者が伝統的に研究してきた社会を含む――は、西洋の諸言語、中でも今日では英語に対して「より弱い」関係にあるがために、とりわけ翻訳においては強制的な変形により服従しやすくなっている。……こうした周知の事実を認めるならば、産業資本主義は第三世界の生産様式だけでなく知識の種類、生活スタイルを転換させ、これと同時に言語の形態をも転換させていることが想起されるであろう。生活スタイルが中途半端に転換されその結果表現の曖昧さが生じるとすれば、西洋の未熟練な翻訳家はこれを彼の「強い」言語の方向へと単純化してしまうのである。[*121]

ここでアサドの言う「非対称性」が、「第三世界のさまざまな社会がもつ意味を単一の方向へとつねに押しやっていく産業資本主義社会の力、制度化された力にほかならない」[*122]認識にもとづくものであることが確認されよう。そこからアサドはギアーツを再び批判するなかで、翻訳という行為の両義性、そしてその可能性を次のように論じている。

> ギアーツがどこかで論じているのだが、文化の壁を超えて翻訳をするときに人間が行っていることといえば、結局、見知らぬ概念をなじみのあるものに変えてしまうことにすぎないのだという。しかし、それはあまり

に居心地のよすぎるものだと私は言っておきたい。翻訳とは、たとえそれが物騒ぎの種になるにしても、それを自分たちの言語のなかに持ち込むことなのだ。そこで、人はその物騒ぎになった事態に二通りの反応で応じることができる。ひとつは問題となっている概念を捨ててしまうことである。もうひとつは、そのような恐怖を生み出しているものが、一体、何なのかよく考えることである。そして、私はこのような翻訳行為が、自分たちの社会の伝統的な範疇や概念を再考させる契機を私たちにもたらしてくれていると考えるように試みる立場に立ちたいと思う[*123]。

つまり、翻訳という行為を従来のように自文化の概念を他文化に投影するのではなく、むしろ他者と出会うことの戸惑いに自己を曝すことで、新たな自己洞察を得る機会あるいは自己変容の機会として捉えなおすべきだとアサドはここで述べているわけである。他者認識を通して自己理解を深めるというのは、「人類学は、近代性にのの理解を深め、陳腐なイデオロギー以上のものとするように真の努力を払わなければならない[*124]」というように、「移行しつつある」（あるいは「抵抗しようとしている」）地域民を深く理解しようと思うのなら、「西洋」なるもアサドがみずからの学問的営為に要求するところのものでもあり、彼の学問の根幹をなす姿勢でもある。ここにおいて、自己変容の契機という意味を含めて、他者と向き合うことが如何なる経験となるのか。他者と出会う際の倫理的姿勢がアサドの学問においても問われることになる。彼が現実に住んでいるのは合衆国という西洋の世俗主義が浸透した社会であり、そこでムスリムとしてイスラーム社会とのはざまに身を置いて暮らしている以上、他者の信仰世界に対して世俗主義社会に属する者がどのような接し方をすべきか、その宗教理解の姿勢が具体的には問題にされることになるのであろう。

第四節　ポストコロニアリズムと世俗主義

ここまで、アサドと西洋の世俗主義者とのあいだの議論——代表的なのが人類学者のギアーツであり、比較宗教学者のキャントウェル・スミス——を見てきたが、同じく非西洋世界に文化的出自をもつポストコロニアリストたちの代表的論客たちもまた、アサドからすると西洋的価値観を批判する非西洋世界の代表といったそぶりを見せながらも、その批判の論理は西洋の世俗主義にもとづく、「ディアスポラの誘惑」（レイ・チョウ）に抗しえなかった者たちということになろう。ここでは、アサドが直接批判するインドのイスラーム伝統出身の文学者サルマン・ラシュディを中心に、同じくインドのパールシー出身のホミ・バーバ、さらにはパレスチナのキリスト教伝統出身のエドワード・サイードとの関係に議論を伸ばしていきたい。それは、現在もなお西洋白人社会で盛行している、第三世界出身のディアスポラ知識人によるポストコロニアル理論がどのような語りのアドレスをもち、その主たる受容社会である西洋世界ではなく、当の第三世界から見たときにはどのように映ずるものなのか、われわれのポストコロニアル理論に対する認識を深める契機にもなるはずである。そして、勿論のこと、アサドもまた英語を主言語としてみずからの研究活動を展開する以上、彼自身もまたある意味でラシュディらと同じくディアスポラ知識人というレッテルを引き受けざるを得ない存在であり、そのアサドの批判は彼自身の発話のポジショナリティを問い質すものとならざるを得ないのである。

一般にポストコロニアル状況とは、植民地から政治的に解放された後も、宗主国の文化・経済的な強い影響化に置かれている状況をさすものである。それは主として西洋世界との関係で論じられることが多く、そのなかで支配されてきた地域の人びとがその文化・経済的ヘゲモニーにどう対抗していくかという問題がポストコロニアル研究の課題となる。例えば、カルチュラル・スタディーズ中興の祖であるスチュアート・ホールは、ポストコロニアル状況を「あらゆる異なる時間性が……表象と権力のシステムとして重層決定する、ヨーロッパ中心主義的時間性の効果との関係の中で暴力的に召喚され、この効果という点から「差異」を築かねばならない」[*125]ものとして捉えることで、ヨーロッパの覇権性の下に潜む各地域の不均衡性や多層性の契機に着目した文化的アイデンティティの転覆を試みようとする。そして、このような状況のなかで複数文化のはざまで自己形成をしなくてはならなかったディアスポラの知識人の経験――むろんホール自身を含む――を、「本質や純粋性によってでなく、ある必然的な異質性と多様性の認識によって、つまり差異と矛盾することなく、差異とともに、差異を通じて生きる「アイデンティティ」という概念によって、異種混淆性によって定義される」[*126]としている。

このような「常に自己を新たなものとして、変換と差異を通じて生産／再生産する」「ディアスポラ・アイデンティティ」[*127]を見事なまでにその作品において描き出してきたのが、インド系ムスリムという文化的出自をもつ小説家サルマン・ラシュディである。ラシュディは今日のポストコロニアル状況下でのアイデンティティのあり方を「複合的自我」と呼ぶが、それについてラシュディ研究者の大熊栄は次のように説明している。

> 「複合自我」とは……「私たちのなかには無数のものが生きている」と言うに等しい。それは「統合自我」の対概念であり、大雑把に言えば、一九世紀が「統合自我」であったのに対し、二〇世紀は「複合自我」だとルシュディ「ラシュディをさす」は指摘する。早い話、「移民」の「自我」は少なくともふたつ以上の文化を受け容れざるをえないので「複合的」になっている。[*128]

このような複合自我と呼ばれるような感覚はホミ・バーバの言う異種混淆性（hybridity）に相当するものであり、まさに「純潔性の終焉」[*129]を示すポストコロニアル状況下のアイデンティティを特徴づけている。ラシュディは、このような純潔性の喪失がもたらす不安を「この世に鯨という避難場所はない。難を逃れるための静かな片隅はない。歴史からも、騒がしい議論からも恐ろしく不安な騒動からも、容易に逃れることはできないのである」[*130]と述べている。そして、ラシュディやバーバともにポストコロニアル知識人と並び称されるエドワード・サイードは、ラシュディの描く差異に満ちたアイデンティティのあり方を次のように論じている。

もしこの特異な矛盾が混血（ハイブリッド）や移民の運命の象徴であるとするなら、そうした運命はまた同時に、この現代世界の一部でもある。重要なのは、我々のうちのある者が回帰してゆくことのできるような、純粋で汚れも混じり気もない本質など存在しないという事実であり、それは、その本質が純粋なイスラムであれ、純粋なキリスト教、純粋なユダヤ教であれ、あるいは東洋思想、アメリカニズム、西洋思想であっても同じことである。ラシュディの作品は単にこの混成体を主題にしているのみならず、それ自体が混成体そのものなのである。[*131]

結局、サイードはラシュディに対して「イスラム的な物語を撹乱して、俳優や詐欺師や預言者や悪魔や売春婦やヒーロー・ヒロインたちに関する異種雑多な物語の流れをつくり出すことは不可避の事態となる」[*132]と肯定的な評価を与えるのだが、それはサイード自身のディアスポラ知識人としての在り方と無縁なものではない。サイードは自伝の中でみずからのアイデンティティをめぐる感覚について、次のように説明している。

わたしはときおり自分は流れつづける一まとまりの潮流ではないかと感じることがある。堅牢な固体としての自己という概念、多くの人々があれほど重要性を持たせているアイデンティティというものよりも、私にはこちらのほうが好ましい。……それらは「離れて」いて、おそらくどこかずれているのだろうが、少なくともつねに動きつづけている――時に合わせ、場所に合わせ、あらゆる類いの意外な組み合わせが変転していくというかたちを取りながら、必ずしも前進するわけではなく、しかし中心となる主旋律は不在のままに。

これは自由の一つのかたちである、とわたしは考えたい……これほど多くの不協和音を人生に抱え込んだ結果、かえってわたしは、どこかぴったりこない、何かずれているというあり方のほうを、あえて選ぶことを身につけたのである。[*133]

問題はこのようなアイデンティティの複数性が従来の伝統的な文化アイデンティティの安定性を有するものと接触したときに、どのような事態が生じるかということである。先のラシュディ研究者の大熊は、ラシュディの複合的自我が引き起こす問題を次のように指摘している。

彼［ラシュディ］は「ポスト一神教」ということを言う。これは、人間は一神教の神によって創造されたのでなく、むしろ「文化」によって出来ているということでもある。……「文化」とは「場」を埋める中身なのである。その中身が「統合的」でなく「複合的」になっているのが「複合自我」で、これは民族主義や原理主義とは相容れない。そのうえ、これは人間主義ということで、一神教の教義による神権政治はもとより、日常生活での一神教信仰とも相容れない。このようにして、「複合自我」の議論は多元主義的セキュラリズムの主張へと広がるのである。[*134]

そこから、彼が『悪魔の詩』[*135]（一九八八年）でイスラームの信仰世界をパロディ化し、信仰と言論の自由をめぐる深刻な議論をイスラーム世界と西洋社会のあいだに引き起こしたのは周知のとおりである。[*136]この問題についてサイードは「この小説でイスラム教徒がショックを受けたのは、……西欧の内側で、西欧のために作家活動をしている一イスラム教徒によって、イスラム教が不敬にかつ……冒瀆的に描かれているからである」[*137]と述べているように、その根底にはリベラル・デモクラシーが保証する言論の自由とは他人の信仰を冒瀆する権利までを含むものとして存在し得るのかという、リベラル・デモクラシーおよび世俗主義の主張する表現の自由に対する根本的な疑義がある。[*138] そして同じような問題は、二〇〇五年にデンマークの新聞に掲載されたムハンマドの風刺画を契機にふたたび論じられていく。[*139] アサドが先のホフストラ大学の会議で講演したのはまさしくこの問題をめぐるものであり、その題目は「瀆神と世俗的批判をめぐる考察」[*140] というものであった。それ以前からアサドはイスラーム世界に対するラシュディの態度を批判しており、以下、アサドのラシュディ批判を手がかりに、ポストコロニアル知識人の複合的アイデンティティが孕む伝統的世界との軋轢について考えてみたい。

アサドとラシュディは同じく英国で教育を受ける一方で、イスラームの影響をうけてきた点でも、原理主義的なイスラームには距離を置く点でも、共通の立場に立つと言える。だがその一方で、ラシュディの小説に対するアサドの評価は極めて否定的なものである。アサドはラシュディのイスラーム批判を、宗教を文学的に読み換えようとする点にあると見て、ラシュディの発言、「私の小説『真夜中の子供たち』に登場する家長、アーダム・アジス博士は、信仰を失い、〝彼自身の内部に穴を、生きた内面の部屋に開いた隙間を〟かかえたままでいる。私もまた、同じ神の形をした穴をもっている。宗教の議論の余地なき絶対性を受け入れることができずに、私は文学でその穴を埋めようとしてきた」[*141] を引用したうえで、次のようにその文学観に批判を加える。

ラシュディが「文学」と言うとき、彼が意味しているのは、極めて限られた一部のエクリチュールである。彼の言明は、……明らかに近代ブルジョワ文化に属するものである。「私のラシュディに対する」不信は近代のもの、あるいはブルジョワのものだからというのではない。理由は他にある。すなわち、文学と呼ばれる言説は、以前には宗教的テクスト性が演じていた役割を満たし得るものであると、ここでは考えられているからである。[*142]

ここで、アサドはラシュディが近代西洋の文学観を普遍視する素朴な立場に立っていることを問題にしており、その疑問は、西洋の植民地主義と世俗主義に対する批判と結びついて次のように展開される。

> 強調しておくべきは、英文学がいつもインドにおける英国の使命――「進歩ならざる」住民を近代化する使命――の不可欠の要素だったことである。……それはまたサルマン・ラシュディの使命の不可欠の要素でもあるのだろうか？……この本は、帝国主義的世界のカテゴリーをそのまま受け継いでいるのである。それは文学を通じての救済を提案している。それは（ムスリムの／移民の）インド人にいっそう進歩的な道徳性を促している。それは諸伝統の転覆を図り、それらが現代の（すなわち文明化した）世界にふさわしいアイデンティティへと転身することを望んでいる。[*143]

文学という近代西洋の政教分離の分割線に則った私的領域によっては、イスラーム世界を推し量ることはできないことを彼は主張しているのである。次のアサドの発言は、この批判の核心をより端的に言い表わしたものになっている。「近代西洋国家において、宗教の役割は厳格に私事化されている。そのため、英国の信者と非信者にとって、宗教を文学のカテゴリーに引き込んで考えるのは容易なことである。しかし、英国のムスリム系移民の大多数の者にとって、彼らの実践的な宗教伝統をこのカテゴリーに同化させることは困難なのである」[*144]。さらに、そこからラシュディの発話の位置が問題にされていくことになる。

> ラシュディには、自らが拒絶する信仰と習慣に真面目に取り組むべき義務など一切ない。……だが、それらを笑いものにすることを選ぶとき、彼がすでに力強く存在しているまったく別の伝統を足場にしていることは極めて明白である。すなわち彼は、ポストコロニアル時代の西洋国家のリベラル中産階級の基盤を自ら

の足場としている。……私が論じているのはこうだ。彼の批判が力を得ているのは、彼が西洋のリベラルの伝統に立っているという事実、この伝統を共有する聴衆に向けて語っていると感づいてもらえるという事実によりかかっているからである。[*145]（傍点は磯前）

そして、このようなラシュディの西洋中産階級に対する同一化への批判は、そのような階級には含まれることのない英国のムスリム系移民に対するまなざしの欠如、「英国のムスリム系移民の大半は無産階級に属する。……彼らは退職後に出身国に戻ることもなく、英国文化の「中核的価値」に完全に同化しようと願っているようにも見えない。『悪魔の詩』に含まれる諸々の物語は、この人々の政治経済的な体験、文化的体験に関わるところをもたない」[*146]といった指摘へと展開されていく。それは、アサドの若き日の自分自身への反省、すなわち素朴に英国の啓蒙主義に憧れていた自分に対する自己批判と重なってくるものとして読み取られなければならなるまい。『悪魔の詩』に登場するインド出身のイギリス移民チャムチャに対する批判の言葉は、きわめて激しいものになっている。

彼が目覚めたといっても、紳士の国のイングランドに対する自らの憧れが幻想に基づくものであったと気づいたわけではない。もはや存在しない、彼を受け入れることのないイングランドに対して郷愁を覚えているのである。これは重要なことだ。ムスリム系移民の大半は、……チャムチャがイングランドに対して抱いた幻想を抱くことなどなかったし、抱くこともできないのだ。[*147]

さらに、アサドはその論文の中でホミ・バーバのラシュディ評価[*148]にも言及し、「バーバが「この本は疑問、疑念、問い、戸惑いの精神で書かれている。それは移民、亡命者、少数派が抱えるジレンマを明かにするものである」

と評するとき、彼は、それ自体ラシュディが述べたことの反響であるような（他の批評家と共有する）一つの判断を差し出しているのである」と断ったうえで、「この主張において真に興味深いのは、テクストの内部における疑問、疑念……云々の表象が、テクストを生み出した作者の意図（このエクリチュールの「精神」）へと遡って読み込まれていく、そうした読みのあり方である」と注意を喚起している。[*149] バーバはラシュディの描き出す異種混淆性の世界に賛同し、同じ脱構築系のポストコロニアリズムの陣営を築いているわけだが、彼らに対してアサドは、「異種混淆性を称え、整然とした世界の確実性を拒絶する一人の反帝国主義者をつかまえて、ずいぶんひどい問いを投げかけたものだと思われるかもしれない」[*150] と断った上で、バーバが肯定するような「生きることへの戸惑い」[*151] は、現実のラシュディの立場とは——それが西洋のリベラル・ブルジョワジーに同化した立場であるがゆえに——相容れないとしている。

ホミ・バーバはラシュディ事件の時に、英国のムスリム系移民に対して次のような友情に満ちたアトヴァイスを送っている。「かつて我々が伝統の連続性と安逸さを信じえたにせよ、今は文化的翻訳という責任を考えなければならない時期に来ているのだ」。しかし、ムスリムの「伝統」に対しては責任をもつ必要がなくて、英国の生活スタイルに「文化的に翻訳される」ことのほうが如何なる安逸さもないと考えることは、なんとお目出度い発言であろうか。[*152]

これは、バーバのみならず、ラシュディを含めた脱構築系ポストコロニアリストの発話の戦略に対する批判として深刻な意味をもつ発言となっている。彼らが語りかけているのは誰なのか、その聴衆は誰であり、その発話は一体どのような効力を現実世界において有するものなのかということをアサドは問うているのだ。たとえば、バーバはみずからを「異文化の隙間で宙吊りになった者 in-between」あるいは「バナキュラー・コスモポリタン」

として位置づけるわけだが、[153] そのような彼の拠って立つ脱構築的に差異化された立場が、ラシュディとも異なって極めて慎重に宗教的な問題を脱落させたところで確保されたものであることの意味を見極めていかなければならないであろう。[154] バーバはその著述のなかで、西洋・非西洋を問わず文学者や哲学者のテクストを縦横無尽に引用していくが、彼の著作を丹念に読んでいくならば、たとえばハイデガーからは死の不安の問題が、ベンヤミンからはユダヤ教のメシアニズムが、ラシュディとナイポールとからはイスラーム批判の問題が、いずれも注意深く取り除かれていることがわかる。確かにそれは、同じインド系のディアスポラ知識人でありながらも、ラシュディやナイポールのような厄介な宗教論争に巻き込まれることを意図的に回避した配慮とも言える。

しかし、これまで見てきたようなアサドの立場からすれば、そのような宗教問題への関与を回避することで中立的立場を保とうとするその姿勢自体が、まさに西洋リベラリズムの依拠する世俗主義の立場と言えよう。バーバの代表作とも言える論文「散種するネイション」では『悪魔の詩』が幾度も引用されているが、それは一章おきに展開されるラシュディのイスラーム批判の章への言及が一切控えられたものとなっている。アサドからすれば、バーバのそのような宗教問題を回避する姿勢そのものが、まさに西洋近代の世俗主義によって立つものであり、ラシュディをより西洋世界に口当たりのよいものに読み替えた行為として受け取られかねないのではなかろうか。そこでは、ラシュディが結果として稚拙なかたちであったにせよ、西洋世俗主義的な脱構築の論理をイスラームに適用したときに何が起こるのかを明示してみせたのに対し、両者の論理が接触したときに起こる本源的な葛藤を曖昧にしてしまったとも言えるのだ。

それに対して、アサドの翻訳に対する問題提起、「私の提起、それは文化の翻訳という人類学者の企ては、支配する社会と支配される社会の言語のなかに非対称的な性向や圧力があるかぎり、汚されたものになりうる、というものである」、そして「人類学者の翻訳はどこまで有効性をもちどこからそれを失うか、このことをみさだめるために、人類学者はこうしたプロセスをより深く研究しなければいけない[155]」という発言は、まさにその発話が不可避に帯びざるを得ない政治的不均質さへの知識人の自覚を促すものとなっている。
そのような発話の政治性の文脈から言えば、ラシュディやバーバの差異の戦略に満ちた著作は、生きることの戸惑いをかかえる移民たちに対してではなく、あくまで西洋の知との対抗関係のなかで生活し、その西洋的論理を転覆させながらも、その論理のなかで生きているディアスポラ知識人のものであり、その聴衆もまた同じ論理に通暁化した西洋化された第三世界の知識人であり、さらにはディアスポラ知識人の発言によってみずからの西洋的論理の読み替えをはかる西洋の知識人なのだ。その点で、ラシュディの発話の位置に対するサイードの理解、「サルマン・ラシュディは、イスラム社会の出身者として、西側のためにイスラム教について書いてきた」[*156]というのは正鵠を得たものとなっている。むろん、それ自体が悪いというのではない。アサドの発話にしろ、明らかに先のホフストラ大学の会議においては、彼の意に反してであれ、事実そのような文脈の中に埋め込まれていた。その点においては、アサドもまた西洋的な知の世界の圧倒的な影響下に生い育ち、西洋的な知の論理を駆使することで、西洋的な知を対象化しようとはかるディアスポラ知識人のひとりなのである。

彼がどこにも属さないという感覚を強くするのは、「高等移民」という彼自身の立場に関わっており、具体的にはロンドンのムスリム・コミュニティにおける遊離に原因がある。彼のような無神論者で多元主義者「高等移民」にとってムスリム・コミュニティ内部での居場所はないのである。一方で、イギリス白人社会へ属することも、もとより不可能である。このような二重の「無所属」感覚がルシュディ「ラシュディ」の「複合自我」における「移民」的位相の特色となっている。[*157]

このようなラシュディについて大熊が述べる、どこにも帰属できない拠りどころのなさは、ラシュディのみならず、たしかにアサドを含むディアスポラ知識人にひろく共通する皮膚感覚のようなものであろう。それゆえに、彼らは特定の伝統に同化している人びとと異なって、みずからの出自をなす文化・宗教伝統も西洋文化をも対象化して言語化し得るのである。だから、そこで問われるべきは、彼らのデラシネさではなく、移民を代弁しているかのような発話の装いを取りながら、実際にはみずからの帰属する西洋的知の枠組み――文学という場の自明化やロンドンという資本主義都市の肯定――を温存させるような、西洋的知を批判する仕草のもとで、西洋的知を再肯定させる帰結に陥りがちなポストコロニアリストのねじれた立場性なのである。そのようなそれぞれの有するリアリティまでを否定し去ることなく、どのようにして異種混淆性や差異の論理が他者との共存に道を開きうるものなのか、チュニジアの思想家、フェティ・ベンスラマは次のように問うている。

どんな慰安も期待できない。そしてわれわれ……は、ヨーロッパの〈神の死〉によって解放されることもなく、イスラームやその他の伝統に生きる神に圧倒されることもなく――神がその支配を心情の領域に限定しさえすれば――、和解不可能な諸々の表象のさなかに、固有言語の驚くべき不協和のなかに、不一致による不可能な解放を求めているのではないだろうか。ニヒリズム……に道を開くこともなく、種の偶像への人間の同一化というおぞましい事態に陥ることもない、起源の分有の可能性を探るのはむなしいことだろうか。[*158]

この言葉を訳者の西谷修は、「「起源の分有」が「近代」の条件だとして、そしてそのような地平を開くことが現在の世界の避けがたい条件だとしても、そこにいたるのにヨーロッパ的な道を通るしかないのかということをベンスラマは問いなおす。……そうなるとイスラームがイスラームであったことには何の意味もなかったということになるだろう」[*159]と解説している。その点で、西洋世界の表象システムにおいて「ディアスポラの誘惑」に屈する危険性を指摘するレイ・チョウの次の発言はディアスポラ知識人の発話の倫理性を問うものとして重く受け止めなければならない。

私たちが知識人として忘れてならないのは、……支配の中心であろうと周縁であろうと、そうした現実の空間で生き延びようとしている人々の踏みにじられた生活を、直接変えることは絶対にありえない。大学や組織に属する知識人が直面しなくてはならないのは、だから、広い意味での社会によって自分たちが「犠牲になっている」ということ（あるいは被害者として被抑圧者と連帯すること）ではなく、自分たちの「反体制的」な言説によって皮肉にも蓄積されていく権力や富、特権のほうであり、自らが公言する言葉の内容と、そうした言葉によって自分の地位が向上していくことのギャップが広がっていく事実なのだ。[*160]

「ディアスポラの誘惑に抗して読み、書くこと」[*161]。この一点の自覚において、ディアスポラ知識人の発話が西洋側に回収されてしまうのか、西洋の表象システムともまた緊張関係を有するものであり得るかが分かれてくるのだ。たしかに、ディアスポラの知識人あるいは西洋化された非西洋世界の知識人もまた西洋近代の空間に生きている以上、彼らがあるいは私たちが西洋的知の枠組みの中に参入し、その道具を使って表現しなければ、発話の効力は成り立たないことは明らかである。それは、脱構築系ポストコロニアリストを批判するアサド自身がアラビア語ではなく、英語で著作を書き、それが派生的にアラビア語圏に翻訳されていくことからも、また彼が英語圏の大学で教鞭を取ってきたことからも確かである。

ちなみに現時点で、アサドの著作が非西洋世界で翻訳されているのは日本が最も多く、『宗教の系譜』『世俗の形成』そして『自爆テロ』の三冊である。その他の国においては、『世俗の形成』がトルコ語とセルビア・クロアチア語に翻訳され、現在、ヘブライ語、イタリア語、スペイン語への翻訳が進行中である。『自爆テロ』もまたアラビア語[*162]、イタリア語、スペイン語、フランス語で刊行されつつある。意外に見えるのは、日本ではイスラーム社会に通暁した研究者と思われているアサドの著作に対する関心はヨーロッパや日本の方がつよく、『自爆テロ』を除けばアラブ世界にはほとんど紹介されていないということである。それは、やはりアサドの研究がイスラーム世界を論じたものというよりも、リベラリズムを支える世俗主義やプロテスタンティズム的な宗教概念といった西洋の言説批判に主眼があり、その批判の目的のもとにイスラームの例が論及されるといった論理構成からなっているためであろう。あくまで、第一の読者はそこでみずからの世界観が批判されている西洋の読者なのである。とくに、九・一一テロ、あるいはイスラーム系移民との摩擦が西洋社会で問題になってきた時期以降、[*163]アサドの著作は人類学や宗教学の枠を超えて、今回の『自爆テロ』の書評がニューヨーク・タイムズ紙に掲載されたように、広い注目を浴びるようになってきたと言えよう。

そして、翻訳された非西洋社会というのが日本やトルコといった、西洋に出自をもつ政教分離制度を導入した社会であったことも、かれの世俗主義批判やポスト宗教改革的な宗教概念に対する批判からすれば、もっともなことと言える。トルコにしても日本にしても政教分離体制が果たしてその社会に適したものであるかどうか、つねに問題となっており、[*164]その意味ではイスラーム移民を抱えた西洋社会と同様の西洋近代的なカテゴリーに対する葛藤を抱えた社会なのである。セルビア・クロアチアもふくめ、西洋化のなかで土着的な要素との間に葛藤を抱える社会においてこそ、アサドの著作が受け入れられていくのは、西洋とイスラームのはざまに身を置くディアスポラ知識人としてのアサドのポジショナリティからして当然の成り行きと言える。ただ、それが日本や合衆国のように、その社会においてイスラーム世界の代弁者として誤表象されてしまうところに、ディアスポラ知識人ならではの根深い問題がアサド自身にも存在するのである。

ディアスポラ知識人という点ではアサドもバーバも何ら異なるものではない。また、彼らを批判するなかで、インド人はヒンドゥー語で、アラブ人はアラビア語で、日本人は日本語という母語で書けばよいという母語なるものを実体化し特権化する考えに陥るのも、土着主義の発想と絡まった問題である。むしろ、問題はその英語という道具を使って、何をどのように実際に問題化し得るか、その発話の現実的効果性にかかっている。すでに触れたように、アサドは脱構築がもたらす価値の転覆について、オリジナルを尊重すべき翻訳の行為と比べることで、それがもたらす相対主義について次のように懸念している。

わたしの理解では、翻訳というのは本来、たとえそれがしばしば不可能であることを示す結果になったとしても、オリジナルに対する十全な信頼を要求するものである。一方、転覆はまるで「戦争行為」のようなものだ。……実際、転覆はまったく翻訳というものを必要としていないように思われる。それは物事の特定の布置を覆す目的のためだけに、単に特定の知識を新しい場所に移し替えるといったもののように見える。わたしは転覆行為に完全に反対しているのではない。たとえば、わたしの『世俗の形成』は特定の強固な二項対立を転覆しようと試みたものと言える。しかし、ここで私が言いたいのはあらゆることが覆されてしまうような不適切な状況のもとで、転覆が戦略として用いられるべきではないということなのである。……転覆は構造を解体し、敵を機能不全に陥れる。しかし、言説としての伝統を認める立場に立つならば、一度転覆されたものは再び伝統のなかで再構築されていく必要があることを考えなければならないのではなかろうか。[*165]

アサドは脱構築という言葉を好んで使うことをしないが、それも——彼の理解がデリダ自身の意図に即したものであるか否かは別として——このような通俗的な脱構築理解がもたらす否定的な相対主義に対する懸念に由来すると思われる。サイードがラシュディに見出したような、「我々のうちのある者が回帰してゆくことのできるような、純粋で汚れも混じり気もない本質など存在しないという事実」は確かにディアスポラ知識人に共通する特質をなすと考えられるが、そこからあらゆる価値観やアイデンティティを否定する相対主義に向かうのか、そのような本質的な決定不能性を認識したうえで、やはり日常の価値観や伝統が一つの言説あるいはナラティヴとして、そこで生きる人間にとっては圧倒的なリアリティをもって存在する事実を受け止めていくのかでは、決定的な違いがある。

アサドに批判されてきたホミ・バーバが今日のポストコロニアル状況において依然として否定しがたい意義を有しているのは、そのような日常を「生きる姿勢」としてのナラティヴの可能性にみずからの思想を賭けている点にあると思われる。存在の本質に対する決定不能性といった不安を抱えながら人びとが発するナラティヴが重ね合わされていったときに、「生きることの戸惑い」を絆とした新たな非本質主義的な共同性が構築可能になることも彼の思想は差し示しているのである。[*166] その点で、脱構築系のポストコロニアリストであるバーバもまた、たしかにその西洋世俗主義的な価値規範は大いに問題とされるところであるが、通俗的な脱構築の相対性を超えたところで日々の生活の再定位を試みようとしている点ではアサドと同じ立場に立っているように思われるのである。[*167]

その観点から、ここではさらにサイードとアサドの相違点について触れておきたい。サイードは、一九八五年の論文「オリエンタリズム再考」の中で、「反オリエンタリズム批評」に従事する「分析的・理論的プロジェクト」として、アサドの人類学に対する仕事——『カヴァフィシュ・アラブ』を指すと思われる——を、バーバやサルマン・ラシュディの仕事と並べて評価している。[*168] ただし、すでに本章で述べてきたように、この陣営はその後、土着文化の伝統および西洋の世俗主義的論理に対する距離の取り方において、複数の立場に分かれていくことになる。アサドとの関係で問題になるのは、サイードが世俗的解釈 (secular interpretation) と呼ぶ社会理解の方法である。サイードはヴィーコとグラムシに依拠しながら、世俗的解釈を次のように定義づけている。

> 世俗的な知識人……にとって社会的、知的権威とは直接神に由来するものではなく、人類によって作られた分析可能な歴史に由来するものである。……神によって創造された聖なる領土は啓示によってのみ接近できるものである。それは完全であり神聖不可侵であるがゆえに非歴史的なものだ。……だが、どんな意味でも、

人間の行為以外の何かが歴史の原因であるということを認めるわけにはいかないのだ。……社会的、知的な権威とは直接神に由来するものではなく、世俗的な知識人は神聖な本源性の不在や、また他方では歴史的アクチュアリティの複雑な形での存在を示すために仕事をするのである。宗教の不在からそうしたアクチュアリティの存在へと転向することこそが世俗的解釈なのだ。[*169]

サイードの宗教論を論述したウィリアム・ハートによれば、その意味でサイードは世俗と宗教の分離を前提とした立場に立つものであり、その点で西洋側の知識人の立場に立つものだという。[*170] アサドは少なくとも『宗教の系譜』（一九九三年）を刊行した以降、サイードの世俗的解釈とは異なる立場を前面に押し出していくことになる。アサドはサイードの世俗的批評（secular criticism）という概念を取り上げるなかで、そこでの「批評」という言葉が「現実世界と表象世界の区別」、「疑念に直面した時に確信をもたらす判断」、「［言説の歴史的制約からの］自由」といったものを含意するものであり、そこには世俗主義的な普遍性への志向性が前提とされているのだと言う。[*171]

より正確には、［西洋の］近代啓蒙主義は批判という特有の「概念」――抽象的で普遍的な概念――を作り出してきたと言うべきである。このような批判のあらゆる言説はその存在目的を有している。つまり、何を定義し、何を認識し、何を目的とし、そして何を滅ぼすかである。このような世俗的批判のもつ超歴史的な態度、すなわち「自らの過誤に開かれている」［サイードの世俗的解釈の言葉］といったようなものは、そもそも存在しないのである。[*172]

しかし、注意深く考えれば、アサドの論理構造そのものは、やはり西洋側の啓蒙主義的知識人に、彼らと異なる宗教伝統を理解できるように啓蒙主義的な言語を駆使しながら、その限界を乗り越えようと試みるものであり、表現の論理は世俗的解釈をふまえたものであったと言える。再度確認するならば、啓蒙主義自体がその内部に有する自己批判の論理――そのような自己批判の指向性はアサドが影響を受けたヴィトゲンシュタインやフーコーに典型的に見られる――を、もう一方の自分の根っこである非西洋世界の論理と結びつけて、英語表現の枠を用いながら、英語圏の人びとに向かって、その英語的世界の通俗的な支配の論理を彼らなりの論理で批判しようとした点では、アサドもまたサイードと同じように、まぎれもなくディアスポラ知識人の一員なのである。

だとするならば、ここで問題とすべきは、彼らが世俗的解釈をしているから世俗主義であると断じることではなく、そのような啓蒙主義的な思考によって立ちながらも、それとは論理構造を異にする他者をどのように理解するか、そしてそのような一見他者に見える論理構造が自分の内部にも人間の普遍性として存在しているかを深く理解しようとしているか否かということにあるのではなかろうか。かれらディアスポラ知識人の発話を、西洋世界への同化の誘惑に屈することなく、読み手が置かれたそれぞれの状況のもとにどのように組み込んで、議論を構築していくか。その一点が問われるべきなのではなかろうか。その点において、西洋リベラリズムが主張する世俗主義の中立性にひそむ「残酷さと同情」が共存するレトリックをどのように見破っていくかという点において、タラル・アサドの研究は、まさにリベラリズムを体現するアメリカ合衆国の傘下に置かれた日本社会[*173]に住むわれわれにとって傾聴に値するものなのだ。最後に、西洋リベラリズムが引き起こす苦痛に関するアサドの考察を引いてこの本章を終えることにしよう。

> 世俗主義は差異化された近代国民国家の内部で、自由と感受性の特殊な構造を取り扱わなければならなかった。この自由と感受性を否定したり挫いたりするような苦しみを概念化したり処理しなければならなかった。それゆえに世俗主義は、自らと軋轢を引き起こすような苦しみを取り除くように方向づけられたエージェン

シーを取り扱わざるをえなかったのである。その意味で、世俗的なエージェンシーとは、「苦痛を配分する特定のエコノミー」を変えることを課題としなければならなかった。その一方で、そのエコノミーの能力のなかで、人間の存在を超出した余白部分たる「宗教」と呼ばれてきたものを抑圧しようと試みてきたのである。そのためであれば、他の種類の残酷さは許容されることになり、その残虐さは社会的効用を算出するためだとか、世俗的な幸福の夢のためだとか言って正当化されてきた。それは、前近代の苦痛や懲罰のパターンを、近代の世俗主義に固有なものへと置き換えてきたのだ。……人々は自分が自由で平等なのだと教え込まれ、自分たちに加えられた苦悶を、自分が感じているものではないと思いこんできた。そして、自分たちは、自らが抱く「正常な」すべての欲望を十分に実現することができるのだと信じ込むように差し向けられてきた。……近代における受苦者の感覚は、その苦痛が世俗的なものであり、まったく道徳的な価値を有さないものだから、それを耐えるには値しないというものであった。……世俗社会はいつも国内の連帯ばかりを懸念してきた。その一方で、国家間の戦争や帝国主義的な征服を遂行してきたにもかかわらずである。それらは政治的秩序や社会的連帯といった問題ばかりに多大な関心を払う傾向にあり、国民統合をもくろむ政府の政策が宗教集団の構成員に引き起こす苦痛については配慮してこなかったのである。*174

私たちは受苦を自分自身の問題として本当に受け止め得ているのだろうか。みずからに生起する苦痛を契機として可傷性のなかで他者と向き合い、自己を他者に向けて涵養し得ているのだろうか。私たちは他者の苦痛に対して鋭敏な感受性を持ち得ているのであろうか。私たちもまた自らの快楽や安逸さのなかにまどろんでいるだけではないだろうか。己れを省みるとき、その愚かさに対する後悔の念で悲嘆の淵に沈むばかりである。みずからの愚かさは人間というものが喜劇的存在にほかならないことを露呈し続ける。私たちはタラル・アサドの言葉を日本から離れたどこか遠い国の話としてではなく、自分に差し向けられた問いとして重く受け止めていかなければなるまい。

注

＊1——David Scott, “The Trouble of inking: An Interview with Talal Asad,” in D.Scott and Ch. Hirschkind eds., *Powers of the Secular Modern: Talal Asad and His Interlocutors*, Stanford: Stanford University Press, 2006, p. 294.

＊2——Ben-David, “Leopold of Arabia,” www.haaretzdaily.com.

＊3——*Ibid.*

＊4——Scott, “The Trouble of Thinking,” p. 247.

＊5——*Ibid.*, p. 249.

＊6——Ben-David, “Leopold of Arabia.”

＊7——Scott, “The Trouble of Thinking,” p. 248.

＊8——*Ibid.*, p. 282.

＊9——タラル・アサド「近代の権力と宗教的諸伝統の再編成」一九九六年（中村圭志訳『みすず』第五一九号、二〇〇四年、一一頁）。

＊10——同右論文（一一頁）。

＊11——同右論文（一二頁）。

＊12——同右論文（一二頁）。

＊13——同右論文（一二—一三頁）。

＊14——同右論文（一二頁）。

＊15——Talal Asad, “Trying to Understand French Secularism,” in in Hent de Vries and Lawrence Sullivan eds., *Political Theologies: Public Religions in a Post-Secular World*, New York: Fordham University Press, 2006.

＊16——例えば、バーナード・ルイス『イスラム世界はなぜ没落したのか?——西洋近代と中東』二〇〇二年（臼杵陽監訳、日本経済評論社、二〇〇三年）。

＊17——タラル・アサド『自爆テロ』二〇〇七年（苅田真司訳、青土社、二〇〇八年、九頁）。

＊18――同右書（一三八頁）。

＊19――同右書（五八頁）。

＊20――Scott, "The Trouble of Thinking," pp. 252–271.

＊21――タラル・アサド『世俗の形成――キリスト教、イスラム、近代』二〇〇三年（中村圭志訳、みすず書房、二〇〇六年、六頁）。一方でアサドは、宗教概念と同様に世俗主義の概念も歴史的変遷を経たものであり、「本質主義的な定義」を与えることは回避しなければならないとも指摘している（Scott, "The Trouble of Thinking," p. 299.）。

＊22――アサド前掲『世俗の形成』（一〇・二四二頁）。

＊23――フランシス・フクヤマ『歴史の終わり』一九九二年（渡部昇一訳、三笠書房、一九九二年、中巻、二〇一頁、下巻、一三九・一六一頁）。なお、近年フクヤマは合衆国のネオコンに対する批判を展開したが、リベラル・デモクラシーの理念に対する強い信念は変えてはいない（同『アメリカの終わり』二〇〇六年、会田弘継訳、講談社、二〇〇六年）。当初よりフクヤマは、合衆国をはじめ現実の社会や国家とリベラル・デモクラシーの理念とのあいだに齟齬を認めており、現実をその理念にいかに近づけるかという議論をおこなっているのである。フクヤマのリベラリズムに対する批判としては、ジャック・デリダ『マルクスの亡霊たち』一九九三年（増田一夫訳、藤原書店、二〇〇七年、一三三―一八八頁）。

＊24――フランシス・フクヤマ「アメリカの中東政策を検証する――アメリカからの分析」同志社大学CISMOR国際ワークショップ2007「イスラームと西洋――アメリカの外交思想を検証する」二〇〇七年一〇月二〇日。なお、リベラリズムを民主主義との闘技的緊張関係に置くことで、多元主義的デモクラシー（plural democracy）という決定不能性に基づく拮抗関係の政治的アリーナを開こうとするムフによれば、民主主義が「平等と人民主権」を内容とするものであるのに対して、自由主義は「個人的自由の価値と人権」を強調する世俗主義に基づく「法治国家の理念」に依拠するものとして規定される（シャンタル・ムフ『民主主義の逆説』二〇〇〇年、葛西弘隆訳、以文社、二〇〇六年、六―七頁）。しかし、ムフがリベラル・デモクラシー批判しながらも、政教分離をふくめて、基本的に世俗主義にもとづくその枠組みを保持したうえでの、その読み替えを試みているのに対して、アサドはリベラリズムさらには民主主義の理念自体を世俗主義との密接な関係から根本的な批判を加えている。Chantal Mouffe, "Religion, Liberal Democracy, and Citizenship," in Vries and Sullivan., eds. *Political Theologies*, アサド前掲『世俗の形成』。Talal Asad, "Reflections on Blasphemy and Secular Criticism," in Hent de Vries, ed., *Religion: Beyond a Concept*, New York: Fordham University Press, 2008.

＊25――アサド前掲『自爆テロ』（八頁）。
＊26――Samantha Power, "Our War on Terror," in *New York Times Book Review*, July 29, 2007.
＊27――アサド前掲『自爆テロ』（一八―一九頁）。
＊28――同右書（一〇頁）。
＊29――Scott, "The Trouble of Thinking," p. 286.
＊30――アサド前掲「近代の権力と宗教的諸伝統の再編成」（一一頁）。
＊31――同右論文（一一頁）。
＊32――アサド前掲『自爆テロ』（一〇頁）。
＊33――同右書（一六頁）。
＊34――同右書（五〇頁）。
＊35――ハンチントンやルイスの思考論理については、臼杵陽「［監訳者解題］バーナード・ルイス――ネオコンの中東政策を支える歴史学者」ルイス前掲『イスラム世界はなぜ没落したのか？』。
＊36――アサド前掲『自爆テロ』（五六―五七頁）。
＊37――同右書（一五―一六頁）。
＊38――同右書（一六頁）。
＊39――同右書（二五頁）。
＊40――タラル・アサド「比較宗教学の古典を読む」二〇〇一年（磯前順一／タラル・アサド編『宗教を語りなおす――近代的カテゴリーの再考』みすず書房、二〇〇六年、三一頁）。
＊41――アサド前掲『自爆テロ』一六頁。
＊42――Scott, "The Trouble of Thinking," p. 254.
＊43――タラル・アサド『宗教の系譜――キリスト教とイスラムにおける権力の根拠と訓練』一九九三年（中村圭志訳、岩波書店、二〇〇四年、一頁）。
＊44――リベラル・デモクラシーと文明観念の密接な関係、およびその暴力性の理解については、Harry Harootunian, "Commentary: Asad, Suicide Bombing," at e Round Table of *Suicide Bombing*, at the Middle East Center of New York University, January 28,

2008. および Bruce Lincoln, "Bush's God Talk," in Vries and Sullivan., eds. *Political Theologies*, から示唆を得ている。米国の地域研究の暴力性を問題化し続けるハルトゥーニアンが、このような視点においてアサドに共感を示すのは興味深い符合である。

*45——アサド前掲『自爆テロ』（六一頁）。

*46——同右書（六五頁）。

*47——同右書（一一・一〇八頁、磯前一部改訳）。

*48——同右書（一一一—一一二頁、磯前一部改訳）。

*49——同右書（一二三—一二四頁、磯前一部改訳）。

*50——同右書（七九頁）。

*51——同右書（一二六頁）。

*52——同右書（一二七頁）。

*53——同右書（一二六・一三〇頁）。

*54——アサド前掲「比較宗教学の古典を読む」（四四頁）。

*55——アサド前掲『宗教の系譜』（三三頁）。

*56——同右書（三二—三三頁）。

*57——同右書（三四頁）。

*58——同右書（三四頁）。

*59——土屋博「書評論文『岩波講座　宗教』——宗教論の曲り角」『宗教研究』第八〇巻第一号、二〇〇六年、九五——九六頁。

*60——深澤英隆『啓蒙と霊性——近代宗教言説の生成と変容』岩波書店、二〇〇六年、三四四—三四五頁。

*61——アサド前掲「比較宗教学の古典を読む」（四三頁）。

*62——Scott, "The Trouble of Thinking," p. 299.

*63——Tomoko Masuzawa, *Invention of World Religions: Or, How European Universalism was preserved in the Language of Pluralism*, Chicago and London: e University of Chicago Press, 2005, p. 327. この著書を抄出した論文として、増澤知子「比較とヘゲモニー——

「世界宗教」という類型」（高橋原訳、磯前順一／タラル・アサド編前掲『宗教を語りなおす』）。また、増澤の世俗性に関する理解を示す論文として、同「欧米における宗教学の課題――宗教と世俗性の位置づけ」（高橋原訳『季刊日本思想史』第七二号、ぺりかん社、二〇〇八年）。

＊64――現時点での増澤の唱える普遍性は、ジュディス・バトラー／エルネスト・ラクラウ／スラヴォイ・ジジェク『偶発性・ヘゲモニー・普遍性――新しい対抗政治への対話』二〇〇〇年（竹村和子他訳、青土社、二〇〇二年）での、特殊性の絡みから普遍性の非実体性を炙り出す議論からみれば、きわめて多元主義・多文化主義的な実体性を前提にしたものであることは明らかである。なお、バトラーたちの議論の理解については、竹村和子『愛について――アイデンティティと欲望の政治学』（岩波書店、二〇〇二年）の第五章が参考になる。

＊65――そのような批判は、すでにティモシー・フィッツジェラルドによってなされている。Timothy Fitzgerald, "Introduction," in *Discourse on Civility and Barbarity: A Critical History of Religion and Related Categories*, Oxford and New York: Oxford University Press, 2007.

＊66――Talal Asad, "Response," in Scott and Hirschkind, *Power of the Secular Modern*, pp. 230–232.

＊67――Conference "The Politics of Religion-Making," in Hofstra Cultural Center and the Department of Religion, on October 4, 5 and 6, 2007, at http://www.hofstra.edu/Community/culctr/culctr_events_religionmaking.html.

＊68――そのなかで、世俗主義批判をめぐる米国研究者の良質な議論の水準を示すものとして、Hent de Vries, "Introduction: Before, Around, and Beyond the eologico-Political," in de Vries and Sullivan, eds., *Political Theologies*. ただし、デ・ヴリースは米国のジョンズ・ホプキンス大学に籍を置くものの、オランダ出身であり、アムステルダム大学の教員でもある。

＊69――レイ・チョウ『ディアスポラの知識人』一九九三年（青土社、一九九八年、一九一―一九二頁）。

＊70――同右書（一九二頁）。

＊71――非西洋世界の知識人が西洋世界に組み込まれていくメカニズムについては、米国の日本研究を例として、磯前順一「文化のはざまで――日本研究とアメリカ体験」『喪失とノスタルジア――近代日本の余白へ』（みすず書房、二〇〇八年）。そのほかに、レイ・チョウも寄稿した地域研究（Area Studies）への批判として、Masao Miyoshi and H. D. Harootunian, eds., *Learning Places: The Afterlives of Area Studies*, Durham: Duke University Press, 2002.

＊72――エドワード・サイード『知識人とは何か』一九九三年（大橋洋一訳、平凡社、一九九五年、四・三五頁）等。

＊73――戦後日本宗教学の動向とその問題点については、磯前順一「〈日本の宗教学〉再考――学説史から学問史へ」『宗教概念あるいは宗教学の死』東京大学出版会、二〇一二年。
＊74――そのような理解のあり方を示す例として、堀江宗正「宗教概念批判論」『国際宗教研究所ニュースレター』二〇〇四年、四三頁。
＊75――アサド前掲「近代の権力と宗教的諸伝統の再編成」（二五―二六頁、磯前一部改訳）。
＊76――同右論文（二六頁）。同前掲『宗教の系譜』（九〇頁）。
＊77――アサド前掲「比較宗教学の古典を読む」（二九頁）。
＊78――アサド前掲『宗教の系譜』（三三・四一・九〇頁、磯前一部改訳）。ここで問題とされているギアーツの著書は『文化の解釈学』（一九七三年、吉田禎吾他訳、岩波書店、一九八七年）。
＊79――以上の見解にもとづくのであれば、筆者が日本の宗教言説の成立過程を扱った『近代日本の宗教言説とその系譜』（岩波書店、二〇〇三年）で論じたプラクティスによるビリーフ中心主義の批判も、近代的な〈ビリーフ／プラクティス〉の二分法に依拠したうえで、ビリーフの対概念に組み込まれたプラクティスを称揚する近代主義の裏返しにとどまるものであり、概念的な意味を与えるビリーフと、それを拒む非概念的なプラクティスというわゆる反近代主義の域を出ていないものとして批判されなければならない。
＊80――Scott, "The Trouble of Thinking," pp. 270–272.
＊81――アサド前掲『宗教の系譜』（八一頁）。
＊82――同右書（八八頁）。
＊83――同右書（一三〇・一四三頁、磯前一部改訳）。
＊84――同右書（一二六頁）。
＊85――ミシェル・フーコー『性の歴史I――知への意志』一九七六年（渡辺守章訳、新潮社、一九八六年、一一九・一二四頁）。
＊86――アサド前掲『宗教の系譜』（一五三頁）。
＊87――同右書（八六頁）。
＊88――同右書（七〇―七一頁）。

＊89――同右書（一五八―一五九頁）。
＊90――同右書（四六・一三二頁）。
＊91――同右書（一二六頁、磯前一部改訳）。
＊92――イスラームにおける徳の養成をめぐるアサドの議論ついては、「中東における宗教的批判の制約」（アサド前掲『宗教の系譜』二一四―二一五頁）。中世におけるイスラームとカトリシズムの関係をめぐるアサドの見解については、下記の発言も参照のこと。Scott, "The Trouble of Thinking," pp. 281–282.
＊93――アサド前掲『宗教の系譜』（一四〇頁、磯前一部改訳）。
＊94――アサド前掲「近代の権力と宗教的諸伝統の再編成」（一八―一九頁、磯前一部改訳）。
＊95――アサド前掲『宗教の系譜』（四―五頁）。
＊96――アサド前掲「比較宗教学の古典を読む」（四二―四三・三六頁）。ここで言うキャントウェル・スミスの著作とは、Wilfred Cantwell Smith, *The Meaning and End of Religion : A new Approach to the Religious Traditions of Mankind*, New York : Macmillan, 1978. スミスからアサドにいたる宗教概念論批判の展開については、ラッセル・マッカチオン「「宗教」カテゴリーをめぐる近年の議論――その批判的俯瞰」一九九五年（磯前順一／リチャード・カリチマン訳、磯前／山本達也編『宗教概念の彼方へ』法藏館、二〇一一年）、磯前順一「宗教概念および宗教学の成立をめぐる研究概況」（前掲『近代日本の宗教言説とその系譜』）。そして、その後の宗教概念論が帯びがちな内閉性を打破する幾つかの国内外の試みとして、Timothy Fitzgerald, "Introduction," in Discourse on Civility and Barbarity. Hent de Vries ed., *Religion*. 磯前順一／タラル・アサド編前掲『宗教を語りなおす』、林淳・磯前順一編「特集　近代日本と宗教学――学知をめぐるナラトロジー」（前掲『季刊日本思想史』第七二号）。ただし、デ・ヴリース自身の立場は、ポスト・キリスト教神学として西洋の思想や宗教研究がみずからの思想・宗教伝統に対して批判的立場に立つというものであり、ヨーロッパ・ムスリムを除くと、地域研究としての宗教研究とは関係をほとんど有さないものである。そのため、概念としての宗教概念の網羅性を唱えるものの、それが現実のポストコロニアル世界と切り結んでいかない点が。増澤知子の「世界宗教」論と同様に懸念される。
＊97――アサド前掲「比較宗教学の古典を読む」（三六―三七頁）。
＊98――アルフォンソ・リンギス『信頼』二〇〇四年（岩本正恵訳、青土社、二〇〇六年、一五頁）。
＊99――同右書（一一二―一一三頁）。

＊100――ハンナ・アレント『人間の条件』一九五八年（志水速雄訳、ちくま学芸文庫、一九九四年、二九七頁）。
＊101――ジュディス・バトラー『生のあやうさ』二〇〇四年（本橋哲也訳、以文社、二〇〇七年、八九――九〇頁）。社会学における可傷性の議論については、後藤吉彦『身体の社会学のブレークスルー――差異の政治から普遍性の政治へ』（生活書院、二〇〇七年）第六章を参照のこと。
＊102――同右書（五八―五九頁）。
＊103――同右書（六〇頁）。
＊104――同右書（四七頁）。
＊105――同右書（六三頁）。
＊106――ジャック・デリダ「暴力と形而上学――エマニュエル・レヴィナスの思考に関する試論」『エクリチュールと差異』一九六七年（川久保輝興訳、法政大学出版局、一九八三年、上巻、二五一頁、磯前一部改訳）。
＊107――バトラー前掲『生のあやうさ』（八二―八三頁）。
＊108――同右書（七七頁）。
＊109――バトラーにおけるデリダの暴力論への共通性と違和感については、ヴァルター・ベンヤミンの暴力論をめぐる解釈として下記の文献のなかで述べられている。Judith Butler, “Critique, Coercion, and Sacred Life in Benjamin's “Critique of Violence”,” in Vries and Sullivan, eds., *Political Theologies*.
＊110――バトラー前掲『生のあやうさ』（六五―六六頁）。
＊111――同右書（六五――六六頁）。
＊112――アサド前掲「比較宗教学の古典を読む」（二九頁）。
＊113――同右論文、（三六頁）。
＊114――アサド前掲『宗教の系譜』（一二頁）。
＊115――タラル・アサド「イギリス社会人類学における文化の翻訳という概念」ジェームス・クリフォード／ジョージ・マーカス編『文化を書く』一九八六年（春日直樹他訳、紀伊国屋書店、一九九六年、二八六頁）。この論文は、その後、英語版では『宗教の系譜』に収録されているが、日本語版では割愛されている。
＊116――同右論文、（二九九頁）。

＊117――アサド前掲『宗教の系譜』(二〇頁)。アサドのマルクス主義およびカルチュラル・スタディーズの評価については、Scott, "The Trouble of Thinking," p. 250, 260–261.

＊118――Harry Harootunian, "Outwitted by History: Modernization, Postcoloniality and the Romancing of Culture," given at the Heyman Center at Columbia University. Benita Parry, "Signs of Our Time," in *Postcolonial Studies: A Materialist Critique*, London and New York: Routledge, 2004.

＊119――アサド前掲『宗教の系譜』(二一頁)。

＊120――ヴァルター・ベンヤミン「翻訳者の使命」一九二三年(内村博信訳『ベンヤミン・コレクション2』ちくま学芸文庫、一九九六年)、ホミ・バーバ「散種するネイション――時間、ナラティヴ、そして近代ネイションの余白」一九九四年(磯前順一/ダニエル・ガリモア訳『ナラティヴの権利――戸惑いの生へ向けて』みすず書房、二〇〇九年、一一六―一一七頁)。

＊121――アサド前掲「イギリス社会人類学における文化の翻訳という概念」(二八九―二九一頁)。

＊122――同右論文(二九九頁)。

＊123――Scott, "The Trouble of Thinking," p. 275.

＊124――アサド前掲『宗教の系譜』(二七頁)。

＊125――スチュアート・ホール「「ポスト・コロニアル」とはいつだったのか?――境界にて思考すること」一九九三年(小笠原博毅訳『思想』第九三三号、二〇〇二年、一二七頁)。ポストトコロニアル状況に対する一般的理解としては、Robert Young, *Postcolonialism: An Historical Introduction*, London and New York: Blackwell Publising, 2001. なお、その簡略版は日本語版でも読める。ロバート・ヤング『ポストコロニアリズム』二〇〇三年(本橋哲也訳、岩波書店、二〇〇五年)。

＊126――スチュアート・ホール「文化的アイデンティティとディアスポラ」一九九〇年(小笠原博毅訳『現代思想』第二六巻第四号、一九九八年、一〇一頁、磯前一部改訳)。

＊127――同右論文(一〇一―一〇二頁)。

＊128――大熊栄『サルマン・ルシュディの文学――「複合自我」表象をめぐって』人文書院、二〇〇七年、三四一頁。以降、筆者による引用では他の箇所と合わせて「ラシュディ」とさせていただいた。

＊129――スチュアート・ホール「ニュー・エスニシティズ」一九八九年(大熊高明訳『現代思想』第二六巻第四号、一九九八

年、八二頁)。

*130——サルマン・ラシュディ「鯨の外で——政治と文学について」一九八四年(川口喬一訳『ユリイカ』第二一巻第一四号、一九八九年、一三一頁)。

*131——エドワード・サイード「ラシュディと鯨」一九八九年(「海外文化ニュース」欄『みすず』第三三九号、一九八九年、五三頁)。

*132——同右論文、五三頁。

*133——エドワード・サイード『遠い場所の記憶　自伝』一九九九年(中野真紀子訳、みすず書房、二〇〇一年、三四一頁)。

*134——大熊前掲『サルマン・ルシュディの文学』(三四一頁)。

*135——日本語訳は、サルマン・ラシュディ『悪魔の詩』(五十嵐一訳、プロモーションズ・ジャンニ、一九九〇年)。

*136——西谷修「解説　別の「世界性」に向けて」フェティ・ベンスラマ『物騒なフィクション——起源の分有をめぐって』筑摩書房、一九九四年。

*137——サイード前掲「ラシュディと鯨」(五二頁)。

*138——Asad, "Reections on Blasphemy and Secular Criticism."

*139——森孝一編『EUとイスラームの宗教伝統は共存できるか——「ムハンマドの風刺画」事件の本質』明石書店、二〇〇七年。

*140——Asad, "Reections on Blasphemy and Secular Criticism."

*141——アサド前掲『宗教の系譜』(二五七頁)。

*142——同右書(二五八頁)。

*143——同右書(二六一頁)。

*144——同右書(二六〇頁)。

*145——同右書(二六六—二六七頁)。

*146——同右書(二七二頁)。

*147——同右書(二七三頁)。

*148——Homi Bhabha, "Beyond Fundamentalism and Liberalism" and "Down among the Women," in *New Statesman and Society*, 3 March and

28 July, 1989. アサドのバーバ批判は、Talal Asad, "Multiculturalism and British Identity in the Wake of the Rushdie Aair," in *Genealogies of Religion: Discipline and Reasons of Power in Christianity and Islam*, Baltimore and London : Johns Hopkins University Press, 1993, pp. 262–265（日本語版には未訳出）でも展開されている。なお、バーバの『悪魔の詩』に対するテクスト解釈は、バーバ前掲「散種するネイション」で読むことができる。

＊149――アサド前掲『宗教の系譜』（二四四頁）。

＊150――同右書（二六一頁、磯前一部改訳）。

＊151――バーバ前掲「散種するネイション」（八九頁）。

＊152――アサド前掲『世俗の形成』（二三八頁）。

＊153――ホミ・バーバ「文化の中間者」スチュアート・ホール他編『カルチュアル・アイデンティティの諸問題』一九九三年（林完枝訳、大村書店、二〇〇一年）。同「振り返りつつ、前に進む――ヴァナキュラー・コスモポリタニズムに関する覚書」二〇〇五年（前掲『ナラティヴの権利』）。

＊154――バーバの西洋文化に対する位置取りについては、本人がみずからの文化・学問的背景を語った次のインタビューが如実に示している。「アイデンティティのはざまで」一九九四年（前掲『ナラティヴの権利』）。

＊155――アサド前掲「イギリス社会人類学における文化の翻訳という概念」（三〇一頁）。

＊156――サイード前掲「ラシュディと鯨」（五三頁）。

＊157――大熊前掲『サルマン・ルシュディの文学』（一六頁）。

＊158――ベンスラマ『物騒なフィクション』一九九四年（西谷修訳、七八―七九頁）。

＊159――西谷前掲「解説　別の「世界性」に向けて」（一一二頁）。

＊160――チョウ前掲『ディアスポラの知識人』（三四―三五頁）。

＊161――同右書（一九二頁）。

＊162――刊行団体は、レバノンのベイルートにあるアラブ文化センター。

＊163――西欧社会とイスラーム移民あるいはアラブ・イスラームとの摩擦については、内藤正典・阪口正二郎編『神の法 vs. 人の法――スカーフ論争からみる西欧とイスラームの断層』日本評論社 二〇〇七年、内藤正典『イスラーム戦争の時代――暴力の連鎖をどう解くか』ＮＨＫブックス 二〇〇六年、森前掲『ＥＵとイスラームの宗教伝統は共存できるか』。

そして、アサドによる議論として、Asad, "Trying to Understand French Secularism" and "Reections on Blasphemy and Secular Criticism."

＊164——トルコの政教分離問題については、内藤前掲『イスラーム戦争の時代』第三章。日本については、靖国祭祀に端的なかたちで政教分離と国家神道をめぐる問題が現れている。磯前順一「法外なるものの影で——近代日本における「宗教／世俗」」前掲『喪失とノスタルジア——近代日本の余白へ』、島薗進「戦後の国家神道と宗教集団としての神社」圭室文雄編『日本人の宗教と庶民信仰』吉川弘文館、二〇〇六年。

＊165——Scott, "The Trouble of Thinking," pp. 285–286.

＊166——この点については、磯前前掲『喪失とノスタルジア』。

＊167——バーバ「ナラティヴの権利」二〇〇〇年（前掲『ナラティヴの権利』）。

＊168——エドワード・サイード「オリエンタリズム再考」一九八五年（今沢紀子訳『オリエンタリズム』平凡社、一九八六年、三五一頁）。

＊169——エドワード・サイード「敵対者、聴衆、構成員、そして共同体」ハル・フォスター編『反美学——ポストモダンの様相』一九八三年（室井尚・吉岡洋訳、勁草書房、一九八七年、二六四—二六六頁、磯前一部改訳）。

＊170——William Hart, *Edward Said and the Religious Effects of Culture*, Cambridge: Cambridge University Press, 2000, p. 12, 86. なお、サイードをめぐるこれまでの議論状況としては、Alexander Mace, ed., *Orientalism: A Reader*, New York: New York University Press, 2000. Daniel Varisco, *Reading Orientalism: Said and the Unsaid*, Seattle and London: University of Washington Press, 2007. ホミ・バーバ他編著『エドワード・サイード——対話は続く』二〇〇五年（上村忠男他訳、みすず書房、二〇〇九年）。

＊171——Asad, "Reflections on Blasphemy and Secular Criticism," p. 600. このようなアサドのサイード批判をふまえて、宗教的実践や言説にもサイードの言う世俗的批評の可能性を見出す試みとして、Gauri Viswanathan, *Outside The Modernity: Conversion, Modernity, and Belief*, Princeton: Princeton University, 1998, chap. 2.

＊172——*Ibid.*, p. 605.

＊173——この点については、酒井直樹『希望と憲法——日本国憲法の発話主体と応答』以文社、二〇〇八年。

＊174——Asad, "Trying to Understand French Secularism," pp. 508–509.

第四章　外部性とは何か——日本のポストモダン　柄谷行人から酒井直樹へ

つまり無傷の核への欲望とは、欲望そのものであり、言い換えるなら、それは縮約――還元できないものだということです……そしてこれが必然性なのであり、……存在していない無傷の核への欲望、触れることのできないものへの欲望、処女性への欲望がなければ……、こうした出発点としての欲望がなければ、ひとつの欲望が動き始めることがないのと同様に、〈必然性〉がなければ、つまりこの欲望を中断しに来るもの、欲望を妨げるものがなければ、そして、誰もそれに対して何もできない何かが……ないとしたら、欲望そのものが繰り広げられることもないのです。そういった何かは一個の主体によって制定された掟ではありません。それは掟に反する掟、欲望に反する欲望、固有名詞に反する固有名詞というべきものであって、こうした掟の上に位置し、それらすべてを規整するような一つ掟であるわけです。

ジャック・デリダ『他者の耳』[*1]（傍点は磯前）

第一節　柄谷行人における「内部／外部」

一九八四年、柄谷は連載『探究』において「内省」から「外部」の思想へと、みずからの思考の「転回」を宣言する。そして、これまでの内省の思考をデリダに、新たな外部の思考をヴィトゲンシュタインになぞらえて次のように総括した。

重要なのは、ウィトゲンシュタインが、ラッセルやピアジェと同じ土俵に立っていないことである。あるいは、フッサールやデリダと。言葉や数を、「教える－習う」視点からみることは、ウィトゲンシュタイン以前にはなかった態度なのだ。……われわれは、ここであらためて「語る－聞く」と、「教える－学ぶ」の違いを強調したい。以前に、私は「語る主体から出発する」（ソシュール）ことは、結局「聞く主体」から出発することだといった。「語る－聞く」という関係は、「語る＝聞く」という自己関係（モノローグ）にほかならない。つまり、それは〝内省〟に、あるいは独我論に帰着するのである。[*2]（傍点は磯前）

その著『探求Ⅰ』で展開する外部の思考を「他者」との出会いとして捉え、以下のような説明を加えている。

『探求Ⅰ』において、私は、コミュニケーションや交換を、共同体の外部、すなわち共同体と共同体の「間」に見ようとした。つまり、なんら規則を共有しない他者との非対称的な関係において見ようとした。「他者」

とは、言語ゲームを共有しない者のことである。規則が共有される共同体の内部では、私と他者は対象的な関係にあり、交換＝コミュニケーションは自己対話（モノローグ）でしかない。一方、非対称的な関係における交換＝コミュニケーションにはたえず「命懸けの飛躍」がともなう。私はまた、そういう非対称関係における交換からなる世界を「社会」とよび、共通の規則をもち従って対称的関係においてある世界を「共同体」と呼んできた。[*3]（傍点は磯前）

ここで外部とは共同体の外部であり、共同体の内部が均質さにみちた独語の世界であるのに対して、共同体の外部は規則が共有されていない「対話が不可能な地点」[*4]である。そこにおいて、柄谷は自己の自明性を疑ってみせる超越論的な視点が可能になるのだとする。

デカルトの主体は、必ずしも認識論的な主体（主観）ではない。それは、むしろ後者を疑うとき、そこにあらわれてくるような主体である。この主体（私）は、奇妙なものだ。フッサールは、これを「超越論的自己」とよんでいる。……それは個としての私を、たえず共同体の中に回帰させようとする支配的な言説（文法）に強制されているのではないか、と疑ってみることができる。そのように疑う私が、いわば超越論的な自己である。それは個としての私ではなく、外部性・単独性としての私である。[*5]（傍点は磯前）

このように己れの属する言語ゲームを対象化することのできた存在を、彼は単独者と呼ぶ。みずからが単独者であることができて、はじめて他者に出会うことができるのである。そして、それは共同体の内部ではなく、外部においてなのである。その外部とは、「実際の空間のイメージで理解してはならない」ものであり、「交換がぎりぎりの問題となるような場所」として、「体系の差異としてのみあるような「場所」」として想起されるにとどまる。[*6] そして、柄谷がそうであるように、近代日本の多くの思想家たちは日本社会の知的な鎖国状態を感じ取り、その状況の外部に出ようと試みてきた。浅田彰が「真に遊戯するためには外へ出なければならない」[*7]と述べたように、ポストモダン思想もまたその例外ではない。その先駆的存在のひとりであった柄谷自身も、『探究』に到る仕事をこう回顧している。

> この十年間、私は何をめざしてきたのだろうか。一言でいえば、それは《外部》である。……一義的に閉じられた構造すなわち《内部》から、ニーチェの言う「巨大な多様性」としての《外部》、事実性としての《外部》、いいかえれば不在としての《外部》に出ようとすること、それは容易なことではなかった。それは、内部すなわち形式体系をより徹底化することで自壊させるということによってしかありえない、と私は考えた。[*8]（傍点は磯前）

事実、このような内部の閉鎖性を問うことで外部にたどり着こうとする試みは、一九八〇年刊行の代表作『日本近代文学の起源』において実践されている。そこで、かれは近代文学の根拠をなす「内面」の純粋性を、その成立の歴史性を露呈することで批判してみせた。

> [国木田]独歩にとって、内面とは言（声）であり、表現とはその声を外化することであった。このとき、実は「表現」という考えがはじめて存在しえたのである。……「表現」は、言＝文という一致によって存在しえたのだ。だが、……そこでは、すでに「内面」そのものの制度性・歴史性が忘れさられている。いうまでもなく、われわれもまたその地層の上にある。われわれを閉じこめているものが何であるかを明らかにするためには、その起源を問わねばならないが、その鍵は、「言葉」が露出すると同時に隠蔽されたこの時期

をさらに検討することにある。[*9]（傍点は磯前）

ここで柄谷はジャック・デリダのロゴスセントリズム批判を用いることで、それまで思考や感性の根拠をなすと見なされてきた純粋な意識が、言文一致というエクリチュールの制度的発明によってもたらされさた歴史的産物、特定の言説の内部にすぎないことを明らかにしたのである。差異が織りなす空間が均質化された結果として成立したのが純粋意識としての内面、実のところ閉ざされた内部にすぎないものなのだと柄谷は暴露してみせたのだ。この研究が契機となったかのように、日本語・日本人、日本美術、国史、文学、宗教、神道など、さまざま言説が近代西洋化あるいは国民国家という制度と密接な関係をもって成立してきたことが明らかにされるようになっていった。[*10]言説論とよばれる研究の盛行である。その意味で柄谷の外部に出ようとする意識は、それまで内部に閉じ込められて、そこで眼にうつる景色を普遍的あるいは本来的なものと考えていた人びとに、そのような知覚をしてしまう自分たちがいかに閉ざされた歴史的空間にいるのかを知らしめる画期的なものであったと言えよう。

ただ、ここで注意しなければならないのは、柄谷の一連の研究はその伴走者でもあった浅田彰のように「差異を差異として肯定し享受すること」[*11]を目的とするだけでなく、「問題は、なぜいかにしてそのような中心化が生じるか」[*12]、すなわち差異から均質化された内部が構築されていく過程にも着目していたことである。

それは柄谷にとっては、日常を構築する体系性――彼の言う「建築への意志」――を問い直しながら、その意志を否定するのではなく再構築していくための作業であった。彼にとって建築の意志とは、「混沌たる多様な生成に対して、自立的な秩序・構造を見出そうとする非合理的な選択」[*13]であり、差異と表裏一体をなすと同時に、差異に抗う構築への意志であった。「一義的なもの・理性的なもの……を解体する〝異人〟は……、過激なまでに「建築への意志」をつらぬこうとした」[*14]と述べるように、徹底した構築への意志こそが内部の同一性に矛盾を、すなわち差異化をもたらすと柄谷は考えたのである。

「私は、日本の思想にはコンストラクションへの意志が希薄であること、むしろディコンストラクティヴであることを自覚していた。したがって、私は西洋の傾向とは逆に、先ず建築的・形式的でなければならないと考えていた」[*15]。のちに転回以前の自身をこう振り返るように、当時の柄谷は脱構築と同時に構築をこころみる「一人二役」[*16]を担おうとしていたのである。それは、後期のジャック・デリダが肯定的脱構築を唱え、晩年のミシェル・フーコーが自己のテクノロジーに傾倒していったように、柄谷もまた差異の戯れに自足することなく、自同性を根源的に欠如した主体がどのように構築されていくのか、主体化の過程に着目していったことと近い志向性をもつものともいえなくはない。しかし、その脱構築の理解がデリダ自身のものとはかなり異なるものであったことは、両者の直接の対話を含め、転回以降に明確になっていく。ともあれ、柄谷はみずからの内面批判の意図を次のように説明している。

> 私は、六〇年代以後に「文学」に身を寄せ、あたかもそれが世界を真に変える方法であるかのようにいう連中を軽蔑していた。そうした「内面」の勝利が、これまで「文学」とみなされてきたのである。私はそれを否定した。しかし、内面性としての「文学」を否定することと、ある現実性としての実存を認めることとは、矛盾しない。というのは、前者の内面性とは、たんに過酷な外界を想像的に消去してしまうだけでなく、むしろ過酷な実存を消してしまうものだからである。[*17]（傍点は磯前）

「なぜなら、「自己」が想像物であるにせよ、私は、一方で実存の現実性を否認することはできなかったからである。私がものを考えだしたのは、この亀裂においてであった」[*18]。このように語る柄谷にとって、内面や自己といったものは差異の戯れを称揚することで霧消してしまうようなものではなく、「「自分」という奇怪な「意味するもの」[*19]」が解きえない謎として眼前に横たわる圧倒的な現実であり、その謎を前に彼は困惑し続けていたのである。柄谷は初期の文芸評論「意識と自然」(一九六九年)の中で次のように述べている。

おそらく、[夏目]漱石は人間の心理が見えすぎて困る自意識の持主だったが、そのゆえに見えない何ものかに畏怖する人間だったのである。何が起るかわからぬ、漱石はしばしばそう書いている。漱石が見ているのは、心理や意識をこえた現実である。……人間が関係づけられ相互性として存在するとき見出す「心理をこえたもの」を彼は見ているのだ。……人間はある現実的な契機に強いられたときには、太陽をみつめることもありうるのだ。ありうるということの恐しさを、漱石は「慄とする」というような孤独において思い知ったのだ。……漱石が何を見てしまったのか、詮索するには及ばない。だが、彼が生涯この驚きにとらわれた男であったことだけは記憶に値するであろう。[*20](傍点は磯前)

「漱石の生涯の「不安」は、このような「とりかえ」の根源性を察知せざるをえなかったところからくるといってよい。彼には、アイデンティティはありえない」[*21]。このような差異に曝されて生きることの戸惑いは、むろん柄谷自身の実感に由来するものである。「私にとっては、自分自身も現実に充分にあいまいな」[*22](傍点は磯前)柄谷が、夏目漱石の作品に言語化された自己の存在形態を見出したのである。究極的に言えば、この「自分」という奇怪な「意味するもの」――「人間が関係づけられ相互性として存在するとき見出す「心理を越えたもの」」――に触れることを可能にする場、それが「転回」以前の柄谷にとっての外部であった。それは均質な言説の覆いを取り除いた剝き出しの内部、柄谷の認識からすれば「差異化する「場所」」[*23]に身を曝すことであった。『道草』の漱石は、しっかりと安定した親子関係をもたなかった不幸を嘆いているのではない。彼が例外なのではなく、正常な家庭こそそうした起源を隠蔽しているのではないかという視点が、この小説を不気味なものにしている」[*24](傍点は磯前)。そこに柄谷はゲーデルの「不完全性の定理」と同じ働きが作用していることを見出していく。

ゲーデルの定理は、どんな形式的体系も、それが無矛盾的であるかぎり、不完全である、ということだ。彼の証明は、形式体系に、その体系の公理と合わない、したがってそれについて正しいか誤まりかをいえない(決定不可能な)規定が見出されてしまうということを示す。……自己言及的なシステムにおいては、真偽は「決定不可能」である。[*25]

そして、この不完全性の原理が柄谷においてはジャック・デリダの脱構築、同一性と差異の反復関係と等置されることになる。[*26] しかし、デリダの脱構築が同一性を差異へと解体する方向と同時に差異を同一化しようとする反対の方向もふくむのに対し、柄谷の議論は自己の同一性が「無気味なもの」や「あいまいなもの」に解体される方向のみを強調する。そのような傾向がどこから来るのかは、柄谷の漱石論から理解することができよう。また、このような「無気味なもの」に主体が脅かされていると感じるがゆえに、柄谷は建築への意志を意識的に持とうとする。それは、「私にとっては、自分自身も現実に充分にあいまいなので、ことさらにそれをあいまいにしてみせる必要などありはしない。私ははっきりさせることだけを心がけている」からである。[*27] 一方、デリダにとって構築とは脱構築が不可避の呼び込む同一性への欲求であり、差異化作用と表裏一体をなす。この点で、柄谷の思考において差異化と構築という二つの働きは乖離しており、自己同一性は差異化によって同一化への欲求を喚起されることのないままに、決定不能性という危機につねに曝されるという事態に陥ってしまう。その隔たりゆえに、柄谷においては「過激なまでに「建築への意志」をつらぬ「く」」(傍点は磯前)ことが、主体の強靭な意志のもとに要請されなければならない。

このような決定不能性および脱構築に対する認識の相違が、「インコンシステンシーが、コンシステントであろうとすることによってのみ見出されることに注意すべきである。コンシステント（無矛盾的）であろうとする「建築への意志」は、それ自体背理を露呈してしまうほかないのだが、それを嘲笑することはできない[*28]」として、「「決定不能性」ということを言っていて、本人が「決定不能性」の状態になってしまった[*29]」帰結へと柄谷を追い込んでいく。柄谷にとっては、不完全性原理と同意義と見なした差異化としての脱構築が、日本の社会においては、それが西洋的な構築性を本来的に欠くがゆえに、「決定不能性」の状態を温存させてしまうように思われていく。そこから彼は日本の社会を、他者に出会う外部のない、外部を欠いた空間として否定的に結論づけるにいたる。

本当は、われわれは日本における「構築」が何であるかを問わねばならないし、さもなければ〝世界〟ではありえない。今日のポスト・モダニズムは、けっしてそのような「構築」……にとどいてはいないし、とどこうともしていない。……それはありとあらゆるものを外から導入しながら「外部」をもたない閉じられた言説体系である。そこでは、自分の考えていることだけがすべてであって、自分がどう在るかは忘れられている。……現在の日本の言説空間は「外部」をもたない。いいかえれば、《批評》が不在である。[*30]（傍点は磯前）

このような認識論的な変化のもと、一九八四年、柄谷は『探究』連載において、それまでの自分の研究を「積極的に自らを《内部》に閉じこめようとした[*31]」「内省」の思考として批判し、外部に立つことで内部の言説を相対化してみせる戦略へと転換することになる。それが、冒頭に引いた柄谷の言う「語る－聞く」から「教える－学ぶ」ことへの転換、自己対話（モノローグ）から他者への命がけの跳躍への「転回」であった。柄谷によれば、この認識論的転回をもたらせた契機は、「［日本の］外にいるあいだに、この前まで私自身がそこに属していた日本の言説空間の姿が、明瞭に見えはじめた[*32]」と述べるように、アメリカ合衆国への滞在であったという。転回前後の時期に、柄谷は一九七七年、一九八〇年、一九八三年と三度にわたり合衆国の大学に所属している。その研究活動と重ね合わせてみるならば、一九七七年と一九八〇年の滞在が、イェール大学のポール・ド・マンとの交流をふくめ、『日本近代文学の起源』に結実するようなポストモダン思想との接近をもたらしたのに対し、一九八三年の滞在はそこからの転回、すなわち『探究』以降の思考を生み落したということができよう。

柄谷の問題提起に誘われ、わたしたちは考えてみなければならないだろう。日本において、外部は本当に存在しないのであろうか。内部は閉鎖されているのであろうか。否、そもそも外部とは、内部とは何を意味するものなのだろうか。柄谷の言うように、外部が他者と出会う場所であるとするならば、他者と出会うということは、外部に開かれるということは一体どのような経験を私たちにもたらすものなのであろうか。肝心なのは、柄谷が言うように、均質な内部に閉ざされないということなのだ。均質な内部は柄谷自身でもあり、ポストコロニアルの思想でもあり、日本人という特殊性でもある。あるいは日常生活における家族でもあり、職場への帰属性でもある。それは私たち自身が作り出すものである以上、どこにも潜んでいる。いかなる場においても、みずからの裡に回収不能な余剰を見い出しうるかどうかが問われなければならないはずである。

本章ではそのような議論状況を打開していくために、一九七〇年代から一九九〇年代にかけて相次いで日本の知識社会に切り込んでみせた柄谷行人と酒井直樹を比較しながら、彼らの「外部」をめぐる議論から問題の突破口を探ってみようと思う。[*33] すでにこれまでの柄谷の言葉からも明らかなように、彼らを単なるポストモダン知識人や批判的理論家として一括して片付けることは生産的な議論をもたらさない。その両者のあいだに見られる思想的な対立点のなかから、いわゆるポストモダンとして一括されてきた思想をめぐって、一体何が争点とされてきたのか、それをここでは、すでに柄谷が再三問題にしてきた「外部」という言葉を軸にすえることで、その論点を今日的文脈のなかに読み出していく試みをおこなってみたい。[*34] 議論が抽象論に終わらぬように、ここでは吟味する具体例として、近年盛んに論じられている靖国神社のA級戦犯合祀問題を取り上げてみたい。この議論をふまえることで、現実の日本社会において外部と内部の問題を考えるということがどのようなかたちで現れうるのかを折にふれて確認していきたい。

これまでA級戦犯の合祀問題、ひいては東京裁判あるいは日本国憲法をめぐる議論は、二つの立場から論じられてきたように思われる。[*35]ひとつは、級戦犯という範疇そのものが連合軍という外部によって押し付けられたものであるがゆえに、日本人自身の意志にそぐわないものとして破棄にすべきとする立場。もうひとつは、そのような判断をした東京裁判——正式名称は極東国際軍事裁判——をアジア・太平洋戦争期の国内のファシズム体制に打破をもたらしたものとして、閉鎖された内部を解き放つ普遍性の体現として肯定する立場である。前者においては、外部は非本来的なものとして、本来的な内部を蹂躙するものとして否定的な意味のもとに措定されてきた。一方、後者においては、内部は閉鎖した頽廃を示すものとして、外部がその解放をもたらす普遍性の担い手として表象されてきた。そのため、中国の思想史研究者、孫歌が指摘するような、「知識界において単純化・抽象化された二項対立的な思考が普遍的に採用されている現状では、東京裁判に対する懐疑が、そのまま裁判自体が強調している平和と人道などの前提に対する懐疑とみなされるのではないか、さらには東京裁判に対する歴史的な分析が日本の侵略戦争に対する肯定とすら曲解されるのではないか[*36]」という懸念が、A級戦犯合祀問題にはつきまとって離れなかったのである。孫は続けてこう述べている。

仮に外来の「解放者」に頼ってでは非西洋世界を救い出すことができず、内部の独裁・保守勢力もまた頼るに足る政治的な力や思想的なエネルギー源にならないのならば、いかにして二項対立的なみせかけの図式の中から抜け出て、真の自由を模索すればよいのだろうか……。「西洋型」「西洋に対抗型」のどちらによっても日本の本土的な政治社会を打ちたてようとの試みは、活路を見出せなかったのであるが、問題は、このような二項対立を脱する第三の活路が、果たしてどこにあるのかにかかっているのである。[*37]

A級戦犯の問題も含めて、結局のところ、日本の社会は外部と内部という二項対立をどのように位置づけるべきかという議論にいまだ答えを見出しえていない状態にあるのだ。

第二節　外部性と他者

すでに述べたように、転回以降の柄谷にとって、日本は閉ざされた内部として否定的なかたちで存在するものであった。その閉鎖性を打破するために、かれは交通の場として外部を措定する。

大切なのは、共同体と共同体の間での交換なのだ。この「間」は、どこでという空間的な問題ではないし、いつという歴史的な問題ではない。マルクスがいうように、これは「抽象力」によってのみ接近しうる問題である。いいかえれば、それは、共同体（言語ゲーム）と共同体の「間」において、いかにして交換（コミュニケーション）がなされうるかという問いなのである。……たとえば共同体の内部では、たとえば家族の内部がそうであるように、交換はそのような難問に出合わない。……交換が難問となるのは、――コミュニケーションが難問となるのはといってもよいが――、共同体と共同体の「間」においてのみである。……それは売る立場と買う立場の非対称性にほかならない。この非対称性は、けっして揚棄されない。[*38]

柄谷によれば、このような共同体の内閉的自明性を疑うところから、他者と出会うという事態が出現可能になる。再確認するならば、「ダイアローグ……」とは、声や視点を多数化することによって得られるのではなく、もはやいわゆる対話が不可能な地点において「他者に語る」ことから生じるのである。逆に、そのような他者の前でのみ、自己の単独性が存する」[*39]ということになる。「そのように疑う私が、いわば超越論的な自己である。それは個としての私ではなく、外部性・単独性としての私である」として、他者と出会うことで人はみずからを包摂する共同性に対して「外部性」を獲得することが可能になるのだという。

そのような外部性は、柄谷自身が「共同体の外とか間という場合、それを実際の空間のイメージで理解してはならない。それは体系の差異としてのみあるような「場所」である」[*40]と再三断りをいれているように、実体的な時空に属するものではない。それは、ホミ・バーバが「具体的な場所に固定されない空間、連続性を欠いた時間」[*41]なのである。それゆえ、かれはそのような意識を有する存在を超越的自己ではなく「超越論的な自己」と呼ぶ。そして、このような超越論的視座、すなわち外部性の眼差しを獲得することによって、「内部と外部といった区別を廃棄するものとしての「世界」という観念」[*42]が現れ出るのだとする。

そこで思い描かれる世界は、典型的には「世界宗教」に仮託されるような普遍性の確立した場であり、「共同体の「間」あるいは「交通空間」に生じ、且つ共同体をディコンストラクトする強迫的な表象」[*43]というかたちをとることになる。このような交通空間における他者との出会いについて、柄谷は江戸時代の儒学者、伊藤仁斎の思想に託して、「彼が見出していく超越性、外部性というのは、単純に「他者」が自分とは違う、自分とは絶対に同一化できないような他者がいる、という認識」[*44]がもたらされるものと述べており、そこから他者との出会いが、単独者としての意識に目覚めたもの同士の、「異質なもののコミュニケーション」[*45]として捉えられることになる。

しかし、一方で見落としてはならないのは、柄谷においてはその外部が合衆国と重ね合わされていることなのである。彼の翻訳者でもあったニューヨーク在住の高祖岩三郎は「日本史において圧倒的な傾向は、「外から内へ」という方向での他文化摂取であった。そしてそれに対して柄谷は、アメリカを舞台として、「内から外へ」という方向のコミュニケーションの可能性を開拓しているといえる」[*46]という対比のもと、次のように述べている。

アメリカへ行くこととは、誰でも彼でもが同等の「相対的他者」として交換しあう市場へ赴くことであった。……柄谷にとってのアメリカとは、当初から「アメリカの」何かを学ぶための、外国文学者にとっての外国ではなく、そこでさまざまな他者の知の刃を交える交換の場なのであった。[*47]

ただし、「アメリカの現実＝言説についても「実感」をもって感受できない」[*48]柄谷にとっては、合衆国そのものが実体としての外部空間を意味するのではない。そこに行くことで、自分にとっては外部の思考が可能になると言っているのである。ここでは、あきらかにアメリカ合衆国が超越論的自己を確立する交通の場、共同体の外部として捉えられていることが読みとれる。もちろん、柄谷は合衆国に赴いて、エキゾティックな国日本からきたネイティヴ・インフォーマントを演じるのではない。[*49]かれの交通のあり方は、日本のケース・スタディを用いて、文学や共同体といった一般的な概念を読み換えていく斬新さにあると言えるはずである。その点で、早い時期から彼はエリア・スタディーズとしての日本研究者の地位にみずからを置いたことはなかった。しかし、それでもなお問題とされるのが、日本という内部は自閉的であるから、合衆国という外部との交通がなければ、自分を変える可能性は存在しないと見なしている姿勢である。それをA級戦犯合祀論の文脈において表現しなおしてみるならば、日本独自の力ではみずからを変えられなかったのだから、合衆国という外部の力によらなければ日本の変革はありえないという議論になってしまう。

竹内好が問題提起して以来議論されてきたように、東京裁判自体が帝国主義による帝国主義に対する裁きであり、それが冷戦体制下の日本を合衆国の極東戦略に組みこむ政治的思惑のなかで下された裁きである以上、柄谷のように合衆国という外部の力を認識論的に不可欠なものとして認めることと、政治的な思惑のなかで下されたA級戦犯の認定をまったく同じ次元では理解することはできないであろう。しかし、それでもなお、柄谷の議論が〈日本＝内部／合衆国＝外部〉という二分法を前提としていること、そして内部における変革力が不十分だからこそ、外部の力によってこそ内部変革がもたらされるという発想自体が、A級戦犯論をふくむ東京裁判や日本国憲法をめぐる議論状況を支配する論理と同じようものを共有するものといえるのではないだろうか。そこから、外部の力を頼むことで、外からの変革を唱えることで、東京裁判や日本国憲法を尊重していくのか。あるいは逆に、内部の潜在的力を本来的なものと見なし、自己変革を唱えることで、押しつけられた裁判あるいは憲法を拒否するのか。どちらの立場をとるにせよ、いずれの立場も等しく〈日本＝内部／合衆国＝外部〉という二分法的思考から派生していることは確かなのである。それに対して、異なる思考の可能性を示すものとして、ふたたび孫の発言を引いてみよう。東京裁判の批判を展開した竹内好をめぐる議論のなかで、彼女はこう述べている。

竹内好は生涯、このような二項対立を脱する第三の活路の可能性を模索し続けたが、これはつまり竹内が魯迅に見出した「自己であることを拒否し、同時に自己以外であることを拒否する」ような「夢から醒めた奴隷」の宿命であった。……竹内好の生涯にわたる思想実践の中で、最も明らかな特徴は、彼が一貫して「百」か「零」か、というような二項対立の中で選択を下さず、あらゆる「概念操作」を拒絶していたことである。これはもちろん竹内好が……いかなる出来あいの概念も、またすでに定まった文脈の中で既存の概念もけっして用いることはなかったと言っているのである。*50

こうした〈内部／外部〉といった二者択一的な思考を拒む論法は、酒井直樹の取る立場でもある。柄谷が一九八〇年代の日本の論壇をいわゆるポストモダン的思考によって牽引していった人物であるとすれば、酒井は一九九〇年代の日本の論壇にナショナリズム批判によって鮮烈に登場した人物と言えよう。両者は一九八四年にニューヨークのコロンビア大学で出会い、柄谷がみずからの主宰する雑誌『批評空間』に酒井の論考を掲載するというかたちで知的交流を開始する。[*51] そして、一九八七年にはボストンで「ポストモダンの諸問題」というワークショップが、「外部性」をめぐる議論を主題のひとつとして両者の参加のもとに開催されている。[*52] 柄谷が日本の言説論にとって画期的な研究となった『日本近代文学の起源』の着想をえたのが当時の滞在先のイェール大学であったように、酒井もまた、あるいは柄谷以上に、アメリカ合衆国と密接な関係を有していた。酒井はシカゴ大学極東言語文明学科で一九八三年に『過去の声――一八世紀における言語の地位』で博士号を取得し、当時の合衆国で本格的な研究活動を展開しはじめていた。

このように、日本におけるポストモダン思想との、もっとも真剣な対話をおこなった柄谷と酒井が、ともに日本の内部と外部を往来する者であったということは、その本格的な思想的格闘がどのような条件下において可能になるものであったのかを物語っているとも言える。そのような外部的契機なしには理解の深化が起こり難いというのが、たしかに柄谷の言うような日本の閉鎖的状況なのかもしれない。しかし一方で、柄谷がド・マンのもとで文学研究に勤しんでいたのに対して、酒井は合衆国のエリア・スタディーズという、冷戦時代の政治的産物であることを強く自覚しなければならない環境にあったことは、後にみるように「外部性」に対する両者の志向性の違いをも浮き彫りにする契機になっていく。たとえば、酒井は合衆国の知識社会の特権性を疑問視する発言を、自分の体験に重ねて、こう述べている。

> アメリカの知識人はいまだに、大多数はある意味でヨーロッパに対する〝遅れ〟の意識を非常に強くもっています。……そのなかで、だんだんわかってきたことは、近代的な「思想」についていうと、実は、世界のどこで生まれたかという出自とその研究者の考え方とはあまり関係がないということです。例えば北アメリカでたまたまヨーロッパ系の家族に生まれたからといって、ヨーロッパの近代的な教養を身につけているとはいえない。……つまり、近代的な思惟を身につけた人々とそうでない人びととの区別を地政的な範疇とし

ての西洋と非西洋の区分にしだがって考えることがますますできなくなってきたわけです。その雰囲気のなかに僕がたまたま運よく紛れ込めた、ということではないかと思うんです。[*53]（傍点は磯前）

このような自分の体験をふまえて、酒井は外部性について自分の考えをこう説明する。

異化が私たちをそこに導いてくれる外部性とは、外部とは異なるものであって、まさに外部／内部の対立それ自体を無効化するものだと言えるだろう。外部／内部の対立の機能は、対立する項を実的なものとして、自律的な同一性として措定することにある。外部性は、その代わりに、私たちに、その対立を差延として、民族的なあるいは文化的な同一性がけっして完結しない場として
みることを教えてくれる。[*54]（傍点は磯前）

柄谷においては、外部性が外部と内部の二項対立を消失させることが説かれる一方で、しばしば外部性は外部と重ねあわされ、共同体の外部にあることが強調される。それは柄谷が共同体の内部には差異は存在する余地がないとみなしているためである。このような彼の〈内部／外部〉をめぐる不均等な区別は、『探究』での転回以前の著作『マルクスその可能性の中心』（一九七四年）にさかのぼって確認される。そこでも、柄谷はマルクスの貨幣論を「「価値」なるものはなく、相異なる使用価値の関係が、もっと正確にいえば「差異」のたわむれが根底にあるだけなのだ」[*55]とする一方で、そのような差異は外部との接触によってしか生みだされないと述べている。

ある商品の内在的価値なるものは、二つの相異なる価値関係の体系を考えるときにのみ想定される。一つのシステムのなかでの商品の価値はたんにすなわち諸関係によって決定される相対的な価値であって、等価交換と不等価交換という区別は意味をもたない。だから、その内部での交換はなんの剰余価値も生まない。

……二つの異なったシステムが媒介されるときにのみ、不等価交換あるいは剰余価値がはじめて必然性をもって存在する。[*56]（傍点は磯前）

そのような差異の思考が可能になる場所が、柄谷にとっての外部であった。「〝外側〟とは、客観的にものをみる場所ではなく、客観性そのものがローカルな共同主観性にすぎないことをみるような場所だ。彼の立場は、いわばあらゆる「立場」をつねに不安にし、宙づりにするような立場でなければならない」[*57]。そこにおいては、あらゆる共同体の思考が内部に閉じ込められた同一性の思考として疑われることになるのだ。

おそらく、それは柄谷が共同体の外部の実体化を戒めながらも、結局のところ、合衆国にその交通を可能にする場を求めていったこととも無縁ではなかろう。それは、柄谷のように日本に拠点を置くかたちで自分の研究経歴を開始させ、後発的にその内部の閉鎖性を打破する交通の空間として合衆国を位置づけた者と、酒井のように一度は日本から切断されたかたちで合衆国の内部で零から研究経歴を開始しなければならなかった者との学問的背景の違いにも由来する部分も少なくないと思われる。

合衆国が、日本から見れば外部に位置する一方で、合衆国自体から見ればみずからの内部にすぎないように、内部の外側にもまた均質な内部が存在するのは当然のことである。だとすれば、柄谷が「外部性」という言葉に託した「体系の差異としてのみあるような「場所」」は、柄谷自身の理解を超えて、より徹底した議論へと深められていかなければならないであろう。外部性が内部にとっての外部ではなく、内部と内部のはざま――ホミ・バーバの言う「隙間 in-between」[*58]――にあるとするならば、議論は外部を想定した内部の崩壊から始められるべきではない。むしろ、〈内部／外部〉という二項対立的発想そのものの掘り崩しから着手されるべきなのだ。ここにおいてこそ、孫が指摘するような、日本におけるアメリカ合衆国を普遍視する一方で、それに反発するといったねじれた感情もまた乗り越えられていく方途があるのではなかろうか。

> 日本社会においては、アメリカが文明の力を代表していると信じる心理とアメリカが他国の主権を奪ったことに抗議しようとする心理とが矛盾することなく併存していたからである。ここに東京裁判が提出した文明と野蛮の問題が原理的には否定しがたいものであるという厄介な問題が見られる。たとえ十数年後、竹内好が帝国主義によって帝国主義を裁くことはできないと断言した時であっても、竹内好や大多数の人々にとっては、この文明に関する原理は否定され得ないものであった。問題は……この原理を具体化するレベルにおいて発生するのである。つまり、この文明が誰によって代表されるのか、それが一元的なものなのか多元的なものなのか、というこのレベルにおいて、知識界に分岐が生まれるのであって、こうした分岐は政治的な立場に演繹されるのである。*59（傍点は磯前）

そのような思考的立場を取ることで孫は、日本と合衆国を〈内部／外部〉という二項対立に準えるような関係に自足するのではなく、竹内好の論文「日本とアジア」に導かれつつ、多元的な文明という「外部性」を想起しながら、アジアへと眼差しを向けていく。ここに、A級戦犯の問題は帝国主義国間の裁きであるだけでなく、帝国主義による侵略戦争という新たな視点のもとで語られていくことになる。ただし、この点については後で触れることにして、〈内部／外部〉という二項対立を取らない酒井の議論に戻ることにしよう。酒井は、転回以降の柄谷のように外部のみに交通があるとする考え方に対して、内部にも本来的に潜んでいる異種混淆性を均質化させてしまった思考に陥っているとして左のように批判する。

> 日本語という作為－発明は、思考不能なものは「内部」においてはけっして生起しないはずだから、思考不能なものは国境の外から、外人とともに到来するという思い込みを保証する役割を果たすことになるだろう。

日本「文化」の物象化は、人を内部の異種混交性に盲目にしてしまう。だから、日本「文化」とは盲目性の経済＝配分のことであり、それなしでは民族中心主義的な「共にあること」という感覚や「類的存在」を国民的な用語で具体化することが不可能になってしまうのである。[*60]

それは、柄谷が日本を閉塞された内部と措定し、その外部を想起することでしか他者と出会うことができないとする思考を、ナショナリズムに批判的な立場に立ちながらも、依然として〈内部／外部〉という二項対立的思考を前提とする認識論的限界をはらむものとして露呈させる。酒井にとっては、二項対立的な思考法そのものが、十八世紀の日本において「死産された日本語・日本人 stillborn Japanese」を熱望する言説の誕生とともに生まれた内部への志向性として対象化されなければならないものなのだ。

> 当時［十八世紀］の、今日日本と呼ばれる地域は、多くの国と社会集団・身分に分断され、方言や文体の多様性は膨大なものであり、「日本人」によってしゃべられる「日本語」なるものを十八世紀に見出すことはできなかった。そのため、その維新（＝復活 restoration）が熱望される、喪失され死んだ言語としてしか日本語を概念化することはできなかったのである。つまり私は、日本語と日本民族は、一定の言説において音声中心的な言語概念が支配的になるにつれ死産したと、主張したのである。このように、日本語と日本民族の出現は翻訳の問題意識と分かち難く結びついている。[*61]（傍点は磯前）

このような均質な内部が想起されるようになったときに、他者を排除する「共感の共同体」もまた成立することになる。それは酒井の博士論文『過去の声——一八世紀日本の言説における言語の地位』によれば、荻生徂徠の古学さらには本居宣長の国学を通してもたらされた歴史的産物ということになる。そして、酒井はそのような共同性がどのような論理において作動するのかを、戦争責任の問題を例に取り、恥とナルシシズムを対比させながら次のように説明する。

醒めたまなざしをもつ者がいるとき、酔っていることそれ自身が恥として感じられる可能性が生まれる。「同胞」とは恥を感じなくても済むような「身近な人々」のことである。……日本人だけの間だったら、従軍慰安婦の存在自体の否認も、昭和天皇の有罪判決の拒絶も、恥ずべき光景を生み出すことはないだろうと彼らは信じているのである。外人や非国民のまなざしが存在しないような、身近な親密な「なかよし仲間」の世界を彼らは希求しているのである。……同じ日本人なのだから、「私が」恥ずかしい思いをするとき「あなた」もまた恥ずかしい思いをするだろうから、あえて「私」を辱めるような行為をする人間は、日本人としての共感の絆を犯す者として弾劾かつ排除して構わないはずだろう。[*62]（傍点は磯前）

たしかに、閉塞した内部が現在もまた日本を被っているという認識については、酒井は柄谷と共有しており、そこから「異言語的な聞き手」[*63]に語りかける対話を模索していく点でも両者は立場を同じくする。やはり両者ともに日本は閉ざされた内部なのだ。ただ、柄谷がその閉鎖性を日本に本来的なものとするのに対し、酒井はそれを歴史的に形成されたものとして扱おうとする。その点において両者は決定的な違いを有するのである。たしかに、酒井が『過去の声』（一九八三年）でナショナリズムの起源を荻生徂徠の古学へと遡行したことに先駆けて、柄谷が『日本近代文学の起源』（一九八〇年）で均質な内面の成立を明治期の言文一致体の成立に求めたように、かつては両者ともに歴史的思考を共有していたと言えよう。それが柄谷が一九八四年の『探究』において転回していったことで、両者における外部の意味が決定的に異なっていったと見るべきであろう。たとえば、一九九一年の論文のなかで柄谷は、少なくとも「八世紀以来の漢字仮名公用という表記法」に溯るかたちで、「外的な異質なものが入ってくるとき、それに抵抗もしないし、内面化もしないような装置が歴史的に形成された」と述べている。[*64] ただし、すでに明示したように一九七四年に執筆された『マルクスその可能性の中心』の段階でも、柄谷は「その内部での交換はなんの剰余価値も生まない」として、内部の外側にのみ外部は存在するとはっきりと考えていたのである。

さらに、柄谷以降に登場した知識人として酒井に注目すべき点は、「死産された日本語・日本人」のような内部閉塞的な言説さえもまた、安定した恒常的発話とはなりえず、自分の言表を逸脱する契機を含まざるおえない構造にのっとっていると捉える点である。言語一般の構造について、酒井は彼の造語である「シュタイ」に触れつつ、次のように述べる。

> にもかかわらず、そのような言語はけっして透明ではありえない。それは常に「壊れたハンマーのように」「壊れている」ので、人は言語に完全に帰属することはできないのだ。そして、誰も、いかなる発話行為の身体、つまり、シュタイも、言語のなかですっかり安住するということはないのである。[*65]

脱構築されるのは言語や言説だけでなく、それによって構築される主体そのものでもある。酒井は、「たとえば告白は究極的には例外なく嘘であるが、それは人が自分を偽り隠すからではなく、あらゆる発話が必然的に自分の「自我」から疎外された存在としての自分自身だからである」という例をあげて、「私個人が（大文字の）他者なのであり、私は私自身から常にずれていくからである」と説明している。[*66] このような主体や言説に本質的に備わる脱構築的契機を、彼は「シュタイ」と「主体」、あるいは「テクスト」と「言説」という二重性の概念を用いて説明する。

私は文化と文化的差異の分析の文脈において、認識論的主観（「主観」）とシュタイ（実践主体もしくは実践作因）という、主体性（subjectivity）についての二種類の定義間の作動（dieffrential）を仮説的に導入したい。……シュタイは始めから雑種的な存在をする。シュタイのもつこの雑種性のために主体の自己構成において シュタイは否定され否認されなければならないのである。……この点で、シュタイの雑種性はその現前＝表象不可能性以外の何物でもない。……発話行為の身体（the body of enunciation）をシュタイと捉えることによって、「語」としての主体（＝subject）が回避される翻訳を考えようとしているのは、ひとつにはこのためである。[*67]

シュタイや言説が歴史的状況のなかに分節化され固定化された均質化されたものであるのに対して、シュタイやテクストはその均質性のなかから、正確に言えば均質性が存在するがゆえに不可避にはみ出てしまう余白あるいは異種混淆性として、酒井は区別して規定する。[*68] 主体や言説は、この二重化構造のせめぎ合いのなかで絶えず変転していくものであり、決して内部と外部に固定され切ってしまうようなものではない。このような理解はジャック・デリダの脱構築やジュリア・クリステヴァの記号論と密接なつながりを有するものであり、その点でも『探究』以降、デリダを内部の思考として退ける柄谷とはいちじるしい相違をしめす。むろん、脱構築の過程において、差異化と切断されたものとして構築の意志を導入する思考は、酒井には見られない。

たとえば、柄谷はデリダとの対談で、「日本で〈脱構築〉というときの最大の困難は、〈構築〉がないということ、〈構築〉のないところで〈脱構築〉がいかにして可能かということなんです」と主張し、続けて「どんなにオープンに見えようと、いかに資本主義的に差異化していこうと、結局はぜんぜん開いたことになっていない」と述べ、日本における構築の欠如がそのまま閉鎖性をもたらせるという趣旨の発言をしている。[*69] この発言にはもちろん柄谷の転回が背景にあり、建築への意志を「たえず危機において更新される……西洋にしかない」ものと規定する一方で、「日本の閉じられた言説体系のなかでは、どんな多様な散乱や無方向的な生成があろうと、根底でそれらは安定的な均衡に到達する。この「自然」がおびやかされないかぎりにおいて、日本の言説体系（空間）は、外部に対して無制限に開かれている。ポスト・モダンの思想家や文学者は、実はありもしない標的を撃とうとしてるのであり、彼らの脱構築は、その意図がどうであろうと、日本の反構築的な構築に吸収され奇妙に癒着してしまうほかない」（傍点は磯前）という日本社会への嫌悪感にも近い危惧が横たわっている。[*70]

それに対してデリダは、「柄谷さんが日本について言われたことですが、二つばかり申し上げたい」として、「日本には〈構築〉がないから〈脱構築〉が安易にすぎるとおっしゃる。しかし、第一に本当に〈構築〉がないのだろうか。第二に〈脱構築〉はそれほど容易なのだろうか」という「疑問」を呈している。[*71] そして、デリダはみずからの理解するところの脱構築を次のように説明してみせる。

いま自己脱構築という言葉を使いましたけれども、これは自己と同一的な何ものかが自己を解体するということではなく、自己同一性そのもの、「オートス」そのものが脱構築されるということにほかなりません。[*72]（傍点は磯前）

デリダが言う構築とは自己同一性のことにほかならない。すでに明かなように、この説明は酒井の主体あるいは言説をめぐる二重性の議論と同じ論理に基づいており、柄谷の言うような西洋的な建築への意志——ここにおいて転回以降の柄谷にとって「外部性」が何を意味するものであるかが明白に現われ出ている——ではなく、私たちが不可避に埋め込まれている歴史的状況への分節化過程そのものが、もし柄谷の言葉を用いるとするならば「構築」なのである。酒井の言葉を用いるならば、それは構築ではなく、「主体化」と呼ばれるものになるだろう。このように構築を分節化行為として捉えるならば、西洋の近代だけでなく、日本の近代にも、さらには日本の古代にも構築は存在するのだし、主体化の伴う二重性すなわちデリダの言う代補作用ゆえに脱構築も存在するということになる。柄谷と酒井の用いる構築と主体化という言葉の相違が、共同体が閉鎖した内部として捉えられなければならないのか、そもそも内部と外部という境界線が代補されるべき言説にとどまるものなのか、という先の両者の〈内部／外部〉をめぐる見解の違いに帰結していくことになるのだ。

　このような違いは、柄谷と酒井という、現在もなお日本の思想界に刺激を与えつづける知識人における理論的戦略の違いであると同時に、彼らの共同体観の相違であり、現実に対して理論がはたすべき役割の相違に帰結する。酒井は『日本思想という問題——翻訳と主体』（一九九七年）の中で、ヴァルター・ベンヤミンの翻訳という概念を取り上げ、「翻訳は非連続の連続の一例であり、非共約性の場所で関係を制作する社会実践のポイエシスなのである」[*73]として、それを人間のあいだの両義的な関係性——すなわち開くことも閉じることも可能なもの——として把握している。人間の共同性がそのような両義的なものであるにもかかわらず、それを一方的に閉鎖的な内部として捉えてしまうならば、「翻訳が本質的に雑種化の事態であるその側面に注目する代わりに、翻訳を二つの分離された共同体の橋渡しをする仲介者による何か陳腐に英雄的で例外的な行為として形象化し続けることになるだろう」[*74]（傍点は磯前）と、柄谷のような外部の思想をきびしく退けるのである。酒井にとってコミュニケーションとはつねに何人においても「伝達の失敗」に曝されているものであり、開かれた共同性とは、互いの違いを円満に認め合うことで終わりえるような予定調和的なものではなく、挫折の可能性を本質的にはらまざるをえない共同性として描かれることになる。

　相互的な理解や透明な伝達がまったく保証されていない「われわれ」という集団のなかで、私は話し、聞き、書き、そして読むように努めてきたのである。……「われわれ」の推定された共同性は、会話における直接的な了解と相互的な理解のあらかじめ思い込まれた確実さの上に築かれた共通性による一つの言語共同体の共同性とは一致するはずがなかった。「われわれ」の間では、誤解や了解や聞き違いだけでなく理解の欠如にも常に出合うのでなければならない。このように、「われわれ」は本質的に混成的な読者の集まりを意味し、この混成的な「われわれ」においては、話し手と聞き手の関係を雑音の入らない共感の相互性に支えられた転移の関係として想像するわけには行かず、……「われわれ」はむしろ統合されていない共同体（non-aggregate community）であって、聞き手はその意味作用（signification）が完全に抜け落ちてしまうゼロ度の了解を含めて、異なった度合で私の表明に対して応答するだろう。[*75]（傍点は磯前）

ここにおいて私たちは、共同体の内部で、あるいは内部か外部であるかとは関わりなく人と人が向き合う場において、他者という理解し合えるとはかぎらない存在に出会うことになる。そもそも真正な理解などありえるものではない。共感に満たされた共同体の内部もまた酒井が言うように、「死産された」欲望が合致するにとどまるものなのだ。われわれは、他人とどうしようもなくズレていく関係でしかない。しかし、それゆえに他人との関わりを求め、到達不能な同一性へたどり着こうとする。むろん、その願いは決して充たされることなく、差異化の働きによって齟齬が生じていくことになる。デリダは差異と起源について次のように説明している。

まず最初に生が現前していて、次いでこの生が差延の中で自己を防衛し、延期し、保留するに至るというのではないからです。差延こそが生の本質をなしている。否、むしろ、差延は本質にあらず、なにものでもないのであって、……存在を現前として規定するに先立って、まずは生を痕跡として考えなければならないのでした。……要するに、遅れこそが起源的なのであります。……差延こそが起源的であると言うことは、同時に、現前する起源についての神話を抹消することでもあります。だからこそ《起源的》ということを、削除されたものとして理解しなければならないのです。そうでないと、特定の充足起源から差延を派生させる

ことになりかねない。起源的なのは非＝起源なのであります。[*76]（傍点は磯前）

デリダの述べていることは現実離れした抽象的理論ではなく、私たちの日常に起きていることを感覚的に的確に捉えて概念化したものなのだ。それは彼の別の表現を用いれば、「不可能性の経験」ということにもなろう。このような「出会いそこね」[*77]が他者との関係の本質であること。それゆえに私たちは他者に向かうこと。そのような差異化を梃子として人間関係の理解は、酒井直樹の「伝達の失敗」としてのコミュニケーションにも通じるものである。

すべての伝達は「外記」（exscription）としてのみ起こるのだ。伝達しようとすることは自らを外部性（exteriority）にさらすことであり、……伝達の失敗は、私たち一人一人が他者に対してさらされていながら「われわれ」の分離の理由を知ることなく、しかし、「われわれ」同士が離れて立っていることを意味するだけだからだ。「われわれ」がバラバラにあることを教えてくれる伝達の失敗は、だから、「われわれ」のもっとも根本的な社会性を告知してもいるのである。[*78]（傍点は磯前）

この共同性のあり方について、酒井もまた柄谷とおなじように、伊藤仁斎をめぐる議論をとおして「感情（「情」）――伊藤仁斎にとっては社会的なものへの、他者の他者性への、言説の内に包摂され尽くすことのない外部への通路であった」[*79]という理解を基軸にすえるかたちで、次のように述べている。

人は、けっして主体と十全に照応することのない、単独‐独異的個物、あるいは私的な自己として行為する。同時に、よく理解されているように、主体は常に過剰決定されており、その結果、実際のところ、主体は決して統一的な位置などではない。主体は多くの断層によって内側から分裂しているのである。……私が倫理的行為の行為者としての個物的個人を強調するのは、この主体と個物の間の回復不可能な差異を強調したいからであり、そしてまた、この差異によって個物はテクストとして存在するのであって、言説のなかに完全に捉え込まれているわけではないという点を確認したいからだ。……個物を他者として尊重することは、目的論的に予測されない社会的変化の可能性を尊重することなのだ。これらすべての結果は、行為のテクスト的物質性のおかげであり、この点からも人の身体は脱中心化の中心なのだ。……偶発的な行為によって、私は、言説のなかでそのイメージがあらかじめ決定されている主体としてではなく、けっして互換性を措定できない（大文字の）他者の個物的な個人として、私自身を他者に開く。*80（傍点は磯前）

言うまでもなく仁斎は徂徠・宣長に先立つ江戸期の儒学者であり、酒井・柄谷ともに、後の宣長のように均質な共同体の言説を構築することをおこなわなかった思想家として高い評価を与えている。そして、仁斎をめぐる議論においても酒井は、主体・言説という歴史的に分節化されたものと、シュタイ・テクストというその余白を対比させ、その二重性の代補作用として個人ならびにその関係性の網の目である共同性を理解しようとする。そのような関係性のもとで、個人は予想もしないかたちで他者との出会いを体験し、脱中心化しながら、みずからを他者にむかって開いていく。それが均質化された共感の共同体としての内部を、〈内部／外部〉という二分法にのっとることなく脱構築していく方途なのである。そのとき、他者との出会いは、予測不能なものとなり、共約不能な翻訳関係として驚きと意外性に満ちたものとなる。それを酒井はこう簡潔に述べている。

社会性と言うときに、仁斎は共同体を当然考えているのですけれども、その共同体というのが、限界がない共同体なわけです。……仁斎にとって、人間と人間の関係みたいなものが始めから奇蹟のようなかたちで存在していると考えざるをえない。……仁斎の場合には、人間と人間がはじめから関係づけられているわけではないという出発点、というのは、社会的な人間関係というのはそもそもはじめからないんだ、……という視点が一方にあると思うのです。[*81]（傍点は磯前）

「限界がない共同体」とは、むろん内部と外部の境界のない空間をさしている。それは決して心地のよいものではなく、「彼らをまなざすわれわれ自身に気づかされる」[*82]反省的なものとなる。そこにおいて、はじめて倫理あるいは社会というものが、「偶発的な行為によって、……けっして互換性を措定できない（大文字の）他者の個物的な個人として、私自身を他者に開く」[*83]かたちをもって成立しうるのである。同様に柄谷もまた、酒井の議論とほぼ同じ時期に仁斎論をとおして、「彼が見出していく超越性、外部性というのは、単純に「他者」が自分とは違う、自分とは絶対に同一化できないような他者がいる、という認識」をもとに、「異質なもののコミュニケーション」を語っている。しかし、そこでは酒井のように他者と出会いそこねる驚きについては触れられず、外部に出て他者と出会うことが肯定的に説かれるにとどまる。

それはおそらく、酒井の議論が身体的次元において人間が他者との脱中心的な関係性に不可避に埋めこまれた存在であるという認識から始まるのに対して、柄谷の場合には互いに異質な単独者の純粋意識を起点として、そこから人為的に他者との関係性を構築しなければならないという意志——「建築への意志」として——が出発点をなすことと密接に関係しているように考えられる。酒井の言う主体の二重性、認識論的主体と身体的シュタイの齟齬という問題は、酒井にとってはシュタイ的実践が他者および自己との関係性のねじれを不可避に生み出す起点となるが、そのような二重性を前提としない柄谷にとっては、脱身体化された超越論的意識が議論の出発点をなすがゆえに、他者との出会いは、柄谷自身は「慄とする」ような荒涼たる風景」[*84]を垣間見てしまったにもかかわらず、脱身体化された理念的な領域にとどまるものとして思い描かれることになってしまったと思われる。

その点から省みるならば、私たちの日常における人間関係のあり方もまた、自分たちが同質な存在であるという幻想を暴かれないかぎりでしか付き合いをもたない程度のものであり、それがいかに他者と本当の意味で出会う戸惑いの感覚を回避しようとするものであるのか。肝心の出会いそこねが起きた瞬間に、私たちはいとも簡単に他者と訣別してしまうような同質性の論理にのっとった行動をとっていることを自省させられることになろう。それは日常の問題にかぎらず、靖国におけるA級戦犯合祀問題に当てはまることでもある。すなわち、酒井が仁斎に託して描き出す「異質性、多声性、そして何よりも他者の他者性をけっして消去しようとすることのない」「対話」のあり方を引き受けることで[85]、〈内部＝日本／外部＝合衆国〉という二項対立的な思考は解体され、日本とアメリカ合衆国だけでなく、アジアとの関係を射程においた多様な理解と対話へと開かれる可能性が生じていくことになろう。

竹内好が批判したごとく、裁き手としての合衆国に文明が一元的に体現され、普遍性の担い手として目されるのではなく、アジアもまた文明の担い手として日本を裁きえる存在であり、一方で日本もまた合衆国の原爆投下に対する裁き手になりえるといった、複数のアドレスを有する応答関係が——たしかに現実の政治的次元ではいまだ困難ではあっても——、政治的現実を見つめる私たちの批判的想像力として成立可能になっていくはずである。その点でも、酒井は仁斎に託して、「善とは根本的に、万人への応答性、万人への妥当性が所与のものとして考えられるべき理念的な普遍性である」[86]（傍点は磯前）と言明している。

そのなかで、日本が関与した第二次世界大戦を、大東亜戦争でもなく十五年戦争でもなく、「アジア・太平洋戦争[87]」という新たな名前でよぶ今日的意義も明らかになっていこう。それは、先の戦争を日米間の帝国主義戦争たる太平洋戦争のみならず、日本帝国による侵略戦争であったアジア戦争をただしく日本人の記憶から呼びさます呼称となるはずである。日本が戦後の冷戦構造のなかで合衆国の極東政策のなかに組み込まれ、それと引き換えに天皇の戦争責任を免罪し、アジアにおける日本軍の残虐行為を黙殺していった合衆国の政治的配慮に対して、同時にアメリカ合衆国という帝国主義者間の勝者による日本への裁きの恣意性に対しても、[*88] アジアとの関係性を含みこむことで、酒井の言う「異言語的な聞き手」への語りかけへと再編可能なものになっていくと考えられる。

そのときA級戦犯合祀の問題もまた、内部を無視した外部からの押し付け、あるいは閉鎖した内部を解き放つ外部の普遍視といった、二項対立を前提としたいずれの立場でも解決されるべきものでないことが理解されてこよう。それは、孫歌が評価するところの、「「百」か「零」か、というような二項対立のなかで選択を下さず、あらゆる「概念操作」を拒絶していた」竹内好の実践的思想ときわめて近い立場のものとなろう。かつて竹内が魯迅に触れつつ、「自己であることを拒否し、同時に自己以外であることを拒否する」ような「夢から醒めた奴隷」の立場を選んだことはまさしく、内部に閉じこもることを拒むと同時に、外部であることもまた拒むという、〈内部／外部〉という二項対立的思考を脱構築していくことを意味している。そこにおいて、帝国主義の勝者によって外部から下された裁きを、どのように内部へと分節化させていくのか。その現実の中での分節化行為をとして、内部か外部かという二者択一的な思考を異種混淆させて、アジアをふくめた異言語的な対話へと発話状況を転換させていく可能性が開かれてこよう。そのとき、〈内部／外部〉という二項対立的思考を脱臼させる装置として「外部性」を想起することが、現実の政治への具体的な介入行為として重要な役割を果たしていくことになる。そのためには、次の孫歌の発言に耳を傾けるべきであろう。

問題は……この原理を具体化するレベルにおいて発生するのである。つまり、この文明が誰によって代表されるのか、それが一元的なものなのか多元的なものなのか、というこのレベルにおいて、知識界に分岐が生まれるのであって、こうした分岐は政治的な立場に演繹されるのである。[*89]

そして、この問題は今日的状況のもとで普遍性がいかなるかたちで存在可能になるものなのか。普遍性を語ることがどのような効力をもたらすものなのか。その可能性を模索する新たな試みともなるはずである。

第三節　外部性から普遍性へ

まず、「外部性」をめぐる酒井と柄谷の議論を、今いちど確認しておくことにしよう。すでに論じてきたように、両者の思考は、柄谷が〈内部／外部〉という二項対立を前提として外部から境界の消去をはかろうとするのに対し、酒井は当初から二項対立を超え出た動きに目を遣ることで、その代補的な作用を利用しようとするという点で戦略を異にする。それは、デリダの脱構築に対する評価の違いとして端的に見て取れるわけだが、酒井およびデリダからすれば、脱構築を内部からの遡行行為として捉えること自体が、脱構築を〈内部／外部〉の二者択一的な議論に押し込めるものとして批判されることになろう。

このような発想の相違は、外部性をめぐる見解の相違にもつながってくる。両者ともに外部性が〈内部／外部〉が消失した場の意味で用いられていることは既に確認したとおりだが、一方で柄谷においては外部性がしばしば外部の同意義語として使われていることも否定できない。柄谷には共同体の外部、あるいはその裏返しとしての内部の閉鎖性という、彼の目に映る日本社会の問題がつきまとって離れないのである。この問題は、すでに触れたように、柄谷と酒井が日本とアメリカ合衆国のはざまで、どこに自分の立場をおき、ものを考え発話しようとしているかという問題とも密接につながっている。酒井の場合、外部性が共同体の外部へと外在化されることはなく、むしろ主体の内部へと深く降下するかたちで思考されていく。主体から脱自化するのか、主体へと降下していくか。両者の相違は、近代日本を代表する哲学者、西田幾多郎の思考をめぐる読解の違いとして表現されることになる。

酒井の京都哲学への関心の深さは、その田辺元論や対談での西田へのまとまった言及から伺い知ることができるが[*90]、あくまでそれはマルクス主義を経たヘーゲル弁証法を受容した思想化の系譜に向けられたものであり、西谷啓治などの反マルクス主義的な宗教哲学派をめぐるものではない。それは、すでに『過去の声』の注で明確に現われているように西田の「個物」という概念、すなわち歴史的身体への関心に注がれたものであると言ってよいであろう。酒井は、西田の個物という概念を個別と峻別するなかで、次のように西田の思想を敷衍している。

個別性は、個物あるいは個人（ともに individual の訳）である存在者が、分割不能であり、かつ、統一性をもつことを示している。さらに、この存在者は他の存在者から弁別される。これに対して、個物性には、個物がある場所、あるいは、個物の意味が刻印されるが、それ自身は主題化されない表面においてあるかぎりでのみ、その分割不可能性や弁別性を語りうる、という考察が前提されている。つまり、人が個人として他の存在者から弁別され、分離されるとき、人は欲望や言行為的状況においてあることがすでに前提されているのである。言うまでもなく「個物」と「場所」は西田幾多郎が用いた用語である[*91]。

ここから、主体と主体の関係を根本的には身体の交わりとして考える酒井の特徴的立場が現れてくる。それは人間の身体が否応なしに投企される状況性について、「身体行為と言行為的状況」の関連をふまえつつ、左のように述べるところである。

「状況」という用語が、……行為が生起する場を示すことに留意しておこう。……「状況」とは、行為（＝演技）の行為者、すなわち人の身体をその一部として含んだ、ある総体のことなのである。行為者（＝演技者）の身体（＝物体）は、所与の空間に生命を与え、それによってその空間を状況に変化させる。……さらに、これらの特権的な物体は、発話を生み出し、おたがいに言葉を交わすことができる。人の身体を通じて言語は状況と結びつけられるのである。[*92]

身体として、他者との状況に規定されながら介入する人間の主体は、ここで西田の言う個物と個物のあいだにおきる絶対矛盾的自己同一の論理に包摂されたものとして把握されることになる。そうして酒井が仁斎に託して描く、他者との出会いそこねの共同性――仁斎の言う「情」の世界――が、人間の意識的次元のみで生じるものではなく、現実の状況に投企された互いの身体の係わりあいが不可避に引き起すエロス的なものにほかならないことを私たちは知るのである。酒井にとって私という存在は、出会いそこねる他者との関係性のなかでしか存在しない。差異化と同一性の反復のなかに私という存在は不可避なかたちで、他者へと開かれたかたちで織り込まれてしまっているのだ。

視点の互換的な共有は、社会性や「情」の存在のため、けっして完全に達成されることはない。行為の実働化を通じて、行為者の想定された自己のイメージがあやうくされるため、実際には、再中心化でなく脱中心化が生じるという意味で、「情」とは人間の身体に宿る社会性である。まさにこの点で、再中心化ではなく「脱中心化の中心」としての身体は、……すなわち、発話行為の身体としてのシュタイは必然的に可視性の実践系で構成された自己イメージを変形するように働いてしまう。このために、シュタイとは主体性－従属性を変化させる行為者なのである。……シュタイは、自らが所与の言説において解決できない問題機制に属することを、暗示し、誘う存在であることを私たちに知らせてくれるのである。[*93]（傍点は磯前）

すでに触れたように、酒井はシュタイと主体、テクストと言説という二重化構造のもとに、脱構築の代補作用を想定しているわけだが、それゆえに主体や言説によって歴史状況の中に絶えず分節化されていく働きは、シュタイやテクストといった身体性を有する余剰によって脱構築されていく運命を避けることができない。「言語表現的なテクストや書記は不完全であるということだ。……表象空間は「現実的な」空間の支持を必要としているのである。……身体のミメーシス的な参入がなければ、テクストは理解不能であり、意味がないとみなされるのだ」[*94]。このくだりは、テクストをめぐる酒井の二重化の論理を端的に示すものである。ここにおいて、彼が、共同体の外部を脱自的な人為性として想定せずとも、〈内部／外部〉という二分法がなぜ絶えず自壊していく契機を孕むものとして想定できるのかが、その論理的要請としては理解できるであろう。のちに酒井は、「抗争的社会関係を全体的調和に、単独性をある全体化した普遍主義と宗教的な人間主義に解消する誘惑」に西田が屈したために、「主体とシュタイを差異化することに失敗した」と評することになるのだが、少なくともこのような主体の二重性のもとに西田の思想の可能性を読み解こうしたと言える[*95]。

一方で、柄谷の西田論を見遣るならば、それもまた彼固有の視点である「超越論的主体の問題、つまり、外部性と単独性の問題[*96]」から、その思想的価値が吟味されていることがわかる。酒井と同様に、柄谷もまた西田の個物の概念に触れて、それを彼の言う単独者の概念に相当するものと評価しつつも、次のような批判へと帰結させていく。

> 西田のいう「個物」には、……超越論的主観性のような外部性が抜けていると思うのです。どこかで、彼の議論は予定調和になっています。……「個」の問題、個物の問題を交換関係で考えるということは、それを「社会的」なものとして見るということなのです。この「社会」とは、いわば交通空間のようなものでして、……リゾームといってもいい。西田の場合には、そこがやはり「共同体」ということになってしまう。……それは全体主義に対抗できないのみならず、それらと合致してしまいさえするのではないでしょうか[*97]。（傍点は磯前）

柄谷にとっては、個や共同体という存在の内部には他者が織り込まれておらず、それ自体で自同性として存立するものとなっている。西田の言う「絶対矛盾的自己同一」もまた、酒井の解釈とは反対に、「この論理によって、あらゆる矛盾が「止揚」されてしま［う］[*98]」同一性の論理として裁断されてしまう。それゆえに意図的にその外部に他者との交通を求めなければならなくなる。超越論的という観点もまた、自己との関係であり、他者との関係を含み込まないかたちで論じられるにとどまってしまう。しかしここでは、酒井と柄谷の西田理解のどちらが正しいのかという議論をおこなうことが目的ではない。西田の議論を介して両者の外部性に対する理解の違いを鮮明にすることが狙いである。

柄谷における脱構築に対する否定的評価、および超越論的主観性としての外部性の理解は表裏一体をなすものであり、身体性として個物間の絶対矛盾的自己同一の論理を採らないがゆえに、状況に投企されているだけでは共同体は内部として閉域化していくことは避けがたい。柄谷にとって、かれ自身が生きることの戸惑い——それをかつて「決定不能性」と呼び表した——に深く曝されているにもかかわらず、内部には脱構築的な二重化の論理は含まれていないのだ。そこでは身体により深く降りていくといった志向性はありえず、むしろ超越論的主観を「構築」するといった脱身体的な戦略が否応なしに打ちだされていく。『探究』での転回以前の柄谷は、「テクストがそれが表面上意図するものと異なる意味をもってしまうのは、……それは「形式主義」的に接近するかぎり、必ず決定不可能性に直面するほかないからである」[*99]という発言にみられるように、主体がこのような脱構築的な契機を本源的に含み込んでいることにも十分に自覚的であった。

ただし、当時の柄谷はこの決定不能性をどのように意味づけたらよいのかがはっきりしないままに、自身が「文字どおり「決定不能」の状態」[*100]に陥ってしまう。その決定不能性こそが、その不完全性ゆえに主体を他者のもとへと送り届ける身体的次元から湧きあがるものであることを認識し損ねてしまったのである。

ここで『探求Ⅰ』で展開された彼の「世界宗教」論が、身体性をいちじるしく欠いたプロテスタンティズム的なものであることを思い起しておくべきだろう。かれは、「宗教（世界宗教）もまた、共同体と共同体の《間》での他者とのコミュニケーションの問題に発している」[*101]として、世界宗教の意味をこう説いている。

> 実は、世界宗教はその意味ではまったく〝宗教的〟ではない。内部／外部の区分も、中心／周縁の区分もないような「世界」。世界宗教が開示するような世界とは、右のようなものだ。それが、創造神の名によって告げられようと、空の名によって示されようと、肝心なのは、それが内部／外部の区分を廃棄してしまうことによってひとを「他者」に向きあわせることだ。それは、天国や地獄であれ、神や神々であれ、輪廻であれ、「外部」を否認する。それは、また「外部」に在る超越的・神秘的諸力を否認する。……内部（有限）に対して想定されるような外部（無限）は、たんに「世界」の内部にあるにすぎないからである。[*102]

ふたたび、柄谷の超越論的自己の定義を引いてみよう。

> デカルトの主体は、必ずしも認識論的な主体（主観）ではない。それは、むしろ後者を疑うとき、そこにあらわれてくるような主体である。この主体（私）は、奇妙なものだ。フッサールは、これを「超越論的自己」とよんでいる。……それは個としての私を、たえず共同体の中に回帰させようとする支配的な言説（文法）に強制されているのではないか、と疑ってみることができる。そのように疑う私が、いわば超越論的な自己である。それは個としての私ではなく、外部性・単独性としての私である。（傍点は磯前）

ここには、エドムント・フッサールが歴史的被拘束性としての生活世界へ向かう以前の、超越論的意識の観念的な純粋さをとく中期の思考への著しい類似が見られる。[*103] そこには他者に開かれていく身体的世界への顧慮が存在しないのだ。あたかも共同体が身体であり、超越論的自己が精神であるかのように、しかも超越論的な精神によって身体の物質性が消去されていくかのように考えられている。それは、柄谷が西田と並べて論じたハイデガーの共同体論をファシズムへ結びつくものとして退けたこととも無関係ではあるまい。

たしかに、このような身体的なものを実体視することで、今日でも我々は容易に土着主義や民族主義へと回帰していく。理論の外部としての日常的感情、西洋の外部としての天皇制。それは戦中期から日本のマルクス主義者やロマン主義者たちが陥ってきた表象の罠でもあった。であるとすれば、そのような身近さの領域に対してどのような距離を保つべきなのであろうか。その点について、酒井は仁斎に言及しつつ、「「近さ」の領域は現実なのだが、それを知ることはできない」[*104] と述べている。酒井が日本の論壇でその名を知られるようになったのはナショナリズム批判によるが、たしかに彼は身体の物質性を重んじつつも、一方で、「民族語の土着性を謳歌するロマン主義は私にはない」[*105] と言明するように、ナショナリズムの陥穽におちいることはない。酒井は仁斎論を展開するなかで、当時のパロディ作家が身近さの領域に着目したことを評価しつつも、結局かれらがその内部に取り込まれていったことを批判して、そのメカニズムをこう分析している。

> 彼らは自分たちの異化の戦術の限界を疑うことはなく、すべてを懐疑できると素朴に信じていた。それによって、パロディ作家たちは、「近さ」や直接性の概念が批判されないままあり続けることを許容してしまったのである。結果として、「近さ」の領域や直接性の世界は、彼らの均質志向社会性の権威や根拠を示す新たな場として現れたのだ。……身体に関連した「ここ」や「現前」は、常に言語表現的なテクストによって把握されることを逃れる。というのも、言語的表現ではなく、むしろおそらく感性的表現の特徴である位置や視座を奪われているために、身体の生きられた経験は言語化しえないものなのだから。……「近

さ」の領域は感性的であるがゆえに、引用することはできても、主題論的に論じることはできないものなのだ。「近さ」の領域は、おそらく発話行為の場所ではあるが、被発話態では場所になることはない。高度の強度をもった沈黙としてのみ、それが被発話態に伴っていることを漠然と示唆する以上のことはできないのだ。*106（傍点は磯前）

おそらくここには、西洋批判をおこなった近代日本の知識人がどのようにしてナショナリストに転向していくのか、その過程に対するもっとも的確な説明のひとつが提示されている。そのなかで、柄谷の論理展開を考えるならば、彼は身体論の陥穽に気づいているがゆえに、そこから意図的に精神性へと、共同体の外部へと遠ざかろうとしたのだと考えられる。しかし、そうすることでかえって、内部はいっそう密封化されたかたちで身近なものとして現れ出ることになってしまったのだ。それが転回以降の柄谷が抱えざるを得なくなった根本的な問題であろう。しかし実のところ、共同体の内部にも出会うべき他者、向き合わざるをえない他者が満ち溢れている。それに気づくか否かは、日常への眼差しのあり方次第なはずである。

一九九〇年代以降、カルチュラル・スタディーズやポストコロニアル研究が日本でも流行するなかで、柄谷はそのような動きに一線を画した態度をつらぬき、合衆国への眼差しを保持しつづける。このようなアジアへの眼差しへの不在という事態もまた、アメリカ合衆国との絡みにおいて〈身体／精神〉あるいは〈内部／外部〉といった二項対立の表象と重ね合わせて捉えることが可能なもののように思われる。一方、一九九〇年代後半以降の酒井はカルチュラル・スタディーズとも連動しながら、複数言語で刊行される雑誌『トレイシーズ』の刊行に象徴されるようにアジアの知識人との交わりを深めていく。たとえば、孫と酒井は、その拠って立つ思想背景は異なるとは言え、すでに見てきたように〈内部／外部〉といった二項対立の思考を最初から拒む姿勢においてつよい共通性を示している。

このような新たな思想の波は、日本の知識社会において西洋の白人文化を普遍視する価値規範を相対化するあらたな言説を準備するものであった。〈内部／外部〉といった表象を用いて言えば、「外部」はもはや西洋やアメリカ合衆国だけに特定されるものではなくなり、日本にとってはアジアもまた内部へと分節化して思考されるべき外部として現われ出でるようになった。本章において幾度も言及してきた孫歌の発言、たとえば、「懐疑が向けられる真の対象とは、文明の代表者の立場を強弁するアメリカの覇権政治であり、また私たちの二項対立的な思惟様式、および竹内好が半世紀前に懐疑した「文明一元論」の観念でもある」[*107]といった思索もまた、そのような流れから湧き出でてきたものと捉えることができよう。その桎梏から完全な自由は獲得されてはいないとはいえ、もはや西洋のみが普遍性の特権的な担い手であり、アジアあるいは日本がその対照項たる特殊性の場であるというような、単純な二項対立の相のもとには考えられないようになってきたのである。

もちろん、だからと言って、タラル・アサドが指摘しているように、今日では地球上のいかなる地域も西洋近代の影響圏の外側に脱出することができると考えることは不可能であろう。だが、おなじくアサドが強調するように、それでも西洋近代に回収しきられることのない余白や余剰を発見することは可能なのである[*108]。ポストコロニアル思想が説くように、近代とは異種混淆性（hybridity）のもとでしか存在しえないものなのだ[*109]。そして、酒井が問題化してきたように、西洋近代という均質化された表象もまた解体されはじめている。

> 要するに西洋は、特殊なヘゲモニー配置をとおして意味をなすのであり、その配置は、かつても現在も、歴史的に偶然なのである。……仮想の統一体としての西洋は、西洋自身と残余の差異に関するさまざまな陳述、すなわち、この言説編制によって機制された陳述に依拠しているのだ。さらにこの洞察から、西洋は地理的に閉じた地域でもなければ、なんらかの文化的総体でもないということもできる。……その帰結として、西洋と残余の差異が喚起される限りにおいて、西洋は、多くのさまざまな場所で、異なる場合に、違う行為者

によって、さまざまな仕方で位置づけられるともいえる。……西洋とはある場所のことだと一般的に思われているが、実は、特殊な社会関係を空間的に表象するために喚起されるインデックス機能の名前のことなのである。[*110]（傍点は磯前）

このようなヘゲモニーの創出過程を看破した眼差しのもとでは、西洋が普遍主義を担い、日本が特殊主義として表象されるといった〈普遍主義／特殊主義〉の共犯関係が崩れはじめているともいえる。あるいは、地理的空間としての西洋を離れて、西洋という表象が西洋の内部にも外部にも散種し始め、世界中のいたるところに〈普遍主義／特殊主義〉といった二項対立の言説が拡がり出したとも言えよう。いずれにせよ、そのような現象を注意ぶかく観察するのならば、西洋によって担われてきた普遍主義という表象の内容がおおきく揺らぎを見せていることは確かである。

旧来の普遍主義は、少なくとも戦後日本社会の状況においては、「「西洋」は単に世界のなかに見出されるひとつの特殊性であるだけではなく、「日本」などの特殊性をそもそも成り立たせている遍在性としての普遍性の位置を与えられることとなる[*111]」というかたちで、参照項としての西洋の普遍視をおこなうことで、みずからを特殊の対照項に措定してきた。その点で、次の酒井の発言は特殊主義と普遍主義の共犯性を的確に説明したものといえよう。

特殊性主義、相対主義もまた普遍主義／一般主義を前提し、必要とすることも忘れてはならない。特殊主義は、一般的と考えられているものと比較して、ある共同体、社会、あるいは「文化」に独自性があり、例外的な特質をもち、変則的であるという主張であることも忘れてはならない。疑いもなく、特殊性、変則性などの属性は一般性や規則性への参照なくしては意味をなさない。……他者性との遭遇は、特殊主義と普遍主義／一般主義の対立自体が崩壊したときに初めて始まるのだ。[*112]
それが今では、竹内好や孫歌が懸念してきた「文明一元論」に揺らぎが生じ、普遍性というものが排他的な自己の唯一真理性を主張するものとしてではなく、「ヨーロッパを局所化する provincializing Europe」[*113]といった文化相対主義を通過した後に、普遍主義がみずからの真理の欠如性を認識するがゆえに、それを補うために他者に働きかけるといった交渉の場として、その意味をかえて現われ出てきたのである。あらたな普遍性の定義の可能性を切り拓くものとして、ふたたび酒井の言葉を引いておこう。

普遍性において暗に了解されているのは、「私たち」あるいは「私」は普遍であるものを知らないということに対応する根源的な対話論性であり、普遍性は「私たち」のあるいは「私の」意識に対して常に（外部性あるいは他者性という意味において）外部的なのだ。私は普遍的なものを求めることによって、他者によって教えられなければならないのである。[*114]（傍点は磯前）

ここに、酒井の思考の中で、普遍性というものが外部性の概念から発展を遂げていったものであることがはっきりと確認されよう。そして、彼が普遍性という言葉を一般性から区別したものとして用いていることにも注意しておく必要がある。一般性は、自民族中心主義のように、「一方の特殊性を他方にあたかも普遍的なものであるかのように押し付けるという、特殊性の一般化」[*115]として退けられている。本章では、酒井の言う一般性を「普遍主義」、文化的差異に関わる翻訳的な交渉行為を「普遍性」と呼んで区別することにしよう。[*116]むろん、普遍性もまた手放しで肯定されるものとしては存在しえず、正と負の両義性をまとったものとして現実世界のなかへと分節化されてくるのだ。

酒井は、戦前の帝国主義に成立した普遍主義の例にふれて、「質の悪い経験主義は、人種主義や人種主義の実践を生み出す植民地主義を非難する普遍主義者自身は、人種主義の外部に位置していると思い込んでいるのである」[117]と、普遍主義が特殊主義の完全な「外部」に存在しうるかのような錯覚をいましめる。それはかつて彼が、ナショナリズム批判もまたナショナリズムの空間の内部で作動するものにほかならないと指摘した場合と同様に、やはり〈内部／外部〉といった二分法を注意ぶかく退けたうえで、支配的な言説空間の覇権をどのように覆していくのか、その可能性を探るきわめて脱構築的な戦略と言えよう。むろん、それはたんなる悲観主義ではない。人種主義のような特殊主義の支配的言説は、国民の主体化を推し進めるために普遍主義という獅子身中の虫をどうしてもみずからの内部深くへと呼び込まなければならないのだとされる。

> 叛乱と独立を密かに仄めかす民族主義的な国民主義に対処しなければならないとき、普遍主義的な主張なしで帝国国民を統治することが不可能なことが明らかであったからである。……普遍主義を伴わない帝国的国民主義はいわば論理矛盾に過ぎないことが解ってくる。また、普遍主義は国民の主体編成と深く関わっており、愛国的な主体を普遍主義的な論理なしで作り出すことはほとんど不可能である。[118]（傍点は磯前）

「人種平等の原則が、植民地支配の維持のために不可避的に生み出される人種差別による構想への応急策として呼び出されてくる」[119]のであり、その点において特殊主義と普遍主義は依然として共犯関係にあり、その外部の空間に立つことはできない。普遍性とはその二分法を脱臼させたところに立ち現われてくるものであり、同時にその二分法の一項にすぎない普遍主義へとつねに転落していく危険を孕んでいる。

事実、戦前の日本帝国の多民族国家に、他民族が共存する普遍主義への可能性を見出そうとした田辺元の「種の論理」の試みについて、酒井は評価しつつも、「田辺元の愛国心は、その優れた民族主義的国民主義への批判にもかかわらず、結局、宣教師的立場から語られた帝国主義的国民主義しか帰結しなかったのである」[120]と断じている。しかし、その共犯関係ゆえに、切っても切ることのできない関係であるがゆえに、普遍主義を特殊主義を批判する普遍性の論理として分節化していくことも可能となる。その両義的な可能性について、なおも酒井は田辺の「種の論理」の例に即しつつ、「田辺は類的種と種的類という用語を導入することによって、真に「絶対的普遍」に関わる個によって絶えず否定されつつ改変される類的種としての多民族国家と、ある種が自らの種が統一的連続性を持つための責務を他の種へ普遍性の名の下に押し付けることによってでき上がる種的類に基づく多民族国家を弁別している」[121]としたうえで、さらに議論を次のように展開していく。

> 「文化的種差」からは、他者との出会いにある了解不能性や非共約性があらかじめ消去されてしまっていることはいうまでもない。……これにたいして、社会的抗争を超えるための実践が起こる独異点は、非共約性や了解不能性に出会う場であるから「種差」として限定できない差異と考えられる。……この差異をとりあえず「文化的差異」と呼ぶことにしよう。この差異は、したがって、空間的表象でもまた特殊性と一般性の配分に横領することのできる「種差」でもないことになるだろう。……ということは、社会的抗争を超える個の実践は空間的に表象できない。……主体として「文化的差異」に関わる限り、そこで問題となるのは「何をなすべきか」であって、未来に向かって非連続性を連続化するために、それまではなかった新たな理念を単独性＝独異点において見出すことだろう。つまり、「文化的差異」において個は主体として実践的に未来に向かって普遍性に関わる。[122]（傍点は磯前）

文化的種差と区別された文化的差異において、「概念における普遍性ではなく、翻訳のような作業のなかで出て来る普遍性」、「共有に基づくのではなく、交渉における共同性」として普遍性の措定がふたたび開かれてくる契機がでてくる。[*123] 酒井はそのよう翻訳的な交渉行為を理論的実践とよび、左のように説明する。

シュタイはその本質的な開放性と不完全性によって歴史的世界に存するのに対して、実践関係の回避は、主観を本質的に非歴史的なものにしてしまうのである。したがって、理論的実践によって文化的差異の再現＝表象を中断させ、それによって政治を開示しなくてはならない。……私が理解している意味での理論とは、想定された対象への理論の適用の習得に関わるものではなく、それへの干渉に関わるものなのだ。[*124]（傍点は磯前）

その理論的実践を酒井は、「「個」の「種」への帰属は、媒介としての自覚を経なければありえない」として、西田幾多郎にならって「自覚」と呼ぶ。つまり、「個がある共同体へ帰属することは、いわば、その共同体に否定性を持ち込むことであり、個は現存する共同体を受け入れることによってそこに帰属するのではなく、個が自ら主体となることによってあるべき一定の理想や定言命題に向かってその社会を変えようとすることによって「種」に帰属することになるはずである」[*125]（傍点は磯前）として、弁証法的な否定性の論理を脱構築的な差異に重ねあわせていく。酒井は、「自らを微分／差異化する差異（differentiate itself）、あるいは、微分／差異化を通じて実働化する異質性」を、「田邊の言う「絶対否定態」、非連続性における連続性を創造する媒介の否定性」として定義づける。[*126] 他方、竹内好の抵抗の概念をとおして、「否定とは否定された項に対立する項として主体が定立されることであるとすれば、抵抗は否定ではない。むしろ……主体が自己自身との充足関係をなすと考えられている仮想された安定状態をかき乱すものとしての「否定性」に、竹内の抵抗は近いように思える」[*127]と、自己同一性をくわだてる否定から否定性を峻別する。その意味で、デリダによるヘーゲルの弁証法理解とほぼ同様に、外部に主体を立てることなく、反復されていく否定性、それが酒井にとっての差異化作用ということになる。[*128]

このように普遍性が、差異と否定性をともなう理論的実践のもとに定義しなおされるときに、これまでも述べてきたように普遍性は概念的実体としての排他性をもたないものへと転化して想起されていく。デリダの表現を用いるならば、それは現実の法を絶えず是正していく現前不能なものとしての「正義」[*129]とほぼ同じ意味をもつと考えられる。デリダは「正義は不可能なものの経験である」として、現実の制度のもとに分節化される法／権利との関係で次のように説明づける。

> 脱構築が起こるのは、正義の脱構築不可能性と法／権利の脱構築可能性とを分つ両者の間隙においてである。……正義は現実存在していないけれども、また現前している／現にそこにあるわけでもない……けれども、それでもやはり正義は存在するという場合において、脱構築は可能である。[*130]（傍点は磯前）

「交渉が可能になる場所」[*131]、それは同時に決定不能な場所でなければならない。ただし、そこで想起される普遍的なものは、それが現実に顕在化する際には、暴力的な規定性を不可避に発揮せざるを得ないことも忘れてはなるまい。さらにデリダはベンヤミンの神的暴力を念頭におきつつ、「権威の起源、掟を基礎づける作用または掟の基礎になるもの……の最後の拠り所になるのは、定義によって自分自身でしかないのであるのだから、これら自体は基礎をもたない暴力である」[*132]と、非現前としての普遍性そのものが帯びる原初的な暴力を指摘している。このような両義性をふまえたうえで、酒井の議論は戦後の日本国憲法を普遍性に開かれた可能性をもつものとして読み解こうとする試みと受け止められるべきであろう。それは、もはや外部から押しつけられた内部を歪めるものでも、外部という普遍によって内部を糾すものとしても論じられることはない。[*133]〈内部／外部〉という二者択一性が脱臼された外部性という発話空間において、「日本国憲法の読みの可能性は私たちの希望によって切り開かれる」[*134]ものとして位置づけられることになる。

憲法第九条がひとつの不可能を指し示していることを忘れてはならないであろう。戦争のない世界はまだ出来上がってはいない。既存の合理性では、憲法第九条が希求する事態は実現できないのであり、この条文が促すのは、既存の合理性を問題視しつづけることであり、既存の合理性によっては分節化できないような、新しい歴史的現実に関心をもち続けることなのではないだろうか。[*135]（傍点は磯前）

そして、その担い手である日本国民もまた、この憲法と関わることで国民という統一概念に脱臼を引き起こすことになるとされる。原理的に言って、「国民の範囲は歴史的に流動的で、国民のなかには必ずその全体に包摂できない部分を含むのである。……民族的な自己画定は社会的抗争に起源をもち、その限りで、全ての国民国家は潜在的に複数の民族によって成り立っており、現実にも複数の民族の共存の様態としてしか理解することはできない」[*136]（傍点は磯前）。しかし、それ以上にこの憲法がアジア・太平洋戦争の結末を引き受けて成立した経緯をもつうえ、「この戦争によって深い傷を負ったアジアの人々にとって、日本国憲法は日本帝国の崩壊に至る一五年間に及ぶ殺戮と抵抗の歴史と切り離して考えることはできない」[*137]。ここで酒井は日本国憲法を、死産された内部としての日本国民だけでなく、アジアの人びとと共有する不戦の思想へと規定しなおそうと試みる。

憲法前文や第九条に顕著に現れているように、この憲法は日本国民以外の人々へ語りかけていることも確かであるように思える。……その発想は明らかに戦争責任の承認を示している。「政府の行為によって再び戦争の惨禍が起ることのないようにすることを決意」するとき、……日本国民に自己画定しない人々へとアドレスされているのである。他者の応答を求める発話である以上、この文言は、責任（応答可能性）をめぐる発話行為にならざるをえない。この憲法がアドレスしているアジア太平洋戦争の惨禍に巻き込まれた人々を、大日本帝国の喪失の後にも日本人であり続ける人々だけに限定されないと考えるとき、この憲法の発想はまさに普遍主義的である。[*138]

しかし、そのときのアジアと日本人は、あるいは西洋人もふくめて、それは決して調和的な共同性として受けとめられてはいない。酒井が竹内好を引いて述べているように、「東洋は宗教的・言語的・文的統一体ではなく、なんら統一された世界を共有するものではない。……東洋に漠然とした統一性を与えているのは、西洋の進歩において西洋から排除され西洋によって対象化されているという事実だけである」[*139]。同様に、西洋もまた「異質なものに対立するかぎりでしか自己を区別することができず、自己同一性をもつために他者を必要とする」[*140]。アジアもまた、ガヤトリ・チャクラヴォルティ・スピヴァクが言うように、多重化を起こし続ける不在の固有名としてのみ存在するものなのだ。[*141]日本とアジアあるいは西洋との関係も同様である。ここで私たちはふたたび、仁斎に仮託された出会いそこねの共同性を想起しなければなるまい。では、何のための日本国憲法なのであろうか。それは問題を想起させ、共同体のなかに違和感を引き起すためなのである。酒井は、普遍性を「現存する社会的現実を特に社会的平等の理念に基づいて社会問題化するときに出現する」[*142]ものと規定するなかで、「社会問題化」という事態を左のように説明する。

社会問題化の「仕事」で達成されるのは、多数者と少数者の間に歴史の効果として存在する伝達不可能な溝の存在を明示し、そうすることで、相互性でもなければ共通性でもない社会性を成立させることである。……こうした対立、論争、さらに闘争において既存の合理性を再分節化するとともに、自分たち自身も脱中心化し変わってゆく。……反論し、相手の合理性を批判するその「仕事」の真只中で、時には憎しみを通じても、人は対立する相手と共生するのだ。……他者と伝達ができないという非共約性の認識は、私あるいは

われわれが、他者に向かって開かれているかぎりで可能になるのである。[*143]（傍点は磯前）

葛藤があるからこそ、他者への対話の意志はうながされていくのだ。普遍性は外部ではなく外部性であるがゆえに、現実において十全に顕在することはないのだが、現実から切断されたかたちで抽象的な理念のままに措定されてもならないものである。あくまで、現実の個々の状況のなかでどのように理論的に介入するのか、その翻訳の分節化過程が問われる必要がある。たしかに、それはさまざまな異なる立場の人たちに「公的な場」での言表行為を可能とするものなのだが、社会問題の解決をもたらすようなものではなく、むしろ「同化主義によらない社会参加の可能性を切り開く」ために、「逆説的な表現を用いれば、「社会が不可能性である」こと」を認識することをとおして、「人々が共存共生することを可能にする」ものなのである。[*144]「問題提起は、問題の解決あるいは解消を意味しない[*145]」ことを忘れてはなるまい。その点において、次のスラヴォイ・ジジェクの主張は、酒井の普遍性をめぐる議論に対する理解を補ううえで示唆を与えてくれよう。

ヘーゲルのいう「具体的な普遍」とは、その中心に決して実現されることなどない〈現実なるもの〉を含んでいるのだ。それは、まさしく対象となる概念を代弁するものとして適切であると言えるような、ある特別なフィギュールを取得することを永遠に拒み続けるものであるからこそ、個別のもののフィギュールが編みだすテクスチャとして構成され、普遍は「具体的なもの」となるのである。……普遍とは、当の普遍のもつ個別の内容の中心部分に何らかの裂け目や虚穴がある限りにおいて、いわば、ある類に属する種のうち常にひとつの類に決定的な種が失われている限りにおいて存在する。その失われた種とは、類それ自体を完全なかたちで実現したであろう種なのだ。[*146]（傍点は磯前）

さらにジジェクとの討議を通して、エルネスト・ラクラウは次のように普遍性の定義を試みる。

> 普遍／個別の二分法が廃棄されたときにのみヘゲモニーがある。普遍性は、なんらかの個別性に実体化される——そしてそれを覆す——ときのみに存在するが、逆に個別性は、普遍化効果の場とならない限り政治的にはけっしてならない。……普遍と個別が互いに拒否しあい、にもかかわらず互いを必要とするなら、ヘゲモニー関係には不可能性の表象が内在している。……個別的なものをくぐり抜けることが必要なのは、普遍性が直接には表象できないから——それに符合する概念がないからだ。[*147]（傍点は磯前）

近年、西洋の思想界では主体の断片化を説くものと受けとられがちであったポストモダン思想の余波を克服しようと、アラン・バディウの「特異的普遍」のように代補作用を取り込んだ普遍性の概念が模索されている。[*148] ジジェクとラクラウにしても決して合致した見解を有するものではなく、ジュディス・バトラーをふくめて、普遍という到達不能なものがあって個別がはじめて理解されうるのか、個別がまず存在してそれを翻訳するなかで普遍が想定されていくのかという点で激しい論争が展開されてきた。しかし、それらの違いを超えて共通しているのは、もはや普遍が素朴に実体視できない欠如態として論じられるべきであるという認識である。[*149] そこに酒井の発言、「普遍主義と一般に呼ばれているのは自己を普遍性の具現と考える特殊主義にすぎず、……他者に向かっての無限の投企をうながすものとしての普遍性……はむしろ無限性とでも呼ぶべきであろう」[*150] という言葉を重ね置くこと難しいことではあるまい。彼らに共通して見られるのは、普遍性という概念を媒介とすることで、断片化された状況におかれた人びとがふたたび集う場——酒井の言う「交渉における共同性」——を、共約不能性を損なうことなく構想していこうとする希望なのだ。バトラーはそこにいたる彼女自身の思想的展開について、次のように述べている。

『ジェンダー・トラブル』……においてわたしは、「普遍性」に関する主張をかなり否定的で排他的な言葉でとらえがちである。しかしながら、国際同性愛者人権委員会——人権問題という幅広い分野で性的マイノリティを表象／代表する組織である——において……非凡な活動家たちと仕事をしたさいに、「普遍性」という語には、非実体的で非限定的なカテゴリーとしての重大な戦略的用途があると考えるようになった。その会議でわたしは、どのようにしたら普遍性を明言することが予弁的でパフォーマティヴなものとなるかを理解するようになり、まだ存在しない現実を呼び起こし、まだ遭遇していない文化的地平が収斂する可能性提示した。その結果、わたしは、普遍性に関する第二の見解を持つようになったのだが、その見解では、普遍性とは文化翻訳という未来志向の作業と定義される。[*151]（傍点は磯前）

そこには、ナショナリズムの同質性を厳しく糾弾していた酒井が、さらに一歩踏み込んで議論を普遍性をめぐるものへと展開していったのと同じ流れを読み取ることができる。酒井の普遍性に対する議論については、彼の実質上のデビュー論文「近代の批判：中絶した投企——ポストモダンの諸問題」（一九八七年）に早くも見られるが、それはあくまでナショナリズムのもつ自民族中心主義的な普遍主義を批判する方途として言及されるにとどまるものであった。その後も、かれは一九九一年に英語版が公刊された博士論文『過去の声』にはじまり、『死産される日本語・日本人——「日本」の歴史‐地政的配置』（一九九六年）および『日本思想という問題——翻訳と主体』（一九九七年）の二著作を中心としてナショナリズム批判を展開するなかで、論文「「日本人であること」——多民族国家における国民的主体の構築の問題と田辺元の「種の論理」」（一九九七年）のように普遍性が最終的には国民主義や国家の論理に回収されていく過程をナショナリズムのもつ病巣として批判的に分析していった。そのなかで彼が日本の論壇においてナショナリズム批判の論客として広く認知されていったのは周知のとおりである。[*152]

しかし、二〇〇六年に発表された論文「倒錯した国民主義と普遍性の問題」以降は明確にナショナリズムを脱臼させる論理として普遍性の問題を取り上げ始め、「否定性と歴史主義の時間——一九三〇年代の実践哲学とアジア・太平洋戦争期の家永・丸山思想史」(二〇〇八年)と「パックス・アメリカーナの下での京都学派の哲学」(二〇一〇年)では、戦前の帝国的国民主義がふくんでいた普遍性の可能性を今日的状況のもとにいかに読み直していくかという議論へと展開されている。現時点でのその結晶が、論文「倒錯した国民主義と普遍性の問題」を骨子に据えて日本国憲法の可能性を論じた『希望と憲法——日本国憲法の発話主体と応答』(二〇〇八年)ということになろう。ここにおいて酒井の議論もまた、柄谷とは異なる独自の思考経路をたどって、一九九〇年代後半から二〇〇〇年代中葉にかけて一つの転回を遂げていったということができよう。それとともに、アジアに対する眼差しが前面に押し出されていき、転回以前の〈合衆国/日本〉の対抗関係から、それ以降の〈合衆国/日本/アジア〉といった複雑な入れ子状の関係へと、論及対象とする地域もまた構造的変化を起こしていったのである。

こうして、まったく別の独立した動きとして現われてきたにもかかわらず、酒井もバトラーと同じように、普遍性なるものを、時間性における主体の未来投企および翻訳的実践行為のなかに見出そうとする。そして、このようなバトラーや酒井たちの説く欠如態あるいは否定性としての普遍性のあり方こそが、日本国憲法の存在意義ならず、A級戦犯を合祀する靖国神社をめぐる思考へと、わたしたちを導くものとなる。A級戦犯合祀の問題について言うならば、アメリカ合衆国という外部からあたえられた勝者の裁きとしての東京裁判を否認するためにA級戦犯を祀る行動をとるのではなく、帝国主義の政治的妥協の産物にほかならない東京裁判から、アジアに対する「日本の侵略戦争」——むろん、そこにはA級戦犯も含まれる——を裁くための普遍性の理念をどのように読みだしていくのかといった方向への転換をおこなわなければならない。[*153] そこで参照される「平和と人道」の理念は、日本のみならず、返す刀で合衆国の原爆投下も、そしてアジアの排他主義的ナショナリズムをも問いなおす、非現前の正義として機能しうるものとして変容されていく必要があるのだ。

私の有罪性は、問責者その人も拘束するものでなければならず、問責者が、私が嫌疑をかけられている罪と同じような行為を行ったことが判明したならば、私が問いを発しうるはずであり、そのときは、私があるいは私たちが問責者になることができるのでなければならない。有罪可能性から有罪性への道のりで、共在性を通じて、私は私の集団には帰属しない人とともに普遍的な規範の立法の作業に参加するのである。[*154]（傍点は磯前）

それが酒井が言うように、日本国憲法は国民の統一性を脱臼させるものであるという所以なのだ。であるとすれば、アジア・太平洋戦争における「日本人」戦死者を祀った靖国神社がどのようなかたちで祭祀されるべきであるかも、おのずと明らかになってくるはずである。

第四節　普遍性と祭祀不能なもの

毎年、終戦記念日をむかえると、日本国内では政治家の靖国参拝をめぐる論議がきまって繰り返される。たしかに、靖国に批判的な立場をとる者にとっては彼らの参拝は憂慮すべき出来事のように見える。しかし、戦後五十年をこえても日本社会がその議論をつうじていまだ不協和音を起こし続けていることは、見方をかえれば、日本国内外の人びとにとってそれほど悪いことのようには思われない。それは、近代日本の歴史が容易に合意を形成できるような一元的なものではありえないことを、国内外の人びとに知らしめ続けている証とも言える。酒井が指摘するように、世界のどこをさがしても十全な国民国家など存在しない。それはつねに歪みをもって存在してきたのだし、現にそうして存在している。それゆえに原理的に言って靖国参拝をめぐる国民の総意など簡単に形成できるものではない。むろん、たとえできたとしても、その総意を撹乱するような読みかたを、国内外において越境的にわたしたちは喚起しつづける必要がある。酒井は同一性の撹乱としての抵抗をこのように説明する。

抵抗とは自己と自己像を結びつけている表象関係を撹乱するもののことだ、という点であろう。それはひとびとを諸々の制度に従属させる種々の同一性の形成に抵抗する何かのことだ。しかし、抵抗は人々を解放しない。——抵抗は解放を生まない。なぜならば解放という言葉によってひとびとは自分達がもっとも恐れるものに組み敷かれてきたからである。……しかし、もし夢から醒めた状態にあろうとするならば、少なくとも抵抗が解放を生むという希望にこそ抵抗しなければならないはずである。[*155]（傍点は磯前）

靖国という存在は保守派の象徴であるにとどまらず、革新派と呼ばれる陣営の願いもふくめ、彼らのもくろむ総意形成など不可能であることをあらゆる日本国民に知らせ続けているものとして再解釈することも可能なのだ。その意味で、英霊たちはいまだもって慰撫されてはいないし、これからも鎮まることはない。先のアジア・太平洋戦争はアジアに対する侵略戦争であると同時に、英米国に対する帝国主義戦争であるという二重性を帯びたものであるが、靖国の英霊祭祀の論理は侵略戦争という加害者的立場を埒外におくことで始めて成り立つものでしかない。そこには、日本国家のために命を捧げたという、国家と自国民のあいだでの排他的な関係が設定されているだけなのである。[*156]しかし、当然のことながら、その自己愛的な想像の共同性はアジアという他者を想定せざるを得ない状況によって、つねに機能不全に陥りつづけてきた。それゆえに、この議論状況は、つねに危険と表裏一体でありつつも、やはり健全な事態として捉え返していくことも可能なのだ。靖国問題をとおして、A級戦犯の合祀問題をとおして、アジアと日本の関係が、国家と国民の一体性が、そこで祀られる「日本人」とは一体誰のことなのかが、繰りかえし「社会問題化」されてきたわけなのであるから。

こうして靖国問題もまた、「社会が不可能性である」ことを知らしめるとすれば、同時にその祭祀を完遂することもやはり不可能であることを肝に銘じておかなければならない。多くの論者は、靖国の祭祀主体が国家であるべきか、個人の任意にもとづくべきものか、その祭祀主体の水準を問題とするのだが、そもそも祭るという行為がどのようなものであるのかについては決して問おうとはしない。祭祀主体が国家であれ個人であれ、人びとは死者を祭るという行為自体は可能であり、生者が死者を鎮魂しえることを疑おうとはしない。この点は今日の日本のみならず、アジアの論者もまた見落としているのではないだろうか。しかし、本当はわたしたちは誰もが知っているのだ。死者を慰撫することなど出来はしないということを。それは動かしようのない明白な事実なのだ。[*157]

その点で、ユダヤ系フランス人であるクリスチャン・ボルタンスキーのインスタレーションはこれからの死者祭祀のあり方を示唆するものとして注目される。かれは一九九〇年の作品、『欠けた家』において、かつてナチスに収容所へと連行されていったユダヤ人たちのアパートを、空爆によって廃墟となったままの姿で人びとの目の前に提示する。この不在を露呈しつづけるモニュメントについて、湯沢英彦は次のような見事な説明を加えている。

この作品の場合、何か目につく新たな建築物を創ってモニュメントが破壊され不在である状況を乗りこえようとするのではなく、不在である状況をそのまま維持しつつ、人々の記憶に働きかけることが企てられている。空白を空白としてリアルに現出させることで、作家はこの場所の記憶が癒しえぬ傷として、いつまでも開かれた問いとして町の人びとに受けとめられることを願ったのだ。……彼らにとって「もっとも大切な〈記憶の場所〉」は地上にある特定のポイントに求められるのではなく、むしろモニュメントを見た人々の心であり意識であり、彼ら自身の内なる記憶の場に消えることなき問いを投げかけることが決定的に重要なのだ。……モニュメントはもはや贖罪の場ではない。殺戮を犯した加害者と殺戮された犠牲者が和解し融和する美しい物語に、アンチ・モニュメントの作家たちは安易に加担しないのだ。……消えたユダヤ人が残した巨大な空白は、なにか象徴的なモニュメントによって贖われ満たされ、そして過去の出来事として飼いならされるのではなく、解消困難な異和として常に現在形で蘇生されなければならないのだ。[*158]（傍点は磯前）

そこでは死者の記憶行為という意味が、死者と同時に生者を救済するといったものから、救われることのない苦痛の想起へと、根本的な変化をとげていることがわかるであろう。湯沢の言葉を借りるならば、「ボルタンスキーがつくる死者のためのモニュメントは、いずれも彼らを記憶し、記念することを願いながらも、その企ての困難さを同時に告げるものだ。その困難は、死のための場所を確保することの難しさなのである[*159]」。しかし、さらに重要なことは、そこから先の湯沢の文章である。

死者の記憶が薄れ、誰が誰とも見分けがつかなくなって、すべてが忘却に沈み込んでゆきそうな、そんな記憶の零度の気配に彼の作品はしばしば近づく。でもそれに抗しながら、私たちにわずかな痕跡を提示するのだ。……ボルタンスキーは喪の感情の安易な流出にブレーキをかける、日常的な経験の向こう側へのかすかな通路が果して信じられるかどうか、そんなものへといまだに思いを懸けられるのかどうか、あなたには、祈りの場の不協和音に立ち混じって死者たちの声が光となって響いてくるか、と彼は問いかけるのだ。[*160]（傍点は磯前）

「「メメント・モリ」がもはや宗教的な超越性とは切断されている状況[*161]」のもとでも、私たちにはなしえることがあるのだ。立派なモニュメントを構築し、自分が死者を弔いえていると神経症的に信じ込まなくともできることがある。それは、一人ひとりの人間がその不可能性をそれぞれに想起し続けることだ。そうすることで新たな共同性の可能性が、人と人のつながりのあり方が開かれていくことになろう。たとえば、語ることの不能性を想起しつづける重要さについて、哲学者の熊野純彦はこう述べている。

> 死者にかわって、あるいは一般に他者のかわりに証言することはできない。けれども、証言不能な……できごとも語りつがれなければならない。他者について語ることが不可能性を穿たれたできごとであるとするならば、物語ることの不可能な記憶こそがとりわけ語りつがれなければならない。……語りうるものとして、他者にかわって語りだし、できごとを表象することで、他者を代理するのではない。なによりも、そのできごと――繰りかえし外傷として回帰してくるような決定的に暴力的なできごと――が現在のうちに回収されないこと、再－現前化……されえないこと、その不可能性こそが語りだされなければならない。*[162]（傍点は磯前）

本章での議論をふまえるならば、ここで熊野は、語る行為の可能性を、外部性としての普遍性に求めようとしていると言い直すこともできよう。なぜならば、すでに私たちが知っているように、普遍性とは現前不能なものであり、外部としてではなく、外部性にとどまり続けるものだからである。それゆえに、あらゆる者へと開かれていくものになりえるのである。そして、このような可能性を提示するボルタンスキーのインスタレーションと同様に、靖国神社もまたそのような機能を果たすべき場として想起されることで、徹底した批判に曝されていかなければならない。靖国もまた不在の場――ミシェル・フーコーの言う「ヘテロトピア」*[163]――として存在すべきものなのだ。それは神道という特定宗教の参拝形式をとるべきではなく、国家祭祀へと回帰すべきものでもなく、「日本人」という均質化された表象へと回収されてもならない。靖国は生者が死者を祀ることの不可能性を繰りかえし確認する場であらねばならない。それと同時に、私たちの父あるいは祖父の世代が殺害したアジアをはじめとする人たちに対して、赦しを乞う場でもあらねばならないはずである。祀り記憶されるのは単なる死者ではなく、武器をたずさえた兵士なのだから。むろん、その赦しは調和的な和解をもたらす場ではあってはならない。ジャック・デリダは、赦しの場における犠牲者の非現前性という根本的な機能不全を指摘している。

誰かになんらかの赦す資格があるとすれば、それはただ犠牲者だけであり、第三者的な制度ではない。……死んだ生き残った者の、巨大で苦痛に満ちた経験、死んだ犠牲者の名において赦す権利が誰にあるのか？　死んだ犠牲者はつねに不在です。本質的に消滅した者である犠牲者は、赦しが求められた瞬間に、同一人物として、罪が犯されたとき彼／女らがそうであった者として、彼／女ら自身が絶対的に現前することはけっしてありません。[*164]

さらにデリダは述べる。「赦しは、正常でも、規範的でも、正常化するものでもあるべきではないでしょう。それは不可能なものの試練に耐えつつ、例外的なまま、異常なままであるべきでしょう。……赦しえないものがあるという事実から出発しなくてはなりません」[*165]。このような赦しの不可能性を含み込むことで、日本はアジア・太平洋戦争という過去に始めて向かい合うことが可能となるのであろう。祭祀および赦しの行為が、その主体と対象の不可能性によって脱臼されていく場においてこそ、「私たち」という暗黙に含意された主体の自己同一性――それは日本人であると同時にアジア人でもアメリカ人でもありうる――が異化にさらされ、まさに「他者」の存在へと導かれていくことになる。

たしかにそこでの出会いは、「出会いそこねの経験」でしかないのだが、それでも私たちは憎悪の感情や誤解の関係のなかで、やはりそれでも共に居続けることを冀うのである。コミュニケーションが決定的に「伝達の失敗」を含むがゆえに、その経験によってみずからが「脱中心化」されていくがゆえに、他者との出会いを求めてやまない。同一性への欲求が差異化をもたらすと同時に、そのズレていく差異化の作用が私たちをして、他者へと働きかけ駆り立てていく。そこにおいて、われわれはみずからを他者との出会いの経験に差し出し、自己の思いを一方的に相手に押し付けるのではなく、他者によって変容させられていく場へとその身をゆだねていく。酒井はそれを植民地下の恋愛の例を引きつつ、次のように説いている。

> 植民地状況の上下関係が現存しても、男と女がある時間のあいだ、お互いに自由であり平等で、自己改変の潜在性に暴露されている、つまり、自己同一性を逸脱する偶成性のなかに置かれることがないならば、この二人の関係を恋愛と呼ぶことはできないだろう。人を愛するというのは、愛する人によって自分が根底的に改変される潜在性に自らを曝すことだからである。……一七世紀の儒学者伊藤仁斎の言葉を借りるならば、恋愛は偶有性にかかわる限り、一つの「情」なのであって、「感傷」ではない。愛国心の愛や同胞愛の愛は感傷に過ぎないが、恋愛の「愛」は感傷を超えて「情」になるのである。*166（傍点は磯前）

このような他者に曝される関係が展開される交渉の場を、酒井とともに「普遍性」あるいは「外部性」と呼ぶことも可能なのではあるまいか。タラル・アサドによれば、異文化間の政治的不均質さというものはいかなる場においても拭い去りがたいものであり*167、恋愛のように個が個として他者に向き合うことを阻むわけだが、酒井の立場からすれば、そのような困難さを承知のうえで、あるいは困難な現実が横たわっているからこそ、異文化間の固定化された不均質さを個の倫理的実践行為によって脱構築させる試みに賭けることになる。むろん、他者との出会いはなによりもまず自分自身の同一性を脱臼させるものでなければならない。それが酒井が恋愛に言及するゆえんである。その意味で、酒井が唱える脱構築的戦略は、「倫理的行為とは、それによって一人ひとりがそれなりの小さく些細なやり方で社会を変える行為……である」*168と述べられるように、日常生活の実践行為から立ちあげられていくものであり、個々の日常が否定性のもとに照らし変えられてはじめて、政治的な次元へと介入していくことが可能になるとされるのだ。

そして、酒井の言う普遍性という不可能性のもとにこそ、アジア人も、アメリカ人も、日本人のマジョリティもマイノリティも、多様に異なる人びとが集い合うあらたな共同性が開かれていくことになる。それは、柄谷が「超越論的自己」と呼んだように、絶えずみずからを反省的に捉える脱自化の動きを伴うとともに、他方で酒井の言う「シュタイ」、すなわち不可避に他者と交わりみずからを脱構築していくような歴史的身体の次元での関係として現れ出でるものである。繰りかえし述べるならば、その点で柄谷の見出した「決定不能性」とは主体の自己同一性の崩壊にとどまるものではなく、主体を他者へと導き開く不完全性として受け止められるべきものであった。その不完全性ゆえに、主体は他者との関係を含んだかたちで自己を構築すると同時に、脱中心化させられていく。まさにそれが、かつて柄谷が漱石の著作に見た「『慄とする』ような荒涼たる風景」の中核をなすもの、「彼と他者との関係ですら、彼ら自身ではどうすることもできないものに支配されている」*169という認識であった。それは、柄谷が夏目漱石のテクスト分析を通して、知識などではどうすることもできない、人間関係が本源的に抱える「思うようにならなさ」として摘出したところでもある。人間の関係性は、個人の思惑を超えたところで作動し、その観念を突き崩していく。

『道草』の表層では、建三という知識人は、「知識」というものが何の力も発揮しえない場所、すなわち家族のなかで徹底的に相対化されて、一個の夫であり父であり子であるような存在に還元される。……建三は無名の存在として「片付かない」問題を前にして震え憤り怖えているのである。……ヒステリーであろうが何であろうが、建三にとって夫婦は「ゴム紐」のような関係にあり、すでにお互いの意志だけではどうすることもできないような相互規定性としてあったのだから、その伸縮を支配するものに対して怖え、また頼りにするほかなかったのだ。……『道草』において、建三はもはや「自分に始まり自分に終る」個人ではありえない。彼の意志ではどうにもならぬところに他者が立っているからであり、さらに、彼と他者との関係ですら、彼ら自身ではどうすることもできないものに支配されている。[170]（傍点は磯前）

それゆえに、「人がいない淋しさではない、人間が生存しているということの理由もない孤独である」[171]と柄谷が言うような、あるいはホミ・バーバが「生きることの戸惑い」[172]と呼ぶ絆を介して、完全な合一が要請されない共同性が開かれていく可能性を、私たちは共に生き抜いていくために願わずにいられなくなるのではなかろうか。そのような淋しさは自分一人だけが耐えかねて抱えているものではなく、おそらくはあらゆる人間がひとしくその存在の根源的不安として有せざるをえないものだからである。柄谷も認めているように、「人間と人間が関係づけられて存在するとき、われわれにどうすることもできない虚偽や異和が生じるということ、それは……われわれの生存条件の問題にほかならないのだ」[173]。それが「人間関係の網の目」[174]の本質だからである。だから柄谷もまた、「「余裕」のない人間の発することば」として、漱石の小説の言葉、「あたしは憑り掛りたいんです。安心したいんです。何の位憑り掛りたがつてゐるか、貴方には想像が付かない位、憑り掛りたいんです」を引用する。[175]われわれは傷つき、それでも他者を求めてやまないのである。

同様にボルタンスキーのインスタレーションを経験した人びともまた、他者との出会いそこねに打ちひしがれて孤独の内にひたすら沈んでいくだけではないはずである。そこから、みずからの孤独の経験を梃子として——他者に対するだけではなく、己もまた自分にとっての出会いそこねる存在であることを引き受けることで——、共約不能性という不気味な深淵に身を曝しながらも、そのような孤絶の経験をもった人びとの心が互いに響き合っていく「ユニゾン的な」関係性が立ち現れてくるのではなかろうか。それが靖国祭祀の生みだす共感の共同体との決定的な違いなのだ。ユニゾン的な関係性について、ホミ・バーバはネイションの共同性を例にあげてこう説明している。

人びとの集合的アイデンティティはユニゾン的な言説をつうじて、超越的なネイションのアイデンティティとしてではなく、多重化する言語のなかに産まれ落ちるのだ。もちろん、多重化する言語はナラティヴが制度化されたものと行為遂行的なものとに両義的に分裂を起こすさいに成立するのである。これらの人びとが姿を現わすのは、「現在の」歴史がはらむ不気味な瞬間においてであり、それは「均質で空虚な時間を横断している同時性の存在を亡霊のように暗示している」。……起源というよりも、異化作用をもつ遅延する過去が反復される時間……この「一瞬にして一挙に」という突然の無時間性のなかに陥ると、時間の均質性は消失し、時間の隙間が口を開ける。……それは連続的時間の一部としての現在といった単純なものではなく、時間的均質性を欠いた重なり合いとしての現在であり、近代ネイションの空間という記号の反復である。[*176]
（傍点は磯前）

それは酒井の議論におけるシュタイと主体の二重化構造から生じてくる不安定さのことでもある。ただし、酒井はバーバのようにたんに脱構築の代補作用へ身をゆだねるというのではなく、そこに西田哲学の自覚のもつ共同性に対する個（単独者）の否定性を重ねあわせて、普遍性という倫理を打ちたてようとする。いま一度、その論理を確認してみよう。酒井は田辺をジル・ドゥルーズになぞらえつつ、普遍性の捉えなおしを企てる。

この社会抗争が作りだす対立に沿って、共同体が想定され、このように刻印された対立する「種」への帰属の論理が働きはじめるかもしれない。とすれば、どちらの「種」にも属することのない、それまでまったく存在しなかった責務あるいは規則によってしか、この社会的抗争を超えることはできない。これまで与えられることのなかった規則を作り出すことによってしか、この非連続点を連続化することはできないはずである。……ジル・ドゥルーズはこうした単独点（独異点）を超えるものとして……一般性ではなく普遍性を考えているわけだが、カントに沿って思考を進めている田辺は、……原理の普遍性によってこうした非連続性を連続化する新たな方向を、……「類」と呼び、単独性との関係で「類」を規定しようとする。[*177]（傍点は磯前）

単独者は共同体に対する否定性を有するがゆえに、既存の共同体を普遍性の倫理へと開かれた共同性へと脱臼させていく。単独者はみずからの属する共同体に対するだけでなく、自己の同一性をも差異化する。その点で、「一つのシステム（言説空間）に属すると同時に属さない、矛盾にみちた危うい在り方」を唱えた柄谷の批評行為もまた、「どこにもアイデンティティを求めることを拒絶したあげく」に成り立つ連続性の作出として、酒井の言う単独者と変わることのない地平にたつ存在形態のもとに理解することが可能になろう。[*178] そのような自同性を本来的に欠如させるがゆえに、その存在は他者にむかってみずからをゆだね開きうるものになる。酒井はこの差異化の働きを否定性とよび、普遍性を実体化させることなく存立可能とする契機と考えたのである。このような差異化する単独者が出会う場において、普遍性が内部から想起される外部性として立ち現われてくる思考過程は、ジャック・デリダが同一性としての対象のイデア性に見出した普遍性、純粋なるものとして声の現前過程を分析した記述へと呼応していく。

イデア的対象は、出来事のイマココデ、対象を思念する経験的主観性のイマココデから独立しているために、同じものでありつづけながら、無限に反復されることができる。イデア的対象が直観に現前すること、それが視線の〈前に＝あること〉は、本質的にどんな内世界的あるいは経験的綜合にも依存していないので、現前性の形式におけるこの対象の意味の復元は、普遍的で無制限な可能性となるのである。……対象のイデア性とは、対象が非経験的な意識に〈対して＝あること〉にすぎないのだから、それは、その場の現象性が内世界性の形式を持っていないような構成要素の中でしか、表現されることができない。声とは、このエレメントの名前である。声は、自分を聞く〔＝聞かれる〕のだ。[*179]（傍点は磯前）

ここに普遍性がある種の超越論的なものとして、単独者のはらむ差異化の働きにうながされて、反復される同一性として想起されていく過程を見て取ることができよう。むろん、それは柄谷が中期フッサールに依拠して説く純粋な超越的意識への還元とは異なるものでなければならない。単独者である主体が自同性を欠く意識と身体の二重性からなる以上、超越的イデアの純粋さは、他者との抗争を引きおこす身体によって絶えず差異化されていく必要がある。「普遍が特異的かつ身体的なひとつの潜勢力によって支配されることへの切望は、解決不可能なひとつの逆説[*180]」として、主体において引き受けられるべきなのだ。

だが、それは容易なことではなく、その際に私たちの関係が絶えず引き裂かれていくことを、とりもなおさず意味するものである。柄谷が言うように、「「苦」はとりのぞかれるべきものでもなければ、原罪でもない。なぜなら、それは、根源的な「偏差」であり「たわむれ」以外の何ものでもないからである[*181]」。主体に負荷される苦痛を非主体的な差異の戯れに解消してしまうのではなく、むしろ差異化作用がもたらす苦痛を個々の主体が受けとめていかなければならない。そこに、酒井が示唆するように、田辺元や三木清が否定性や決定不能性の認識から宗教的回心──むろんそれは特定宗教あるいは宗派への入信という狭い意味ではない──を起すにいたった理由も探られなければなるまい。[*182]さらには、デリダをはじめとして脱構築と結びついた思想家が信仰を論じる近年の状況もまた、この文脈のなかであらためて熟考されていくべきものであろう。[*183]

このような差異化作用に基礎をおいて、バーバの言うような戸惑いの感覚を絆としながら、否定性を媒介とする共同性として普遍性を捉え直すならば、先のアジア・太平洋戦争の経験がどのように世界の人びとと共有化されていくべきなのか、A級戦犯合祀も東京裁判の問題もまた新たな議論の次元へと導かれていくことになるであろう。もはや明快な〈内部／外部〉といった二項対立を前提とする思考にとどまることは許されない。日本国憲法がまさに日本国民の手によって放棄されようとする今日の状況のなかで、普遍性へ開かれた可能性――「非連続性を連続化する」「翻訳の作業」――として読みなおそうとする酒井の文章をあらためて引いておきたい。

> 私たちは、この「普遍性の」予感を理論化し、政治の潜在性にするための準備を怠ってきたのではないか。日本国民が放棄したとき、日本国憲法に見いだされるこの潜在性をいかにして日本国以外の人々あるいは日本国の余剰の人々に手渡してゆくべきなのか。アジア太平洋戦争が生み出したものを、普遍主義の論理として鋳直すめには何をすべきなのか。このような問いをたてなければならない状況がやって来たようである。[184]
>
> (傍点は磯前)

酒井の言う日本国憲法が「戦争の放棄が宣言されている」[185]第九条を特定することは明らかである。たしかに、「非武装を謳う」この憲法は、「合衆国の帝国的国民主義(imperial nationalism)の躓きの石として、合衆国の国民主義が孕む帝国主義的な性格を絶えず摘発し続ける」可能性を有するものであろう。[186]しかし、一方で酒井が「日本国憲法がただちに普遍性の具現であるわけではない」[187]と但し書きをつけるように、この第九条が、天皇制を国民の象徴として明記する第一条とともに同じ日本国憲法を構成していることもまた周知のとおりである。[188]この憲法が合衆国の占領政策によって、天皇制を一方で存続させながら、軍国主義を非武装解除させるといったねじれをふくんだ歴史的産物であることは動かしがたい。ただしその事実の指摘は、この憲法にあらためて普遍性の可能性を見出そうとする酒井の試みを否定するためにではなく、普遍性とはこのようなねじれを抱えた現実のなかにしか見出すことができない外部性にほかならないという認識を、互いの意思疎通が困難になった状況に陥ろうとも、共に在り続けようとする強い意志のもとに保持していくためのものである。むろん、それは日本国憲法が合衆国由来のものか日本国民の手になるものなのかといった、旧来の二項対立的な思考法に退行する口実になってはなるまい。

ちなみに、柄谷もまた一九九一年の論文「自主的憲法について」において、戦争放棄の理念としての日本国憲法をとりあげている。そしてかれも酒井と同様に、「日本人が歴史的にもつ唯一の普遍的な原理」[*189]（傍点は磯前）として議論をする。ただし、酒井と異なり、合衆国という外部からの「「強制」によることこそがその普遍性を証明する」[*190]ものであり、それが「あとから日本人によって「内発的」に選ばれたもの」になったという理解の立場をとる。

この憲法が「自主的」でないということこそ、重要なのです。もしそれを外来的なものとして斥けるならば、日本人はいずれすべてを失うでしょう。[*191]（傍点は磯前）

この柄谷の言葉には、外部（合衆国）を起点にしてこそ内部（日本）は構築可能になるという、彼の思考に通底する「建築の意志」を明瞭に見て取ることができる。そして、「現に巨大な軍事力があるのに、一切の戦力放棄を唱える憲法がある」戦後の状況は、「憲法外の力が優越する」状態にほかならず、「法体系そのものが「決定不能」」となる危機を孕むものとして認識される。そこから、「憲法九条を日本の「原理」として再確定する」ために、現実に法が普遍性として機能すべく、「自衛隊を文字通り「自衛」に限定されたものとして」「憲法九条を「自主的に」改正すべきだ」と結論が導き出されていく。[*192]

ともに日本国憲法を普遍性のもとに把握する立場に立ちながらも、それを現実のなかでどのように具現化させるかという点で、ここでも酒井と柄谷の議論は決定的な違いを見せる。その背後にどのような思想的違いが存在しているのかは、すでに本章で確認してきたところである。その意味で、現代日本におけるポストモダン思想の議論は、少なくとも柄谷と酒井にとっては観念的な「差異の戯れ」などではなく、靖国問題や東京裁判さらには日本国憲法など、戦後の日本社会が抱える現実の矛盾とどのように向き合っていくべきか、政治的な実践性とも深く切り結んだものであった。そのなかで、両者はポストモダン思想を外部あるいは外部性の問題として捉え、そこから普遍性をどのように想起していくべきかという議論へと展開していった。現実の日常生活のなかで私たち各人がどのように生きていこうとするのか、まさにホミ・バーバの言う「生きる姿勢 form of the living」が、そこでは問われてきたのである。思想を深めていくということは、ポトモダンとは何か、ポストコロニアルとは何かといった一般論をそらんじてみせることなどではなく、日々の生活のなかで自分なりの工夫のもとに問題群を組み替えていく手作業（ブリコラージュ）なのだから。

外部性とは何なのか。外部と内部のはざまで、普遍性とは一体どのようなかたちで想起しえるものなのか。わたしたちもまた、それぞれがみずからの身体へと深く降りていくことで、出会いそこねる他者との日々の交渉を通じて考えつづけていかなければなるまい。そこで、漱石が垣間見た「「慄とする」ような荒涼たる風景」、自己同一性が「無気味なもの」や「あいまいなもの」に曝される瞬間を、私たちもまた目の当たりにすることになろう。その場面を各人がどのように受け止めていくかによって、「私たち」と呼ばれるところのものがいったい何者なのか、そして何者になりえるのかという問いに対して、それぞれのかたちでの答えが出されていくことになろう。思えば、すでに酒井は一九八七年の論文「近代の批判」の段階で、希望というものについて、魯迅の言葉に託してこう述べていた。

> 希望ということに考え及んだとき、突然、私はギクッとなった。……いま私のいう希望なるものも、私自身の手製の偶像ではないだろうか。ただ彼の願望は手近であり、私の願望は遥かなだけである。……思うに、希望とは、もともとあるものだとはいえぬし、ないものだともいえない。それは地上の道のようなものであ

る。もともと地上には、道はない。歩く人が多くなれば、それが道になるのだ。[*193]

それは、酒井が言うように「もし夢から醒めた状態にあろうとするならば、少なくとも抵抗が解放を生むという希望にこそ抵抗しなければならない」というかぎりでの「希望」でしかありえないだろう。しかしそれでも、この言葉が約二十年を経て彼の著作『希望と憲法――日本国憲法の発話主体と応答』（二〇〇八年）の題名に採りあげられたのは、そこに込められた酒井の変わらぬ強い思いがあったからであろう。実体的な外部などどこにもない。だが、その絶望の深さこそが、私とあなたに外部性を想起させる力となるのではないだろうか。希望とは外部性の謂い名であり、絶望の深さから生まれでるものなのだ。それが、生き難さを抱えて離れ離れにならざるを得なかったあなたと私が生きるための希望になりえると、はかないながらも、たがいを想い続けようとする意志を支えつづけると今しばらくは信じてみたいのだ。[*194]

注

＊1――Cl・レヴェック／C・V・マクドナルド編『他者の耳――デリダ「ニーチェの耳伝」・自伝・翻訳』一九八二年（浜名優美・庄田常勝訳、産業図書、一九八八年、一九七―一九九頁）。
＊2――柄谷行人『探求Ｉ』一九八六年（講談社学術文庫、一九九二年、一五六頁）。
＊3――柄谷行人『探求Ⅱ』一九八九年（講談社学術文庫、一九九四年、二三六頁）。
＊4――柄谷前掲『探求Ｉ』（二〇五頁）。
＊5――柄谷前掲『探求Ⅱ』（二〇四―二〇五頁）。
＊6――柄谷前掲『探求Ｉ』（一九頁）、同前掲『探求Ⅱ』（二三七頁）。
＊7――浅田彰『構造と力――記号論を超えて』勁草書房、一九八三年、二二六頁。
＊8――柄谷行人「あとがき」『内省と遡行』一九八五年（講談社学術文庫、一九九八年、三一四―三一五頁）。

＊9――柄谷行人『日本近代文学の起源』一九八〇年（講談社学術文庫、一九八八年、五〇頁）。

＊10――酒井直樹『過去の声――一八世紀日本の言説における言語の地位』一九九一年（酒井監訳、以文社、二〇〇二年）、佐藤道信『〈日本美術〉誕生――近代日本の「ことば」と戦略』講談社、一九九六年、イ・ヨンスク『「国語」という思想――近代日本の言語認識』岩波書店、一九九六年、鈴木貞美『日本の「文学」概念』作品社、一九九八年、磯前順一『近代日本の宗教言説とその系譜――宗教・国家・神道』岩波書店、二〇〇三年、など。ただし、柄谷や酒井の仕事がそうであるように、言説の均質さを暴くだけでなく、各論者が言説論を通して何を明らかにしようとしたのか、その議論の質が問われなければならない。

＊11――浅田前掲『構造と力』二二七頁。一九八〇年代前半のポストモダン・ブームにおける浅田の位置づけに関しては、マリリン・アイヴィ「批判的テクスト、大衆加工品――「ポストモダン」の日本における知の消費」『現代思想』第一五巻第一五号、一九八七年、一三三―一三四頁。

＊12――柄谷行人『マルクスその可能性の中心』一九七八年（講談社学術文庫、一九九〇年、三七頁）。

＊13――柄谷行人「隠喩としての建築」一九八一年（同『隠喩としての建築』講談社学術文庫、一九八九年、一八頁）。

＊14――同右論文（七七頁）。

＊15――柄谷行人「『隠喩としての建築』文庫版へのあとがき」一九八九年（同『差異としての場所』講談社学術文庫、一九九六年、三一九頁）。

＊16――同右論文（三一九頁）。

＊17――柄谷行人「ある気分＝思想」一九九〇年（同『増補漱石論集成』平凡社ライブラリー、一九九二／二〇〇一年、五六九頁）。

＊18――同右論文（同『増補漱石論集成』平凡社ライブラリー、二〇〇一年、五六七―五六八頁）。

＊19――柄谷前掲『マルクスその可能性の中心』（一三頁）。

＊20――柄谷行人「意識と自然」一九六九／一九七二年（前掲『増補漱石論集成』四八―四九頁）。

＊21――柄谷行人「文学について」一九七八年（同右書一五〇頁）。

＊22――柄谷行人「『批評とポスト・モダン』あとがき」一九八五年（前掲『差異としての場所』三三二頁）。

＊23――柄谷行人「差異についての三章」一九八〇年（同右書、五七頁）。

＊24――柄谷前掲「文学について」（一五〇頁）。
＊25――柄谷行人「形式化の諸問題」一九八一年（前掲『差異としての場所』六九頁）。
＊26――たとえば、同右論文（八四―八五頁）。
＊27――柄谷前掲『「批評とポスト・モダン」あとがき』（三二二頁）。
＊28――柄谷前掲「隠喩としての建築」（三三頁）。
＊29――柄谷行人他「マルクス・貨幣・言語」一九八三年（『思考のパラドックス』第三文明社、一九八四年、二二四頁）。
＊30――柄谷行人「批評とポスト・モダン」一九八四年（前掲『差異としての場所』一三五・一四五頁）。
＊31――柄谷行人「あとがき」一九八五年（前掲『内省と遡行』一九八七年、三一五頁）。
＊32――柄谷行人「あとがき」『思考のパラドックス』第三文明社、一九八四年、三四一頁。
＊33――現代日本の思想を代表する論者として柄谷と酒井をともに取り上げた試みであり、現時点での両者をめぐる一般的理解の水準を示すものとして、Richard Calichman, ed., Contemporary Japanese Thought, New York: Columbia University Press, 2005. 他に日本語として読める柄谷論としては、「特集　柄谷行人――闘争する批評」『國文学：解釈と教材の研究』第三四巻第一二号、一九八九年、「総特集柄谷行人」『現代思想』第二六巻第九号、一九九八年、「特集　柄谷行人の哲学・トランスクリティーク」『國文学：解釈と教材の研究』第四九巻第一号、二〇〇四年、など。酒井論としては、鵜飼哲「〈開拓者〉なき道の思考――酒井直樹『過去の声』」『応答する力――来るべき言葉たちへ』青土社、二〇〇三年、亀井秀雄「メビウスの帯の逆説――酒井直樹『過去の声』」『思想』第九四六号、二〇〇三年、安丸良夫「『過去の声』：「近世日本思想史研究」の脱構築」「『過去の声』シンポジウム」於一橋大学、二〇〇三年、など。
＊34――内部と外部をめぐる柄谷と酒井の議論については、磯前順一「歴史と宗教を語りなおすために」『喪失とノスタルジア――近代日本の余白へ』（みすず書房、二〇〇七年）のなかで、ナショナリズム批判および言説論の問題点の文脈でも触れている。
＊35――靖国神社におけるA級戦犯合祀問題については、保阪正康『「靖国」という悩み――昭和史の大河を往く』毎日新聞社、二〇〇七年、高橋哲哉／田中伸尚『「靖国」という問題』金曜日、二〇〇六年。東京裁判については、粟屋憲太郎『東京裁判への道　上・下』講談社、二〇〇六年、大沼保昭『東京裁判から戦後責任の思想へ』一九八五／一九九七年、東信堂。さらに英語の論文集として、酒井の仕事をめぐるものとして、Richard Calichman and John Namjun Kim, eds., *The*

Politics of Culture: Around the Work of Naoki Sakai (London and New York: Routledge, 2010) が刊行されたが、翻訳や帝国的国民主義といった、酒井の理論的枠組みを別の対象分析や叙述に援用するといった体裁のものであり、彼の思想の理論的分析あるいは思想史的な位置づけを本格的におこなったものではない。

*36――孫歌「思考の習慣――東京裁判と戦後東アジア」孫歌他編『ポスト〈東アジア〉』作品社、二〇〇六年、一九五頁。

*37――同右論文、一九四・一九九頁。

*38――柄谷前掲『探求Ⅰ』(一八―一九頁)。

*39――同右書(二〇五頁)。

*40――柄谷前掲『探求Ⅱ』(二三七頁)。

*41――ホミ・バーバ「散種するネイション――時間、ナラティヴ、そして近代ネイションの余白」一九九四年(磯前順一／ダニエル・ガリモア訳『ナラティヴの権利――戸惑いの生へ向けて』みすず書房、五八頁)。

*42――柄谷前掲『探求Ⅱ』(三六七頁)。

*43――同右書(三六七頁)。

*44――柄谷行人「江戸の注釈学と現在」一九八五年(同『言葉と悲劇』講談社学術文庫、一九九三年、一四三頁)。

*45――同右論文(一四四頁)。

*46――高祖岩三郎「柄谷行人とアメリカの発見」『國文学解釈と鑑賞　別冊　柄谷行人』一九九五年、一四三―一四四頁。

*47――同右論文、一四三頁。

*48――柄谷前掲「批評とポスト・モダン」(一三〇頁)。

*49――エリア・スタディーズにおけるネイティヴ・インフォーマントの役割については、磯前順一「文化のはざまで――異文化研究と自文化理解」前掲『喪失とノスタルジア』。

*50――孫前掲「思考の習慣」一九九頁。孫歌の竹内好論については、孫『竹内好という問い』二〇〇一／二〇〇五年(清水賢一郎・鈴木将久訳、岩波書店、二〇〇五年)。

*51――柄谷行人・酒井直樹・子安宣邦／ハリー・ハルトゥーニアン他「江戸思想史への視点」『批評空間』第五号、一九九二年、柄谷・酒井・子安「音声と文字／日本のグラマトロジー」『批評空間』第一一巻、一九九三年、酒井直樹「翻訳

の問題」「表音表記と歴史」（『過去の声』第七・八章）『批評空間』第一一号・第一二号、一九九三年・一九九四年、同「種的同一性と文化的差異」『批評空間』第II期・第四号・第六号、一九九五年。

＊52――「総特集　日本のポストモダン――ボストンにおけるワークショップ」『現代思想』第一五巻第一五号、一九八七年。Masao Miyoshi and H. D. Harootunian, eds., *Postmodernism and Japan*, Durham and London: Duke University Press, 1989.

＊53――酒井直樹・西谷修『増補〈世界史〉の解体――翻訳・主体・歴史』以文社、一九九九／二〇〇四年、一二―一四頁。

＊54――酒井前掲『過去の声』（四五六―四六七頁）。

＊55――柄谷前掲『マルクスその可能性の中心』（三七頁）。

＊56――同右書（六三頁）。

＊57――同右書（一〇〇頁）。

＊58――バーバ前掲「散種するネイション」（六九頁）。

＊59――孫前掲「思考の習慣」、一九六頁。

＊60――酒井前掲『過去の声』（四八二頁）。

＊61――酒井直樹『日本思想という問題――翻訳と主体』岩波書店、一九九七年、五頁。

＊62――酒井直樹『日本／映像／米国――共感の共同体と帝国的国民主義』青土社、二〇〇七年、二三四―二三五頁。

＊63――酒井前掲『日本思想という問題』四頁。

＊64――柄谷行人「自主的憲法について」一九九一年（同『〈戦前〉の思考』講談社学術文庫、一九九四年、二〇一―二〇二頁）。

＊65――酒井前掲『過去の声』（四八三頁）。

＊66――同右書（九八頁）。

＊67――酒井前掲『日本思想という問題』一四八―一四九頁。

＊68――酒井前掲『過去の声』（八―九頁）、同右書、一四八―一五三頁。

＊69――柄谷行人／浅田彰／ジャック・デリダ「超消費社会と知識人の役割」一九八四年（『新潮』第一〇二巻第二号、二〇〇五年、一七九・一八四頁）。

＊70――柄谷前掲「隠喩としての建築」（一八―一九頁）、同「批評とポスト・モダン」（一七〇頁）。

＊71――柄谷他前掲「超消費社会と知識人の役割」（一八〇頁）。

＊72――同右論文（一八二頁）。
＊73――酒井前掲『日本思想という問題』二五頁。
＊74――同右書、七頁。
＊75――同右書、八頁。
＊76――ジャック・デリダ「フロイトとエクリチュールの舞台」『エクリチュールと差異』一九六七年（三好郁朗訳、一九八三年、下巻、六七―六八頁）。
＊77――岩谷彩子「表象の彼方へ――出会いそこね続ける「ジプシー」のために」李仁子他編『はじまりとしてのフィールドワーク――自分がひらく、世界がかわる』昭和堂、二〇〇八年、六八頁。
＊78――酒井前掲『日本思想という問題』一三頁。
＊79――酒井前掲『過去の声』（四四二頁）。
＊80――同右書（一五四―一五五頁）。ただし、酒井が仁斎の思想を情の共同性として徹底して捉えるのは、一九八三年に提出した博士論文を一九八八年に改稿したときと考えられる（酒井直樹「日本語版への序」前掲『過去の声』一二頁）。それがもとになって、英語版が一九九一年、日本語版が二〇〇二年に公刊されている。この変更が孕む問題については、上村忠男が短い記述ながらも、柄谷の仁斎論と比べつつ指摘している。上村忠男「自己の脱中心化をめざして」二〇〇三年（同『無調のアンサンブル』未來社、二〇〇七年、一七三―一七四頁）。
＊81――柄谷行人・酒井直樹・子安宣邦「音声と文字／日本のグラマトロジー」一九九三年（柄谷編『シンポジウム』太田出版、一九九四年、二六三頁）。
＊82――岩谷前掲「表象の彼方へ」八一頁。
＊83――酒井前掲『過去の声』（一五五頁）。
＊84――柄谷前掲「意識と自然」（四七頁）。
＊85――酒井前掲『過去の声』（四五六頁）。
＊86――同右書（五〇六頁）。
＊87――倉沢愛子他編『岩波講座　アジア・太平洋戦争1』岩波書店、二〇〇五年。
＊88――孫前掲「思考の習慣」一九五―一九六頁、ハリー・ハルトゥーニアン「帰ってきたヒロヒト――ハーバート・ビッ

クス『昭和天皇』を読む」二〇〇一年（カッヒコ・マリアノ・エンドウ監訳『歴史と記憶の抗争――「戦後日本」の現在』二〇一〇年、三〇一―三〇二頁）。

＊89――孫前掲「思考の習慣」一九六頁。

＊90――酒井直樹「近代の批判：中絶した投企」一九八七年（同『死産される日本語・日本人――「日本」の歴史－地政的配置』新曜社、一九九六年）、同「「日本人であること」――多民族国家における国民的主体の構築の問題と田辺元の「種の論理」」『思想』第八八二号、一九九七年、酒井・西谷前掲『増補〈世界史〉の解体――翻訳・主体・歴史』第四・五章、酒井「否定性と歴史主義の時間――一九三〇年代の実践哲学とアジア・太平洋戦争期の家永丸山思想史」磯前順一、ハルトゥーニアン編『マルクス主義という経験――一九三〇―四〇年代日本の歴史学』青木書店、二〇〇八年。同「パックス・アメリカーナの下での京都学派の哲学」酒井直樹／磯前順一編『「近代の超克」と京都学派の哲学』以文社、二〇一〇年。

＊91――酒井前掲『過去の声』（五〇七頁）。

＊92――同右書（一九〇頁）。

＊93――同右書（一九二頁）。

＊94――同右書（二八八―二八九頁）。

＊95――酒井前掲『日本思想という問題』三〇二頁。

＊96――柄谷行人「ファシズムの問題――ド・マン／ハイデガー／西田幾多郎」一九八八年（『言葉と悲劇』講談社学術文庫、一九九三年、三五二頁）。

＊97――同右論文（三四七―三四八頁）。

＊98――柄谷行人「近代の超克」一九九三年（前掲『〈戦前〉の思考』一一七頁）。

＊99――柄谷前掲「隠喩としての建築」（六三頁）。

＊100――柄谷行人「文庫版へのあとがき」一九八九年（前掲『隠喩としての建築』三二〇頁）。

＊101――柄谷前掲『探求Ⅰ』（三八頁）。

＊102――柄谷前掲『探求Ⅱ』（三四三―三四四頁）。

＊103――エドムント・フッサール『ブリタニカ草稿』一九二七年（谷徹訳、ちくま学芸文庫、二〇〇四年）。

＊104―酒井前掲『過去の声』（一五八頁）。
＊105―同右書（六頁）。
＊106―同右書（二九四頁）。
＊107―孫前掲「思考の習慣」一九七頁。
＊108―タラル・アサド「近代の権力と宗教的諸伝統の再編成」一九九六年（中村圭志訳『みすず』第五一九号、二〇〇四年）。
＊109―異種混淆性については下記の文献を参照のこと。Dipesh Chakrabarty, *Provincializing Europe: Postcolonial Thought and Historical Difference*, Princeton and Oxford: Princeton Uinversity Press, 2000; Bhabha, The Location of Culture.
＊110―酒井直樹「西洋の脱臼と人文科学の地位」『トレイシーズ』第一号、二〇〇〇年、一一六―一一八頁。
＊111―酒井前掲『日本思想という問題』四八頁。
＊112―酒井前掲『過去の声』（五〇七頁）。
＊113―Chakrabarty, *Provincializing Europe*, p. 255.
＊114―酒井前掲『過去の声』（五四六頁）。
＊115―酒井前掲「「日本人であること」」三〇頁。
＊116―酒井前掲「近代の批判」（一二―一四頁）。
＊117―酒井直樹「倒錯した国民主義と普遍主義の問題――日本国憲法をめぐって」『現代思想』第三四巻第一〇号、二〇〇六年、二三七頁。
＊118―同右論文、二二二頁。
＊119―同右論文、二二〇頁。
＊120―酒井前掲「「日本人であること」」四一頁。
＊121―同右論文、三一頁。
＊122―同右論文、二六―二七頁。
＊123―酒井・西谷前掲『増補〈世界史〉の解体』一六九頁。
＊124―酒井前掲『日本思想という問題』一六四―一六五頁。
＊125―酒井前掲「「日本人であること」」一八―一九頁。

＊126――酒井前掲「否定性と歴史主義の時間」二九〇頁。
＊127――酒井前掲「近代の批判」（四六頁）。
＊128――ジャック・デリダ「限定的経済学から一般的経済学へ――留保なきヘーゲル主義」前掲『エクリチュールと差異』（三好郁朗訳、前掲下巻）。
＊129――ジャック・デリダ『法の力』一九九四年（堅田研一訳、法政大学出版局、一九九九年、三八頁）。
＊130――同右書（三五頁）。
＊131――酒井・西谷前掲『増補〈世界史〉の解体』一六九頁。
＊132――デリダ前掲『法の力』（三三頁）。デリダの暴力論をめぐる議論については、デリダ「暴力と形而上学――エマニュエル・レヴィナスの思考に関する試論」前掲『エクリチュールと差異』（川久保輝興訳、上巻、法政大学出版局、一九七七年）、Judith Butler, "Critique, Coercion, and Sacred Life in Benjamin's 'Critique of Violence'," in Hent de Vries and Lawrence Sullivan, eds., *Political Theologies: Public Religions in a Post-Secular World*, New York: Fordham University Press, 2006.
＊133――酒井前掲「倒錯した国民主義と普遍主義の問題」二〇七―二〇八頁。
＊134――同右論文、二〇二頁。
＊135――酒井直樹「国際社会のなかの日本国憲法」一九九二年（前掲『死産される日本語・日本人』、九五頁）。
＊136――酒井前掲「倒錯した国民主義と普遍主義の問題」二一八・二二〇頁。
＊137――同右論文、二〇二頁。
＊138――同右論文、二三五―二三六頁。
＊139――酒井前掲「近代の批判」（四二頁）。
＊140――同右論文（四一頁）。
＊141――Gayatri Chakravorty Spivak, *Other Asias*, Malden, Oxford and Victoria: Blackwell Publishing, 2008, p. 213.
＊142――酒井前掲「倒錯した国民主義と普遍主義の問題」二一三頁。
＊143――酒井前掲「国際社会のなかの日本国憲法」（八四―八五頁）。
＊144――同右論文（七九―八三頁）。
＊145――同右論文（七九頁）。

＊146――スラヴォイ・ジジェク『厄介なる主体――政治的存在論の空虚な中心』一九九九年（鈴木俊弘・増田久美子訳、青土社、二〇〇五年、第一巻、一七九頁）。

＊147――エルネスト・ラクラウ「アイデンティティとヘゲモニー」ジュディス・バトラー／ラクラウ／スラヴォイ・ジジェク『偶発性・ヘゲモニー・普遍性――新しい対抗政治への対話』二〇〇〇年（竹村和子／村山敏勝訳、青土社、二〇〇二年、八二頁）。

＊148――アラン・バディウ『聖パウロ――普遍主義の基礎』一九九七年（長原豊・松本潤一郎訳、河出書房新社、二〇〇四年）。

＊149――大河内泰樹「規範という暴力に対する倫理的な態度――バトラーにおける「批判」と「倫理」」『現代思想』第三四巻第一二号、二〇〇六年、竹村和子・村山敏勝「あとがき」前掲『偶発性・ヘゲモニー・普遍性』。

＊150――酒井前掲「近代の批判」（一三頁）。

＊151――ジュディス・バトラー「『ジェンダー・トラブル』序文」一九九九年（高橋愛訳『現代思想』第二八巻第一四号、二〇〇〇年、七四頁）。

＊152――酒井はナショナリズムという欧米語を安直に日本語に移すことを避け、文脈に応じて民族・国民・国家という異なる言葉のもとに使い分ける。ナショナリズムをめぐる欧米の言葉と日本語の翻訳語が一対一の対応関係を示さないことは多くの論者によって指摘されているが、酒井はむしろ日本の対応言語の多様性を積極的に用いることで、ナショナリズムという言葉の多義性を分節化しようとする戦略をとる。なかでも日本語論文において酒井は国民国家という言葉がしばしば用いられるが、国民が同じ国民意識といった水平の関係性を示すのに対し、国家が支配者と被支配者の搾取関係という垂直のものを含意するとみるならば、その水平性と垂直説の結合のあり方が具体的に論じられる必要があるのではなかろうか。たとえば、酒井は田辺元をめぐる議論のなかで、かれが普遍性の論理を貫徹できずに帝国主義的国民主義に躓いた理由として、国民主義および国家に対する忠誠心をほぼ同義語のようにして挙げている（酒井前掲「日本人であること」三九―四一頁）。しかし、もし酒井の指摘する通りだとするならば、このベクトルの異なる二つの概念が田辺のなかでどのようにして同意語として存在しえたのかという論理がさらに究明されていかなければなるまい。なお、ネイション論と国民国家論の意味の違いについては、磯前前掲「歴史と宗教を語りなおすために」も参照のこと。

＊153――孫前掲「思考の習慣」一九五頁。

＊154――酒井前掲『日本／映像／米国』二六四頁。

＊155――酒井前掲「近代の批判」（四九頁）。
＊156――酒井前掲「「日本人であること」」三九―四〇頁。
＊157――死者祭祀の不可能性については、拙稿「死霊祭祀のポリティクス――招魂と慰霊の靖国」前掲『喪失とノスタルジア』参照。
＊158――湯沢英彦『クリスチャン・ボルタンスキー――死者のモニュメント』水声社、二〇〇四年、二五三―二五六頁。
＊159――同右書、一二頁。
＊160――同右書、一三・一四六頁。
＊161――同右書、一四六頁。
＊162――熊野純彦『差異と隔たり――他なるものへの倫理』岩波書店、二〇〇三年、一四〇―一四一頁。
＊163――ミシェル・フーコー「他者の場所――混在郷について」一九八四年（工藤晋訳『ミシェル・フーコー思考集成X』筑摩書房、二〇〇二年、二八〇頁、磯前改訳）。
＊164――ジャック・デリダ「世紀と赦し」一九九九年（鵜飼哲訳『現代思想』第二八巻第一三号、二〇〇〇年、九九頁）。
＊165――同右論文（九二頁）。
＊166――酒井前掲『日本／映像／米国』三二一―三三三頁。
＊167――タラル・アサド「イギリス社会人類学における文化の翻訳という概念」ジェームス・クリフォード／ジョージ・マーカス編『文化を書く』一九八六年（春日直樹他訳、紀伊国屋書店、一九九六年、二九〇―二九一頁）。
＊168――酒井前掲『過去の声』（一五四―一五五頁）。
＊169――柄谷前掲「意識と自然」（六六頁）。
＊170――同右論文（五三―六六頁）。
＊171――同右論文（五五頁）。
＊172――バーバ前掲「散種するネイション」（一一五頁）。
＊173――柄谷前掲「意識と自然」（四七―四八頁）。
＊174――ハンナ・アレント『人間の条件』一九五八年（志水速雄訳、ちくま学芸文庫、一九九四年、二九八頁）。
＊175――夏目漱石『明暗』一九一六年（『漱石全集第七巻』岩波書店、一九六六年、五〇六頁）。

＊176――バーバ前掲「散種するネイション」（九三―九四頁）。
＊177――酒井前掲「「日本人であること」」二三三頁。
＊178――柄谷前掲「批評とポスト・モダン」（一三六頁）、同「建築への意思――吉本隆明」一九八二年（前掲『隠喩としての建築』、二四五頁）。
＊179――ジャック・デリダ『声と現象』一九六七／一九九八年（林好雄訳、ちくま学芸文庫、二〇〇五年、一六八―一六九頁）。このような観点からデリダの思想を解釈したものとして、Todd May, *Reconsidering Difference: Nancy, Derrida, Levinas, and Deleuze*, Pennsylvania: The Pennsylvania State Univerity Press, 1997, introduction and chap.1.
＊180――トニ・ネグリ『芸術とマルチチュード』一九九〇／二〇〇五年（廣瀬純他訳、月曜社、二〇〇七年、三八頁）。
＊181――柄谷前掲『マルクスその可能性の中心』（一三五頁）。
＊182――酒井前掲「否定性と歴史主義の時間」二九〇頁。
＊183――その一端を示せば、マーク・テイラー『さまよう――ポストモダンの非／神学』一九八四年（井筒豊子訳、岩波書店、一九九一年）、ジャック・デリダ「信仰と知」一九九六年（苅田真司／磯前順一訳『宗教概念を超えて』法藏館、二〇一一年）、ホミ・バーバ「アウラとアゴラ――他者との交渉に開かれた陶酔、そして隙間から語ること」一九九六年（前掲『ナラティヴの権利』）、バディウ前掲『聖パウロ』一九九七年、ジョルジョ・アガンベン『残りの時――パウロ講義』二〇〇〇年（上村忠男訳、岩波書店、二〇〇五年）、スラヴォイ・ジジェク『信じるということ』二〇〇一年（松浦俊輔訳、青土社、二〇〇三年）、ジャン＝リュック・ナンシー「キリスト教の脱構築」一九九八年（大西雅一郎『神的な様々の場』松籟社、二〇〇一年）。Gayatri Chakravorty Spivak, “Moving Devi-1997: The Non-Resident and the Expantriate,” 2001 (in Spivak, *Other Asias*); Hent de Vries, ed., *Religion: Beyond a Concept*, New York: Fordham University Press, 2008.
＊184――酒井前掲「倒錯した国民主義と普遍主義の問題」二三八頁。
＊185――酒井直樹『希望と憲法――日本国憲法の発話主体と応答』以文社、二〇〇八年、四一頁。
＊186――同右書、四六―四八頁。
＊187――同右書、二九一頁。
＊188――野中俊彦他編『注釈憲法1』有斐閣、二〇〇〇年、「特集　憲法9条を考える」『ジュリスト』第一二六〇号、二〇〇四年、長谷部恭男『憲法と平和を問いなおす』ちくま新書、二〇〇四年。

＊189――柄谷前掲「自主的憲法について」（二一〇頁）。
＊190――同右論文（二一〇・二〇六―二〇七頁）。
＊191――同右論文（二一〇―二一一頁）。
＊192――同右論文（二〇八・二一〇頁）。
＊193――魯迅「道」竹内好訳（酒井前掲「近代の批判」五〇頁）。
＊194――なお、柄谷および酒井の「単独性」「単独者」、さらに酒井の「独異点」も“singurality”の訳語である。この言葉はドゥルーズやアガンベンなどにおいては「特異性」と訳される。特異性としての“singurality”については終章を参照されたい。

第五章

モダニティ・帝国・普遍性——「近代の超克」と京都学派

「近代の超克」は、いわば日本近代史のアポリア（難関）の凝縮であった。復古と維新、尊王と攘夷、鎖国と開国、国粋と文明開化、東洋と西洋という伝統の基本軸における対抗関係が、総力戦の段階で、永久戦争の理念の解釈をせまられる思想課題を前にして、一挙に問題として爆発したのが「近代の超克」論義であった。

竹内好「近代の超克」[*1]

第一節　絡み合った言説――西洋とアジア

アジア太平洋戦争のさなか、一九四二年に座談会「近代の超克」が日本で開催された。文學界、日本浪漫派、京都学派。おもにこの三つのグループによって構成され、日本やアジアを覆う西洋の覇権に対してどのような立場をとればよいのかということが論じられたのである。その多くの参加者たちにとって、モダニティとは西洋化、すなわち資本主義や植民地主義あるいはプロテスタンティズムの推進などを意味するものであり、それらが行き詰まり状態に陥った現在こそ、日本的伝統によって超克されるべきものなのだという主張へと展開されていった。合衆国の日本研究者、リチャード・カリチマンの次の文章は、この座談会がどのように企画されたものなのかを次のように説明している。

座談会「近代の超克」は一九四二年七月二三・二四日の両日にわたって東京で開催された。当初、そのアイデアは文学評論家で元左翼の亀井勝一郎によって考え出され、『文学界』のメンバーである他の二人、河上徹太郎と小林秀雄とともにその計画を練ったのである。その参加者は当時の日本における思想・芸術・科学の分野の代表的人物が選ばれた。日本浪漫派の指導者的存在であった保田與重郎が参加しなかったという有名な例を除くと、全員がその招待を受諾した。先にあげた三人の座談会の企画者に加えて、参加者は次のようなメンバーが含まれていた。作曲家であり音楽研究家である諸井三郎、カトリック神学者である吉満義彦、京都学派の宗教哲学者である西谷啓治、科学哲学者である下村寅太郎、映画評論家の津村秀夫、物理学者の菊池正士、京都学派の歴史家である鈴木成高、文学評論家であり文学研究である中村光夫、元プロレタリア文学作家の林房雄、そして詩人の三好達治である。共通性という側面から眺めると、これらの人々は多かれ少なかれ次の三つの集団を代表していた。文学界グループ（亀井、河上、小林、中村、三好、林）、京都哲学派（西谷、鈴木、広い意味では下村）、そして日本浪漫派（亀井、林）である。……この座談会の主目的は、日本の新しい精神的秩序をめぐる安易で無反省的な言説を克服することであり、そのために明治以来の日本の近代化と西洋化という現象を実体的な術語のもとで吟味することにあった。[*2]

さらに、中国人の日本思想史学者である孫歌は、この座談会の目的について彼らの議論内容から、より具体的に次のように説明している。

二日間にわたった座談会では以下のような話題が議論された。ルネサンスの近代的意味、科学に於ける近代性、科学と神の繋がり、われわれの近代、近代日本の音楽、歴史——移りゆくものと変らぬもの、文明と専門化の問題、明治の文明開化の本質、我々の中にある西洋、アメリカニズムとモダニズム、現代日本人の可能性。以上の小見出しから見て取れるのは、この座談会が、西洋モダニティの限界を討議することを通じてそれを「超克」することを目標としていたこと、そして近代の超克という意味において日本文化の優位性を強調していたことである。[*3]

むろん、どのように近代を「超克するか」という議論をめぐる参加者間の意見の相違こそが、本章において私たちの論じなければならない問題点となろう。河上が述べているように、この座談会を開催する暗黙の動機というものが、一九四一年末の米英との太平洋戦争の開戦にあったことは疑いないところである。すでに一九三七年の段階で日本は日中戦争に突入していたわけだが、その段階ではいまだ日本知識人はアジアに対する罪悪感や自分自身に対する居心地の悪さというものを感じていた。たとえば、文芸雑誌編集者である高杉一郎は「日本が中国に侵略戦争をおこなっていたかぎり、私たちは惰性的で無気力なものであったにせよ、抵抗意識をもちつづけたのであった」[*4]と述べている。このような状況のなかで米英との戦争に突入することによって、日本の知識人たちはアジア太平洋戦争を西洋帝国主義からアジアを守るという大義名分のもとにこの戦争を正当化し、安心を得ることができたのであった。事実、河上は太平洋戦争が始まったと聞いたときの自分の感情を次のように述べている。「私は今本当に心からカラッとした気持でいられるのが嬉しくて仕様がないのだ。太平洋の暗雲という言葉自身、思えば長い、立ち腐れの状態にあった言葉である。……混沌暗澹たる平和は、戦争の純一さに比べて、何と濁った、不快なものであるか!」[*5]。ここに、日本人の中国文学者である竹内好が指摘したように、日本の知識人における「[戦争への]抵抗から協力への心理の屈折の秘密」[*6]を見て取ることができる。それは、アジアへの侵略戦争が西洋の帝国主義に対する戦いと結びついたときにまさに起こったものなのだ。竹内が見て取ったように、たしかにアジア太平洋戦争は「植民地侵略戦争であると同時に、対帝国主義の戦争でもあった」[*7]という二重性を帯びたものであった。

振り返ってみれば、一八五八年に日本が西洋世界に国交を開くや否や、不平等条約の締結によって日本は西洋諸国によって植民地化されるという危険性に曝された。そのような政治状況のもとで、日本は西洋に対する両義的な感情を募らせてきた。ひとつは西洋になりたいという欲望であり、もうひとつは西洋に対する反発的な感情である。しかし、このような両義的な感情というものは結局のところ根本的には西洋化という枠組みの中で起こったものである。なぜならば、日本はその国家としての自治権を獲得するためには、つねに西洋諸国を意識して競わなければならなかったのだから。そのような観点から見れば、日本と西洋といった今日的な表象は、西洋化がもたらした共形象の産物であると言える。付け加えるならば、その一方でアジアもまた二重の存在として表象されてきたのである。一方では日本に植民地化された対象として、他方では日本とともに西洋に対抗する側に立つものとしてである。一九一〇年の韓国併合のように日本がアジアを植民地化した明らかな事実があるにもかかわらず、このような二重像がアジアについても成り立ってきた。日本は西洋に対してアジアとして存在してきたのだが、アジアに対しては西洋として振舞ってきたのである。その意味で、「近代の超克」という概念は曖昧さを含んだものとならざるをえないのである。つまり、誰のための近代なのか。近代とは何なのか。それと近代を超克する者はいったい誰なのか。このような問いはいまもなお、われわれを悩まし続けているのだ。

　ここに、座談会「近代の超克」をめぐる竹内の思考に孫が注目する理由がある。彼女は次のように竹内の思考法を高く評価する。

> 自明なことは、「西洋型」「西洋に対抗型」のどちらによっても日本の本土的な政治社会を打ち立てようとの試みは、活路を見出せなかったのであるが、問題は、このような二項対立を脱する第三の活路が、果たしてどこにあるのかにかかっているのである。……竹内好は生涯、このような二項対立を脱する第三の活路の可能性を模索し続けたが、これはつまり竹内が魯迅に見出した「自己であることを拒否し、同時に自己以外のものであることを拒否する」ような「夢から醒めた奴隷」の宿命であった。*8（傍点は磯前）

ここで孫は、竹内の思考法というものが、モダニティという空間の内部で西洋という普遍性に従うか、それともアジアという特殊性を選ぶのかという二項対立的な発想を退けるものであるということをはっきり認識している。孫は竹内の思考法をたどることで、そのような二項対立に陥らない第三の道を模索しようとし、それこそがこのような西洋化されグローバル化された近代的空間に生きる我々の任務なのだと考えた。私たちが過去を振り返るということは、現在置かれた自分たちの状況に対して自省的なかたちで前に進んでいくための行為なのだ。

第二節　モダニティの内部と外部——外部性の探究

ここからは、過去五〇年間に及ぶ、「近代の超克」をめぐる学術的議論の歴史を顧みることで、そこからどのような論点が今日的な問題として取り出しえるものなのかを示していきたい。実際のところ、この座談会を戦後に初めて取り上げたのは、一九五九年に発表された竹内好の「近代の超克」であり、この論文は、戦後の一九五七年に開かれた日本文化フォーラム「日本文化における伝統と変化」に対抗して執筆されたものであった。[*9] このフォーラムには、それが戦後に開かれたものでありながらも、西谷啓治、鈴木成高、高坂正顕といった、座談会「近代の超克」及び同じく一九四一年に催された座談会「世界史的使命と日本」に参加した京都学派のメンバーが含まれていた。それはまるでアジア太平洋戦争の亡霊の回帰のようなものであった。竹内は、彼らのフォーラムの目的を次のようにまとめている。

> アジアに指導権を主張することと、西欧近代を「超克」するという原理的に背反する国民的使命感が、ここでは日本イコール西欧という観念の操作によって、単純明快に前者だけを生かして後者を捨てる形で解決されており、それは伝統からの逸脱であって、真の解決ではないからである。彼らにはアポリアは存在しない。……日本はそもそもアジアではなかったのだ、というのがこの派の新文明開化論者の主張である。[*10]（傍点は磯前）

アジア太平洋戦争の敗北によって、日本はアジアの植民地を失ったわけだが、同時にみずからを西洋の一部として見なすことで、自分がアジアの一員であること、そして西洋との葛藤を抱えて存在してきたことをも忘れてしまったかのように見える。アジアと西洋の間に存在したアポリアを忘却してしまったこと。それが、戦後日本の知識人に対する竹内の最大の批判的点であった。それは京都学派に対するだけでなく、マルクス主義者もその批判の射程に含むものであった。すでに連合軍総司令部、実質的にはアメリカ合衆国による占領のおこなわれていた一九五一年には、竹内は「近代主義と民族問題」を発表して、自由主義者からマルクス主義者までの日本の近代主義者たちを、みずからの内に存するナショナリスティックな欲望から目をそむけていると批判したのであった。

マルクス主義者を含めての近代主義者たちは、血ぬられた民族主義をよけて通った。自分を被害者と規定し、ナショナリズムのウルトラ化を自己の責任外の出来事とした。「日本ロマン派」を黙殺することが正しいとされた。しかし、「日本ロマン派」を倒したものは、かれらではなくて外の力なのである。外の力によって倒されたものを、自分が倒したように、自分の力を過信したことはなかっただろうか。それによって、悪夢は忘れられたかもしれないが、血は洗い清められなかったのではないか。[*11]（傍点は磯前）

この一九五一年頃というのは、日本共産党の主要メンバーたちが、アメリカによる日本占領に対して、自国の政治的主権を回復するために民族統一戦線を提唱していた時期でもあった。石母田正のようなマルクス主義の歴史家は、日本人の伝統回帰のノスタルジアがなにゆえ天皇制に回収されてしまうのかを再考すべきだと主張していたし、他のマルクス主義者たちは石母田よりも単純に、日本の民族的伝統は天皇制から切り離したかたちで回復することができると信じていた。[*12] 結局のところ、マルクス主義者たちの試みは、かつての日本浪漫派のように、学術的な歴史叙述を政治と素朴に混同したという理由をもって過ちとして退けられることになった。この失敗をもって民族伝統という問題は、マルクス主義者にも自由主義者にとっても、かつての例の座談会を思い起こさせるような日本の知識人のトラウマとなったのである。また、一九五九年には批評家の吉本隆明がその論文「芸術的抵抗と挫折」のなかで、マルクス主義者から天皇主義者に転じた一九三〇年代の日本知識人の転向問題を分析した。そこで吉本は知識人の理論と庶民の日常生活にあいだには大きな溝が存在していたことを指摘している。

わたしは、すでに、プロレタリア詩における「前衛」的な政治意識と、抑圧された階級としての生活意識の表現のなかに内在的な接合点がなく、ここに芸術思想としても、政治思想としても「暗黒地帯」があり、これは、内部意識のなかの暗黒地帯と対応していることを指摘した。絶対主義権力が、くさびを打ちこんで弾圧したのも、その政治上、芸術上の暗黒な地帯に対してであった。[*13]（傍点は磯前）

竹内にとっては、吉本の言う「抑圧された階級としての生活意識の表現」とはアジアのことであり、日本のナショナリズムのことであった。結局、竹内にとって座談会「近代の超克」を再考するということは、西洋対アジアという二項対立的な表象に疑問を呈するものであり、それはとりもなおさず、転向問題における理論対日常生活という図式をも問題化させる結果となった。さらに、それは西洋とアジアのはざまにある日本のポジションを問いなおすことでもあり、さらには理性と感情あるいはビリーフとプラクティスの関係を問題化することを意味するものでもあった。竹内にとって、戦後日本の知識人は自分たちと西洋の近代主義者を同一視することで、自らの身体や感情をどのように扱ったらよいかという問題をまったく等閑視していたが[*14]、逆に「近代の超克」という座談会はそのような問題提起を思索の射程に収めたものに思えたのである。

竹内の論文が発表された約二〇年後、一九八〇年になると、マルクス主義の哲学者である廣松渉が『〈近代の超克』――昭和思想史への一視角』を刊行する。彼は座談会「近代の超克」と京都学派に注目し、そこに京都学派左派で「東亜協同体」を提唱していた三木清も含めて、彼らの言説を「天皇制国家権力の御用イデオロギー」[*15]として批判した。それに対し孫は、廣松の批判は「彼らがイデオロギー的に悪魔と徒党を組んだこと、および彼らがモダニティのアポリアを脱出する道を指し示さなかったこと」[*16]を指摘するにとどまるとして、「イデオロギー批判」[*17]の域を出るものではないと斥けている。廣松への批判とは正反対に、孫は竹内の「歴史の対象の内部に身を置き、歴史を動かす真の力を求める」能力を、「思想批判」として高く評価する。[*18]たとえば、孫は竹内の著作を「戦争経験者の感情記憶を揺り動かし、感情記憶の中に生きている原理を発掘しようと試みた」ものとして捉え、「進歩と反動がインターナショナリズムとナショナリズムへと単純な分類をされる状況下において、竹内好だけが、……日本対西洋、ナショナリズム対インターナショナリズム、資本主義対社会主義といった二元対立的思考を早急に打破せねばならない」と考えていたと解釈する。[*19]

竹内好が戦時中の感情記憶や体験に訴えかけ、感情・体験の中に生きている原理を求めようとしたのは、抽象的な表現によっては微妙な差異点が隠されてしまうであろうことを知っていたためであった。たとえば対外侵略のイデオロギーの中には、歴史上萌芽的に発生しながらすぐに摘み取られた東アジアへの責任問題が隠されている。また西洋に対抗する日本ナショナリズム・イデオロギーの中には日本を世界史の一部分にしようとする努力が含まれている。竹内は問いかける。もしこうしたすべてを「正しい」理論によって消し去ってしまったら、いったい思想伝統を形成し歴史的責任を担うことのできる思想遺産が日本に他にあるだろうか。外来の思想と観念をいかにして日本の思想・観念へと転化させ、日本の日常生活経験に作用させるのだろうか、と。[*20]

これがなぜ孫が廣松の議論を厳しく批判したかという理由である。さらに廣松の議論に対して、その門下生の小林敏明によって、「[京都学派と廣松との]その共通性の方をいま一度確認しておけば、それは近代をひとつの限界ある時代システムないしパラダイムととらえ、さらにそれからの脱出ないし超克を図るという構図であった」[*21]（傍点は磯前）という点で、やはり根本的な批判が加えられる。小林によれば、このような京都学派と廣松の思想的共通点にこそ、「近代の超克」という理念をめぐって議論されなければならない問題が潜んでいるのである。

これが浪漫派や神がかり右翼などの考える「近代の超克」との決定的な相違であるのは言うまでもなかろう。近代はあくまで「突き抜け」られなければならない。そうでなければ「超克」も無内容な空論に終わるだろうという自覚が、少なくとも廣松や京都学派にはあった。だが、彼らにあっても、いつかは近代が「総体として」乗り越えられなければならないという信念を抱くかぎりにおいて、そこにどうしても「近代の彼岸」という問題が出てきてしまう。この彼岸はいまだ実現されていないことにおいて、好むと好まざるとを問わず、一定のユートピア的性格を帯びざるをえない。それはどのような形であれ、「革命」を志向する発想につきまとう必然であり、それはまた超克型認識の抱えるひとつの本質的問題でもある。[*22]（傍点は磯前）

この小林の発言は、果たして私たちが近代という空間の外部に出ることがそもそもできるのかという疑問を提起している点できわめて重要である。廣松や座談会「近代の超克」との立場とは対照的に、ハリー・ハルトゥーニアンは「近代の超克」という座談会そのものが近代の産物にほかならず、結局のところ、この座談会はモダニティを再肯定することで終わってしまったと断言する。

ひとつの事件としての座談会の位置は、それが、近代の外部の批判的な空間に座を占めるのではなく、近代のプロセスの内部で、単にひとつのエピソードにとどまらざるをえないことを告げていた。この理由のために、その座談会は、近代を批判する既成のモダニスト的身ぶりの一部となり、最終的な超克に抵抗して近代の存続を可能にするイデオロギーを供給することになった。……近代とは、すでに一つの超克であった。超克を超克することを思い描くいかなる試みも、……近代の過程を再度肯定させる結果にしかならなかった。……結果として、座談会の議論は、それ以前の二〇年間にわたって近代に関する言説が生み出してきたすべての主要なイデオロギー素をよみがえらせ、「精神」すなわち文化の、自律性をいまいちど主張することとなった。それこそ西谷の(あるいは西田の)「主体的無」という概念のもう一つの意味であった。それは、永遠で、その民族の国民的生活の中につねに存在するとされた。[*23](傍点は磯前)

ハルトゥーニアンと同様に人類学者のタラル・アサドが述べるように、「モダニティ」という言葉はその中核の意味として西洋化を据えるものであり、今日では「私たちは……「西洋」が覇権を握っている世界の中で暮らしている」[*24]ことを無視することはできない。しかし、一方でアサドは「近代には多様な形態がある」[*25]として、世界全体を貫くモダニティの単一的形態の存在を否認する。彼は「近代的と考えられているものの多くが西洋の歴史にルーツをもつ諸伝統に属しています」とする一方で、「伝統と近代性とは、相互に排他的であるような文化あるいは社会の状態ではありません。それらは歴史性の異なる相なのです」(傍点は磯前)とも述べている。[*26]このアサドの発言が示すように、私たちは近代という空間の外部に出ることはできないのだが、それを自分たちの状況のもとに流用することは可能なのである。それは、孫がすでに述べているように、西洋かアジアかといった二項対立に陥らない「第三の道」、すなわち内部か外部かではなく、近代の内部から外部性を見出すということを意味するものなのだ。それをミシェル・フーコーは「ヘテロトピア」と名づけ、次のように説明している。

恐らくあらゆる文化や文明の内部には、社会組織自体のなかにデザインされた、現実に存在する場所でありながら一種の反＝指定用地であるような場所がある。それは、現実化したヘテロトピアともいうべきものであって、そこではその文化の内部にある他のすべての指定用地が表象されると同時に異議を申し立てられ、逆転させられる。そこは、具体的に位置を限定されているのにもかかわらず、すべての場所の外部にある。[*27]（傍点は磯前）

このヘテロトピアが切り拓く空間こそが、普遍的なものをめぐる思考の空間であり、かつて京都学派もまたそれを試みようとしたものである。その際に、この空間をアジアあるいはヨーロッパという二項対立的な表象に陥らず確保していくことが決定的に重要になるのだが、この問題についてはまたのちに触れることにしよう。

第三節　「近代の超克」と「世界史的立場と日本」——現在性をいかに発話するか

さて、このような近代の流用あるいはそれに対する抵抗の仕方というものは、二つの座談会「近代の超克」と「世界史的立場と日本」では、同じ時期に行われたにもかかわらず、いささか違ったかたちで現れている。「近代の超克」は周知のようにおもに三つのグループから構成された座談会であり、企画者の文学界同人、日本浪漫派、そして京都哲学の右派であった。他方で、「世界史的立場と日本」は京都哲学右派のみで構成されていた。両者をめぐる違いについて孫は次のように述べている。

表面的に見ると、二つの座談会はともに第二次大戦が白熱化した時期における世界の中の日本の地位を問題化し、日本の優越性とヘゲモニーを鼓吹しようとしていた。しかし議論参加者のポジションが異なっていたため、両座談会のテーマには根本的な差異が生じた。「近代の超克」が定めたテーマは参加者の主体的な自己の問題であった。それに対して「世界史的立場と日本」は参加者の前に存在する学術的な対象をテーマと定めていた。この根本的な差異は「近代の超克」座談会の役割分担の中に明確に示されている。学者たちに与えられた役割は、第一日目の討論において西洋モダニティの基本的問題を解説することであり、日本の近代についての討論は『文学界』同人の使命とされた。第二日目の討論において登場した主役たちは自分自身の体験を語りはじめた。この微妙な差異は第二日目の討論冒頭の小林秀雄と鈴木、西谷の対話にはっきりと見て取れる。[*28]（傍点は磯前）

竹内によれば、京都学派のイデオロギーというものは、二つの座談会を通じて「総力戦と、永久戦争と、「肇国」の理想という三つの柱の関係を、論理的整合性をもって説明しえた最大の功労者」[*29]という形で明確に見て取れるのだという。「世界史的立場と日本」では、彼らは下記に竹内が抜粋したように、アジア太平洋戦争を積極的に推進する次のような文言を述べている。

「大東亜戦争で示された日本の主導性、主体性は、実は支那事変の起るずっと前から隠然としてあったのだ。日露戦争で既に……」、「さらに遡れば明治維新の完遂」、「明治維新が王政復古で、国体の本然が輝き出した」、「神勅で日本永遠の繁栄を約束されている」、「日本の国体が真理」、「今度の戦争はかならず勝つ」[*30]。

それに対して、日本思想史の研究者、米谷匡史はこの座談会を支える理念である京都哲学右派の「世界史の哲学」が現実の政治的文脈においてどのようなイデオロギー的意味をもつものであったのかを、次のように批判的なかたちで総括している。

高山岩男らの後期「世界史の哲学」は、ヨーロッパが覇権をにぎった「近代的世界」の没落、非ヨーロッパ世界の台頭による「現代的世界」への転換をとなえ、「大東亜共栄圏」建設の主導者としての日本の使命を弁証するものであった。これはまさに、イギリス等の植民地帝国にかわって、日本が勢力圏を拡大する動向を正当化する、帝国主義的・植民地主義的な言説にほかならない。[*31]（傍点は磯前）

もっぱら京都哲学右派によって行われた座談会「世界史的立場と日本」の明瞭な特徴とは異なり、もう一方の座談会「近代の超克」は実際のところ、その言説には亀裂と曖昧さを含まざるをえないものであった。それは京都学派だけでなく、少なくとも三つの思想グループから構成された座談会であったからである。竹内はこの座談会が帯びる曖昧さについて、「出席者たちの思想傾向は多様であり、日本主義者もいれば合理主義者もいて、「近代の超克」という主題をめぐって各人各説を述べあっているが、結局「近代の超克」とは何かということは明らかにされていない」[*32]と述べている。そして、「「近代の超克」の最大の遺産は、私の見るところでは、それが戦争とファシズムのイデオロギイであったことにはなくて、戦争とファシズムのイデオロギイにすらなりえなかったこと、思想形成を志して思想喪失を結果したことにあるように思われる」[*33]（傍点は磯前）と結論づけた。

さらに、この竹内の解釈は、文芸評論家である柄谷行人が一九九三年に発表した論文「近代の超克」の中で発展的に継承されていく。

明らかな特徴の一つは、「近代の超克」をめぐる論客が概ねドイツやフランスの哲学・文学の影響下にあることです。……この戦争は、ドイツやフランスとの戦争ではなく、英米との戦争です。しかるに、この会議では、英米にかんする議論がほとんどないのです。……京都学派や日本浪漫派のような「近代の超克」の議論の枠組は、ドイツから来ていたといえます。したがって、この会議の特徴は、そうしたドイツ的思考への批判にあるといえます。いいかえれば、この会議での対立は、ある意味で、ドイツ的なものとフランス的なものとの対立です。それは、別の言葉でいえば、文学系と哲学系の争いです。小林秀雄がいっているのはそれです。[*34]（傍点は磯前）

京都学派は「世界史の使命」という概念を通して、ドイツ観念論のように、ある種の普遍的な思想を構築しようと試みた。他方、小林秀雄のような文学界のメンバーは、ベルグソンのようなフランス思想にもとづいて、あらゆる体系的な思想構築の試みを斥けたのであった。この点について柄谷は、「たとえば「世界史的立場と日本」という座談会においては、……大東亜共栄圏と大東亜戦争の哲学的意味づけがあります。しかし、この会議で支配的なのは、そうした哲学的意味づけへの嘲笑だと言ったほうがいいのです。小林秀雄の発言もそうだし、ほとんど発言していない中村光夫もそうです。つまり、これは雑誌『文學界』の姿勢だといっていいと思います[*35]」（傍点は磯前）と述べている。座談会「近代の超克」における小林の発言を引用しながら、柄谷は小林の、現実に対するあらゆる哲学的意味づけを拒否するその態度を「美学」と呼んでいる。

小林秀雄は、「実在」に触れるためには、「具体的普遍」というような「美学」ではなく、われわれの思考につきまとっている制約をすてて、そこに参入しなければならないということをいいます。……それは未来と過去において融合しているような「持続」としての「現在」を肯定するものです。むろん、小林の考えも「美学」です。実は、小林が言うことは、西田幾多郎が『善の研究』で「純粋経験」と呼んだものに近いのです。……小林秀雄は、大東亜戦争の意味づけ（解釈）を斥けます。……「歴史の美しさ」という言葉を使っていることに注意して下さい。大東亜戦争は、いかなる理屈によって解釈するのでなく、それを「運命」として参入することによってのみ「美」となるわけです。それはすでに「末期の眼」で見られています。……彼は、ただ京都学派をふくむ戦争イデオローグを批判し、この戦争で死ぬほかないような人々の立場に立って、なんとかそこに「自由」を見いだそうとしていたのだ、ということができます。[36]（傍点は磯前）

そして、柄谷は保田與重郎の「イロニー」という概念に言及していく。周知のように保田は日本浪漫派の指導的存在でありながらも、この座談会への出席を拒否した人物である。柄谷によれば、保田にとってのイロニーは小林の美学と同じ意味をなすことになる。このイロニーの概念にもとづいて、柄谷は保田がなぜ座談会への出席を拒否したのかを解釈している。「これはドイツ・ロマン派から来る「イロニー」に特徴的なものです。……つまり、何かを積極的に実現するという考えへの敵対です。たぶん、それが彼がこの「近代の超克」という会議に出席しなかった理由だと思います。……何かを実現しようとする者には必ずインタレストがつきまとうからです。したがって不純であり、「美的」でないからです」[37]（傍点は磯前）。

柄谷や竹内好によれば、保田こそが「近代の超克」という座談会の特徴をもっとも体現していた人物ということになる、たとえ彼がそこに出席していなかったにせよである。「近代の超克」と「世界史的立場と日本」という二つの座談会のあいだに見られる相違は、文芸評論家と京都学派のあいだの違いとも言えようが、それはどのように近代という現象に対応していくかという点で、日本の知識人のあいだに多様性が存在していたことを指し示している。このような議論をふまえたうえで、孫は座談会「近代の超克」の意味を、そこに見られる多様性を、「緊張関係」をもって形式的に統一した「言論空間」として評価したのであった。

太平洋戦争という契機によって、西洋近代の衝撃をめぐって日本の内部で生み出されてきたさまざまな分岐がいったん棚上げされる可能性が生じた。「近代の超克」には、文学者と学者のあいだの決してかみ合うことのない、しかし強引に結ばれた協力関係が現れているが、そこにはっきりと示されているのは、当時いったん棚上げされた分岐と、分岐の上に強引に仮構された、日本が西洋に代わって東アジアの強国になるという虚構の「同一性」である。……それは空前絶後の出来事だった。というのもそれは、肉感と理論的思想、日常経験と学術的思考、近代的主体性および歴史観念と日本の伝統についての語りの立脚点などなど統合しがたい対抗的要素を同一の言語空間の中で統合した出来事だったからだ。[*38]（傍点は磯前）

しかし、彼らが試みたさまざまな形での抵抗にもかかわらず、それらはすべて戦争を遂行する日本帝国のイデオロギーへと吸収されていった。そして、私たちはいまここで、体系的な思想を構築すべきか、あるいはそのような構築そのものを拒否すべきか、その方法の妥当性を二者択一的に判断すべきではないだろう。むしろ、この二種類のかたちの発話を、構築と脱構築をめぐる反復運動といった概念のもとに、現在の歴史的状況に批判的に介入する手段として再編成させていくべきである。日常生活の具体的状況へと、どのようにしたらこれらの発話を結びつけていくことが出来るのかを考えるべきなのだ。

この点で、日本人の東洋学者である津田左右吉あるいは文学者の坂口安吾が一九三〇年代前後に唱えていた「生活」という概念は、「日本精神」を叫ぶ当時の軍国主義的な雰囲気に対する批判的要素として取り上げる価値があると山田広昭は注目している。山田はこの「生活」という言葉をドイツ語から来た「生」とは意味合いの異なるものとして、次のように説明している。

彼ら［津田左右吉と坂口安吾］は「生活」と言い、「生」とは言わない。……ヨーロッパにおいて、「生」はファシズムのイデオロギーにしかならなかった。日本において、「生活」は優れて抵抗の形式でありえた。一方では、西欧近代への批判が「生」の名の下になされ、他方では、「生活」が安易な近代超克論に抵抗する。

……「生」はわれわれのうちにあって変わらないものに、「生活」は絶えず変わってゆくものに対応しているというだけなのだろうか。この差は「生活」という言葉がもつ特別なニュアンスとしての、個人性、倫理性にある。津田にせよ、安吾にせよ、この個人性に注目し、この倫理性を込めてこの語を用いた。……「突き放されてあること」、それがわれわれの「ふるさと」である、と安吾は言った。これはわれわれには帰るべき「ふるさと」はないということを意味している。……われわれの内なるふるさとへの復帰、始原の魂への復帰という誘惑をしりぞけること、それが「生活」という語のもつ意味である。もし、この倫理性を捨ててしまえば、「生活の力」もまた「生の力」として、共同体の奔流のなかに飲み込まれてしまうだろう。[*39]（傍点は磯前）

少なくとも山田にとっては、生活の重要性というものは均質な共同性にあるのではなく、単独者としての個人のもつ自己批判的な、脱構築的な能力に存するものである。生活に対するまなざしを交えることで、発話行為は批判的なかたちで日常生活に対して介入することが可能になるのだ。元来、「近代の超克」という言説は、京都学派の学者だけでなく、文芸評論家にとってもそのような試みであったはずである。ハリー・ハルトゥーニアンは三木清に倣って、この生活を日常生活のもつ「現在性」[*40]と名づけた。もちろん、それは同時代の知識人、フッサールの「生活世界」を想起させるものである。三木は一九三四年に刊行された『歴史哲学』のなかで、われわれの日常生活自体が把握不可能なものであるからこそ、その発話行為というものが両義的なもの、すなわち行為遂行的で固定化されたものになりうるのだと述べている。ハルトゥーニアンにとっては、「近代の超克」という座談会もまた、このような日常生活の現在性を分節化する試みとして評価される要素を含むものであった。

近代の超克は、近代的自我とその私的利害の追及を回避し、日本が近代文化を受容した時に喪失したかつての宗教性をとりもどすことであった。西谷は、この宗教性が、「日常生活」と「現実」をふたたび結びつけてくれると信じた。……一九三〇年代を通じて、現実を構成するものの意味をめぐってさまざまな意見が戦わされた。それは通常、日常生活を定義するという形をとった。……この特徴ある観察は、次のようなことを明らかにしている。すなわち戦間期における言説が、日常生活の中身を決定することに腐心し、また産業資本主義によってもたらされた巨大な変化にもかかわらず、文化の目標と意味を確定するさまざまな戦略の構想の場となったということである。[*41]（傍点は磯前）

ハルトゥーニアンがその典型的な例として取りあげているのが、西谷啓治の「主体的無」という概念である。今日では西谷の思想がナショナリズムと密接な関係をもっていたことは、よく知られるところであり、ハルトゥーニアンは西谷の思考論理がどのようにして「永遠なるもの」のレトリック——まさに西谷にとって日本的伝統の中核をなすもの——に落ち込んでいったのかを、次のように説明している。

西谷啓治によれば、歴史の中の永遠なるものに触れた者は、その時々の時代に特有な、さまざまの環境や条件を超克し、その永遠なるものに直接に対峙する。……西谷は、今、現在に直面し、そこからの出口を模索している日本人が、歴史を貫いて永遠なるものを創造してきた同じ精神と向かい合っていると論じた。この精神とは、古人を動かしてきたのと同じものである。それは、時間の制約と空間による限界から人々を解放する精神である。[*42]

このハルトゥーニアンの議論は私たちに発話の効果性——私たちの語りの行為を通じて日常生活にどのように介入するかという問題——に関しての再考を促すものとなっている。座談会「近代の超克」に見られる曖昧さと多様性といったものは、発話行為に伴う力動性と陥穽を指し示すものなのだ。そのなかで、この座談会の考察から引き出されるひとつの可能性は、京都学派が行ったような、非西洋世界に対する西洋世界の覇権を批判することで、新たな普遍性の価値を模索していったことでもあろう。次の節では、京都学派の論理とその影響について論じていきたい。

第四節　普遍性の両義性——帝国と植民地

京都学派と言っても、その内部に多様性が存在していたことは、座談会「近代の超克」の参加者における多様性と同様に、銘記しておくべきであろう。京都学派には西田幾多郎から発して田辺元を介した二つの流れがある。ひとつは西谷啓治、鈴木成高、高坂正顕、高山岩男といった保守派のグループであり、彼らは京都大学の教官であり、「近代の超克」あるいは「世界史的立場と日本」という座談会に関与した人びとである。もうひとつは、三木清や戸坂潤といったマルクス主義に関係したグループであり、京都大学の教官にはならなかったが、やはり西田や田辺の教え子であった。ただ、二つの座談会のいずれにも関与しておらず、思想的嫌疑から投獄され、三木も戸坂も獄死を遂げた。今日、京都哲学というと、東洋固有の宗教哲学というイメージが、西谷啓治の流れをくむ研究者の系譜からは想起されるが、むしろ戦前の時期には、次に酒井直樹が指摘するように、彼らの大半は「哲学の一般的普遍性を主張すること」[*43]に従事していたと見るべきであろう。

彼らが実践していたのは「西洋哲学」であり、それこそが普遍的なものを探究する知的問いの形式だと彼らは考えていた。……彼らがコミットしていた知的実践とは、少なくとも理論的に開かれたものでなければならず、ナショナリティや人種や宗教、あるいは社会階級や立場といったものに関わりなく、あらゆる人間に開かれていなければならないものであった。……その学問は、それぞれの研究者の民族的な出自や宗教的帰属をまったくより好みしないものであったのだ。そして、また西洋か東洋か、近代か伝統か、あるいは進歩的か保守的かといった二項対立的な観点からも解釈されるべきものでもなかった。[*44]

西洋哲学の精緻な読解——とくに新カント派、マルクス主義、ヘーゲル、フッサール、ハイデガーなど——を通じて、彼らは西洋化の波にもまれた日本の状況を反映させたかたちで、人間の存在の現在的な文脈を理解しようと努めたのである。これら京都学派の思想家たちが、西洋や日本やアジアの思想的要素をどのように組み合わせ、自分の思想を錬成し、近代という空間に向き合おうとしたのか、その観点からそのテクスト群を分析することは興味深い作業である。その際に、思い起こされるべきことは、アジア太平洋戦争に敗北するまでは日本は、朝鮮半島をはじめとする東アジアおよび東南アジアを支配する帝国であったということである。大日本帝国にとっては、日本民族のみならず、非日本民族もまた、すべてが日本臣民として帝国に自発的に服従するような、「日本人になる」ための普遍的な理念を提示する必要があった。右派のみならず、戸坂を除けば[*45]、左派の京都学派の研究者もまた、「世界史の使命」といった普遍的理念が日本によって担われるべきだと信じていたのである。

たとえば田辺元にとっては、「種の論理」は個人や民族集団のあいだに存在した緊張関係を、当時の日本帝国のもつ多民族主義という枠組みを保持するなかで解消しようとする試みであった。そして「世界史的立場と日本」および「近代の超克」という座談会は、京都哲学の右派にとっては「大東亜共栄圏」へとつながる理念を提示する絶好の機会であったし、左派の三木にとっては昭和史研究会で提唱された「東亜協同体」という理念は日本のファシズム体制を転覆させる普遍性といった可能性を孕むものでもあった。これらの思想家たちは、それぞれの形で、日本帝国の置かれた政治的状況と関連させながら、ある種の普遍性というものを確立させようと試み、そのために西洋的なモダニティを克服する多様な道を示そうとしていた。京都学派右派によって示されたその論理の典型的な例が、ヨーロッパ中心主義的な歴史を覆そうとした高山岩男の「世界史の哲学」であった。酒井直樹はこう説明している。

高山岩男が主張するように、一九世紀後半頃から、非西洋世界はその独立に向かいはじめ、独自の世界を形作ることになる。この変化の結果として、それまで全世界と考えられていたのが、たんに近代世界、つまり多くの世界のなかのひとつの世界にすぎないことが開示されたのである。……この歴史的認識と実践の可能性は、歴史の根本的変化によって告げられたもので「世界史」と呼ばれることになる。この「世界史」では、風土、地理、人種、国民、文化などの空間的範疇を参照せずに歴史的変化を了解することは不可能だとされ、この空間的範疇によって打ち出された枠組みのなかでのみ歴史的発達などの観念を理解でき、種々の変化を意味づけることができるとされた。この単純だが無視できない認識が指し示しているのは、歴史はたんに時間的年代記的なだけでなく、空間的かつ空間関係的であるという点であった。[*46]（傍点は磯前）

言うまでもなく、右派のみならず左派も含めて京都学派の学者たちに共有されていた「世界史」の概念は、「近代の超克」の理念へとつながっていくものであった。「東洋は抵抗する。——東洋は西洋の支配をかき乱す。……もし抵抗しなかったなら、東洋はけっして近代化することはなかったであろう」[*47]（傍点は磯前）。この点において酒井もまた竹内の近代の超克に対する評価を認めている。ここで酒井が主張しているのは、モダニティという時空間のもつねじれた性格なのである。確かに、非西洋世界が西洋近代の覇権に対して抵抗することは可能だし、事実そうしてきた。京都哲学のもつ西洋近代批判の可能性について米谷匡史は、その学派全体の特質として次のように述べている。

このような京都学派の論理を集約するものが、西田幾多郎の言う「世界性の世界」の構想である。それは、ヨーロッパ中心の帝国主義的な世界を否定するとともに、日本帝国主義が自己を中心として世界を形成しようとする動きをも否定し、多元的・多中心的な世界の形成を唱えるものである。……そのような「世界」のあり方は、いたるところが中心となるような「無限大の円」として描かれる。このような世界像は、「東洋」を植民地化し、他者性を否定して自己を拡張してきた「西洋近代」の普遍性をのりこえようとするものである。……この意味で、京都学派の「世界史の哲学」は、字義通りには、帝国主義を批判する言説であると言えるだろう。[*48]（傍点は磯前）

しかし一方で、概してこの非西洋側の抵抗行為もまた、普遍性という名前のもとで覇権を確立したいという欲望にとらわれてきたのである。次にエルネスト・ラクラウが述べるように、普遍性という概念にはヘゲモニーが不可避にともなうものであることは覚えておいてしかるべきであろう。「普遍性は、なんらかの個別性に実体化される――そしてそれを覆す――ときにのみ存在するが、逆に個別性は、普遍化効果の場とならない限り政治的にはけっしてならない。……普遍と個別が互いに拒否しあい、にもかかわらず互いを必要とするなら、ヘゲモニー関係には不可能性の表象が内在している。……個別的なものをくぐり抜けることが必要なのは、普遍性が直接には表象できないから――それに符合する概念がないからだ。ということはこの必然的なものは、にもかかわらず不可能なものでもある。不可能というのは、必然であるがゆえに表象のレベルに入ってきても、つねに歪んだ表象にしかならないという意味だ――表象の手段は構造的に不十分なものになるだろう」[*49]（傍点は磯前）。その点から言えば、米谷の言う「多元的・多中心的な世界」「いたるところが中心となるような「無限大の円」」の具体的なあり方こそが問われなければならない。多文化の単位をなす個別的なものの真正さがどのように脱臼されていくのか、そして他者とどのように交渉しあっていくのか、その共存の政治力学が具体的に検証されていかなければ説得性はもちえまい。その点で手がかりとなるのが、京都学派の「世界史」という概念には、普遍主義と特殊主義との共犯関係が見られるという酒井の指摘である。

普遍主義・特殊主義の対の図式において、複数の主体はしだいに普遍主義の単一の中心のもとに従属させられた複数の特殊性として再編され……彼ら［高山、高坂など京都学派の若手哲学者］の「世界史」は、ひとつの中心による完全支配へと向かう進歩の歴史と少しも違わないものになってしまう。……というのも、高山・高坂らは、自らが普遍主義の立場から語っていると思い込んでいたからである。このように、多元的「世界史」とは結局一元的歴史の一種にすぎないことを自ら明らかにしてしまう。……彼らが実現しようと望んだのは、世界を変革し「日本人」が中心の位置を占め、「日本人」の普遍性に従って他の人びとを特殊性として規定するような主体に「日本人」がなることであったのだ。……そしてこの哲学のみじめな挫折は、日本がすでにあまりにも近代化されていたために必然的に普遍主義に向かい、反近代のレトリックにもかかわらず普遍化し、全体化する衝動から逃れられなかった事実を、もののみごとに提示してみせてくれたのである。[*50]（傍点は磯前）

その後に酒井は、「近代の超克」という言説をどのようにしたら超克することができるのか、その方途を示唆する。「おそらく「世界史の哲学」の哲学者たちは、日本は西洋の外にあるのではないという事実に対して決定的に盲目であった。その特殊主義においてさえ、日本は偏在する西洋にすでに組み込まれており、歴史的にも地政的な意味においても日本を西洋の外部とみなすことはできないのである。同様に、日本との関係において西洋を批判するためにはまず日本の批判から始めなければならないし、日本の批判は西洋の徹底した批判を含まざるをえないのである」[*51]（傍点は磯前）。ここにおいては他者と関わるためには個別的なアイデンティティのもつ真正さが徹底して脱構築されていかなければならないことが説かれているのだ。そこで酒井は、近代空間の内部における「抵抗」という行為のもつ可能性を、「否定」という概念から区別することで救い出そうとする。

> 否定とは否定された項に対立する項として主体が定立されることであるとすれば、抵抗は否定ではない。むしろ抵抗は否定とは明確に区別された意味での「否定性」に近い。……抵抗とは自己と自己像を結びつけている表象関係を撹乱するもののことだ……それは人びとをもろもろの制度に従属させる種々の同一性の形成を拒絶する何かのことだ。しかし、抵抗は人びとを解放しない。……なぜなら解放ということばによって人びとは自分たちが最も恐れるものに組み敷かれてきたからである。……もし夢から醒めた状態にあろうとするならば、少なくとも抵抗が解放を生むという希望にこそ抵抗しなければならないはずである。*52（傍点は磯前）

酒井の抵抗の概念は、先述したタラル・アサドの発言「私たちは……「西洋」が覇権を握っている世界の中で暮らしている」、と呼応している。この西洋化された近代的空間の内部で、われわれは搾取や差別の構造を克服して行かなければならない。一方で、この空間の不公平さを批判する自分が今度は中心になろうとする欲望に注意深くありながらである。この欲望こそが、すでに多くの研究者たちが批判してきたように、「近代の超克」ならびに「世界史的立場と日本」という二つの座談会に参加した京都哲学右派の学者たちが陥った失敗であった。ホミ・バーバが述べているように、マイノリティはつねにマジョリティになろうとする抑えがたい衝動をもっているのである。*53

たしかにその点において、日本思想史の研究者、子安宣邦が「座談会「近代の超克」は……昭和日本の東亜問題あるいは中国問題についての発言者をまったく欠いてなされたものだ*54」と述べるように、京都哲学右派が参加した座談会「近代の超克」には中国問題を顧慮する発言が見られない。すでに日本帝国に併合されて内鮮一体論が進められていた朝鮮半島に対する言及も、当然のことながら全く見られず、そこには日本帝国の外部あるいは内部に存在する他者に対する意識の希薄さというものを認めざるを得ない。京都哲学の右派にとってアジアとは西洋的な覇権を批判するための、理念的な表象に過ぎなかったのである。しかし、高山と対照的に、京都学派左派の学者である三木清は、同じく「世界史の哲学」という言葉を通じて「東亜協同体」という理念を提唱とした。それは少なくとも三木の観念上では、日本帝国に対する中国人の抵抗を支持しようとするものであった。米谷は三木と高山の違いを次のように説明している。

> 高山の場合は、ヨーロッパ中心主義の批判は、「大東亜共栄圏」を建設し、世界を多元化する推進力としての日本の自己肯定に横すべりするものであった。しかし、三木は、あくまでも、「世界」によってのりこえられる帝国主義の側の視点にこだわっている。征服者が被征服者側の抵抗に直面し、「世界」によってのりこえられていく事態を、三木は問題化しようとしていた。三木が「世界史の哲学」を提起したのは、日本が中国を侵略し、抵抗に直面した日中戦争期であり、そのなかで彼は、日本帝国主義の批判に照準をしぼっていたからである。[*55]（傍点は磯前）

さらに、米谷は三木の「世界史の哲学」の論理を、「抵抗する中国という他者への関係性にこだわることで、日本を「世界」の普遍性へと開こうとする」[*56]ものとして解釈する。

米谷は、「世界史の哲学」に支えられた三木の「東亜協同体」という言説をひとつの可能性として、「東アジアの反帝・民族運動による抵抗と、それを暴力的に抑え込みながら膨張する日本帝国主義との抗争……その両者が対峙し、複雑に交錯していくなかで、ナショナリズムの相克をのりこえる「広域圏」論」をもたらすもの、「日本帝国主義による支配地域の拡大を、植民地化ではなく、逆にアジア諸民族の解放・共生として弁証していくもの」として理解しようと試みている。[*57]だが結局のところ、米谷もまた「日本帝国主義の自己変革によって、日中提携とアジアの解放を目指した三木清らの「東亜協同体」論は、完全に挫折・失敗に終わったと言ってよい。そしてむしろ、国内の「翼賛」と「大東亜共栄圏」への膨張を支える結果となったのである」[58]と結論づけるにいたる。

三木の「東亜協同体」論・「世界史の哲学」は、日本帝国主義による中国・朝鮮・台湾への侵略・支配を批判するものである。しかし、植民地／帝国主義の抗争をのりこえる「東亜協同体」の形成を主導する日本は、普遍性・世界性の力によって中国を「包み」、朝鮮・台湾を「含容」するものと想定されている。それによって、対抗する他者のナショナリズムを対日協力へと導こうとしているのだ。ここには、日・中の抗争の狭間に兆した普遍性・世界性を手がかりとして帝国主義批判を試みつつ、その普遍性・世界性を領有し他者を導こうとする無意識の欲望において、新たに植民地主義が作動しはじめる契機を見ることができるだろう。[59]（傍点は磯前）

米谷にとっても、「「大東亜共栄圏」を建設する日本の世界史的使命を擁護し、「大東亜戦争」を支持した高山岩男らの後期「世界史の哲学」は、三木清の前期「世界史の哲学」が意図せずしてうみだした後継者なのである」[60]。ここにおいて、われわれは米谷が京都学派に見出そうとする「いたるところが中心となるような「無限大の円」」の理念の無残な帰結を見て取ることになる。スラヴォイ・ジジェクによれば、「普遍は、個別の内容を包括する容器、個別同士の衝突の平和的な媒介者＝背景ではない。普遍「そのもの」は、耐え難い敵対性、自己－矛盾の場であり、その個別の種（の多数性）は、究極的には、この敵対性を不明瞭にする／和解させる／統御する多数の試みで以外の何ものでもない」[61]（傍点は磯前）。ジジェクとラクラウとバトラーの議論は、彼らの間に「普遍性」という概念理解をめぐる相違があることを示すだけでなく、それ以前に、「たんなる個別主義に陥らずに普遍的な次元を生かし続けるような解放の言説を練り上げようとしている」（傍点は磯前）という共通点が存在していることを明示している。[*62]

そして、ジジェクは「超文化的《普遍》」という概念を拒んだうえで、「超文化的《普遍》という観念が、そもそも文化の違いによって意味が違ってくるのである。異なる文化を比較し、共通する性質を抜き出したり同一化したりする手続きは、けっして中性的ではありえず、なんらかの特定の視点を前提とする」[*63]（傍点は磯前）と述べている。このジジェクの発言に関連していうならば、ラクラウは普遍性のもつヘゲモニー的性格を強調して、「純粋な普遍性として作用する普遍性などなく、ある個別的な核を中心に等価性の連鎖を拡大して作られる、相対的な普遍性だけがある。……つまり権力は解放の条件である――ヘゲモニーを中心に新たな権力を創り出さない限り、社会の諸力の布置を解放する方法はない」[*64]（傍点は磯前）と自説を開陳している。

結局のところ、彼らがここで示しているのは、「東亜協同体」や「大東亜共栄圏」のような普遍性を唱える共同体の構成体のあいだに、それがどれほど多元的で平等な関係性を主張しようとも、現実に平等な関係を形成することの不可能さなのである。日本帝国のように多元的共同性を考える上で、そこに中心的存在が発生することを避けることはきわめて困難である。むしろ、問題は他者への暴力性を伴わない形で、このヘゲモニーをどのように具体的に分節化していくかということを考えることなのだ。中心性というものはつねに両義的なものである。一方でそれは他者を抑圧するものだが、他方でその構成者たちのコミュニケーションの場を媒介するものともなる。この考えを深めていくうえで、ジュディス・バトラーの「翻訳」としての普遍性という考え方は注目に値するものである。ホミ・バーバの翻訳概念に触れつつ、バトラーは自説を次のように展開する。

　翻訳行為を通じての普遍性の拡張は、普遍的なものから排除されており、しかもそれにもかかわらずそれに属している者が、権限を与えられていると同時に剝奪されているという分裂した立場から語る場合に生じるのである。……規範の内部の他性を暴露するような種類の翻訳（他性がなければ、規範は自らの境界を設定したり自らの限界を「知ったり」することはなかろう）は、その規範が支持する普遍的な範囲に到達することにその規範が失敗していることを暴露し、われわれがその規範の、将来に希望が抱ける両価性として強調してよいものを暴露する。……このような紛争の場で行なわれる翻訳は、受けいれられる意味と同様、意図された意味もまた「最終的な」読み方を決定づけるものではないような翻訳であり、対立する立場への最終的な判決などは生じえないのである。このような最終的裁決なしに解釈上のディレンマが残るのであり、そして出現しつつある民主的実践のダイナミックな徴は、そのような解釈上のディレンマなのである。[*65]（傍点は磯前）

次に酒井直樹が述べるように、翻訳の本質がコミュニケーションの失敗にあるということ。それがわれわれの存在の根本様態なのだ。「全ての伝達は「外記」（exscription）としてのみ起こるのだ。伝達しようとすることは自らを外部性 exteriority にさらすことであり、……伝達の失敗は、私たち一人一人が他者に対してさらされていながら「われわれ」の分離の理由を知ることなく、しかし、「われわれ」同士が離れて立っていることを意味するだけだからだ。「われわれ」がバラバラにあることを教えてくれる伝達の失敗は、だから、「われわれ」のもっとも根本的な社会性を告示してもいるのである」[*66]（傍点は磯前）。それでもなお、酒井は大切なことは伝達への意志をしっかりともつことだと言明する。

われわれを結びつけるのはわれわれのなかの共通性ではなく、伝達がいかに困難なものかを自覚した上でもなお伝達しようとする意志なのである。……つまり、発話行為とその受信が各々一つの翻訳と別の応答する翻訳であるところでのみ、われわれは非集成的あるいは混成的な共同体に参加できると主張できるようになり、そのような共同体においては私が異言語的な聞き手への語りかけの構えと呼ぶものが原則となり、均質言語的な聞き手への語りかけを避けることが道徳となるだろう。したがって、混成的な共同体においては、

> われわれが共にあり「われわれ」と自らを呼びうるのは、われわれが互いに離れており、われわれが共にあることが共通の均質性に基づいたものではないからだろう。[*67]（傍点は磯前）

ここにこそ、新たな共同性が開かれて来る可能性が示されているのではなかろうか。それを酒井は、同化的関係の挫折を通じて進められる翻訳と呼んだのであろう。この節を閉じるにあたって、日本帝国の支配下にあった植民地朝鮮での抵抗例を見ておきたい。[*68]そこでは日本の「近代の超克」という言説の流用することによって、日本のヘゲモニーを覆そうとする試みが行われるのである。みずからを普遍的だと信ずる日本帝国の内部に存在するいくつもの亀裂、それが同化という装いをとりながらも、被植民者の側の流用行為を招き寄せてしまうのだ。むろん、そのような試みにおいて同化と流用は紙一重のものであり、それはわれわれの現在的立場からどのような文脈のもとに語り直そうとするのかといった目的に応じて、その評価は変わりうるものであることは言うまでもない。

彼らの行為を実証的な名目のもとに一元的に評価づけることは積極的な意味をなさないものであり、むしろ同化と抵抗の微妙なせめぎ合いのもとに身を置いてどのようなナラティヴを紡ぎだそうとしていったのか、語りのもつ本質的な両義性から生じるそのせめぎ合いにこそわれわれは目を向けるべきなのだ。米谷は、そのような「近代の超克」や「東亜協同体」の議論を批判的に受け入れた徐寅植や朴致祐ら、朝鮮知識人の動きを、「日本が世界性・普遍性を占有し、その主導下で朝鮮社会の自立・発展が統御され、従属してしまうことを拒否し、自由な解放へ向かう交渉・抗争の知／実践の領野を確保しようとする試み[*69]」として捉えている。

このような米谷の理解を、近年の韓国の歴史学会における「植民地近代性論」へと接合していくことは議論を深化するうえで重要な作業であろう。韓国近代史の歴史学者である尹海東は、従来の韓国の歴史観を支配してきた、「日本帝国主義の悪辣で無慈悲な支配を通した収奪と、これに対応した韓国人の広範な抵抗運動という二つの軸を中心に日帝支配下の韓国社会を認識し叙述する」「植民地収奪論」を批判すると同時に、「日帝の植民地支配下ではあれ韓国社会が近代化していたという点を否定し得ない」とする「植民地近代化論」をともに批判し、「親日派、排日派という二分法的認識」（傍点は礒前）そのものを脱構築しようとする「植民地近代性論」を唱える。[*70]それは朝鮮人の日帝に対する態度を、同化と抵抗という二分法的思考ではなく、その表裏一体のせめぎ合いに可能性を見出そうとする点で、本章の冒頭にあげた孫歌の、西洋化でも反西洋化でもない第三の道を探す思考に似たものである。尹はそれを、「抵抗と協力が交差する地点、即ちグレーゾーン」[*71]（傍点は礒前）と呼んでいる。

日帝の同化政策が推進されるなか日帝は韓国人協力体制の構築を多面的に試みるが、これによって韓国人の協力が構造化し日常化する。……協力体制が構造化し日常化するということは、どこまでも完全な意味における同化体制が構築されないとするならむしろ多様な形式の抵抗が構造化し日常化するということを意味するものでもある。支配体制に同調する様態とその支配を内面化する様態には差異があるため、構造化された協力を構造化された抵抗から完全に断絶させてしまうことはできない。つまり同化、または体制内化する姿を見せることは、表面的には協力の様態を帯び同調する姿を示すが、これが支配内面化することまでを意味しはしないからだ。このように見るなら韓国の被支配民衆は絶え間無く動揺しつつ協力し抵抗する両面的な姿を見せていたのではないだろうか？　ここがまさに植民地認識のグレーゾーンが発源する地点である。[*72]

（傍点は礒前）

このような同化と抵抗を表裏一体のものと捉える姿勢は、ホミ・バーバのミミクリィやカルチュラル・スタディーズの流用といった概念との近似性を見ることができるであろう。しかし、バーバの議論を、レイ・チョウが「私たちは帝国主義者の豊かでアンビヴァレントな言説を研究し、脱構築するだけでよいことになるわけだ。バーバの「異種混淆性」という用語が、脱構築、反帝国主義、「難解な」理論といった装いを保ちながら実のところ再生するのは、支配的な文化が平衡を維持するためには何を許容するのかという、手垢にまみれた機能主義者の議論である」[*73]と批判していると同様に、尹の議論に対しても、「植民地の本質」である「民族差別の問題」が曖昧にされてしまっており、「知識人と民衆の亀裂は深刻である」といった事態も看過されているといった批判があることも、[*74]今後検討されていかなければならないものであろう。

第五節　他者と暴力――身体の深みから

そもそも「近代の超克」とは、第一次世界大戦後にヨーロッパ世界の危機を危惧したフランスの思想家、ポール・ヴァレリーの知的協力会議に触発されて日本で行われたものであった。山田広昭は次のようにヴァレリーの会議の経緯を説明している。

一九二〇年代後半からヴァレリーは国際連盟のなかにおかれた知的協力委員会の活動にかなりのエネルギーを割きはじめる。そして三〇年代に入って九度にわたって開催された知的協力国際会議のうち、少なくとも四度まで議長を務めることになる。一九三三年パリ談話会「ヨーロッパ精神の将来」、三五年ニース談話会「現代人の育成」、三六年ブタペスト談話会「新しきヒューマニズムをめざして」、三七年パリ談話会「学芸の運命」。これらが日本にとばした種子がいかなるものであったかは人の知るとおりである。[*75]

リチャード・カリチマンが指摘するように、ヴァレリーがヨーロッパをひとつの実体として意識しはじめるようになったのは、一九世紀末に起きた二つの戦争――日清戦争（一八九四―一八九五年）とアメリカ・スペイン戦争（一八九八年）――によってである。[*76]ヴァレリーはこれらの戦争を、「前者［日清戦争］はヨーロッパ風に改造され、装備されたアジア国民の最初の実力行為であり、後者「アメリカ・スペイン戦争」はヨーロッパから抽き出され、いわば発展した国民のヨーロッパ国民に対する最初の実力行為だった」[*77]と受け止め、それまで自明視されていたヨーロッパの普遍性を局所化させる出来事として捉えたのだ。第一次世界大戦直後にすでにヴァレリーは、「われわれ、もろもろの文明なるものは、今や、われわれもまた死を免れぬものであることを知っております[*78]」と述べている。このような彼の危機意識を、柄谷は次のように説明している。

> ヨーロッパが一世界であることを痛感させたのは、ヨーロッパにとって異質な世界があるからではない。実は、ヨーロッパ自身が生み出したものがヨーロッパに敵対してきたということです。それは何か。技術（テクノロジー）です。ヴァレリーは、ヨーロッパを、「文化」あるいは「精神の深さ」において考えていない。彼はそれを「技術」において見ている。だから、それはその外に応用可能であり、逆にヨーロッパを追いつめるものなのです。[*79]（傍点は磯前）

ヴァレリーはヨーロッパの普遍性の危機を生み出したものが、そのヨーロッパたるものを支える中核をなす科学技術、それがヨーロッパの外部へと散種していく浸透力に見て取った。彼にとって技術の普遍性とは、それを生み出した地域の求心力を脱中心化している逆説的な働きを本源的に含み込むものであった。その意味で、「近代の超克」座談会の組織者である河上徹太郎が、「我々の会議は、ともあれこれと方向が違ってゐる」[*80]として、ヴァレリーの試みに異議を唱えたのは、自分たちの座談会の目的との違いを的確に捉えていたからだとも言える。両者のあいだに横たわる相違を、柄谷はこのように指摘している。

> この会議では、下村寅太郎や物理学者を例外として、技術に対する軽視が目立っています。そのかわりに、

「文化」や「精神」が深刻に議論されています。しかし、このことは、小林秀雄・河上徹太郎・中村光夫などがヴァレリーを読んでいたことから見ると、奇怪に思われます。[*81]

座談会「近代の超克」の参加者にとって、問題はあくまで日本「精神」の危機であり、下村を除けば、みずからを脱中心化する動きをしめす科学技術が問われることはなかった。そして、没落していくヨーロッパの普遍性とは異なって、太平洋戦争の開戦とともに、日本精神は大東亜共栄圏を覆い尽くし、同時にヨーロッパ精神にとって代わるものになることが高らかに謳われた。たとえば、河上はヴァレリーが試みたことが「知性から肉体を剝奪する」と同時に「政治的発言を戒めて」いたのに対し、自分たちは「精神の努力」をもって「我々は「如何に」現代の日本人であるかが語りたかつた」と述べている。[*82] しかし、ヴァレリーの発言が、ヨーロッパ各国の国民意識を越えたところでヨーロッパの覚醒を訴えたという点では、やはり座談会「近代の超克」や「世界史の哲学」というものは、山田広昭が指摘するように「「ヨーロッパ精神」と同様のブロック的圏域の思想的表現」（傍点は磯前）だと言わざるを得ない。山田は続けてこう述べる。

「ヨーロッパ精神」対「民族精神」という対立の構図があるとすれば、日本精神はごく単純に民族の神話に属するものとみえる。しかし、坂口安吾がみていたように、それはあくまでも「ヨーロッパ精神」の対応物なのである。……ここから日本精神と東洋精神との都合に合わせたすり替えが起こる。この使命は周知のように京都学派の「世界史の哲学」や三木清の「協同主義の哲学」などによって果たされることとなる。東亜協同体は、東洋的ヒューマニズムを地盤とする「ゲマインシャフト的とゲゼルシャフト的との総合」としての高次の広域体制として構想される。そしてそれが「世界史的な統一の理念」「近代的社会体制並びにそれらのイデオロギー的地平の超克」へとつながってゆくことになる。[*83]（傍点は磯前）

山田によれば、ヴァレリーの「ヨーロッパ」にしろ、「日本精神」にしろ、彼らの意図する「ブロック的圏域」とは、米谷が京都学派の論理に見出した「多元的・多中心的な世界」にとどまるものであり、その多文化主義的立場こそが安易にファシズムへと流されていくものとなりかねないことになる。

［ヴァレリーの］談話会では、ナショナリズムの批判はほぼ常に文化相対主義、多様性の肯定と結びつけて語られた。ヨーロッパはまさに互いに交通する多様なものの集合なのであり、この多様性こそヨーロッパなのだというわけである。こうした主張がそのままでナショナリズムの批判になっていると信じられたのは、ナショナリズムを文化的孤立主義、純化主義とだけしかとらえていないからである。実をいえば、単なる多元文化論はファシズム・全体主義に対抗できない。ファシズムはまさに多元論の言葉、相対主義の言葉を話すからである。……彼らは差異を肯定する！　おのおのがその差異、特殊性を保存したままひとつの統一にいたるという理想は、そのままファシズムの理想となりうる。かつて「東亜協同体」を語ったイデオローグたちもそれとは別のことを言ったわけではなかった。[*84]（傍点は磯前）

同様に、座談会「近代の超克」に参加した者たちの唱える日本精神が「ブロック的圏域の思想的表現」である以上、それは日本帝国に包摂された朝鮮や台湾といった植民地、あるいは戦争によって支配下に入っていった中国や東南アジアの諸国によって、みずからの理念が読み替えられていく危険性をつねに孕むものであった。その言説がアジア諸地域に拡散していくなかで、まさにそれは散種の過程として、近代の超克者としての日本への同化を呼びかける包摂的な言説でありながらも、まさに彼らが参入することによって日本の中心性を脱中心化させ、西洋の代理者としての日本帝国の地位に綻びを生じさせる抵抗の言説にも転じうる。帝国の普遍性はつねに転覆と流用の危険性を孕むものなのだ。日本は近代を征服する主体であると同時に、アジアによって流用される近代という対象にもなっていたのである。

　このように自分たちの言説が植民地において抵抗と同化のせめぎ合いの言説へと散種していったこと、それはこの座談会に参加した日本の知識人にとっては思いもよらない事態であったことだろう。だが、帝国支配が必然的に呼び起こすこのような散種の過程にこそ、戦中期の京都学派が実存をかけて関与した「近代の超克」及び「世界史の哲学」という言説のもっとも大きな歴史的意義と、それが行きついた最終的な姿というものがあったのではないのだろうか。ここで、酒井直樹が戦前の京都学派を「哲学で推察されうる普遍性への主張[*85]」を打ち出したものと呼んだ所以もようやく真の意味で理解されることになろう。

　しかし、アジア・太平洋戦争の敗北によって植民地を失った日本は、単一民族という言説を新たに身にまとい、〈合衆国＝普遍主義／日本＝特殊主義〉という二項対立的図式の中に自らを置いていく。戦後の京都学派の動きというものは、このような「民族的例外主義[*86]」に傾く日本の傾向を典型的に反映したものであったと言ってもよいだろう。その点について酒井はさらにこう説明している。

> 京都学派の哲学者たちが自分たちの学術的・知的実践を「西洋哲学」の一部とみなしていたにもかかわらず、京都哲学をめぐる戦後の議論はそれを日本「文化」、アジア的伝統、あるいは東洋宗教として繰り返し位置づけなおしてきた。……一九五〇年代と一九六〇年代の強烈な反共産主義という政治的状況の中で、幾人かの京都学派のメンバーたちは、宗教、もっとも典型的なものとして仏教に訴えかけ、合衆国の占領政策と日本の支配階級のあいだの政治的同盟を支える保守的イデオローグとして姿を現したのだ。……もはや多くの京都学派のメンバーたちは自分を合衆国のパートナーと考えるようになり、普遍性の意義というものを意識することがなくなってしまったのだ。[*87]（傍点は磯前）

戦争末期に、マルクス主義の強い影響を受けた三木清と戸坂潤が獄死したこともあって、戦後の京都哲学は、右派の宗教哲学者である西谷啓治の流れをくむ者によって引き継がれ、主体的無という日本文化の特殊性と密接に結びついた自己表象をおこなっていくことになる。この時期の西谷の動きについて、米谷は次のように分析している。

元来、かれらの「世界史の哲学」は、歴史哲学と実存哲学を媒介する歴史的実存の哲学を標榜するものでもあったのだが、戦後、その力点は実存哲学へと移動し、「世界史の哲学」は展開をとげることになる。それをもっとも集約的にしめしているのは、ニヒリズム・虚無の問題を掘りさげていった西谷啓治である。……西谷は、「大乗仏教の空の立場」の省察に沈潜し、そこに「近代の超克」の活路を見出してゆくことになった。……こうして戦後の京都学派は、近代を超える世界史的使命を現代日本に見出す主張を放棄する方向にむかいながら、近代がゆきづまりに瀕しているという確信を一貫して保持し、さらに掘りさげていったのである。[*88]（傍点は磯前）

ここに東洋の宗教哲学として規定しなおされた京都学派は、帝国主義という政治的イデオロギーとともに普遍性への葛藤も失ったことになる。このように戦後に特殊主義への乗り換えがおこなわれたことで、酒井の言うように、「普遍的哲学の超越論的試みと帝国主義的国民主義のむすびつきそのものが、これまでの京都哲学をめぐる研究においては主題化されて来なかったことは必ず銘記されておかなければならない[*89]」。帝国主義のもとで否応なしに植民地の他者と出会わざるをえなかった状況が失われたときに、日本は帝国の暴力性から切り離されると同時に、他者と向き合うことで自己を脱中心化する契機も喪失していったのである。西谷啓治が典型的にそうであったように、一連の議論において京都学派の哲学者たちの果たした役割が看過できないのは、それが単なる思想的イデオローグにとどまることなく、行などの身体的な次元から、他者と出会う回路を開いたり閉じたりする言説を時代状況に応じて作り上げていったからである。身体という場は、エージェントとして他者と感覚的に触れあう物理的空間であり、それはみずからの観念や思想を脱中心化する可能性をもつのと同時に、権力によって規律・馴化されうる両義的なものである。座談会の企画者である河上が「日本精神」を唱えたとき、「知性から肉体を剝奪するに努力してゐる」とヴァレリーの試みを退けたように、京都学派にとどまらず、座談会で言う日本精神は観念だけでなく、やはり身体の深みから立ち上げられたものとして捉えられていたのである。

このような身体的な暴力性をも深く認識したところにおいて、普遍性のもつ他者との交渉の場としての可能性もまたはじめて開かれてくる。今、私たちが座談会「近代の超克」および戦前の京都学派の議論から取り出す必要があるのは、かつてそれが暴力的なかたちであったにせよ、他者と向き合わざるを得ない状況下でいかにして共存する場を作り出したらよいかという思考的模索の契機を含んでいたからである。そして、結局のところそれが暴力的な同化に終わってしまった事実を正面から受け止めることで、わたしたちは他者と交渉するために普遍的な場を作りだそうとする試みが、たとえそれがいかに良心的な自己意識に基づくものであっても、不可避に暴力的な契機をはらむものにならざるを得ないことを深く認識しておくためである。その意味で、次の酒井の発言は重く受け止められなければならない。

「精神」の普遍主義というものは、帝国主義的国民主義のもとで同化主義者が主張する普遍主義にみられるような暗黙の人種主義というものにも存在し得るものだったのだろうか。普遍主義的な言説という媒介を通じてこそ、植民地の暴力がもっとも過酷なかたちであらわれて来るのはなぜなのか。我々はそれを問わなければならないのではないだろうか。[*90]

眼前に他者が存在しているにもかかわらず、いかに自分たちは彼らを容易に無視し、蹂躙しつづけているのか。他者と出会うということが孕む暴力性とともに、出会うという出来事自体の難しさというものを、「近代の超克」という言説を通して、私たちは肝に銘じておく必要があるだろう。それは、今日のグローバル状況下のもとで、新たに他者に直面していく機会が増える一方で、何気ない日常において眼前の相手の他者性を看過しやすい状況に置かれているからこそ、見過ごされてはならないことなのである。

注

＊1——竹内好「近代の超克」一九五九年（同『竹内好全集第八巻』筑摩書房、一九八〇年、六四頁）。
＊2——Richard F. Calichman, "Introduction: "Overcoming Modernity," The Dissolution of Cultural Identity," in *Overcoming Modernity: Cultural Identity in Wartime Japan*, New York: Columbia University Press, 2008, pp. ix–x.
＊3——孫歌『竹内好という問い』二〇〇一／二〇〇五年（清水賢一郎・鈴木将久訳、岩波書店、二〇〇五年、二三〇頁）。
＊4——文芸雑誌編集者である高杉一郎の発言。竹内前掲「近代の超克」（二一七頁）。
＊5——同右論文（二二五—二二六頁）。
＊6——同右論文（二二八頁）。
＊7——同右論文（二三三頁）。
＊8——孫歌「思考の習慣——東京裁判と戦後東アジア」孫歌・白永瑞他編『ポスト「東アジア」』作品社、二〇〇六年、一九九頁。
＊9——戦後の京都学派の言説については、米谷匡史「「世界史の哲学」の帰結——戦中から戦後へ」『現代思想』第二三巻第一号、一九九五年。
＊10——竹内前掲「近代の超克」（六六頁）。
＊11——竹内好「近代主義と民族の問題」一九五一年（『竹内好全集第七巻』筑摩書房、一九八一年、三一頁）。

＊12――磯前順一「歴史的言説の空間――石母田英雄時代論」『記紀神話のメタヒストリー』吉川弘文館、一九九八年。
＊13――吉本隆明「芸術的抵抗と挫折」一九五八年（『吉本隆明全著作集第四巻』勁草書房、一九六九年、一七〇頁）。
＊14――身体性と感情をめぐる筆者の理解については、磯前順一『喪失とノスタルジア――近代日本の余白へ』みすず書房、二〇〇七年。
＊15――廣松渉『〈近代の超克〉論――昭和思想史への一視角』一九八〇年（講談社学術文庫、一九八九年、二二四頁）。
＊16――孫前掲『竹内好という問い』（二六九頁）。
＊17――同右書（二六九頁）。
＊18――同右書（二六五・二六九頁）。
＊19――同右書（二五九―二六〇頁）。
＊20――同右書（二六〇―二六一頁）。
＊21――小林敏明『廣松渉――近代の超克』講談社、二〇〇七年、一五五頁。
＊22――同右書、一六〇―一六一頁。
＊23――ハリー・ハルトゥーニアン『近代による超克――戦間期日本の歴史・文化・共同体』二〇〇〇年（梅森直之訳、岩波書店、二〇〇七年、上巻、一〇二―一〇三頁）。
＊24――タラル・アサド「近代の権力と宗教的諸伝統の再編成」一九九六年（中村圭志訳『みすず』第五一九号、二〇〇四年、一二頁）。
＊25――同右論文（一二頁）。
＊26――同右論文（一一頁）。
＊27――ミシェル・フーコー「他者の場所――混在郷について」一九八四年（工藤晋訳『ミシェル・フーコー思考集成X』筑摩書房、二〇〇二年、二八〇頁、磯前一部改訳）。
＊28――孫前掲『竹内好という問い』（二三七頁）。
＊29――竹内前掲「近代の超克」（四三頁）。
＊30――同右論文（四六頁）。
＊31――米谷匡史「三木清の「世界史の哲学」――日中戦争と「世界」」『批評空間』第Ⅱ期第一九号、一九九八年、四一頁。

＊32――竹内前掲「近代の超克」（四頁）。
＊33――同右論文（一七頁）。
＊34――柄谷行人「近代の超克」一九九三年（同『〈戦前〉の思考』講談社学術文庫、二〇〇一年、一〇〇―一〇五頁）。
＊35――同右論文（一〇三頁）。
＊36――同右論文（一二〇―一二一頁）。
＊37――同右論文（一一五―一一六頁）。
＊38――孫前掲『竹内好という問い』（二四二頁）。
＊39――山田広昭『三点確保――ロマン主義とナショナリズム』新曜社、二〇〇一年、六五―六六頁。
＊40――ハリー・ハルトゥーニアン「歴史のアレゴリー化――マルクス主義、羽仁五郎、そして現在からの要請」磯前順一／ハルトゥーニアン編『マルクス主義という経験――一九三〇―四〇年代日本の歴史学』青木書店、二〇〇八年、二三〇頁。
＊41――ハルトゥーニアン前掲『近代の超克』（上巻、九一頁）。
＊42――同右書（上巻、一六三頁）。
＊43――Naoki Sakai, "Resistance to conclusion: The Kyoto School philosophy under the Pax America," in Christopher Goto-Jones, ed., *Re-Politicizing the Kyoto School as Philosophy*, London and New York: Routledge, 2008, p. 187.
＊44――*Ibid.*, pp. 187–190.
＊45――戸坂については、ハルトゥーニアン前掲『近代による超克』第三章。
＊46――酒井直樹「近代の批判：中絶した投企」一九八七年（同『死産される日本語・日本人――「日本」の歴史‐地政的配置』新曜社、一九九六年、二五―二六頁）。
＊47――同右論文（四一頁）。
＊48――米谷匡史「植民地／帝国の「世界史の哲学」」『日本思想史学』第三七号、二〇〇五年、一三頁。
＊49――エルネスト・ラクラウ「アイデンティティとヘゲモニー」ジュディス・バトラー／エルネスト・ラクラウ／スラヴォイ・ジジェク『偶発性・ヘゲモニー・普遍性――新しい対抗政治への対話』二〇〇〇年（竹村和子・村山敏勝訳、青土社、二〇〇二年、八二頁）。
＊50――酒井前掲「近代の批判」（三五―三七頁）。

＊51――同右論文（三七頁）。
＊52――同右論文（四六―四九頁）。
＊53――Homi Bhabha, "Speaking of Postcoloniality, in the Continuis Present: A Conversation," in David Goldberg and Atouayson, eds., *Relocating Postcolonialism*, London: Blackwell, 2002, p. 17.
＊54――子安宣邦『「近代の超克」とは何か』青土社、二〇〇八年、三六頁。
＊55――米谷前掲「三木清の「世界史の哲学」」四二頁。
＊56――同右論文、四六頁。
＊57――米谷匡史『思考のフロンティア　アジア／日本』岩波書店、二〇〇六年、一二〇―一二一頁。
＊58――米谷前掲「三木清の「世界史の哲学」」五六頁。
＊59――米谷前掲「植民地／帝国の「世界史の哲学」」一五頁。
＊60――米谷前掲「三木清の「世界史の哲学」」五六頁。
＊61――スラヴォイ・ジジェク「差延への回帰の請願」コスタス・ドゥージナス編『来るべきデリダ――連続講演「追悼デリダ」の記録』二〇〇七年（藤本一勇監訳、明石書店、二〇〇七年、一一五頁）。
＊62――エルネスト・ラクラウ「構造、歴史、政治」バトラー他前掲『偶発性・ヘゲモニー・普遍性』（二七六頁）。
＊63――スラヴォイ・ジジェク「以下くりかえし」バトラー他前掲『偶発性・ヘゲモニー・普遍性』（三一八頁）。
＊64――ラクラウ前掲「構造、歴史、政治」（二七七頁）。
＊65――ジュディス・バトラー「文化における普遍性」マーサ・C・ヌスバウム他『国を愛するということ――愛国主義の限界をめぐる論争』一九九六年（辰巳伸知・能川元一訳、人文書院、二〇〇〇年、九四―九六頁）。
＊66――酒井直樹『日本思想という問題――翻訳と主体』一九九七年、岩波書店、一三頁。
＊67――同右書、一四頁。
＊68――Chul Kim, "The Literary Works of Kim Nam-ch'ŏn: "Overcoming the Modern," Waste, and Venice," in *Between Colonialism and Nationalism: Power and Subjectivity in Korea 1931–1950*, at workshop at Michigan University, 2001.
＊69――米谷前掲「植民地／帝国の「世界史の哲学」」一八頁。
＊70――尹海東「植民地認識の「グレーゾーン」――日帝下の「公共性」と規律権力」二〇〇〇年（藤井たけし訳『現代思

想』第三〇巻第六号、二〇〇二年、一三二―一三四頁)。

*71――同右論文(一四四頁)。

*72――同右論文(一三七頁)。

*73――レイ・チョウ『ディアスポラの知識人』一九九三年(本橋哲也訳、青土社、一九九八年、六三頁)。

*74――趙景達『植民地期朝鮮の知識人と民衆――植民地近代性論批判』有志舎、二〇〇八年、一六・一九頁。

*75――山田前掲『三点確保』三八頁。

*76――Richard Calitchman, "Introduction," p. 20.

*77――ポール・ヴァレリー「序言」『現代世界の考察』一九三一年(寺田透訳『ヴァレリー全集第一二巻』筑摩書房、一九六八年、四頁)。

*78――ポール・ヴァレリー「精神の危機」一九一九年(桑原武夫訳『ヴァレリー全集第一一巻』筑摩書房、一九六七年、二四頁)。

*79――柄谷前掲「近代の超克」(一二三頁)。

*80――河上徹太郎「「近代の超克」結語」一九四三年(河上他『近代の超克』冨山房百科文庫、一九七九/二〇〇六年、一六七頁)。

*81――柄谷前掲「近代の超克」(一二二頁)。

*82――河上前掲「「近代の超克」結語」(一六六―一六七頁)。

*83――山田前掲『三点確保』五九頁。

*84――同右書、五四―五五頁。

*85――Sakai, "Resistance to conclusion," p. 187.

*86――*Ibid.*, p. 194.

*87――*Ibid.*, p.191 & 193.

*88――米谷匡史「「世界史の哲学」の帰結――戦中から戦後へ」『現代思想』第二三巻一号、一九九五年、二二四―二二五頁。

*89――Sakai, "Resistance to conclusion," p. 194.

*90――*Ibid.*, p. 196.

第六章

帝国の記憶を生きる——ポストコロニアル批評と植民地朝鮮[*1]

ポストコロニアル批評は南アジアから始まったと、よく言われます。エドワード・サイード、私自身、そしてホミ・バーバが、ポストコロニアリズムの創始者だと。しかし、ホミも私も広義のポストコロニアル、すなわち南アジア・モデルについて多くのことを考えてきたとは言えません。たしかにそれは実り豊かな分野であり、しっかりと根を下ろし始めていると言えるでしょう。……しかし、南アジアにもとづいて南米を考えることはできません。旧ソ連地域で起こったことを考えることもできません。アジアと呼ばれる地域の一部をなす日本や韓国あるいは台湾のはたす役割についても、南アジア・モデルからでは考えることはできないのです。……たしかに、南アジア・モデルは中国と比肩しうるものでありますが、今やそれがおそろしく退屈なものになっていることにあなたがたも気がつくでしょう。私たちはそこから脱出すべきなのです。ガヤトリ・チャクラヴォルティ・スピヴァク『他なる複数のアジア』[*2]（傍点は磯前）

第一節　メトロポリタン・ディアスポラのポストコロニアル批評

ポストコロニアル批評が日本に紹介されて久しいが、その代表的存在であるガヤトリ・チャクラヴォルティ・スピヴァクは近年になって自分たちの研究の問題点を、冒頭の引用文に見られるようなかたちで指摘した。

ここでスピヴァクが言及している「南アジア・モデル」とは、おそらくインドのサバルタン・スタディーズを指すと思われるが、スピヴァクやホミ・バーバの仕事も含めて、それらは大英帝国と植民地インドの政治的関係をふまえた状況から強い影響をうけて成立してきたものである。スピヴァク、バーバ、そしてエドワード・サイードによって代表されるポストコロニアル批評は、彼らの出身地であるインドやパレスチナの地から発信された学問というよりも、スピヴァクが「メトロポリタン・ディアスポラ」と自らを呼ぶように、第三世界のものが西洋の大都会で教育を受け、西洋世界の内部で地位を確立していったものと見られてきた。アイジャス・アフマドが批判するように、彼らは非西洋の土着的知識人とは懸隔のある存在であるし、それゆえに発話するディアスポラとして西洋世界での地位を築き上げることに成功したと言ってもよいだろう。[*3]

おそらく、南アジア・モデルを含むポストコロニアル批評の特徴のひとつは、このようにメトロポリタン・ディアスポラと呼ばれるような発話主体の立場性に求められる。そこには、スピヴァクが見て取ったように、表象行為をめぐるネイティヴ・インフォーマントとメトロポリタン・ディアスポラの共犯関係——みずからを表現できないネイティヴ・インフォーマントはメトロポリタン・ディアスポラを代弁者として必要とし、メトロポリタン・ディアスポラもまたネイティヴ・インフォーマントを代理表象することで自己の立場を正当化するといった関係——が存在するのだ。[*4] もうひとつの特徴は、異種混淆性をアイデンティティの根幹に据え、純粋性や均質性を規範とするナショナル・アイデンティティの在り方を批判してみせたことである。サイードはその異種混淆性を、オリエンタリズムの言説が一面化することで抑圧してきたことを暴き、[*5] バーバは生きる姿勢そのものであるナラティヴの力によって、支配的言説の均質性を異種混淆的なものへと読み替えていくことが可能であることを示したのである。[*6]

もし、スピヴァクの言うように、ポストコロニアル批評を南アジア型に還元しないかたちで展開していくためには、この二つの特徴を共通の媒介項としつつ、それらが別の地域の研究においてどのような形で主題化されてきたのかを考えていくことがひとつの手がかりとなろう。そして、日本においてポストコロニアルの問題を考えるとするならば、身近な問題としてまずは二つの地域との関係が浮かび上がってくる。ひとつは合衆国との関係、もうひとつは朝鮮半島との関係である。前者は戦後において占領を被った被支配の関係として、後者は戦前・戦中に日本帝国として植民地支配を強いた支配の関係として存在している。合衆国と日本の関係については、両国のあいだに身を置く酒井直樹によって、普遍主義と特殊主義の共犯関係をめぐる鋭い考察がなされているが、[*7] 朝鮮半島との関係については、日本国内ではそれに比肩しうる研究はまだ現れていない。しかし、加害者としての帝国と、被害者としての占領国、その双方をともに視野に収めることで近代日本の歴史がはじめて語りうるとするならば、アジアから見た日本の位置というものを真剣に考究しなければならないであろう。

第二節　トランスナショナル・ヒストリーと民族主義

近年では、韓国近現代史の研究者たちが歴史学や文学研究の立場から、植民地期朝鮮の問題を活発に論じている。それは韓国史であると同時に、日本史とも重なりあう領域であり、一国史の枠には収まることのないトランスナショナルな語りを提供するものである。植民地期朝鮮をめぐる議論は諸学問領域を横断しつつ多岐に渡って行われているが、以下では主に林志弦、尹海東など、日本語で翻訳・紹介されているものを中心にトランスナショナルとポストコロニアルの問題について検討してみたい。

韓国近代史の歴史家、尹海東はトランスナショナル・ヒストリーについて「「トランスナショナル・ヒストリー」はナショナルな状況を乗り越えたり横断したりするが、ナショナルな状況自体を無視することはしない」[*8]としたうえで、帝国支配としての近代を見る視座として次のように述べている。

> 「トランスナショナル・ヒストリー」の志向は、植民地を経験した歴史、……つまり帝国支配の経験をもっている歴史を解明することにおいて、もっとも適切な認識体系を提供してくれるかもしれない。植民地あるいは帝国主義支配を経験した歴史とは、近代世界体制一般の経験を含みこむことであり、近代の経験を解明するにおいても意味ある問題意識を含んでいるといえる。[*9]（傍点は磯前）

アジア・太平洋戦争後の日本が帝国の記憶を忘却し、単一民族のナショナル・ヒストリーの言説にみずからを封印していったのに対して、韓国は解放後になっても、南北分断がその最たるものであるように、帝国の傷跡を覆い隠すことはできないできた。みずからの民族の歴史を語ることが単一国民国家の枠を突き破らざるをえないものになってしまうこと、インド人のゴウリ・ヴィシュワナータンがその著作『群れの外で』において、インド・英国・アイルランドを往還した歴史を描いてみせたように、[*10]それをわれわれはポストコロニアル状況にもたらされたひとつの帰結として理解すべきなのである。そこに、韓国の近代史の歴史叙述が、いかに解放後の言論界を民族主義が席捲しようとも、トランスナショナルなものを無視することができない理由がある。今、そのような潮流が韓国史の分野を通して日本の歴史認識に入り込み、かつての帝国の記憶を呼び覚まし、日本の研究者もまたトランスナショナルな歴史叙述に向かわなければならない時期に来ている。あるいは、日本は戦後、「アメリカの影」の下に置かれていることはかなり意識してきたと言えようが、韓国がアメリカとともに「日本の影」の下にも置かれてきたことを、その事態を引き起こした当事者として自覚する必要がある。自己のイメージとは、それがナルシシズムに陥ることから逃れようとするならば、自分が己れをどのようなものとして理解したいかという願望だけでなく、他者からどのように見られているかという他者のまなざしを取り込んだところで成立するものでなければならない。他者のまなざしを含みこんだ歴史、それがトランスナショナル・ヒストリーの基本的視座と言えよう。

しかし一方で、解放後の韓国言論界の主流を占めてきたのは圧倒的に民族主義であり、トランスナショナル・ヒストリーの叙述はそれを相対化させる視点として、緊張感に満ちた言説編成の空間に存在してきたと言える。[*11] 韓国における民族主義の言説は、日本帝国からの独立をもたらした解放の言説として、日本の状況とは逆に、むしろ進歩的な反日の言説としての評価を得てきた。[*12] トランスナショナル・ヒストリーの立場はそのような解放後の韓国社会の進歩的言説に冷水をかけるものでもあり、独立運動を推進してきたとされる民族主義の言説にひそむ幻想と欲望を顕わにする動きと連動している。もちろん、民族主義の歴史叙述がコリアン民族の本来的一体性を前提とするものであるのに対して、トランスナショナル・ヒストリーは、そのような純粋性の欲求自体がつねに帝国の記憶によって攪乱されるものでしかありえないことを突きつけるものである。そのような純粋性への欲望として民族主義的言説のもつ問題点を、韓国近代文学史家の金哲が次のように明らかにしている。

韓国の民族主義は、被害と抑圧の記憶を自身の同一性を確立する主要な心理的機制としてきた。要するに被害者としての歴史的経験と記憶は、韓国の近代民族を構成する上で核心的な情緒的資質となったといえる。……韓国の民族主義においては……、自身を限りなく純潔で無垢なるものと形象化する心理が絶えず持続してきた。……それは、内部の葛藤や矛盾を民族至上の感傷によって縫合しながら強制的統合の有用なる道具として作用する一方、外部に対しては一種の補償心理の性格さえ帯びた排他的攻撃性として表れもする。被虐待の経験と記憶が民族主義や国家主義の外皮を被り、さらに残酷な排他的攻撃性として表れる事例はいくらでもあり、それは被害者や弱者としての位置によって免罪されるものではない。[*13]（傍点は磯前）

ポーランド史家の林志弦が指摘するように、韓国の民族主義は「英語の Nation というよりはドイツ語の Volk に近いもの」であり、「血統は民族の最も本質的な構成要素であると理解された」という。[*14] それは「植民地朝鮮の文化的優越性を前面に押し出し、日本帝国主義の物質的優越性に立ち向かうことのできる対抗言説を作り上げようとする試みだった」[*15]と同時に、解放後に二つの国家に分断された民族を回復しようという欲望に突き動かされたものと言えよう。林によれば、「植民地主義的な罪意識は、認識論的に、帝国主義の末裔である日本人全体を「集合的有罪」とみなし、植民地の後裔である朝鮮人全体を「集合的無罪」とみなす考え方を隠然と反映する」二項対立的な思考を生み出す一方で、「日本のナショナリズム批判が韓国のナショナリズムを強化し、逆に韓国のナショナリズム批判が日本のナショナリズムを強化する」「意図せざる共犯関係」を作り上げてきたという。[*16] 韓国でも広汎な読者をもつ思想家、米国在住の酒井直樹は、そのような共犯関係からなるナショナリズムの論理を解体するには、次のような思考法が必要だと説く。

有罪可能性と有罪との間には大きな違いがあり、私は自分が無罪だと思っているが、問責者に応答することによって、問責者に嫌疑を裏づけることを要求できるはずだし、嫌疑に反駁することもできるだろう。まず、ある集団が犯した罪があったとしても、その集団の全員が有罪とは限らない。……さらに、私の有罪性は、問責者その人も拘束するものでなければならず、問責者が、私が嫌疑をかけられている罪と同じような行為を行ったことが判明したならば、私が問いを発しうるはずであり、そのときは、私があるいは私たちが問責者になることができるのでなければならない。有罪可能性から有罪性への道のりで、共在性を通じて、私は私の集団には帰属しない人とともに普遍的な規範の立法の作業に参加するのである。[*17]

このような「普遍的な規範の立法の作業」にもとづいて、韓国人として自国の民族主義に批判を加えているのが、日本近代文学研究者の朴裕河である。「解放後の国家暴力の記憶は隠蔽し、それに先立つ植民地時代の、民族単位での被害の記憶ばかりが強調されている」として、教科書、慰安婦、靖国、独島をめぐる韓日間の共犯的なナショナリズムの思考を「帝国主義と戦争の時代がつくった問題が表面化したもの」と裁断する。[*18]「「親日的な発言」を処罰する法案をつくろうとする意見もまた、政治的正しさの暴力が生んだ発想だったといわねばならないだろう」[*19]という彼女の発言が、多くの日本人の罪悪感を和らげてくれるように、一見するとそれは親日的な立場から反日的な民族主義に物申すものとも取られがちである。民族主義に批判を加えるものは、韓国社会においては親日的な立場に立つものとして、日本の社会にとっては過去の日本帝国の罪悪を不問とするもののように受け取られがちなのである。しかし、「怒りは、決して謝罪を導くことはない」としたうえで、「暴力には暴力で応じるという「復讐」の思考」に終止符を打とうとする彼女の立場は、[*20]親日と反日という二分法を超えた普遍的なヒューマニズムの立場から出るものであることが次の発言から理解されよう。

恐怖は警戒心と暴力を呼ぶ。恐怖心にかられることが相手に対する無知の証でもあるという点では、韓日両国にいま必要なことは、互いの痛みについていま少し理解しあうことである。……そして互いに相手に狙いを定めるのではなく、みずからの内部にある暴力的な思考を拒むキャンドルデモが韓日の間で可能となる、そのような日が来るとしたら、その日わたしたちは、ともに一〇〇年前のあやまてる始まりが遺した傷痕から解き放たれ、新たな一〇〇年を準備できるだろう。[*21]（傍点は磯前）

ただし、朴裕河の議論を「普遍的なヒューマニズムの立場」として理解することにはより慎重な留保が必要になるかもしれない。板垣竜太は、論文「批判と連帯——歴史フォーラムをめぐる史的省察」において、朴の「和解」論が「被害者側」と「加害者側」という主体を固定してしまうことと、日本における受容が「慎み深い、誇り高き「日本人」の主体を立ち上げ」[*22]る構図になりかねないことの二点で、厳しい批判を行っている。日本における受容の構図に対する批判については筆者ももっとも賛同するところであり、すでに若干言及したので、ここでは主体の問題についてもう少し考えてみたい。

朴に対する板垣の批判はジャック・デリダの言う「赦す力」の理解に関わる問題である。板垣は「デリダの「赦し」論のポイントとは、……もし「赦し」などというものが可能だとすれば、それはとうてい「赦す」ことなど不可能な、決して取り返しのつかない、他ならぬそのものに対してである、というある種のアポリアを指摘した点にある」とし、「他の誰かになりかわって「赦す」というのも、傷を受ける前に戻ったかのように痕跡を消し去るのも、既に」デリダの言うところの「「赦し」ではない」と説明したうえで、朴の議論が「まず「韓国」を「被害者側」として大きく括って、それを「赦し」の主体として措定し、日本の「謝罪」に対する「赦し」を呼びかけるという、ある種の国民的なりかわりの論理」であると批判しているのである。[*23]

要するに朴の議論が、「赦し」の主体としての「韓国」と、「赦す」対象としての「日本」になっている、というような批判であろう。しかし筆者は朴の議論に対する板垣批判とはやや異なる読み方をしてみたい。朴において「赦し」の対象は「日本」「日本人」ではなく、「赦し」の主体そのものであると読みたい。「「赦し」は、被害者自身のためにこそ必要なのだ。怨恨と憤怒から、自由になって傷を受ける前の平和な状態にもどるために」[*24]（傍点は磯前）と朴は述べているが、ここでは主体と客体の転倒が起きている。「怨恨と憤怒」こそが「傷」であり、その「傷」を見つめなおす作業が自己に対する「赦し」なのだ、というのが朴の議論ではないだろうか。

　自己を被害者側としてすでに固定している韓国社会に向けた痛烈な批判であるために「韓国」を「被害者側」と表現しているものの、実は「被害者」「加害者」などの境界は措定されていないのではないだろうか。だとすれば、「傷を受ける前の平和な状態にもどる」ような希望として語られている点においてやや不満は残るが、自己の「傷」を見つめること、自己を「赦す」ことが、「とうてい「赦す」ことなど不可能な、決して取り返しのつかない、他ならぬそのものに対して」の行為であると読むことはできないだろうか。とりあえずは、以上の観点から板垣の批判をふまえつつも、朴の議論を「普遍的なヒューマニズムの立場」として理解しておきたい。加害者あるいは被害者としての歴史的立場性を認識したうえで、それでもナショナルな境界線に閉じ込められることなく、共通の立場を打ち出して行かなければなるまい。そして、個々の歴史的制約を超える共通の地平を見出すための重要な手がかりになるのが異種混淆性という概念である。

第三節　異種混淆性とグレーゾーン

　サイードやバーバによって唱えられた異種混淆性とは、「文化は、統一的で一枚岩的で自律的などころか、現実には、多くの「外国的」要素や、他者性や、差異を、意識的に排除している以上に実際には取り込んでいるのだ」[*25]といった表現に見られるように、現実のアイデンティティや文化が純粋で均質なものとしては存在しないことを説く概念である。しかし、一方で、フレドリック・ジェイムスンが懸念するように、そういった異種混淆性が本質をなすと措定することで、あらゆるアイデンティティが差異化あるいは断片化された新たな均質化状態、グローバル化時代の消費主義的自我の典型へと陥ってしまう危険性も孕んでいる。[*26] そもそも、異種混淆性はそのような両義性を有するものと思われるが、それがサイードらとジェイムスンのように正反対の評価になってしまうのは、差異化の位置づけ方の違いにも起因するものと考えられる。サイードが異種混淆性を、「アイデンティティは、根源的に起源的な断絶あるいは抑圧されることのない瑕疵をともなうことなく、みずからを構成したりあるいは想起したりすることができない」[*27] と述べるように、純粋性や連続性を攪乱する差異化の運動として理解する傾向にあるのに対して、ジェイムスンは差異化を代補的運動ではなく、実体的に断片化された状態として捉える。そこからジェイムスンの、異種混淆性を資本主義のグローバル化によって断片化されて浮遊するアイデンティティといった否定的な理解が生じて来るのである。

この理解の相違は、韓日関係の歴史における被害者と加害者といった立場を考えるうえでも重要な意味をもつ。すなわち異種混淆性を、均しくすべての者のアイデンティティの本質であると単純化してしまうときには、韓国人あるいは日本人が、それぞれに引き受けるべき歴史的過去が曖昧にされてしまう危険性が高まる。それは後に触れる尹海東の唱えるグレーゾーンに対する懸念でもあろう。[*28] 我々はだれしも自らの帰属する集団の歴史的制約に拘束されているのであり、その制約された内部から外部性として、あるいは歴史的制約を超えた余白として異種混淆性は想起されるものなのである。このような差異化の代補行為として捉えるとき、異種混淆性は歴史的実在の次元にそのまま顕現するものというよりも、歴史的制約のなかでつねに均質的に固定化されるアイデンティティを覆す余白や過剰の働きとして理解されるべきものとなる。その点から韓日関係を考えるならば、それぞれの歴史的立場性の違いをふまえながら、その違いを包摂して、ともにこれから未来を歩むために共通概念として異種混淆性が必要になるのである。ここにおいて、みずからのアイデンティティを純粋で固定的な民族主義の立場に立つものが、歴史的立場の異なる者と対話をおこなうことが困難になってしまう理由も納得されることになろう。
そして、このような異種混淆性の概念に近いものを、サイードやバーバのようにアイデンティティではなく、公共性の問題として提起したのが尹海東の「グレーゾーン」である。まず、尹はこれまでの韓国歴史学の主流を「植民地収奪論」と「植民地近代化論」に分け、その違いと共通点を次のように述べる。

日本帝国主義の悪辣で無慈悲な支配を通した収奪と、これに対応した韓国人の広範な抵抗運動という二つの軸を中心に日帝支配下の韓国社会を認識し叙述するのに、我々は極めてなじんでいる。……これを一まとめにしていわゆる「植民地収奪論」と呼び得るだろう。……このような二分法的認識を批判しつつ登場した植民地認識の方式がいわゆる「植民地近代化論」である。日帝の植民地支配下ではあれ韓国社会が近代化していたという点を否定し得ないという点でこのような主張は一定の妥当性を持っているといえよう。しかし収奪論と植民地近代化論は先鋭に対立しているが、実は認識論的基盤を共有しているという指摘が提起されている。植民地収奪論と植民地近代化論は、民族主義と近代化という認識基盤を共有しているというのである。[*29]

つまり、尹によれば、収奪論にせよ近代化論にせよ、「近代的な民族国家の樹立に向かう道程として韓国近代史を解釈し、このような近代民族国家の樹立過程としての韓国近代史は分断国家の統一によって完成されるもの[*30]」という立場を取る点で、共通した民族主義の立場に立つものなのである。それに対して、尹は「抵抗と協力が交差する地点に「政治的なるもの」=公共領域が位置していた」として「植民地認識のグレーゾーン」という概念を提唱する。[*31]

日帝の同化政策が推進されるなか日帝は韓国人協力体制の構築を多面的に試みるが、これによって韓国人の協力が構造化し日常化する。……協力体制が構造化し日常化するということは、どこまでも完全な意味における同化体制が構築されないとするならむしろ多様な形式の抵抗が構造化し日常化するということを意味するものでもある。……同化、または体制内化する姿を見せることは、表面的には協力の様態を帯び同調する姿を示すが、これが支配を内面化することまでを意味しはしないからだ。このように見るなら韓国の被支配民衆は絶え間無く動揺しつつ協力し抵抗する両面的な姿を見せていたのではないだろうか？　ここがまさに植民地認識のグレーゾーンが発源する地点である。[*32]

植民地の公共性を主題とする尹は、「協力は支配体制を変化させもする」ものであり、「植民地支配下においてであったとはいえ参政権の拡大または地域民の自発的な発議によって公的領域は拡大していた」とする一方で、同時に「そのような努力を通じてすぐさま植民地秩序を維持・強化する権力へと陥ってしまう危機に直面した二律背反の存在」であることを申し添える。[*33]まさにそこには、抵抗と同化が両義的なものとして存在していた植民地の公共空間の特質を見て取ることができる。そこから尹は抵抗を反日と、同化を親日と、二項対立的な思考のもとに分断してそれぞれに結びつける民族主義の思考法に対して疑問を呈する。

植民地支配の当時においても親日派、排日派という二分法的認識が一般化していたが、韓国人が内地人と同様の日本人、つまり隷属させられた日本人ではなく本当の日本人になり得るという目標に向かう者が親日派であり、韓国人が本当の日本人には成り得ないから民族自決に依る独立を図る道しかないと考える者を排日派であると考えていた。……しかしこのような分類方式は評価の尺度が民族（または民族主義）のみであり社会の変化を積極的に反映しがたい。国家または民族という尺度でなく、個人と「社会の分化」という尺度をもって帝国主義の統治に対する抵抗行為を評価するなら、親日と抵抗（排日）という対応方式は相当な問題を帯びるほかない。[*34]

ここにおいて、尹の立場が異種混淆性という概念へと大きく接近していくことがうかがわれよう。帝国の支配者である日本人と、植民地の被支配者である朝鮮人というような、二つのアイデンティティの明確な区別が困難であるとき、公共空間の内部において朝鮮人の抵抗と同化が表裏一体をなしていたように、彼らのアイデンティティもまた純粋な朝鮮人あるいは日本人という民族的な尺度のみでは存在しがたいものであったのではなかろうか。朝鮮総督府が朝鮮知識人の協力を得て編纂した『朝鮮史』、あるいは李光洙らが獲得した近代小説の文体もまたこのような異種混淆性の産物であることが明らかにされている。[*35]

そして、「「植民地近代性」は「雑種性」（混種性 hybrid）として表現されるのであり、「植民地近代」が雑種化する運命は「帝国主義近代」（日本）の雑種化へとつながるしかない」[*36]と尹が述べるように、植民地朝鮮の異種混淆化は、それを占有する主体である帝国日本の純粋性を腐食するでもあるのだ。否、すでに述べたように異種混淆性が歴史的に制約された内部の均質化された空間へと代補的に介入する外部性であるとしたならば、固定化された朝鮮人や日本人というアイデンティティが制度化されて存在する一方で、その均質性を流動化させる異種混淆性がつねにそこに作用していると理解されるべきなのだ。このような意識をもったとき、次の金哲のような問いが、戦後の朝鮮半島のアイデンティティをなしてきた民族というものの実体性に対して突きつけられることになるだろう。

一体「民族」とは何か、それによって指し示される対象の外延と内包は何か、さらには「民族」は実体なのか、それを中心に思惟し実践するということは何か、という問いは、いわゆる民族文学陣営の内部において深刻に提議されたことはない。「民族」はすでに疑問の余地のないものとしてあり、どこまでも問題となるのは「民族文学」をどのようにして拡大しその中心をどこに据えるか、ということなどであった。[*37]

金の指摘に尹の見解を重ね合わせるならば、植民地支配において日本の圧倒的影響を被るかたちで自己形成をした朝鮮人にとって、その影響の圧倒性ゆえに、そしてまた戦後の南北分断ゆえに、純粋なる韓国人・朝鮮人としての民族への欲望は止みがたいものであった。[*38]それを金は「疑う余地のない実体としての「民族」（の永遠性、単一性、そしてそれの回復）と「民衆」（の純潔さ、無垢さ、偉大さ）にたいする信念」[*39]と名づけているが、さらに金が言うように、戦後民衆を弾圧してきた国家権力も同じ欲望に憑かれて、その名のもとに暴力を行使してきたとするならば、このような無垢な状態に回復しようとする欲望自体を異種混淆性やグレーゾーンという概念をもって脱臼させていくことが今まさに求められているということになろう。それは、サイードがイスラエル国民とパレスチナ人の共存をも希求するなかで、異種混淆性を紐帯とする「二国民国家」[*40]を提唱したこととそれほど懸け離れたものではないだろう。

そして、同化と抵抗が表裏一体をなすような被植民者の行為、それはスチュアート・ホールがジャマイカの奴隷たちの例について語ったように、「横領 appropriation」の行為としても読み得られるものである。[*41]だとすれば、内鮮一体論が推し進められた時期に、親日派へと転向していったとされる朝鮮人たちの同化と紙一重の抵抗の行為、あるいは同化を通してのみ可能であった抵抗の行為がどのようなものであったのかを、グレーゾーンを生きる朝鮮人の可能性の問題として受け取っていかなければなるまい。

第四節　転向と絶望

一九三〇年代以降、日本の唱える東亜協同体論や内鮮一体論に共鳴する朝鮮知識人たちが登場するようになる。

彼らはある者は民族主義やマルクス主義から転向したものと見なされ、解放後「親日」として均しく糾弾されてきたが、すでにグレーゾーンの議論に明らかなように、植民地の公共空間が親日か反日か、あるいは同化か抵抗かという二分法に分けられないものとして存在していた以上、そのような二項対立的な分離行為そのものが戦後の民族主義という純粋性を渇望する欲求を過去に投影したものにすぎないということになる。このような内鮮一体論や東亜協同体論を被植民者の抵抗の言説として読み替えようとしていた朝鮮知識人を議論したものに、崔真碩の朴致祐論、洪宗郁の金明植論、趙寛子の徐寅植論、全成坤の崔南善論、金哲の金南天論などがある。彼らの動きを京都学派の理念との関係から、米谷匡史は次のようにまとめている。

日本の論壇で「東亜協同体」論が現れたのは一九三八年秋のことですが、朝鮮の論壇でも、その動きはほぼリアル・タイムで注目されています。……さらに、哲学者の徐寅植や朴致祐は、三木清らの「東亜協同体」論のほか、京都学派の「世界史の哲学」・「近代の超克」論を批判的に受容・変奏し、『朝鮮日報』や『人文評論』などの論壇で独自の議論を展開しました。これらは、日本の議論を受容した「親日」言説と言うべきものではなく、皇民化政策と「内鮮一体」論が吹き荒れる戦時動員期の朝鮮において、「東亜協同体」論を転釈・流用しながら、抵抗／協力の狭間で批判的言論をくみたてる葛藤にみちた試みです。[*42]（傍点は磯前）

たとえば、崔真碩は朴致祐の議論を、日本帝国の支配者側の立場に立つ三木清の議論と比べ、「内鮮一体論に同調したところで三木には何のリスクも伴わない。むしろ「日本人」としての自己が肥大化していくだけである。しかし、植民地朝鮮の人間である朴が内鮮一体論に同調する際には、脱植民地化への期待とともに、「日本人になる」という内鮮一体の持つ動員や同化の暴力に隣り合わせることになるのである」[*43]と発話状況の決定的な違いを鮮明にする。洪宗郁によれば、金明植の議論というものは内鮮一体論のなかに異民族支配の論理である東亜協同体を接合することで、日朝間に他者性の論理を滑り込ませるものになりえるのだという。むろん、ここで言う他者性とは、エマニュエル・レヴィナス[*44]が言うように、自己へと同化し切ることができないがゆえに、応答する責任をもつ存在の本質を指す言葉である。

> 金明植にとって「協和的内鮮一体論」は東亜協同体論の朝鮮的具体態であった。すなわち、日本と中国の関係を説明するために導入された協同体の論理を、「内鮮」間にも適用すべきだという主張であった。それは朝鮮の他者性の尊重に対する訴えであった。金は、他者性が認められる帝国をつくることによって朝鮮の主体性を守ろうとしたのであり、逆にそうした帝国は朝鮮人の積極的参画によってはじめて形成されうると考えていたのである。このことは朝鮮という主体と、帝国という主体すなわち「帝国の主体」を同時に肯定することを意味した。……東亜協同体論の受容によって金の「転向」の論理は一定の完結性を備えるようになったのである。[*45]（傍点は磯前）

あるいは、趙寛子が紹介する徐寅植によれば、三木のみならず西田幾多郎も含めて、「超越的全体性にたいする深い信仰の世界で日本の世界史的使命に陶酔する京都学派の歴史認識は、帝国の膨張とともに誘発された戦争から「現実の世界の底に絶対者の声」を聞き取り、混沌とした歴史を「世界史の浄化」という「絶対無」の象徴形式に包括する」「人間性を排除する「文化の癌」」であり、「多中心の他者につらなる行為の責任を問うこのような思惟＝認識論をつうじて、……主体的行為が世界に開かれる必然性を見いだそうとする」徐寅植ら朝鮮の知識人の「世界史の哲学」や「東亜協同体」とはまったく異質なものであったという。[*46]繰り返し言えば、崔真碩が指摘するように「圧倒的な力関係の下、朝鮮の他者性が日本の自己性に吸収されて行く中で他者を問うこと、その極限状態における朴の圧倒的弱勢の位置からの問いかけから[*47]」、緊張感を欠いた自己の延長としての他者ではなく、暴力の恐怖のもとでの緊張感に満ちた他者との向き合いが可能になった事態であると捉えられるべきであろう。類似した抵抗の動きは、朝鮮史編修会に協力した崔南善にもまた、「日本の建前の同化政策を受容しつつ、その中に様々な思想の調和の可能性を試み、差異としての「檀君」思想を捜し求めた」[*48]として見て取ることも可能であろう。崔南善を研究した全成坤は次のようにその思想を総括している。

> 筆者は、崔南善が日本人学者の論を受けながら、その植民地支配者の「位置」を撹乱させる力として、檀君を、同じ論理の上に構築していく「談論」を選択したことは、必ずしも植民地主義肯定論者としてではなく、むしろ「抵抗者側」として、状況により自分の場所を変えながら、日本民族主義を相対化する論理を考案していたと読み取りたい。……それは、被植民者が、差別からの脱皮のために「同化」を選択したという矛盾に満ちたプロセスである。[*49]（傍点は磯前）

その「矛盾に満ちたプロセス」とは、尹が言うように植民地の公共空間のなかでは「協力し抵抗する両面的な姿」、すなわち同化の仕草が抵抗の模倣（mimicry）[*50]であるとともに抵抗もまた同化の模倣にもなってしまうという、まさに両義性に満ちたグレーゾーンの空間にならざるを得ないことを指し示すものなのではなかろうか。たとえば、金哲の分析する金南天の場合は、同化を通して日本の内地を朝鮮と同じ帝国の一地方へと引きずり降ろそうとする朝鮮知識人の抵抗の戦略が、結局は同化の言説のなかに絡み取られていく過程を描き出している。[*51]その両義的行為のなかから、抵抗あるいは同化の行為のいずれか一方だけを取り出すのではなく、日本や朝鮮といった自己同一性が転覆させられていく異種混淆的な公共空間を自らの歴史の一部として背負わなければならなかったことを、次の金哲の言葉は示しているように思われる。

韓日間の理解を阻んでいる政治的無意識を考察し、真の和解の糸口を模索しようとするこの場で、私たちが語ることができるのは、私たちは私たち自身を形作っている植民地を、「清算」と「断罪」の視線をもってしては決して「清算」できず、いかなる「正気」も回復できないということである。「民族」はその起源に照らしてみるとき、そもそも「植民地」なのであり、その混種性に照らしてみるとき、最初から「外国」なのである。アイデンティティがそうであるなら、そうした自分を抱きしめ、同時にそれを乗り越えていく以外に、ポスト植民地＝植民地以降を生きていく以外に、道はない。言い換えれば、それは「幻想」を捨てて「絶望」に立ち向かうことである。[*52]（傍点は磯前）

金の言う絶望とは何か。彼はさらに竹内好を介して魯迅の言葉を引きつつ、自分たちに救いなど存在しないという絶望を引き受けて、苦痛のもとに生きていく必要性を説く。

奴隷からの目覚めは、奴隷に「行く道がないが行かなければならぬ」「人生でいちばん苦痛な」恐怖を抱かせるだろう。その恐怖に耐え抜くことができなければ、彼は自らが奴隷であるという自覚を捨て、「解放」という幻想、道があるのだという夢の中で生きていかなければならない。その夢から覚めた瞬間、彼には道が消え去り、絶望だけが現れる。その絶望を行動に移すこと——それが奴隷の真の抵抗である。[*53]

受苦の痛みこそが身体と観念を呼応させた主体を涵養するとは、人類学者タラル・アサドの意見であるが[*54]、金は民族の純粋性という回復不能な欲望にいつまでも捕らわれることなく、グレーゾーンでしかありえなかった植民地化の過去を引き受け、むしろ積極的に民族・反日・抵抗といったものの、純粋性として回復不能であることを自らの絶望として引き受けていくこと。その絶望こそが、他者と共存可能なあらたな韓国人としての主体再編につながるとしているのである。バーバが新たな共同性の絆を、移民たちの生によってもたらされた「生きることの戸惑い」[*55]に求めたとしたならば、金はそれを民族の純粋さの困難さに求め、そこから「絶望」を絆とする新たな共同性を未来に向かって模索しようとしていると捉えるべきである。しかし、著者たちが韓国人でもあるにもかかわらず、具体的な転向論の執筆がほとんど日本語だけで書かれてきたということは、金哲の苦難に満ちた訴えにもかかわらず、韓国の社会ではやはり民族主義がいぜん大勢を占めており、親日派としてのみ裁断する言説を実際に越えていくことの歴史的困難さを物語っているとも言えよう。

第五節　サバルタンと恥辱

さて、ポストコロニアル批評が異種混淆性とともに、ネイティヴ・インフォーマントとメトロポリタン・ディアスポラの共犯関係を、ある種の必要悪として主張するものであることはすでに述べたところである。スピヴァクの『サバルタンは語ることができるか』に端を発するこの議論は、サバルタンと呼ばれる抑圧された立場の人びとの声を知識人がそのまま代理表象することはできないことを指摘したものとして、一躍スピヴァクの名前を世界に知らしめたものであった[*56]。それはスピヴァク自身が知識人でありながらも、非西洋人であるということで、結果としては、西洋の人間にとっては非西洋からの告発という意味を帯びたものとして映じたであろうし、非西洋の人間にとっては自分たちの代弁者的存在に見えたことも否めないであろう。

しかし、その後スピヴァクは『ポストコロニアル理性批判』を刊行するなかで、彼女自身を含め、このようなポストコロニアルの議論をしている非西洋の知識人の多くがメトロポリタン・ディアスポラ、すなわち西側——極言すれば英語圏——の巨大都市に住んでいる知識人であり、現地に住む土着知識人とは区別されることを批判するようになる。つまり、ポストコロニアル言説自体が、西側の教育を受けた非西洋の知識人が、英語を用いて西側の人びとに語りかける構造のなかで消費される言説であるという、アドレスの構造を彼女は暴いていることにもなる。ただ、それは今日の社会構造から見て避けがたい構造でもあり、スピヴァクはその構造を自覚したうえで、彼女がネイティヴ・インフォーマントと呼ぶ抑圧された現地のサバルタンたちの声を拾い上げていく必要性を、その代理表象の危険性を自覚しつつ、あえて説いていくのである。

このような英語圏で流通するポストコロニアル言説をめぐる発話の位相の問題を耳にするとき、韓国における植民地問題を議論するアドレスの在り方が、それらとはかなり異なる状況に置かれていることに容易に気がつくであろう。ここまで紹介してきた韓国の研究者たちは、たとえかつては国外に留学していたにしても、現在はその多くが韓国の大学に職を有する者であり、その留学先は合衆国よりも日本であったということも少なくない。また彼らの研究成果の解読を筆者が日本語で発表された文献を中心におこなったように、その翻訳も英語よりは日本語へと訳されるものが――日本語にしてもけっして多いとは言えないのだが――相対的には少なくないという事実もある。むろん、それは日本がかつての宗主国であり、インドと大英帝国の関係と同じようなものと言えるのかもしれない。しかし、韓国の植民地問題の書き手が、東京も含めたメトロポリタン在住のディアスポラというよりは、土着エリートであるということは、その特質を考えるうえで重要な点であろう。つまり、彼らの捉える異種混淆性は、グレーゾーンがそうであるように植民地と帝国の混淆性の問題であり、故郷を喪失したディアスポラあるいは移民や難民たちの体験というものは、在日コリアンがそうであるように、少なくとも韓国社会の内部においては積極的に主題化されて来なかったのではなかろうか。

それはおそらく韓国社会が日本帝国あるいは戦後の合衆国の支配から独立するために、つねに民族主義というスローガンに歴史変革の役目を負わせてきたということと密接に関係していよう。本章で紹介したような植民地近代性論は、その民族主義という純粋性を負荷された欲望に疑問を呈するものではあるが、やはり「帝国と民族」という主題を軸として議論を展開せざるを得ないところに朝鮮半島が被ってきた歴史の重みがあるように感じられる。そのような「帝国と民族」の関係性に主関心がある以上、民族内部のヘゲモニー関係に注意を向けることは容易ではあるまい。

そのなかで興味深いのが、在日コリアンでもある趙景達の議論である。趙は尹の言うグレーゾーンに対して、「実はもっぱら総督府権力（在朝日本人社会を含む）と都市・知識人社会の狭い空間においてのみ成立していたのではないかという疑念」を呈示し、「植民地権力に回収しきれない人々の心性や底辺社会の諸相に対する関心が希薄なように見える」と批判を加えている。[*57] つまり、植民地における朝鮮知識人と民衆の格差の問題、スピヴァク流の表現をとるならばサバルタンの代理表象の問題を提起しているわけだが、趙の議論はそこからサバルタンと知識人の関係に進むことなく、むしろ知識人を排除したかたちで、「民衆こそが生活主義に徹した即自的な抵抗をなすしかなかったにせよ、最も強力な抵抗者たり得たのだと考えなければならない」[*58]と、民衆独自の抵抗の歴史を強調することになる。「民衆への信頼こそは、朝鮮独立への希望であり、彼〔安在鴻〕の民族主義の根幹を支えていたものだ」[*59]とする趙の発言は、このような植民地の公共空間に複雑な亀裂が存在することを指摘する可能性を秘めつつも、結局のところ、金哲が民族文学論に見て取った「絶対多数の素朴な人民たちのなかに、そして彼らの集団的伝統のなかに善が存在すると信じる人民主義」[*60]に回収されていってしまう論理的帰結を示している。あるいは、在日コリアンの者たちが、そのディアスポラ性の不安定さゆえに、故郷喪失者ではなく、むしろ回復されるべき民族を朝鮮半島に住む者たち以上に強く希求してやまないということも、韓国の植民地研究がどのような歴史を背負い、それとどのように向き合ってきたのかということを示すひとつの証左なのかもしれない。

そのなかで、帝国と民族関係において一体化された民族あるいは美化された民衆に対する疑念は、数は多くないかもしれないが、やはり女性史の立場から提起されている。人類学者の金成禮は、解放直後の済州四・三事件で起きた同じ民族内での暴力行使の体験について次のようにみずからの見解を述べている。

性暴力事件の記憶が、国家や国家に代わる専門家により組織されテキスト化されれば、彼らの声だけが物質化し、一種の永久性をもつことになる。そのようなテキストにおいては、犠牲者自身の経験は沈黙させられ非可視化される。言語が性暴力の被害者の経験を適切に再現し得ないとき、その経験を代弁するのは、女性被害者の傷ついた体、沈黙した体である。ことばは体を裏切る。体とことばが分離した状態において、女性はことばにつまる。にもかかわらず、女性の体についてのことばはあまりに多い。あまりに多くが語られることによって――特に女性の傷ついた体を脱がせ分解するようなことばの場合――、反共暴力と性暴力の苦痛や残酷な傷跡、そして死について告発しようとする苦痛を受けた体の「叫び」は、むしろ抑圧される。それはもう一つの性暴力である。[*61]

しかし、抑圧された声はそのまま沈黙してしまうのではなく、シャーマンに憑依する声や夢を通して人びとに語りかけようとする。

苦痛の言語が国家権力と家父長的男性により専有されてしまう限り、「苦痛の連帯」は言語以前の形態、つまり泣き声や夢のイメージを通じて、そして憑依のような想像界の神秘的で宗教的な様式を通じて成される。……逆説的だが、経験的な真実をあるがままに語ることができず、むしろ真実がしばしば歪められる現実世界においてよりも、歴史的な現実を代替する夢や憑依のような非現実的な世界は、「より真実のもの」として認められ得る。[*62]

金成禮が結論として述べる苦痛の共同体――「宗教的な想像界において、死者と生者は、死の現実と記憶の苦痛に立ち向かう方法として夢や憑依の方法を活用し、苦痛の連帯をつくり出す」――は、抑圧された者が「韓国の近代国民国家の強固な暴力的秩序に抵抗する抵抗の唯一の方法だった」のである。[*63] このような声にならない声が、断片的な形にせよ言葉として発せられるときに、宗教的な回路が重要な役割を果たすということは、ヴィシュワナータンやアサドがサイード批判をとおして宗教的なかたちでの社会批判の可能性を模索していることを考えたときに大きな手掛かりを与えるものとなろう。[*64] さらに、韓国近代文学研究者の黄鎬徳は植民地化の例外的状態に置かれた人びとをジョルジョ・アガンベンの描く「剝き出しの生」[*65] になぞらえ、次のように彼らの存在に耳を傾けようとする。

> 東京の朝鮮人貧民地帯、植民地都市の監獄、平壌の土城廊、満州の日本大使館の地下室、ソウル南山の安全企画部の地下室という忘却のあなぐらに捨てられ、単なる肉と血と骨の塊となり、そうやって屍になることでのみ法の言葉のなかに登録される人々。革命家の措置と主権権力の非常事態はそこで出会う。そういう場所を私は「植民地」と呼び、近代の「例」と感ずるのである。……その叫び声を聞くことは、後期植民地の人間が植民地を通じて学ぶ唯一の知である。彼らこそ我ら（の潜在態）であるがゆえに、そのいかなる死も声も私たちには依然として盲目的な問いである。空中にぶら下がった肉にならないために人間を宙吊りにする場所、そう、そこがわが地、わが祖国である。[*66]

そして、このように暴力に曝された朝鮮人たちの声にならない声に耳を傾けていくとき、むろんそのためには金成禮や黄鎬徳という知識人の代理表象が欠かせない要素として存在するわけだが、金哲が「絶望」を絆とすることを唱えたと同様に、「苦痛」や「無残な死」を中核に取り込んだ共同性を捜し求めていく必要があるのではなかろうか。そうでなければ、人はみずからの身体を恥辱に満ちたものとして恥じ入り、宗主国の文明へと啓蒙化される以外に道はなくなってしまう。[*67]

同じく済州四・三事件を体験した在日コリアンの詩人、金時鐘は事件について口を閉ざしてきた理由を次のように説明する。

言葉というのは圧倒する事実の前ではまったく無力なものです。言葉が文字として出るのも、記憶が熱いうちは、なかなか言葉にならないんですよね。……思いおこそうとするとかたまりのまま、わっと押しあがってくるから、言葉にならない。言葉に関わりながら、言葉にしようがない。[*68]

しかし、それでも金時鐘は、「事実が真実として存在するためには、その事実が想像力のなかで再生産されなくてはならない」[*69]として、作品にする覚悟を言明する。それは四・三事件だけでなく、韓国の知識人たちが自らの植民地体験やポストコロニアルとしての解放後の体験を、どのようなかたちで民衆たちの言葉と結びあわせながら概念化していくかという課題と決意を物語るものであろう。韓国のポストコロニアル期は「民族」なるものといかにして向き合っていくかということに膨大なエネルギーが費やされてきたが、土着の知識人たちが中心となりながら、そこにディアスポラである在日コリアンたちの発言を取り込んでいくことで、緊張感にみちた言説編成の構図のなかでどのような文脈のもとに分節化していくかが大きな課題となることであろう。そして、それはまた南アジアやパレスチナから出てきたメトロポリタン・ディアスポラには語りえない、新たな歴史への眼差しを示すものとなりつつあるはずである。

思念の奥の言葉の紡ぎをやりたい。ストーリーで見せるんじゃなくて、いつ誰に読まれて誰に残るか知らないんだが、「四・三」の、ぼくの深奥なる一番奥底の、凝り固まった敗残の己のうずきを、悶えを、それを言葉化したものにしたいねん。[*70]

みずからの血肉とせざるを得なかった関西弁でその思いを語る金時鐘には、自分が辿った過酷な歴史を背負うがゆえの、言葉にならないほどの、抑え難い表現への衝動が溢れている。それは、今日西洋世界を席巻する南アジア出身のメトロポリタン・ディアスポラたちとは異なるかたちで、東アジアで、そして世界中で共有されるべき体験が含まれていることは確かな事実である。そのとき誰が加害者で、誰が被害者であるかという当事者探しに終始することなく、日韓関係もまたそのような〈加害者／被害者〉といった歴史的位置を生み出していった構造自体を、それぞれの異なる立場から引き受けながら、ともに究明する方向へと新たな展開を遂げるのではなかろうか。

注

＊1――本章は、もともと金泰勲氏との共著論文「ポストコロニアル批評と植民地朝鮮」（『季刊日本思想史』第七六号、二〇一〇年）として発表されたものである。この共同作業は、まず磯前が骨子になる部分を書き、金氏が韓国語による研究を中心に補筆していった。その骨子が磯前によるものであるため、金氏の許可を得て、本書に収録させていただいた。収録を快諾してくれた金氏に感謝の意を捧げたい。

＊2――Gayatri Chakravorty Spivak, *Other Asias*, Malden, Oxford and Victoria: Blackwell Publishing, 2008, pp. 251–252.

＊3――Aijaz Ahmad, "Orientalism and After: Ambivalence and Metropolitan Location in the Work of Edward Said," *In Theory: Classes, Nations, Literatures*, London and New York: Verso, 1994.

＊4――ガヤトリ・チャクラヴォルティ・スピヴァク『ポストコロニアル理性批判――消え去りゆく現在の歴史のために』一九九九年（上村忠男・本橋哲也訳、月曜社、二〇〇三年）。

＊5――エドワード・サイード『文化と帝国主義』一九九三年（大橋洋一訳、みすず書房、一九九八／二〇〇一年）。

＊6――ホミ・バーバ『ナラティヴの権利――戸惑いの生へ向けて』磯前順一／ダニエル・ガリモア訳、みすず書房、二〇〇

九年。

*7——酒井直樹『希望と憲法——日本国憲法の発話主体と応答』以文社、二〇〇八年。

*8——尹海東「트랜스내셔널 히스토리（Transnational History）의 가능성——한국근대사를 중심으로」역사학회『역사학보』第二〇〇号、二〇〇八年（裵貴得訳「トランスナショナル・ヒストリーの可能性——韓国近代史を中心として」『季刊日本思想史』第七六号、二〇一〇年、六三頁）。

*9——同右論文（六三頁）。

*10——Gauri Viswanathan, *Outside The Fold: Conversion, Modernity, and Belief*, Princeton: Princeton University Press, 1998（第二章のみ、三原芳秋訳「否認の原理」『みすず』第五七六号——第五七八号、二〇〇九年）。

*11——近年、韓国における民族主義批判、植民地近代化論、植民地近代性論に関わる論争については、한국정신문화연구원 편『식민지근대화론의 이해와 비판』（『植民地近代化論の理解と批判』서울、백산서당、二〇〇四年）、김낙년『한국의 경제성장』（『韓国の経済成長』서울、서울대출판부、二〇〇五年）、同「'식민지근대화'재론」（「「植民地近代化」再論」『경제사학』第四三号、서울、경제사학회、二〇〇七年）、이승렬「'식민지근대'론과 민족주의」（「「植民地近代」論と民族主義」『역사비평』第八〇号、역사비평사、二〇〇七年）、배영순「세계화 이후 한국사 인식의 탈민족주의적 경향——근현대사 인식의 보수우경화를 중심으로」（「世界化以後韓国史認識の脱民族主義的傾向——近現代史認識の保守右傾化を中心に」『민족문화논총』第四〇号、영남대학교민족문화연구소、二〇〇八年）などが参考になる。

*12——Gi-Wook Shin and Michael Robinson, "Introduction: Rethinking Colonial Korea," in Shin and Robinson, eds., *Colonial Modernity in Korea*, Cambridge (Massachusetts) and London: the Harvard University Asia Center, 1999, p. 13.

*13——金哲「한국의 민족-민중문학과 파시즘——김지하의 경우」대산문화재단 주최 '한국현대문학 100년 기념 심포지움'、一九九八年、『현대한국문학 100년』민음사、一九九九年（崔真碩訳「韓国の民族-民衆文学とファシズム——金芝河の場合」『現代思想』第二九巻第一六号、二〇〇一年、一九八——一九九頁）。

*14——林志弦「한반도 민족주의와 권력 담론」『당대비평』第一〇号、二〇〇〇年、同『이념의 속살』삼인、二〇〇一年（板垣竜太訳「朝鮮半島の民族主義と権力の言説——比較史的問題提起」『現代思想』第二八巻第七号、二〇〇〇年、一三一頁）。

*15——同右論文（一三二頁）。

＊16——林志弦「東アジア歴史フォーラム——先史時代から歴史時代への移行」林志弦他編『植民地近代の視座——朝鮮と日本』岩波書店、二〇〇四年、三一〇・三一一頁（林志弦他編『국사의 신화를 넘어서』휴머니스트、二〇〇四年）。

＊17——酒井直樹『日本／映像／米国——共感の共同体と帝国的国民主義』青土社、二〇〇八年、二六三—二六四頁。

＊18——朴裕河『화해를 위해서』뿌리와이파리、二〇〇五年（佐藤久訳『和解のために——教科書・慰安婦・靖国・独島』平凡社、二〇〇六年、五三・二一六頁）。

＊19——同右書（一〇四頁）。

＊20——同右書（二二〇頁）。

＊21——同右書（二三四頁）。

＊22——板垣竜太「批判と連帯——日韓間の歴史対話に関する省察」『文化人類学』第七四巻第二号、日本文化人類学会、二〇〇九年、三〇九頁。

＊23——同右論文、三〇八頁。

＊24——朴前掲『和解のために』二四〇頁。

＊25——サイード前掲『文化と帝国主義』（第一巻、五〇頁）。

＊26——フレドリック・ジェイムスン『カルチュラル・ターン』一九九八年（合庭惇他訳、作品社、二〇〇六年）。

＊27——エドワード・サイード『フロイトと非‐ヨーロッパ人』二〇〇三年（長原豊訳、平凡社、二〇〇三年、七二頁）。

＊28——趙景達『植民地期朝鮮の知識人と民衆——植民地近代性論批判』有志舎、二〇〇八年、一六頁。

＊29——尹海東「식민지인식의 회색지대——일제하 공공성과 규율권력」『당대비평』第一三号、二〇〇〇年、同『식민지의 회색지대』역사비평사、二〇〇三年（藤井たけし訳「植民地認識の「グレーゾーン」——日帝下の「公共性」と規律権力」『現代思想』第三〇巻第六号、二〇〇二年、一三二—一三三頁）。

＊30——同右論文（一三二頁）。

＊31——同右論文（一三九頁）。

＊32——同右論文（一三七頁）。

＊33——同右論文（一三七・一三九・一四四頁）。

＊34——同右論文（一三四頁）。

＊35――『朝鮮史』については、桂島宣弘編「特集　植民地朝鮮における歴史編纂」『季刊日本思想史』第七五号（二〇一〇年）に収録された諸論文を参照のこと。朝鮮人の近代小説の文体については、南富鎮『文学の植民地主義――近代朝鮮の風景と記憶』世界思想社、二〇〇六年、七六―八四頁。

＊36――尹海東「식민지 근대와 대중사회의 등장」『식민지근대의 패러독스』휴머니스트、二〇〇七年（初出は、「植民地近代と大衆社会の登場」林他前掲編『植民地近代の視座』五九頁）。

＊37――金哲前掲「韓国の民族－民衆文学とファシズム」（一九九頁）。

＊38――ここで、南北分断から現在に至るまで、北と南側においては朝鮮人民／韓国人という、自民族を表す、二つの異なる名称が存在していることにも細心の注意を払う必要がある。この二つの「民族」名称は果たしてどの程度互いを認定してきたのだろうか。実際、六〇年にわたる分断の歴史を通して、南側では北朝鮮の代わりに北韓が、北の方では韓国の代わりに南朝鮮というそれぞれ異なる公式名称が用いられてきた。このような現状には、実は、二つの異なる「民族」名称の存在が、政治的体制や理念的対立以上に互いを排除する機能を果しており、決して容易には同一化しえないものが分断の歴史のなかで現実的にできあがっていることを見逃してはならない。しかし、より深刻なのは、このような現実があるにも拘らず、翻訳を媒介とすることによって、日本で通用する北朝鮮の名称が韓国で翻訳される時は北韓、そして韓国で通用する北韓の名称が日本語では北朝鮮に何らの問題意識もなく訳されるため、鈍感のままに封印されている問題である。

＊39――金哲前掲「韓国の民族－民衆文学とファシズム」（二〇二頁）。

＊40――エドワード・サイード「わが帰還の権利」二〇〇〇年、ゴウリ・ヴィシュワナータン編『権力、政治、文化――エドワード・W・サイード発言集成』（田村理香訳、太田出版、二〇〇七年、下巻、三〇四頁）。

＊41――スチュアート・ホール「ジャマイカの宗教イデオロギーと社会運動」一九八五年（磯前順一／タラル・アサド編『宗教を語りなおす――近代的カテゴリーの再考』みすず書房、二〇〇五年）。

＊42――米谷匡史『思考のフロンティア　アジア／日本』岩波書店、二〇〇六年、一四五頁。

＊43――崔真碩「朴致祐における暴力の予感――「東亜協同体の一省察」を中心に」『現代思想』第三一巻第三号、二〇〇三年、二〇二頁。

＊44――エマニュエル・レヴィナス『存在の彼方へ』一九七四年、第一章（合田正人訳、講談社学術文庫、一九九九年）。

＊45――洪宗郁「一九三〇年代における植民地朝鮮人の思想的模索――金明植の現実認識と「転向」」『戦時期朝鮮の転向者たち――帝国／植民地の統合と亀裂』有志舎、二〇一一年、一二四頁。

＊46――趙寛子『植民地朝鮮／帝国日本の文化連環――ナショナリズムと反復する植民地主義』有志舎、二〇〇七年、二一九・二一五頁。

＊47――崔前掲「朴致祐における暴力の予感」二〇二頁。

＊48――全成坤『日帝下文化ナショナリズムの創出と崔南善』J＆C、二〇〇五年、ソウル、二九七頁。

＊49――同右書、二九九頁。

＊50――ホミ・バーバ「擬態と人間について――植民地のアンビヴァレンス」『文化の場所』一九九四年（本橋哲也他訳、法政大学出版局、二〇〇五年）。

＊51――金哲「同化あるいは超克――植民地朝鮮における近代超克論」酒井直樹・磯前順一編『「近代の超克」と京都学派――近代性・帝国・普遍性』以文社、二〇一〇年。

＊52――金哲「저항과 절망」한일연대21주최、제2회 심포지움、二〇〇五年、『한일 역사인식 논쟁의 메타히스토리』뿌리와 이파리、二〇〇八年（「抵抗と絶望」小森陽一他編『東アジア歴史認識論争のメタヒストリー――「韓日、連帯21」の試み』青弓社、二〇〇八年、五三頁）。

＊53――同右論文（五四頁）。

＊54――タラル・アサド「エージェンシーと痛みについて考える」『世俗の形成――キリスト教、イスラム、近代』二〇〇三年（中村圭志訳、みすず書房、二〇〇六年）。

＊55――バーバ前掲『ナラティヴの権利』一一五頁。

＊56――ガヤトリ・チャクラヴォルティ・スピヴァク『サバルタンは語ることができるか』一九八八年（上村忠男訳、みすず書房、一九九八年）。

＊57――趙前掲『植民地期朝鮮の知識人と民衆』一一七・二頁。なお、尹の言うグレーゾーンや公共性が実体を伴う概念というよりも、認識レベルにおける議論であることにも注意を払う必要があるが、これについては、尹海東他編『식민지 공공성、실체와 은유의 거리』（책과 함께、二〇一〇年）を参考のこと。

＊58――趙右書、一九〇頁。

＊59──同右書、七六頁。

＊60──金哲前掲「韓国の民族──民衆文学とファシズム」（二〇一頁）。

＊61──金成禮「国家暴力と性の政治学──済州四・三虐殺を中心に」板垣竜太訳『トレイシーズ』第二号、二〇〇一年、二一三頁。

＊62──同右論文、二一四──二一五頁。

＊63──同右論文、二一四・二一六頁（磯前一部改訳）。

＊64──ヴィシュワナータン前掲「否認の原理」、Talal Asad, "Trying to Understand French Secularism," in Hent de Vries and Lawrence Sullivan eds., *Political Theologies: Public Religions in a Post-Secular World*, New York: Fordham University Press, 2006, pp. 508–509.

＊65──ジョルジョ・アガンベン『ホモ・サケル──主権権力と剥き出しの生』一九九五年（高桑和巳訳、以文社、二〇〇三年）。

＊66──黄鎬徳「帝国の人間学あるいは植民地動物の鋳物工場──「非人」の地、後期植民地からの断想」全雪鈴訳『現代思想』第三七巻第八号、二〇〇九年、一〇二──一〇三頁。

＊67──同右「변비와 설사、전향의 생정치（生政治）──『無明』의 이광수、식민지（감옥）의 구멍들」、『상허학보』第一六輯、상허학회、二〇〇六年（「便秘と下痢、転向の生政治──『無明』の李光洙、植民地監獄の穴たち」『思想』第九九四号、二〇〇七年、一一二──一一三頁）。

＊68──金石範・金時鐘『なぜ書きつづけてきたのか。なぜ沈黙してきたのか。──済州島四・三事件の記憶と文学』平凡社、二〇〇一年、一八〇頁（이경원訳『왜 계속 써왔는가 왜 침묵해왔는가』제주대학교출판부、二〇〇七年）。

＊69──同右書、一八一頁。

＊70──同右書、二〇二頁。

終章　故郷への帰還

——ガヤトリ・チャクラヴォルティ・スピヴァクから山尾三省、そしてジョルジョ・アガンベンへ

野の道を歩くということは、野の道を歩くという憧れや幻想が消えてしまって、その後にくる淋しさや苦さをともになおも歩きつづけることなのだと思う。

山尾三省『野の道　宮沢賢治随想』[*1]

第一節　国民的主体という欺瞞――「私」は「あなた」にはなれない

重油まじりの潮の異臭が鼻をつく。海風に吹かれて、路上から砂塵が舞いあがる。眼前には瓦礫の山が広がる。いたるところで横転している大破した自動車。残骸と化した家の二階には船が突き刺さったままだ。子どもが描いた家族の似顔絵、手作りの果実酒が詰まった瓶、変形した鍋やフライパン。津波に襲われる瞬間まで生活していた痕跡があたり一面に散乱している。しかし、重機を操る数人の作業者を除けば、まったく人の姿を目にすることはない。上昇したままの海面。いまでも満潮時には廃墟と化した町は冠水を被っている。[2]

人口の約一割五分、およそ千五百人が死者・行方不明者となった宮城県女川町。[3] 交通の不便さからか、メディアによって報道される機会はほとんどない。三陸から茨城県北の海岸部にかけては、依然として孤立状態に置かれた集落も少なくないという。

その一方で、被災地から離れた地域に住む一般の人びとにとっては、国内のメディア報道が、被災地の様子を知るためのほとんど唯一ともいえる情報源である。なかでもテレビで流される画像は、視覚に訴えるために、自分たちもまた現地で起こっていることをある程度把握しているといった感覚を視聴者にもたらす。他方で、被災した人びとは災害発生からしばらくの間は、情報から遮断され、自分たちの周囲で何が起こっているのかを理解することができない状況に置かれていた。むしろ、テレビの前に座っている非当事者の人びとのほうが、現場から遠く離れた安全な場所にいるがゆえに、やはり断片化された情報とはいえ、現在進行形で起きつつある事態を俯瞰的に把握するのに長じた状況にいたのである。

もちろん、福島第一原発の問題に典型的に見られるように、今回の一連の災害をとおして何がどのように破壊され、将来にどれほどの影響を及ぼしていくことになるのか、それを正確に把握している人間など世界中にひとりとして存在しない。ジャック・ラカンが言うように、現実界そのものは、実際に事態は今そこで間違いなく生起しているものであるにもかかわらず、当事者もふくめ、私たちはその一部の断片化された情報から解釈をそのつど組み上げていく他にない。ただ、私たちが思慮深くあろうとするならば、その組み立てられた解釈が現実そのものではないことを自覚し、自分たちを覆う象徴界の固定化された意味のなかから、その表面にかすかに刻み込まれた亀裂をとおして現実の解釈を読み換えていこうと試みなければならない。その点からいって、私たちはテレビの画像をはじめとするメディアや政府、あるいは東電の流す情報をつねに一定方向に偏向されたものとして批判的に読み解いていく用心深さを持っていなければならない。テレビに出てくる原子力研究者のほとんどが原発推進派であり、政府や電力会社と密接な利害関係を有する連中であることを、学問のもつ政治性を暴いたカルチュラル・スタディーズを学んだ私たちは十分に承知しているはずである。

被災地の現場に漂っている異臭はけっしてテレビの画面からは伝わってこない。匂いというものは眼前に広がる光景が現実の世界にほかならないことを、それがまぎれもなく生身の人間が存在していた世界であるという事実を、嗅覚をつうじて私たちに突きつけてくるものである。避難所をおとずれた私は、そこでトイレを使用させてもらった。屋外にビニールで囲われた簡易トイレが何基も隣接して立てられている。自分の排泄の音も、他人の排泄の音も否応なしに耳についてしまう。便壺からは、黄色や茶色の汚穢物がすぐそこまで溢れ出ている。据え付けのレバーを使って、その便壺をかき混ぜながら、私は用を足した。避難所で暮らすということは、このようなトイレに一日に何度も通い、排泄するたびに他人の汚穢物をかき混ぜながら、その異臭を吸い込むということなのだ。

さらに、被災地に救援に入った周辺地域の人びとから話を聞くと、報道規制によってテレビの画面や新聞の写真には映し出されなかったが、震災からしばらくの間は瓦礫の間から手や足の出た多数の死体がいたるところに目についていたのだという。[*4] もちろん、被災者をはじめとして現地の人たちは、そのことについてほとんど語ろうとはしない。語ることを身体の次元から無意識的に拒絶してしまうほどに、過酷な現実が彼らの眼の前には存在していたのだ。あまりに無残な現実を体験したとき、人はトラウマにとらわれ沈黙の底へと沈み込み、言葉を失ってしまう。キャシー・カルースが言うように、「トラウマに取り憑かれた人々は、自分たちの内部に、語ることのできぬ歴史を抱え込み、自分でさえ完全には所有することのできぬ歴史を持つというかたちで症状を提示することになるのである」[*5]。

そのような匂いや身体的な感覚といったものは、テレビの前でいくど繰り返し津波や瓦礫の映像を見ていても、けっして自分の身体から湧き起こってくる反応ではなかった。しかしここが肝心な点であるが、被災地に赴いたからといって、彼らの話を直接聞いたからといって、私が被災した人たちの感じている苦しみや戸惑いを共有したことにはならない。むしろ、この災害は「私」ではなく、まぎれもなく「彼ら」に起きた出来事であるという事実を、自分の身体感覚を通して思い知らされたというべきであろう。[*6] 一度や数日間体験したからといって、自分の日々の暮らしが被災地の外にあるわたしには、被災者の苦痛や悲哀までを同じ当事者という立場からはけっして理解しえないのだ。[*7]「サバルタンは語れない」というガヤトリ・チャクラヴォルティ・スピヴァクの言葉が、私の脳裏をよぎった。

もちろん、誰もが相対的な関係性のもとではサバルタンになりうる可能性を秘めている。同じように、誰でもが「悲惨な者、抑圧された者」[*8]としての人民——その最たるものとして人権を失った「難民」——にも転落しうるのだ。そのような転落は、偶発的なものでしかない。今回の災害についても、東日本大震災は東南海道大震災であったかもしれないし、福島第一号原発の起きていることは柏崎刈羽原原発に起きたことであったかもしれないのだ。この災害が、たった道路一本を境として、津波を逃れた者との呑み込まれてしまった者とに明暗を分かったように、直接被災した者と助かった者の差はまったく紙一重である。酒井直樹が言うように、「なぜあの人が亡くなってこの私が生き延びなければならない理由は、突き詰めていえば、見つからない」[*9]。

しかし、偶然に基づくとはいえ、生き延びた者は、死んだ者とは絶対的に異なってしまう[*10]。家族を失った者は、失わないで済んだ者たちとは全く違う状況下に置かれてしまう。ジョルジョ・アガンベンが「世界は今や永遠に必然的に偶発的なものであり、あるいは偶発的に必然なものである」[*11]と表現したように、客観的に見れば偶然に起きた出来事でも、その出来事に巻き込まれた本人にとっては不可避な事実になってしまうのだ。そして、この必然的な偶発性、あるいは偶発的な必然性が、地球上や日本の内部に埋めがたい地域格差を作り出してしまう。さらには、東北地方の内部でも格差が生じていく。地震と津波を同じように被ったとは言え、依然として原発問題を抱える福島県と岩手・宮城県では状況は異なる。同じ石巻市でも、ライフ・ラインがほぼ復旧されて自分の家に戻れた人たちと、今なお避難所に住まざるをえない人たち、いまだ家族の遺体さえ見つからない人たちといったように、被災地のなかでも人びとを取り巻く状況の違いがはっきりと出てきてしまっている。

このような現実に生起してしまった状況の相違を意識すればするほど、わたしたちは安易に「がんばれニッポン」や「がんばれ東北」といったフレーズを口にすることが憚られるようになるだろう。実際のところ、この「がんばれ」といった言葉の主体は誰を指したものなのだろうか[*12]。ほんとうに頑張らなければならないのは、日本全体や東北地方全体なのであろうか。たしかに、経済活動における生産地と消費地の依存関係、あるいは生産の地域的な分業体制から見て、この災害は直接の被害地に甚大なダメージを与えたのみならず、日本の経済システム全体に甚大な影響を与えていることは周知の事実である。しかし、結局のところ、誰よりも頑張らざるをえない状況に置かれてしまったのは、やはり家族や財産を失った被災地の人びとであることは明らかである。それに対して、被災していない人びとは、被災地に対する経済・物質的な援助をいとわないにしても、やはり当事者と同じ目線に立つことはできない。当たり前のことではあるが、「私」は「彼ら」と同じではないのだ。

この現実をはっきりと自覚するときに、異なる状況に置かれた個々の人間を、同じ「日本」や「東北」といった固有名のもとに同一化することが現実の不平等さと不均質さに目を覆う乱暴な行為であることは明白になる。たとえば、現在の震災の不安が蔓延するなかで、日本社会では、「秩序、道徳、譲歩の精神」といった「日本人の美徳」を称賛する国内外の発言が、当然のことながら自国民性を肯定してくれる発言として好意をもって受け止められている。そこから、酒井直樹や西川長夫らの国民国家論批判によって形勢の悪くなっていた「日本人論」もふたたび息を吹き返し始めている。そのひとつが、天皇のビデオ・メッセージや地方巡幸に依拠するかたちで「大和心の「をゝしさ」」を喚起し、それによって「日本国家と日本民族の生き残り」を図るといった、かつての近代の超克論を思わせる自己陶酔的な発言であろう。[*13]

実際に被災地に入ってみれば、たしかに一方で「秩序、道徳、譲歩の精神」にみちた、かつて安丸良夫が「通俗道徳」と呼んだ「勤勉や倹約や孝行など」の「自己規律的規範」が人びとの行動をかなり統御していることが見受けられる。[*14] しかし、その一方で、プライバシーのない狭い場所で共同生活を送らざるをえないために、日々些細なことから生じる諍い、あるいは無人と化した被災地の商店やＡＴＭの出納機で起きている、おそらくは非被災者の人たちによる物品や金銭の盗難。なぜ、海外のメディアも含めて、テレビや新聞はそのようなトラブルに現地の人たちが苦しんでいることを報道せずに、日本人が、思いやりがあり自制心を有した国民であるという美談ばかりを報道したがるのであろうか。それで被災者の人たちが現実に苦しんでいる問題が解決するとでも言うのだろうか。そのような報道のあり方を批判して、美馬達哉が述べるように、「災害に抗する民衆の自律のなかに希望の明るい光だけを見いだすことは安易に過ぎよう。ときに自律はその暗黒面をあらわにすることもある。……甚大な災害のショックが社会的・心理的な白紙状態を作り出すとしても、そのことは、被災地で生まれる自生的な秩序が無垢であることを必ずしも意味しない」[*15]のだ。

このような日本人論をめぐる報道や発言は、いったい誰が誰のために発信しているものなのだろうか。そこでは、被災しなかった「私」は被災した「彼ら」ではないという各主体の置かれている根本的な状況の相違が、日本人論をとおして国民的主体が立ち上げられることで完全に曖昧にされてしまっている。そう、それははっきり言ってしまえば、東京を中心とする非被災地に住む、テレビの前の聴衆が、非被災者の人たちの現実とは関わりがないところで、かれらを無責任に称賛することで、自分たち日本人は素晴らしいという自己賛美をしているだけなのだ。テレビやメディアに出てきて、日本人の美徳を自己耽溺するように語る学者もまた、テレビに出てきて原発の安全性ばかりを言い募る科学者たちと同じように、自分たちの居心地の良さを求める視聴者に阿る御用学者にほかならない。テレビやメディアもまた資本主義の営利行為として成り立たなければならない以上、日本人の自尊心に疑問を呈するような批判的発言をする知識人、あるいは原発の安全神話を根本から否定し、人びとを不安に直面させるような科学者は必要とされないのであろう。

だが、すでに早くから日本の庶民の「自己規律的規範」に注目してきた歴史家の安丸良夫の仕事を丹念に読んでいくならば、彼はそのような通俗道徳が日本の近代化を推進させてきたエートスとして肯定的な側面を有すると同時に、「経済や政治とのかかわり方がいちじるしく制限されたもの」[*16]という欠点を有していると指摘している。その正負の両側面の関係について、安丸は次のように説明している。

> 彼らは、人々を実直で勤勉で忍耐づよい人間に自己変革するという論理にふかくとらわれており、そうした自己変革をとりまく客観的条件についての洞察力や批判力にとぼしかった。民衆的諸思想の経験主義的な認識力は、せまい人間関係のなかでは、ある意味できわめて鋭かったが、社会体制全体の客観的な分析力を欠如していた。[*17]

このような安丸の仕事はすでに一九六〇年代前半には発表されていて、少なくとも歴史学界では広く知られている見解である。それにもかかわらず、テレビやメディアでは、彼のように日本人の気質を両義的なかたちで問題化することは、読者が望まない見解だとして拒まれてしまう。安丸によれば、自己の責任を一方的に問うことはできても、その私たちを包摂する社会システムそのものを批判しえない日本人には全体性を俯瞰しようとする知性が欠落していることになる。

安丸の見解に私の体験を重ね合わせるならば、被災地で目にする人びとの辛抱強さや秩序立った行動というものは、日本人の美徳として楽観的に褒め称えるべきものというよりも、無力感にみちた明るさとでもいうべきものの感じがする。茨城県水戸市で被災した私の母は、家の全面倒壊は免れたものの、縦横にひびが走った壁、倒壊した家具類、ライフ・ラインの切断。家の外に出れば、シャッターを下ろした商店街、崩れて土が民家に流れ出した崖、墓石が倒れ遺骨の散乱した墓地など、これらの光景を目の当たりにして、幼いころに体験した戦災のようだと呟いた。でも、家族や家や土地を失った東北の人びとに比べれば、家族を失わないで済んだ自分たちは比べることができないほど恵まれており、多少の不便さは我慢すべきだと自らに言い聞かせていた。

しかし、福島第一原発からどれだけの放射能が大気中に流れて来ているのか、当初はその数値が政府から公表されず、後日明らかにされたように炉心溶解を起こした状況のなかで人びとの緊張感は否応なしに高まらざるを得なかった。ほどなくして、野菜や魚から基準値を超える放射能が発見され、野菜や魚を国内の市場に卸すことができなくなった。水戸の街中では、販売を許可されなくなった野菜が路上で叩き売りされ、さらには無料で配布されるようになった。街行く人はそれを気にすることなく買い求め、貰っていった。幼い子供や、これから子供を産み育てる青年たちはともあれ、ある程度年齢を経た自分たちは多少被曝しても仕方ないと、あきらめ顔で語る人たちが多かった。

東京や関西に移動できる人たちは震災発生後の数日のうちに、水戸の街から脱出してしまった。彼らは本社が東京にある大きな会社の恵まれたサラリーマンであり、休日を比較的自由にとることのできる大学の教員であったりしたそうだ。自分の子供や家族に放射能が降ってくるような危険な場所にこれ以上住まわせることはできない。それが、彼らが脱出した主要な理由であったようだ。[*18] 大学の教員で、京都に住む私も、一時的に自宅ある水戸に戻ってきたとはいえ、結局のところ早々と脱出した人びとと似たような者であろう。水戸の街に残った人たちは、この町がどんなに放射能や余震の危険に曝されているにしても、今もなお震災体験の恐怖がフラッシュバックしているにせよ、自分たちはこの町を離れては生きていくことができないのだと知人たちは口々に語っていた。経済的にも、そして精神的にも自分が今住んでいるところから離れることができない人たちがたくさん存在しているのだ。

浮遊する知識人のような「私」と、地域の絆に良くも悪くも支えられて生きていく「あなた」。その違いの存在。それは私たちに「故郷」とは一体どのようなものなのか、少なくともこれからはどのようなものとして構想されていくべきものなのか。これらの問題について、各自の置かれた立場の違いを超えたかたちで、あらためて再考を促すものとなろう。

第二節　特異性としての故郷——スピヴァクの批判的地域主義

ここで言う故郷とは、アイデンティティのような、たんなる心理的・文化的な拠り所を意味するものではない。それは、自分の生計を支える経済活動、それに伴う人間関係の共同性、そして同じ歴史を共有してきたという意識。そのような要素から構成される生活の場として考えられるべきであろう。この「故郷」という場に注目したスピヴァクは、それを「批判的地域主義 critical regionalism」に基づく場——一方で「食べ物に対する自分の嗜好性や、自分の言語にたいする居心地のよさ、あるいは自分の日常生活 one's corner of the world にかんじる居心地のよさ」[*19]を感じさせてくれる空間でありながらも、つねに「異質性 heterogeneity」[*20]によって代補されていく「アイデンティティなき立場 position without identity」――なのだとしている。[*21]スピヴァクの議論によれば、そのような「居心地のよさ comfort」を感じる場は、なによりも、街角や路地といった身近な生活の空間でもあるが、一方で、「アジア」といった広汎な地域圏に該当することもあるのだという。ただし、彼女が「多重化するアジア pluralized Asia」あるいは「他者として多重化するアジア other Asias」と注意深く名づけたように、それは「自然化された同質な「アイデンティティ」を作り出すことができないもの」として、[*22]つねに脱臼と代補作用によって異質化されてやまない流動的で「特異な singular」ものとして考えられるべきである。

もちろん、このような「居心地のよい」生活の場がナショナリズムへと回収され、マイノリティや外国人を排除してきたのみならず、そこに同化された人びとを戦死さえいとわない国民へと、過重な経済的負担や窮屈な文化的規律さえいとわない国民へと駆り立てていった。そのような、ネイションという同質化されたアイデンティティ主義を批判するために、ポストコロニアル批評は「異種混淆性 hybridity」や「異質性」といった脱アイデンティティ的な主体構築のあり方を提唱し、その典型的な存在がポストコロニアル知識人に代表されるディアスポラであったり難民なのだという主張が、この二十年近く展開されてきた。ホミ・バーバの言う「戸惑い perplexity」の感覚、あるいはタラル・アサドの言う「受苦 pain」の感覚というのはスピヴァクの説く故郷の「居心地のよさ」とは相容れいないもののように思われるが、バーバやアサドの議論はいずれもポストコロニアル的主体あるいは彼らの共同性を構築するための議論のなかから不可欠な構成要素として出てきたものである。

しかし、スピヴァクはこのようなポストコロニアル知識人をメトロポリタン・ディアスポラと呼び、結局はグローバル資本主義の動きに乗じて、西洋世界で恩恵を享受している、ごく限られた第三世界出身の特権的な集団なのだと厳しく指弾する。[*23]おそらくそこで念頭に置かれていないものは、具体的な名ざしを受けていないものの、

「地域に根を下ろしたコスモポリタニズム vernacular cosmopolitanism」を唱える同じインド出身のホミ・バーバやサバルタン研究のメンバーであろう。[*24] 彼らはアメリカ合衆国を中心とする英語圏のアカデミズムで評価を得るために主に英語で執筆活動にいそしみ、第三者によって翻訳されることがなければ、自国の一般人が読める母語で論文や記事をみずからは書こうとしない。そして、合衆国に拠点を置くことで、西洋人に対してその西洋中心主義やステレオタイプなオリエンタリズムを批判しながら、自分たちの異種混淆的な生のもつ豊かな可能性を説いて回る。

しかし、このようなノマド的生き方自体が、グローバル資本主義によって均質化された差異にほかならないという批判は随分前から存在している。[*25] むろん、厳密に言えば名詞としての差異と、動詞としての差異化は区別されるべきである。前者が均質化された固定的実体としてのアイデンティティにほかならないのに対して、後者は、あくまでもその固定的なアイデンティティを代補・脱臼させる過程としての運動と理解されるべきものである。その点で、フレドリック・ジェイムスンやベニタ・パリーのように、ポストモダニズムやポストコロニアリズムを、すべてひとしく固定的実体としての差異を称揚するコスモポリタニズムとして退けるのは、これらの思想のもっとも良質な部分を矮小化させる反動的な実体主義にとらわれているからほかならない。たしかにその一方で、パリーが厳しく批判しているバーバが自分の奉ずるコスモポリタニズムが「地域に根を下ろした」ものであると力説したところで、自分の暮らす地域から離れて生きることの困難な人びと――「社会を自由に移動することのできない人びと」[*26]――の暮らしぶりからはあまりにも乖離したものであることは否めないだろう。問題は、ディアスポラであらざるをえないポストコロニアルの知識人たちが、地域のなかで生きざるを得ない人たちと、どのようにして協働していくことができるのか、その具体的なかたちを模索していくことだと考えられる。

たとえば私の場合には、自由に世界中を流浪していくのではなく、その時々の自分が住んでいる地域に根ざしながらも、その地域のアイデンティティに完全に同化されてしまわないように注意をすることで、どうしても同質化されがちな地域の共同性のなかに異質性をもたらすのが、今の自分にできる役割なのだと思う。この春まで一年間ドイツの大学に客員研究員として滞在していた。そこにいるあいだは、不十分な社会的権利と義務のもとではあるが、実際にドイツの地域や大学の一員として暮らしていた。そして日本に戻ってくれば、ふたたび日本の地域や研究所の一員として暮らしている。おそらくは、近い将来ふたたびヨーロッパで教鞭を執ることもありうるだろうし、合衆国や韓国の大学に滞在する可能性も十分にある。しかし、そこで私の大学人としての本籍が、日本なのか、ドイツなのかといったことを、二者択一的に唯一の者として選択する必要はない。日本がよいのかドイツがよいのかといった排他的な発想に陥ることなく、その境界線を横断しつつも、同時にその都度自分が属する地域に批判的かつ積極的に関わっていく生き方が求められているのだ。それは、スピヴァクが言うように、「コスモポリタンになるのではなく、多くの家を見つけるというもの」であり、「多くの家を見つけ、空気に根っ子を下ろす」ということなのである。[*27]

その地域の単位は、日本やドイツあるいはアジアのように非直接的な想像の共同体であってもよいし、「自分が愛着を感じる、ありふれた街角」[*28]のように人びとが毎日顔を突き合わせる密着した空間であってもよい。いずれにしても、たとえ移民や難民のような立場の人びとであっても、多くの場合には、ひとたび新しい生活の場が固定されてしまった後は、望もうが望むまいが、みんな一か所で暮らさなければならない。誰もがポストコロニアル知識人のように、いつでも世界中を自由に飛び回る権利を得ているわけではないのだ。むしろ、自分に与えられた日常生活のなかで、異種混淆的な生き方を見出していかねばなるまい。

今回の福島の原発事故が大量の故郷離散者を生み出したように、私たちは終生同じ場所に帰属して人生をまっとうすることができるとはかぎらないだろう。しかし、どこで人生を終えるにしても、移動した先の地域の、それぞれの場で出会った人たちとかけがえのない関係を作って、新たな地域で深く暮らしていくことができるとするならば、それもまた「故郷」のもとで生きるということになるのではなかろうか。それは、「みずから家と呼べる場所を、言説空間として作り上げる」[*29]営みなのだ。ナショナリズムを回避するのではなく、一歩踏み込むことでそれを脱臼させて、文字どおり批判的地域主義として読み直していく積極的な行為になるはずである。地域の一員として批判的に帰属するということは、その「アイデンティティ」に埋没することとはまったく別種のあり方なのである。それが、スピヴァクの言う「ナショナリズムを脱超越化していく」[*30]ことなのだ。

まだ曖昧さを含む概念ではあるものの、それをスピヴァクは「批判的地域主義」と呼び表したのである。彼女の言う「批判的」とは、ナショナリズムにつながるような同質性を注意深く退けつつ[*31]、その共同性に「異質性」を持ち込むことなのだ。あるいは、酒井直樹が指摘するように、あらゆる共同体は本源的に「抗争と対立の場」にほかならず、それを「共感の共同体」として固定化する理由はひとつも存在しないのである[*32]。日本の例に即して言うならば、その構成員として、在日コリアンや南米や東南アジアからの移民も同じ権利のもとに扱われるべきなのだ。ただし、そのような批判的な「異質性」が共同体の内部に持ち込まれたとき、それを構成する主体間の関係がどのようなものに変化していくのか。その点については、いまだスピヴァクの著作は多くを語っていない。たとえば、それはミシェル・フーコーの言うような「批判」と重なるものなのだろうか。フーコーは、批判という行為を「真理であることを主張する権力のメカニズムによって、個人を服従させる社会的な実践」に対抗する「統治されないための技術」と呼んでいる[*33]。

しかし、フーコーの言う批判には、カントの影響を受けているためであろうか、主体を脱臼させるような積極的契機を見いだすことは難しい[*34]。むしろ、スピヴァクの「批判的地域主義」(傍点は磯前)は、彼女が「アイデンティティ主義」を斥けて「故郷 homelands を異質性と多重性のもとに捉える」[*35]と言明していることから明らかなように、ジョルジョ・アガンベンの「来たるべき共同体 coming community」、あるいはジャン゠リュック・ナンシーの「機能不全を起こした共同体 inoperative community」といった概念と重なり合う方向性を有するものと捉えられるべきであろう[*36]。ナンシーがその共同性を「特異存在の共同での存在」[*37]と呼んだように、その際にジル・

ドゥルーズによって読み込まれていったスピノザの「特異性」という概念が決定的な要素となるはずである。たとえば、「絶対的に非本質的なもの」[*38]としての「アイデンティティなき特異性」を唱えるアガンベンの言葉に呼応するように、ナンシーは次のように彼の理解する特異性の概念を丁寧に解説している。

特異存在 singular being とは共同存在でも個人でもない。共同存在や個人には一つの概念があり、共同的なものや個人的なものには一つの一般性がある。特異存在にはそうしたものがない。……すなわち「特異存在」とは、諸々の存在のなかの一つの存在ではないのである。あらゆる存在者はある意味で絶対に特異なのだ。……しかし、存在の特異性（ということはつまり、存在が一つずつ各々に与えられているということだが――これは個人というものが拵えられる不分割性の理念とは何の関係もない。それどころか、特異存在の特異性は存在と存在者を際限なく分割し、あるいはむしろ特異／共同という分割によってその分割としてのみ存在する、存在者の存在を分割している）――その存在の特異性は、存在を露呈する有限性からして特異である。……有限性に露呈されるという事象は、そもそも定義からしてその有限性において自己同一性 identity を変化させる危険――ないし幸運――に委ねられるということだ。神々も人間も動物も、自己同一性は保証されていない。[*39]

さらに、特異性は「その潜在性の全体性、すなわち理念との関係を通してのみ決定される」[*40]というアガンベンの言葉を重ね合わるならば、彼らの言う特異性がドゥルーズの影響下に成立したものであることは極めて明白になろう。そして、スピヴァク自身もまた、彼女の唱える多重化するアジアといった概念を説明する際に、「特異なもの singular はその多重性 plurality という特質によって特異なのであり、それぞれの名前を与えられた地域は、独自の相違点をもつと同時にひとつの singular アジアなのです」[*41]と、特異性の概念を積極的に援用している。特異性にかぎらず、ドゥルーズの概念はほかにも「領土化」や「脱領土化」、あるいは「欲望」や「アレンジメント」といった術語が、スピヴァクの著作や公開書簡のなかで、彼女の思考を展開するために肯定的に用いられているのが確認される。[*42]

その一方でスピヴァクは、特異性という概念に対して、「特異性という言葉を使わないではいられない」とその必要性は認めつつも、それは「一般化を目に見えるようにする」「理論的なるものをさえぎり、前衛主義を妨げます」と根本的な批判を加えている。[*43] もちろん、よく知られているように、彼女が論文「サバルタンは語ることができるか」で、フーコーとともにドゥルーズを「労働の国際分業の搾取者の側に属している」と非難し、「現代のフランス知識人たちには、ヨーロッパの他者の名指されることのない主体のうちにどのような種類の権力と欲望がやどっているかを想像することは不可能なのだ」と手厳しい言葉を浴びせた。[*44] それはこの論文の通俗的な理解にあるような第三世界からの第一世界の知識人に対する批判といった単純なものではなく、ドゥルーズに対する批判に関して述べるならば、明らかに彼が依拠する特異性の概念に対する理論的な違和感にもとづくものなのである。彼女は特異性の概念が現実の理論化を妨げるがゆえに、「欲望の名のもとに、彼らは権力をめぐる言説のなかにふたたび未分割の主体を導入する」[*45] 事態を引き起こす。そのためにグローバル資本主義のもたらす現実の過酷な搾取関係を認識することに失敗してしまったのだという。

ドゥルーズとガダリは、「経験的な」あるいは構成された次元における欲望、権力、主体性の相互関係を考察しようとするさい、いささか同時期のものとして扱うことに失敗している。家族に反対するときも、植民地主義に反対するときも失敗している。それらの局面に織り込まれた利害を一般的あるいはグローバルな理論へと分節化することができないでいる。この文脈において、彼らがイデオロギー（その理論は、表象システムにおいて構成された利害を理解するのに欠かせないものである）に関心を示していないことは、驚くべきことであるが、論理的に必然なことである。[*46]

その結果、特異性にもとづくドゥルーズの議論は、「歴史上の理論の太陽たるヨーロッパという〈主体〉」[*47]を称揚するヨーロッパ中心主義に陥ってしまうのだという。おそらく、このようなドゥルーズに対するスピヴァクの微妙な姿勢は、リゾームや多様体を起点に主体化過程を考えるドゥルーズと、同一性と差異の反復として主体を考えるデリダとの相違といった、ポストモダニズムに潜む根本的な問題に関連していることは確かであろう。[*48]スピヴァクが、おもにデリダとマルクスによって議論を組み立てていることはよく知られている。

しかし、それだけでなく、一九七六年に刊行したデリダ『グラマトロジーについて』の流麗な英語の翻訳と解説で「フランス現代思想の理論」家として西洋アカデミズムでの経歴を出発させた彼女が、一方で依然みずからを「ヨーロッパ主義者」として自己規定しつつも、この論文「サバルタンは語ることができるか」(一九八八年)において、「変化を意図的に引き起こし、……自分が生まれ育った故郷の世界に目を向けるようになった」こと、具体的に言えば「ベンガルの中流階級へとまなざしを向けた」ことと密接に関係していると考えられる。[*49]

たしかにスピヴァクの思考においては、サバルタン論文でその自殺を取り上げたインド人女性のブヴァネーシュワリーをめぐる叙述に現われているように、実際に被害をうけるのは社会的弱者であり、それはまぎれもなく個人という主体を単位として起こるのだという透徹した現実認識が存在している。彼女が西洋世界に同化されることなく、自分の生まれ育った故郷の世界に目を向けたのは、まさしくグローバル資本主義下で搾取にあえぐ第三世界の地域共同体、さらにはその内部にも巣食う差別を問題とするためである。たしかに、彼女は異質性にもとづく「アイデンティティなき立場」をその理論的前提としているが、その一方で主体というものを「あらゆる存在が共有している反復可能な差異である」「特異性」に一方的に還元してしまったのならば、[*50]かつてジェイムスンやパリーがバーバを批判したように、その特異性が分節化される歴史的現実の始原に生起する主体間の不平等さが無視されてしまうと懸念したのである。それもまた、私たちが第一節で批判したナショナリズム的主体構成とは対極をなすかたちでありながらも、主体間の不平等さを抹消させるイデオロギー効果をもつ点では同じものと言えよう。彼女は自分が用いる主体という言葉の意味を次のように定義している。

主体性といっても、普段使うような意味での主体性ではありませんよ。わたしが本当に言っているのは、主体編成についてです。つまり、みずからを参照する足場を作り、そこから自らに対して反省的な意識を有する社会的エージェンシーへと向かわせるような主体編成です。[*51]

このように主体間の不均質さを斉しく特異性へと還元することを拒否するスピヴァクは、彼女自身の主体を、「ヨーロッパ主義者」であり「アジア系アメリカ人」として、[*52]グローバル資本主義の頂点に立つ合衆国をはじめとする西洋世界で成功したポストコロニアル知識人として自己規定する。その点で、スピヴァクも、またかつて彼女が批判したフーコーやドゥルーズと同様にサバルタンではない。ポストコロニアル批評の言説がどれほど普及しようとも、あいかわらず、世界中の「サバルタンは語れない」状況に置かれている。[*53]それに対して、彼女はみずからが語れる特権的立場にあるメトロポリタン・ディアスポラという主体であることを自覚的に引き受けていこうとする。それは、民衆からは不可避に孤立せざるをえない知識人の立場をむしろ自覚的に引き受けようとしたエドワード・サイードの見解[*54]に、きわめて近いものと言えるだろう。

彼女がそのような立場を明確に打ち出したのが、『ポストコロニアル理性批判——消え去りゆく現在の歴史のために』（一九九九年）であった。スピヴァクはもはや知識人など存在しないとも、民衆と知識人の格差など存在しないとも言わない。その点において、彼女の現状認識は明快である。スピヴァクは、自分自身をふくむメトロポリタン・ディアスポラの特権的立場はポストコロニアル批評が西洋世界で成功したがゆえに齎されたものである。だからこそ、自分たちの表象能力や経済的利益はつねに沈黙を強いられているサバルタンの立場を向上させるために用いられていくべきだと考える。問題はこのような搾取構造のなかで恵まれた立場に属する知識人が、どのようにして自らの学問と社会活動を意味づけていくかと問うことなのである。

私が思うに、試みるべきは、サバルタン性を聞き理解することにとどまりません。じつは試みるべきは、何としてでも権利を獲得することなのです。すなわち、サバルタンの常態のただなかに身を置いて、サバルタンの常態に介入して、自身の声を聞いてもらえるようにする権利です。これは、いわゆる国際的な市民社会がおこなっていることに対する挑戦です。国際的な市民社会……には自分はサバルタンだと言う者もいます。これは信じがたい虚飾であり、まったく犯罪的に間違っています。彼らは、自分を少数派主義者でサバルタンだと言うんです。[*55]

その思考は、『スピヴァク　みずからを語る——家・サバルタン・知識人』（二〇〇六年）を皮切りとして、『他なる複数のアジア』（二〇〇八年）、『国家を歌うのは誰か？——グローバル・ステイトにおける言語・政治・帰属』（ジュディス・バトラーとの共著、二〇〇八年）、『ナショナリズムと想像力』（二〇一〇年）へと続く一連の著作の中で、少しずつ「批判的地域主義」という概念のもとに結晶化しつつある。それは、かつて彼女が論文「サバルタンは語ることができるか」において、知識人の代理表象がはらむ暴力性として提起した問いに対する、長い時間をかけて彼女自身が出したひとつの答えなのである。そして、その具体的な実践が、彼女がインドや中国の農村で実践している、識字能力をもたない人たちを対象とした教育活動——実際にスピヴァク自身が担当しているのは彼らを導く教師たちに対する教育活動だが——である。[*56] スピヴァクは自分の教育活動を次のように説明している。

私はここで簡単に要約しておこう。第一に責任感の文化はだめになってしまった。忍耐力をもって下から責任感を学ぶこと、そしてその責任感を普遍的な人権という想像されうる適切な主体へと縫合することに試みていくこと。それが努力すべきことです。第二に、教育制度も植民地モデルはすでに破壊された過去の遺物になっています。その教育制度をときほぐし、民主主義的な礼節の習慣を教えていくこと。それを努力すべきです。第三に、だめになってしまった自分たちの文化にたいする責任感を持って、これらの習慣を教えていくということは、子供達をナショナリズムに教化したり、抵抗の話をしたり、アイデンティティ主義を教えることとはまったく違うということです。[*57]

かつての社会主義革命がそうであったように、社会システムを変えることができたとしても、人びとの人格や知性を本当に成長させることは容易なことではない。だからこそ、スピヴァクは「社会を動員することよりも、一対一で認識を変えることに関心[*58]」をもって教育活動に力を注ぎたいのだと考える。「現在、私の興味が向いているのは（というのも、よかれあしかれ私にはそれしかできないからですが）、主体の構造に影響を与えることです。そうすれば、村人が自分で意識しないまま、エージェントとしての行動がなされるのではと期待しているのです[*59]」。今回の日本の災害をとおして問題が露呈された、原子力開発が不可避に抱える危険性、グローバル資本主義が作り出す地域格差など、政府や大企業、あるいは学者やメディアは、親切な善人であるかのようなふりをして、このような現実の問題を覆い隠そうとする。それゆえに、弱い立場の人たちこそが、そのような連中の嘘を、自分の日々の生活を守るために注意深く見抜いていかなければならない。「彼ら」が決して「私たち」でないことは肝に銘じておく必要がある。

しかし、スピヴァクの思想について再度確認するならば、その「アイデンティティなき立場」といった言葉が示すように、最終的には彼女が自己同一的な主体は脱臼させる必要があると述べているところが大切である。その点で彼女の主体論は、当事者たちがどこまで意識しているかは別として、「あらゆる特異性はアイデンティティを持たない」[*60]とするアガンベンやナンシーの見解へと共鳴する視点を含んでいる。彼らにとっては、一見対立するように見える個人主義もナショナリズムも、主体という均質な自己同一性の構築を固定化させる点で同じ立場に立つものにほかならない。スピヴァクやアガンベンはそのようなアイデンティティ主義に還元されることのない共同性の形成を模索していると言える。ただ、スピヴァクは特異性の概念を援用することで、グローバル資本主義が作り出す現実の搾取構造が曖昧化されてしまうことを懸念して、特異性の観点から共同性を語ることにためらいを感じてきたのだと思われる。しかし、そのような現実の搾取構造を批判するためにこそ、ニューヨークや東京といったメトロポリタンで俯瞰的な知性を磨いた者が、その知性を用いて地方の地域へ奉仕していくことが求められているのだ。それがまさしくスピヴァクが教育活動を通して実践しているところのものである。

知識人であろうとする者は、一度は高等教育を受けるためにメトロポリスに出かけなければならないとしても、そこでの成功を最終目的にしてはならないのである。それが日本の学界での賞賛にしろ、英語圏の出版界での成功にしろ、あらかじめ決められた場に帰属することを目的としたものであるかぎり、アイデンティティ主義を脱臼させたことにはならない。そして、それは知識人としての義務であるにとどまらず、かつてエドワード・サイードが自分の故郷であるパレスチナについて述べたように、「帰還の権利」でもあるのだ。

わたしの場合、自分をニューヨークの生活から切り離すのは難しいと思います。しかし若かりし頃に住んでいたこれらの土地に、旅行者としてでなく戻りたいのかと聞かれたら――イエスと答えるでしょう。そして、わたしの息子などは、いつか帰れたらと思っているのです。あの家にです。そうしたいのです。そうです。いいではないですか。……これは現実の問題であり、生身の人間の愛着なりのです。最初からずっとあったものなのです。[*61]

ポストコロニアル状況を生きる現代の私たちには、たしかに一方でサイードが言うように、「帰ることができない」、「居場所がない」という感覚あるいは現実が存在することも否定できない。[*62] それゆえにディアスポラの知識人は異種混淆的な感覚を身につけ、他者を排除するような同質化された純粋な起源を批判することができるのである。しかし、それでも先のサイードの言葉にあるように、起源への回帰欲求はやみがたいノスタルジアとして誰にでも存在する。問題は、その感情の存在を否定することではなく、それを同質化された純粋な起源に回収されないようにすること。起源という同一性への志向性を認めつつも、それを欠如あるいは過剰な非現前の場として、私たちの新たな共同性として異質的なかたちで機能させていくことにある。[*63] 「帰還の権利」は、さらにサイードの言葉を借りるならば、「移動する理論 traveling theory」[*64] と共存させることが必要であり、そうすることで起源としての故郷は同質化された純粋なものであることをやめ、異質的な帰属の場と化すのである。

まさに、それこそがジャック・デリダが、サイード自身はデリダに対して批判的であったにもかかわらず、『声と現象』でフッサール現象学の提示する同一性の可能性として読み取ったところのものである。デリダは同一性について、「意味、イデア性、客観性＝対象性、真理、直観、知覚、表現といった概念……のもとに純粋につまり現実的、実際的等々において、無限に差延される」[*65] と明確に述べている。脱構築は同一性を差異のもとに思考されるものはすべて、同時にイデア性として規定されるのだから、〈生き生きとした－現在〉は、事実上は、脱臼させる行為であるとともに、差異を同一性を通して共同的な場へと収斂させる働きでもあるのだ。ここまでくれば、デリダに私淑したスピヴァクの「批判的地域主義」という言葉を、「アイデンティティなき立場」あるいは「多重化するアジア」とともに、異質化された同一性という共同性の場として提示しようとしていることが理解可能になってこよう。

同様のことをナンシーは、ジョルジュ・バタイユによる恋人たちの共同体の再解釈を通して、「単純な社会がそこに到達することに絶望せざるえない不可能な合一の真理を担うもの」[*66]として、特異性が作り出す共同性を次のように説明している。

この「起源」――そして共同体の起源あるいは起源の共同体――とは有限性以外のなにものでもないということである。起源とは、特異存在たちがそのうえであるいはそれに沿って互いに露呈され合う境界線なのである。……似た者とはまったく同一であるということを意味しない。私は他者のうちに私を再発見するのでも、私を再認するのでもない。私は他者の他性を経験する。あるいは他者の他性を経験する際には、「自分のうちにあったもの」を自己の特異性として自分の外部に置かしめ、そうすることで絶えず境界を定めていくような他者化の作用が働く。共同体とは、他なるものと同一なるものが似たものとして存在する、つまり自己同一性が分有されるといった、特異な存在論的な秩序のもとにあるということなのだ。[*67]

従来は相容れないものと考えられがちであったデリダの脱構築とドゥルーズの特異性であるが、同一性を差異の反復の場として捉え、その差異の動きに特異性を重ね合わせていくことで、ドゥルーズの特異性の議論は主体のアイデンティティの脱臼をはかるものにとどまることなく、さらに他者との共同性をどのように構築していくかという問題へと、スピヴァクの言う批判的地域主義の議論へとつながっていくことが分かる。そのように特異性を共同性の問題として読み替えていったのが、ナンシーでありアガンベンであったことは、もはや言うまでもない。そして、このような主体の脱臼の問題として共同的な場のもつ可能性を独自の思考のもとに練り上げていたのが、屋久島に住んでいた詩人、山尾三省であった。

第三節　場所《ここ》で暮らす決意——山尾三省の故郷性

東京生まれの山尾は、部族と呼ばれる対抗コミューン運動、東京での有機野菜販売、インドやネパールの放浪を経た後、彼が「聖老人」と呼ぶ縄文杉のある屋久島を終の住処と定め、そこで家族とともに農耕生活を行ないながら、日々に感じることを文章にしたためてきた詩人であった。二〇〇一年に六三歳の生涯を屋久島で閉じている。山尾は「故郷性」という言葉のもとに、人間が地域に根ざして生きることの意味を次のように説明している。

> 僕なりに全身全霊をこめて読者に伝えたかったことは、それが地球上のどのような場所であれ、人がひとつの場所を自分の場として選びとり、そこに生じする覚悟を深めるならば、その場において無限の旅が始まるという事実であった。……一生を漂泊者や冒険者として送ることも、ひとつの大いなる生死の仕方であろう。けれども、僕にとって唯一無二の真実の旅は、ここに暮らす、ことの内にある。ここに暮らすということは、森羅万象の内にあって森羅万象に支えられながらそこに融和して生きることである。[*68]（傍点は磯前）

実際にスピヴァクが山尾に関心を持ち始めているように、山尾にとって故郷という言葉の意味はスピヴァクのものに近いところが多々ある。あるいは、都会の文壇の住人のなることを自らの意志で断念した山尾の思索をたどることは、スピヴァクがいまだ十分には具現化しえていない「批判的地域主義」のもとで「故郷」という存在の意味を、彼女やナンシーの共同体の議論と共振させつつも、さらに掘り下げる可能性をもつものであるともいえよう。たとえば、山尾は彼の鍵概念をなす「故郷性」という言葉に宿る意味を次のように説いている。

> 僕達は、縁あってこの島に住むようになったものばかりで、この島を生まれ故郷とする者はいない。その意

味では、その夜橋の上に集まった人々はすべてよそ者なのであるが、黒々と沈む山々、夜目にも銀色のしぶきをあげて流れ下る谷川、わけても中空に澄みわたるお月さまにとって、よそ者というものはない。僕達は、それを意識しようとしまいと、この地上の山々や川や、海から生まれ、太陽と月から生まれて、そこへと還ってゆくものである。その真実を「故郷性存在」と呼び、また新しく地球自然民という言葉で呼ぶ。[*69]

これらの文章に明らかなように、山尾にとって故郷とはもともとその土地に生まれ育った地縁主義にもとづくものではない。放浪者であった彼がそこにたどり着いたように、故郷という場所は人びとの自発的な意志によって、新たに作り出されていくものなのである。事実、山尾は「場所《ここ》で暮らす、という時、その場所は地球上のどこであってもよいのだが、ぼくの場合はそれが鹿児島県の屋久島という土地であ［った］[*70]」と述懐している。

ただし、それが同時に、彼が自宅のささやかな場所に託して述べるように、「僕自身にとって最も大切であり必然であるものを、神としてあるいは仏として祀る、僕の真実の場所のことである。僕が僕自身を祀る場所、世界を祀る場所、それが祭壇である[*71]」として、世界の中心をも意味するのである。それはアガンベンが言うところの「偶発的に必然なもの」なのだ。もちろん、それはあなたや私の中心となる場所が山尾とは別の場所に存在することを妨げるものではない。それぞれにとっての唯一性が同時に他者の唯一性と共存する、まさに共同性としての特異なものなのである。ナショナリズムのようにその地域の内側へと排他的に閉じこもる場所ではなく、その正反対に「地球自然民」という外に向かった意識へと開かれていくものである。

地球の住民は、単に人間だけでなくすべての生命体も非生命体も、地球に所属していると同時に、地域に属している。ぼく達はカメラアイや想像力を通してしか地球を見ることができないが、自分の住むこの地域であれば、自分の心身によって直接にこの地域、つまり場というものに触れることができ、そこになんらかの働きかけをすることができる。それはむろん、地球という全体を忘れ去ることではなくて、地域あるいは場という現実を通して、この地域の全体に関係を持つことを意味している。[*72]

それは、一見すると、バーバの言う「ヴァナキュラー・コスモポリタニズム」と似ているのだが、「自分の心身によって直接にこの地域、つまり場というものに触れることができ、そこになんらかの働きかけをすることができる」ところから自らの感性や知性を出発させていくという点で、最初に世界市民ありきとするバーバとは正反対の論理を有している。もちろん、それがスピヴァクの批判的地域主義と基本的な発想を共にするものであることは言うまでもない。しかも、山尾の言う地域としての「故郷」は、単なる個人主義的な人間の集合体を意味するような共同体ではない。山尾は、「一個の花が開けば隣の枝の花も同時に開く生理のように、ぼく達自身もおのずから花開いてしまう」といった、人間関係には「外界のあらゆる対象に感応して喜怒哀楽の感情」にもとづく「生命のもっとも深い領域で作用している〈共振性〉という本質」が存在するのだという。[*73]

さらに、その人間関係を、「私たちは個人と全体、個人と家族、私たち一人ひとりが生きているというのは、親なり兄弟なりという関係をはじめとする、あらゆる人々との親和力の中で生きているんですよね。それなしに、何の親和力もなしに全くの孤独という人は、一人もいないわけです。何かの親和力の中で私たちは呼吸しているわけです」[*74]と説明する山尾の理解には、アレントの「人間関係の網の目」といった言葉を想起させるものがある。しかも、山尾がゲーテの言葉「親和力」に着想を得て説く、このように影響を及ぼし合う人間同士の関係というのは、個人という主体が脱臼をおこしたアイデンティティなき立場に基礎をおくものなのである。彼は、死別した先妻に触れて、人間の主体というものを親和力の観点からこう述べている。

妻を亡くす、親を亡くす、兄弟、あるいは子どもを亡くす……そのとき、今まで「自分は自分だ」と思っていた、この「個」というものが、実は私の場合、半分は妻であった、ということが亡くなられてみてわかるんですよね。……この世にあるのは自分一人と思っていた自分が、実は親なり子なり、夫なりによって支えられていたんだということが、はっきりわからされてしまうんですね。[*75]

さらに山尾は、「「親和力」によってつながっていく世界は、単に人間の世界だけではない」として、「海なら海という世界、あるいは一羽の蝶の世界、山なら山、森なら森――。自然の世界」にも「無限に自分の「親和力」「心の血すじ」がつながっている世界」を見出すことができるのだとする。[*76]「オーム貝の化石は、化石として三億五千年前のある情報を僕に届けてくれたのであるが、海は、化石ではなくて生きたそのままの姿で、四十億年とも五十億年とも知れない始源を、始源のままに目の前に展いてくれていたのだった」[*77]という言葉から書き始めて、彼は自分の詩を綴っている。


私はかつてオーム貝であった。

私はかつて、オーム貝として人類という夢を見ていた。

私はかつて、オーム貝として海という暖かさの内にあった。

私はかつて、オーム貝の生まれた海であり海そのものであった。

私はかつて、海であった。

その海に、むろん私はいなかった。

海を見る人はだれもいなかったが、その時と同じように、海は今も生きている。[*78]

それは、山尾にとって、「私達人類は、この惑星の主人ではなく、他の数万数億種類の生物や無生物とともに、この惑星に所属している生物のひとつであって、それらの無数無限の生物及び無生物の中で……その循環のひとつとしてここに生きているのだ、という了解」[*79]を意味するものであり、朝のお茶を飲む瞬間に、あるいは夕べに薪で風呂を焚く瞬間に、ささやかであると同時に確かな日々の営みを通して、「世界にもこの心身にも実体はなく、変幻して止まないという事実」[*80]に目覚めていくことなのである。

山尾は、このような「アイデンティティなき立場」が形成する地域共同体を、彼の友人でもあるアメリカの詩人、ゲイリー・スナイダーの言葉に依拠しつつ、「生命地域主義 bioregionalism」[*81]と名づけている。スピヴァクは批判的地域主義を異質性にもとづく主体編成のもとで「居心地のよさ」を見出すことだと述べたが、山尾にとってそれは究極的には「自分の死ねる場所を見つける」[*82]ということであった。屋久島がなぜ自分の故郷になりえたのかという理由を、かれは縄文杉の樹齢に触れつつ、「七千二百年という生きものが実際に生きているっていう場所で生きていくならば、自分の短い生命みたいなものが救われる……住んでいくうちにだんだん循環とか回帰する時間も自分の身体の中にしみ込んでいって、少しずつ「この島で死ねるな」という感覚になってきたんです」[*83]と述懐している。

そこに、スピヴァクの場合と同様に、しかし同時に異なる仏教的思考の論理を経て、山尾なりに行きついた「共同のものとしての特異性 singular beings in common」（ナンシー）といった「故郷」――スピヴァクの言う「自分が愛着を感じる、ありふれた街角」――の姿を見出すことができよう。山尾もまた、故郷をナショナリスティクに実体化することなく、個人の主体を強化させることなく、「みずから家と呼べる場所を、作り上げ」つつあったのだ。ここで、「作り上げたのだ」という完了形ではなく、「作り上げつつあった」という進行形を用いて表現したのは、ナンシーが繰り返し強調しているように、「未完了こそが共同体の「原理」」だからである。[*84]「共同体の不在は融合を攪乱し、合一を宙吊りにする」[*85]。「共同体を攪乱させること、共同体の完成するような全体性を攪乱させることが、共出現の法そのものなのである。特異存在は他の特異存在に対して現われ、特異なままにそれらへと通わされる。それは接触であり伝染である」[86]。

このようなナンシーの言葉が指し示す特異性の共同体を、スピヴァク、そして山尾を通して、実体化されない限りにおいて故郷を「批判的地域主義」として模索してきた私たちは、それがナショナルな共同体を主体として立ち上げるようなことになってはならないことを既に知っている。それは、ネイションという主体だけでなく、個人主義という主体であってもならない。繰り返し言うように、主体は「アイデンティティなき立場」でなければならない。本章の冒頭で、今回の震災の被災地で苦しむ人たちに対して、「あなた」が被災していない「私」と簡単な同一化されるような語りをおこなってはいけないと述べた。そのような個人の融解は、「がんばれニッポン」といった無責任なナショナリズムの主体を新たに立ち上げてしまう点で、アイデンティティ主義の外に一歩も出るものではない。

むしろ「私」は「あなた」ではない限りにおいて、私たちは互いの有限性に出会い、そこから脱臼していくのだ。脱臼とは「私」が「あなた」になることではない。それは、私が自分自身に他者を発見し、あなたがあなた自身に隔たりを見出すときに、固定された個人の境界線を越えて、双方が影響を与えあいながら共振し、ともに変容していく共同性のもとに在るのだ。それは、単一の新しい「私たち」へと融解していくものでもない。あらゆるところに孔は穿たれているのだ。私とあなたの間にも、そして私やあなた自身の内側にも。その孔が自分あるいは自分たちの欠損したものとして、私をあなたに差し向けていくのである。

それは、先の敗戦直後におこなわれた主体性論争のような、天皇制ファシズムに膝を屈したことを反省するために、従来とは異なる真の国民的主体を作り出そうとする欲求とはまったく性質を異にするものである[87]。私たちは、そのような戦後の主体性確立の試みが、けっきょくはナショナリズムという純粋な起源の欲求に回収されてきたことを、そしてそれが日本帝国の歴史を無責任に忘却させる結果に終わってしまった挫折をしっかりと認識しておく必要がある。そして、震災を契機として、そのような日本的なるもののナショナリズムがいたるところに跋扈している。

ちなみに、このような本章の議論に対して、山尾が日本人であり、その思想的背景が仏教にあるところから、ナンシーやスピヴァクら西洋のポストモダニストと同じ土俵で扱うことはできないという批判もあるかもしれない。あるいは、筆者の意図をスピヴァクやナンシーらの議論が、すでに山尾の信奉する仏教思想に先取りされているといった主張として曲解する向きもあるかもしれない。たしかに、これまでの京都哲学に対する国内外の評価には、禅とハイデガーが同じ無の思想をもつ、あるいは西洋の哲学よりも東洋思想のほうが真の哲学としての深さを有しているといった、オリエンタリズムあるいはそれを逆転させたカウンター・オリエンタリズム的な議論が数多く見られてきた。それらは結局のところ、日本あるいは東洋と西洋をそれぞれが異質な実体をもつものとして二項対立的に捉える発想を前提としたうえで、それを逆転してみせた「特殊主義 particularism」の発想にすぎない。[*88]

山尾は早稲田大学でニーチェなど西洋哲学を学び、その後、インドのヒンドゥー教やヴェーダ思想も学んであり、純粋な仏教徒ではない。彼の仏教理解は、そのような多様な思想遍歴を、彼の身体的実践を通して咀嚼していった結果生まれた異種混淆的な思想なのだ。そもそも、「人間が、人間よりもはるかに大きく深いものに向かい合った時に生まれるものの精髄を、宗教的感情と呼ぶ。……しかしそれを敢えて宗教的感情と呼ぶ必要はなく、まして法と呼ぶ必要もない」という透徹した認識をもつ山尾にとって、「家の前の「僕の石」に腰を下ろして思うのは、……真実はどこにあるのかと問えば、僕が腰を下ろしているその何の変哲もない「僕の石」、そこにこそそれが在る」のでしかない。[*89] そこには既成宗教の諸範疇や東西哲学の相違といった、自己同一性へと特異性を固定化させてしまうアイデンティティ主義は、注意深く退けられている。

そもそも本章において山尾の思想と関係づけたスピヴァクの思想もまた、まさにポストコロニアルという純粋性が存在しえない状況のもとで、みずから「ヨーロッパ主義者」であると自己規定しつつも、インドをはじめとするアジアの諸思想に対する深い造詣も有する異種混淆的な思想を形成してきた。それは、インドの小説家マハスウェータ・デヴィをめぐる比較的早い時期の論考や、近年の著作『他なる複数のアジア』や『ナショナリズムと想像力』が如実に物語るところである。そのような思想の異種混淆性はスピヴァクだけのものではなく、圧倒的な西洋化の波を被らざるを得なかった近代日本に生きた山尾もまた同じなのだ。

ポストモダン・ポストコロニアル状況を生きる私たちは、当然のことながら複数の思想を多重化（doubling / pluralizing）させながら生きている。そのなかで、特定の既成範疇に自分の思想的営為を同一化させることなく、新たな現実に見合った思想をいかにして紡ぎ出していくことができるかが問われているのだ。グローバル資本主義が地球全体を覆い尽くそうとしている状況からもはや逃れられないからこそ、私たちはアントニオ・ネグリのマルチチュード論――これもまたドゥルーズの特異性の系譜を引く――のように[*90]、それに抵抗・対抗しつつ、その状況下でしたたかに生き延びていかなければならない。

屋久島で日々暮らしていた山尾も、自分が素朴な農耕生活だけには没入しえない過酷な資本主義下の状況に生きていることを十二分に自覚していた。むしろ、そのようなグローバリズムが作り出す地域格差に対抗するためにこそ、かれは屋久島での農耕生活を自らの意志で選択したのである。それは資本主義の作り出す冷酷な現実に目をそむける、ロマン的な隠遁生活とはおおよそ正反対のものである。そのような現実離れした故郷探しは、作家の目取真俊がかつての沖縄ブームを批判したように、所詮は「沖縄戦や基地問題といった重い歴史や現実を除去した「癒しの島」としての沖縄はもてはやしても、危険な軍事基地が集中しているという現実が露呈するとたんに顔をそむける」[*91]といった無責任な流行にすぎない。

それに対して、南北という言葉に代表される国内外の地域格差について、山尾は「世界の日常は、北的なる強者が、南的な弱者を呑み込んでゆく光景に満ち満ちている。六ヶ所村に核燃料サイクル基地を作ろうとするもくろみも、強大な日本国家という北が、青森県という南に押しつける悪しき南北問題の光景にほかならない」[*92]という、今回の東日本震災で問題になっている原発問題の例を挙げつつ、グローバル資本主義の作り出す搾取構造を正面から見据える。事実上の遺作となった『南の光のなかで』（二〇〇二年）について、その題名をつけた理由を山尾は次のように説明している。

十四年ほどこの島に住み続けてきて、あるとき気づいてみると、自分の感性が南の島人のそれに近づいているのと同時に、より深く南北問題でいう南の立場に立っていることが明確になった。……南の光のなかで、という時、その南は、世界の南であると同時に日本の中の南である。屋久島や奄美大島、沖縄、また東北の僻地や北海道のアイヌ民族は、日本の中の南である。……僕の内に色濃く南の要素があると同時に、北の豊かさ、自由、希望を肯定する北的なものがやはり内在している。……南とは何かを正確に記することは難しいが、僕の感覚からすると、自然地球を主とし、人間生活をその同伴者あるいは従とする諸地域の文化の型を指すと言っていいだろう。それに対して北とは、人間生活を主とし、自然地球をその同伴者あるいは従とする、単一的な産業文明の型を指すと言っていい。どちらにも、その社会に特有の豊かさがあり、自由があり、希望がある一方、どちらにも欠乏と悲惨があり、拘束があり、絶望がある。僕が南の光のなかにあると感じてしまうのは、南の豊かさ、南の自由、南の希望のなかにこそ自分があると感じるからであるが、それは同時に、南の悲惨と欠乏、拘束、絶望と共にあるということも意味する。[*93]（傍点は磯前）

この山尾の発言は、どれほど特異性の共同体といったところで、そこには根本的な地域格差が現代社会には存在していることを指摘するものである。今回の災害で危機的状態に陥った福島第一原発の問題、そこで自分の住み慣れた土地を離れざるを得なくなった避難民の人びとにしても、結局はグローバル資本主義が作り出す大都市と地方の地域社会との絶対的な格差、その格差のなかで都市の矛盾を押し付けられてしまう地方。[*94] 地場産業が少なく、若い人たちが留まることのできない地域社会。そのなかで放射能汚染という危険を押し付けられて、その下請けの仕事を与えられ、生活を支えなければならない地方の人びと。そして彼らの顔を札びらで叩きながら、資本主義的な豊かさを謳歌する大都会の人間たち。それは、以前から目取真が批判する沖縄の基地問題となんら変わることのない構造に根ざしたものだと言えよう。

沖縄島に……生まれて生活している者は、すぐそばに米軍基地があることを当たり前のこととして日々の生活を送っている人が多い。それと対照的に熊本県に住む人たちは、家のそばに米軍基地がないことを当たり前のこととして、何の疑問も抱かず生活しているのだろう。……日本の安全を守るために日米安保体制は必要だし、米軍に駐留してもらわないと困る。しかし、米軍の演習による事故や米兵がおかす事件には巻き込まれたくない。だから、遠く離れた沖縄に米軍基地を集中させ、大多数の日本人＝ヤマトゥンチューは日米安全保安体制の負担を免れる。そういう政治的意思によって作り出されてきた日本と沖縄の関係なのだ。ひと頃「安保ただ乗り」という言葉が使われたが、「ただ乗り」していたのは日本人であっても沖縄人ではない。[*95]

原発を東京や大阪、あるいは私の住む京都市に作る覚悟を都会の住人はもっているのだろうか。そのような地域格差を、自分たちが豊かな都会生活を謳歌する前提となっている搾取構造を考えようとはしない私たちに対して、さらに目取真は「沖縄に米軍基地を押し付けていること。それが沖縄への差別であることを自覚さえしない日本人は醜い。はっきりとそう言おう。……なぜ自分たちが住んでいる地域には米軍基地がないのか。そのことの不思議さを考えてみるべきだ」[*96]という言葉を突き付ける。

　この問題は原発や基地だけではない。山尾の言う通り、グローバル資本主義が不可避に作り出す南北格差の問題であり、それは日本の大都市と地方の格差であると同時に、地球の第一世界と第三世界の格差であり、そして都市の内部にも、そして私たち一人一人の内部にも潜む南的なるものと北的なるものの構造的な格差のことなのだ。それは、どれほど特異な共同性といったところで、私たちがグローバル資本主義社会を生きている以上、避けることのできない不可避に生まれてくる格差なのだ。たしかに、脱原発をおこなうために節電をしようという意見は大切な考えだろう。私たちは豊かさというものを、冷房が効いて灯りが煌々ともる高層ビル、あるいはディズニーランドのエレクトリカル・パレードといった快適さや面白さにこれまでのように求めることを反省しなければなるまい。

だが一方で、それでも私たちが資本主義社会の内部に包摂されて生きざるをえない以上、依然として資本は増殖することを止めることはできない。そして、地方と大都市の格差は、第一世界と第三世界の格差はもっと拡大されていく。それが、資本主義という自律的な経済運動体が生き延びていく唯一の道だからだ。資本主義的な豊かさ——それを快楽と呼んでもよいだろう——を人格主義的な慎ましさを以て、多少なりとも歯止めをかけていくことはできる。しかし、それだけでは資本が増殖しながら格差を押し広げていく運動に根本的な変化を及ぼすことはできないのだ。たしかに、ネグリの言うマルチチュード、バーバの言う異種混淆的な主体、そしてドゥルーズのリゾーム。それらは民衆のしたたかな可能性を押し広げるものである。しかし、他方、シャンタル・ムフが、そのようなマルチチュードや異種混淆的な生といった考え方を批判して、「「ヘゲモニーを超えること」などありえないと認識」したうえで、「単一の権力に依存する世界を乗り越えるための戦略で可能なのは、ヘゲモニーを「多重化していく」方途をみいだす」べきだと提唱していることに耳を傾けていくべきであろう。[*97]

ムフは、ドゥルーズの特異性に依拠するネグリたちの考えを批判して、彼らは「グローバル資本が創造する「外部」[*98]のない単一的な世界を強調するが、この見解はじつは、コスモポリタンなヴィジョンと驚くくらい一致するのだ」として、そのような特異性がグローバリズムの動きに乗じたコスモポリタニズムと同調する危険性があることを、スピヴァクと同じように懸念する。そして、それがけっして平等な単一性を保証するものではなく、同時に中心と周辺という格差を作り出していくものである以上、私たちはその中心と周辺というヘゲモニーをどのように多重化しながらずらしていくか、その具体的な分節化のかたちを現実の絶えず作り出されて止まない不平等さを念頭において模索していくべきなのだ。

いま、福島や東北の海岸部で起きていること、あるいはこれまでの沖縄で起きてきた基地問題。これらのことは、民主主義という名の下で、私たちの社会がいかに不平等な格差を生み出してきたのか、そしてその不平等な格差構造を前提とすることで、経済的な豊かさを一部の人間を犠牲としてその他の多くの人間が享受してきたことを、私たち日本に住むものに認識すべき現実として突きつけている。そのような不平等な現実を生きるなかで、私たちは特異性の共同体をどのようなヘゲモニーのもとに具体的な現勢態として分節化されていくべきものなのか、実践的に思考していかなければならない。そのようなリアルな認識から、スピヴァクは自分がメトロポリタン・ディアスポラという、山尾の表現を用いれば北側の住人であることを引き受けたうえで、批判的地域主義のもとへと、自らが「異質性」として地域を捉え返す批判的契機として南の住人である地域へと関与していく。そのような不均等さが存在する状況のなかでこそ、はじめて特異性はアイデンティティを脱臼させる共同性を生み出す基盤として機能していくのである。それゆえに、彼女は批判的地域主義の根幹を、単なる特異性の集合体としてではなく、「多くの孔が穿たれた抽象的な構造」としての「国家 state」に求めていく。[*99]

特定のポストコロニアルの問題が喚起しているのは、グローバル・サウスにおいて地域主義的な「国家」構造を再発明する思考のことです。それは何があってもITを推進したり、非政府組織の活動のもつ権力的な政治性の歴史を無視することよりもとても大切なことなのです。……国家の構造を再発明し、それがサバルタンと支配者の双方に作動するようにするためには、最低限求められていることは、メタ心理学的に作り出される「合理性」なのです。そのような合理性は（ヒューマニズムが主張するような）私たちの主人でありませんそれは脆弱で傷つきやすい「論理」であり、形式的な一貫性を持った何ものかであり、多かれ少なかれ、多くの人間によって共有されたものであることでしょう。それは、高尚なヒューマニストの合理性ではなく、系譜論的な脱構築のためのよりよき手段なのです。[*100]（傍点は磯前）

批判的地域主義が「国家の抽象的構造」によって支えられているとするスピヴァクの発言は、階級国家の消滅を説くマルクス・レーニン主義に慣れた立場からすればいささか突飛なものに映ることは否めない。しかし、そこにアントニオ・グラムシの、民衆の同意を伴う「拡大された国家観」を読み込む彼女からすれば、「国家の一般的な概念の内には、市民社会の概念に関係づけなければならないような要素がある」と考える。[*101]そのため、彼女は「階級が握った道具という単純な国家観」を拒否し、「政治社会」と「市民社会」の混淆的空間として「国家」を捉える。[*102]そのような混淆的性質をもった国家を「浄化」「抽象化」することで、スピヴァクは「国家をナショナリズムやファシズム、あるいは国民主権から消去しよう」と目論み、「再配分のメカニズムとして……国家を再創造していくこと」で、「複雑さや異質性によって代補され」た公共的な空間を作り出そうとする。[*103]

グラムシの議論によれば、その公共空間は「経済的なものからイデオロギー的なものに至るまで、階級闘争に貫かれ」、「統一のなかの矛盾、矛盾のなかの統一」といったヘゲモニー構造の変動体として存在可能になるものである。[*104]すべてが平等になるような状態がありえない、あるいはそのような想像自体がグローバリズムやリベラリズムの産物にほかならないのならば、私たちは何らかの中心性をもったヘゲモニックな社会構造を肯定的に位置づけ直していかなければならないだろう。そのような含意のもとに、スピヴァクは国家という言葉を手にしたのである。スピヴァクとの対談のなかで、彼女の考えを補うように、ジュディス・バトラーは国家という言葉が権力だけでなく、「状態」という意味を有するものであると説明している。

こういった問いを発しているわたしたちの状態 state と、わたしたちがいる国家 state とのあいだには、関係があるかもしれず、ないかもしれません。だから問題は、「私たちが存在している状態 state」（それは結局のところ、心の状態なのでしょうが）の原因となっている一連の情況 condition や傾向を、わたしたちがいる「国家」――つまり市民権を得ていたり、仕事をするための暫定的居住地になっているような「国家」――から引き離して、どのように理解しうるかということです。もしも立ち止まって「ステイト」という意味を自分自身の「情況」というふうに考えれば、たとえばそれは、書くこと自体の契機の場合もあれば、動揺している情況、困っている情況を指すこともあるでしょう。[*105]

そのような「状態」としての公共性のもと、人びとは新たなアイデンティティ主義に陥らないように、特異性の共同性を現実の不均質さのなかへと分節化していかなければならない。そのときに、「他の人々の世界に入らせる」ための、「他たる人たちに到達することができる」ための「想像力」が必要とされるのだ。[*106] それは、私があなたに融即しているような「共感の共同体」ではなく、被災者である「あなた」と被災者でない「わたし」が同一ではないがゆえに、それぞれの有限性に触れあい、その主体を脱臼させながら共振していくような特異なものの共同性を構築していくためなのである。彼女の教育とは、文学研究とは、最終的にはそのような想像力を育むためのものなのだ。[*107] おそらく私たちの表現行為もまた、それが文学ではないにしろ、スピヴァクと同じようなところに根ざすものであるはずである。

第四節　戦後という言説空間の終焉――アガンベンの例外状態

本章の最終節に入るにあたって、いま一度、女川町の被災光景を描写した冒頭部の文章を引用しておきたい。

重油まじりの潮の異臭が鼻をつく。海風に吹かれて、路上から砂塵が舞いあがる。眼前には瓦礫の山が広がる。いたるところで横転している大破した自動車。残骸と化した家の二階には船が突き刺さったままだ。子どもが描いた家族の似顔絵、手作りの果実酒が詰まった瓶、変形した鍋やフライパン。津波に襲われる瞬間まで生活していた痕跡があたり一面に散乱している。しかし、重機を操る数人の作業者を除けば、まったく人の姿を目にすることはない。上昇したままの海面。いまでも満潮時には廃墟と化した町は冠水を被っている。

その被災状況は、ジョルジョ・アガンベンの言う「例外状態」を、その光景を目の当たりにした者に想起させる。「法にとっては絶対に思考不可能な」例外状態は、「法律はいわば自らが外に排除するものを包含している」というかたちで、排除されつつも法規範の中核を成り立たしめるものとしてその内部に取り込まれている。[*108] それは、わたしたち現代社会を生きる者の「剝き出しの生」が民主主義にとって例外状態でありながらも、その中核に位置することで、民主主義を民主主義たらしめているようなものであるという。[*109] その点について、アガンベンは、ヴァルター・ベンヤミンを引きつつ次のように述べる。

> 今、実際に存在するのは「わたしたちがそのなかに生きている」例外状態、通常の状態とまったく区別がつかなくなってしまった例外状態である。暴力と法とのあいだの連関というあらゆる擬制はここではことごとくなくなってしまう。いかなる法的外皮もまとうことなく暴力が跳梁するアノミーの地帯しか存在しないのだ。[*110]（傍点は磯前）

「剝き出しの生」のように「共同体から排除されているものとは、共同体の生の全体を根拠づけている当のもの」[*111]

である。「「民衆 people」はそれ自体の内につねにすでに、基礎的な生政治的亀裂を抱えている」のであり、「一方の極には、統合され主権をもった市民からなる全体的国家があり、他方の極には、悲惨な者、抑圧された者、敗残者からなる溜まり場——無法地帯や収容所——がある」[*112]。その最たるものが「難民」——今回の災害で言えば、原発や津波で家を失って、長期の避難を余儀なくされた人たち、生活の手段を奪われ生計を営む目処が立たなくなってしまった人たちである。

　このアガンベンの発言に注目した美馬達哉は、今回の災害で引き起こされた状態を例外状態になぞらえている。

> なぜなら、被災地においてしばしば要請されるのは、まさに、この例外状態の権力であるからだ。たとえば、津波で押し流された瓦礫の山は、所有者不明であっても私的所有権で法的に保護された財産である以上は、復旧のためといえども自由に処分することはできない。効率的な復旧作業を遂行するためには、私的所有権という資本制社会における基本的権利を、一時的にせよ停止することが求められている。それは、私的所有権の例外状態といってもよいだろう。……その意味では、戦争あるいは戦争として理解された災害において、国家主権の非民主主義的で野蛮な側面が明らかになるとも言い得る。だが、ときに超法規的でもある例外状態の権力は、野蛮であるだけではなく、例外状態のなかで秩序を保つ上で効果的で効率的でもある。原発労働者に死（を賭すこと）を命じる権力は、非人道的であるが、原発事故をできるだけ早く収拾して人的被害の拡大を防ぐという目的合理性には合致している。[*113]（傍点は磯前）

たしかに、この緊急事態に臨んで、困難な状況に陥った被災地の人びとを救出する目的のもと、立法的手続きを簡便化するために、かつての大政翼賛会を想起させる大連立政権や、立法手続きを不要とするような独裁的ともいえる政治家の強い指導力の必要性がしばしば口にされる。しかし、沖縄在住の目取真が、二〇〇二年の有事法制化に際して、「国家の非常時＝有事を口実にして、中央政府や国家の指導者に権限を集中させ、それによって民主主義が圧殺されていった国や歴史を、私たちは何度も見てきたはずだ。今まさに日本が、そのような状況に大きく踏み出そうとしているのである」[*114]と警告を鳴らしたのと同様に、アガンベンもまた例外状態に置かれた人民の剝き出しの生を、「犠牲化不可能であるにもかかわらず殺害可能である生」に他ならないと懸念する。[*115]

そして、まさしく「近代民主主義の誕生」こそが、「排除と包含、外部と内部、ビオスとゾーエー、法権利と事実が、還元不可能な不分明地帯に入る」ときであり、「例外がいたるところで規則になっていく過程と並行して、もともとは秩序の周縁に位置していた剝き出しの生の空間が、しだいに政治空間と一致する」状態が生起するときなのだという。[*116]近代民主主義は、このような成立経緯から言って、「人間の隷属をしるしづけた場そのもの——「剝き出しの生」——において人間の自由と幸福とを賭ける、というアポリア」、すなわち「主権権力への従属の保有者であると同時に、個人の自由の保有者でもある」という「二面的な存在」を不可避なものとして抱え込んでしまう。[*117]そのため、民衆（people）という主体は、「主権による例外化を自ら反復し、自分の内部に身体を、……完全に殺害可能な身体」として作り直されてしまう。[*118]「今日では、……発展によって貧しい諸階級を絶滅させようという民主主義的－資本主義的な企図が、排除された者たちという人民を自らの内に再生産させるだけでなく、第三世界の住民全体を剝き出しの生へと変容させている」。[*119]ジャック・デリダをはじめ、多くの思想家たちが民主主義という言葉に来たるべき平等な社会の可能性を託してきたのに対して、アガンベンは民主主義が本質的に暴力性をはらむものだと仮借のない批判を加えているのだ。[*120]

思えば、今回の災害は多くの論者が言うように、戦後に形成された価値観を見直す契機になった。本章で問題にしてきた経済的な豊かさや民主主義のみならず、今回被災地で活躍した自衛隊を含む非武装平和の理念をどのよう具現化していくか、その実践のプロセスも再審に付されていくことであろう。被災地の救援に際して、自衛隊のみならず駐留米軍の存在が大きく注目された。それは、軍隊というものが人を殺戮する暴力装置であると同時に、人命を救出する肯定的な装置にもなりえる変換可能性を示したものとも言える。自衛隊を武装解除して、レスキュー隊として国内各地に再配置するということは、戦後の平和憲法の理念に合わない自衛隊という存在の矛盾を解消する一つの方向性になるのかもしれない。

しかし、今回の出来事を通してより根本的な問題として提起されているのは、戦後の日本国憲法が唱えてきた「非武装の理念」がそもそも現実に説得力を有するものなのであろうかということである。もちろん、戦後の日本社会が実際に非武装を貫いてきたかということは、それ自体が認めがたいことである。武装化した日本社会の現実に対して、「非武装」という憲法の理念が批判的な抑止力を発揮してきたのだと認識すべきであろう。その意味で、戦後の日本社会にとって非武装という言葉は現実の姿ではなく、理念として存在するものとして受けとめられるべきものである。

さらに、「非武装中立」という言葉と戦後日本社会の現実を比べるとなると、それは出発点当初から、沖縄をはじめとする日本の諸地域に米軍基地が置かれるという日米安全保障条約を前提としたものであった以上、「中立」は理念としてさえ存在してこなかったことは明白である。その事実をふまえるならば、日本の非武装という理念は、実は平和憲法が米国によって日本軍の武装解除というきわめて政治的な目的のもとに作られたものであるように、戦後の米国の極東軍事戦略に積極的に含みこまれるなかで、はじめて自己幻想として身にまとうことが可能になったものではないのだろうか。もし、日本が本当に非武装を現実の政策として主張し、いかなる自国の軍事力も、さらにはいかなる外国の軍隊の駐留も拒否するならば、どのようにして日本社会は、今回の震災のように安全神話という幻想を突き破って現実に猛威をふるうかもしれない戦争あるいはテロの脅威に対して、どのようにして自己防衛していくことができるのであろうか。

想像したくもないことではあるが、国内の原子力発電所がテロによって爆破されるという可能性は、私たちは非武装を訴える平和憲法を唱える一方で、積極的に原発開発を推進してきた社会が引き受ける現実として想定しておかなければなるまい。そのような現実に対する用意周到な想像力と冷静な政治認識のもとで、私たちは「非武装中立」という理念をこれからの日本社会を支える理念として鍛え直していく方向をとらなければならないだろう。次の目取真の言葉にあるように、非武装の理念は、その理念が自分の身に引き起こす現実を引き受けたときに初めて説得性のあるものとして存在しえるものとなる。

強大な権力を持つものが、軍隊や警察といった暴力装置を全面に出して弾圧・抑圧を加えてくるときに、非暴力の思想と実践はどこまで意義を持ち、有効であるのか。そのことがこれからこの日本においても問われるときが来るであろうとも考えている。その時に、たんに口先で非暴力を唱えているものと、それを徹底して実践するものとの違いも歴然と浮かび上がってくるであろう。……おそらく、非暴力の思想が根本的に試されるのは、自分自身や家族、同胞が生命の危機にさらされるときであろう。そのときも本当に非暴力を貫くことができるのか。[*121]

その意味で、私たちの非武装の理念に対する安心感というものが、今回の震災・津波や原発事故と同様に、砂上の楼閣にすぎないことが露呈される可能性はきわめて高い。さらに、安心感を与えてきたものという点では、タラル・アサドが批判してきたように、安全性や中立性を市民に説くリベラル民主主義というものも、その共同体の内外に存在する弱者に矛盾を押し付けることで、安全で豊かな社会を装ってきた世俗主義の欺瞞にほかならない。

世俗国家は寛容の保証とはならない。それはさまざまな野心と怖れの構造を起動させる。法が暴力の排除を求めることはけっしてない。なぜなら、法の目的は常に暴力の管理にあるからである。……公共領域とは必然的に（単に偶然的にではなく）権力によって分節化される空間だということである。……これらがみな、リベラルな特性としての自由な公共的討議の思想が成り立つための前提条件である。だが、万人が等しくこのような遂行的発話を行なえるわけではない。なぜなら、言論の自由の領域は、常に予め確立された制約のもとに形成されているからである。[*122]

このアサドの発言を念頭において、沖縄在住の目取真の言葉にふたたび耳を傾けてみよう。「反抗の牙を抜くために彼我の力の差を思い知らせ、無力感を味わわせる。自立への苦労に耐えるよりも依存の甘さに浸らせ、支配されることに慣れるようにし向ける」[*123]。米軍基地のある沖縄や原発のある福島のような周辺地域は、そのようにして経済的援助という名目のもとに、メトロポリスの矛盾を押し付けられてきた。だからこそ、目取真が言うように、「どんな時代でも、政治的勝者は敗者を武装解除し、恐怖と卑屈さと奴隷根性を植え付けて支配を強固にしていく。そうやって作られた安定を「平和」と呼ぶなら、それは支配される側にとっては屈辱的なものでしかない」ことを私たちはしっかりと認識しておく必要がある。[*124] 安丸良夫は、アサドの世俗主義批判に呼応するかたちで、戦後日本社会の平和主義もまた、私たちが他者に対して無意識に行使する暴力に鈍感なゆえに成り立ってきたものではないかと根本的な問いを提起している。

私たちは、戦後日本社会の世俗的な幸福追求の自明性のなかで、こうした問題群をみずからの社会意識の外側へ追い払って、自足的な「平和領域」をつくりだしてきたと思われる。もとより戦後の日本社会のなかにもさまざまの葛藤や矛盾があり、「平和」や「幸福」を実現するために多くの努力が積み重ねられてきた。しかしそれでも異様なオカルト的宗教現象や凶悪な犯罪事件などの突発に驚き、世界各地での紛争や戦争、中国や韓国における日本批判のきびしさなどに戸惑いを感じてしまうのは、私たちがこうした「現実」とは位相を異にするもうひとつの「現実」のなかで生活しており、私たちのなかにこうした問題群に対処する思考の枠組が欠如しているからにほかならない。こうした現象を異様なこと、思いがけぬこと、突発的で理解し難い非合理的なことだなどと思ってしまうのは、私たちの側にそうした問題群を捉える能力が欠落していることのなによりも雄弁な証拠である。そして私たちは、理解できない非合理的なものを、私たちの外部へ排除し抑圧する。こうした状況全体への反省的な考察なしには、私たちの生きる社会の構造的な特徴について深く考えることはできない。[*125]

グローバル資本主義と結びついた新自由主義が推進するそのような社会の幻想に私たちは、今回の災害以後もしがみついていくのだろうか。おそらく、多くの者にとって、眼前に露わにされた「例外状態」から目をそむけることはもはや困難であろう。だとすれば、その例外状態を凝視することで、私たちは新しい社会を、来たるべき共同体を構想していかなければならないだろう。アガンベンは、「わたしたちがそのなかに生きている事実上の例外状態から法治国家に回帰することは不可能である。というのも、いまや問題に付されているのは「国家」とか「法」といった概念それ自体だからである」[*126]と言う。アサド的な表現をとるならば、〈宗教＝内面／世俗＝政治〉というプロテスタンティズム的な二分法そのものが問題視される現在において、ふたたび政教分離の理念に訴えることで社会の秩序を回復しようというのは、思考する努力を放棄した退嬰にほかならない。

アガンベンが言うように、哲学的な思考とは、「必然的に自らの始まりを「驚異」のうちにもたざるをえない。すなわち、つねにすでにその慣れ親しんだ場所から抜け出していなければならず、つねにすでにその場所から疎外され切断されていなければならない。このようにして、否定性を経由し、デモーニッシュな分裂から解き放つことによってはじめて、やがてはその慣れ親しんだ場所へと立ち戻っていくことができるのである」[*127]。思考が主体を脱臼させるものであるならば、主体が固定化されたアイデンティティという形態をとりえなくなった例外状態においてこそ、それが国民であれ個人であれ、その主体が脱臼を引き起こし、新たな共同性が開けてくる可能性の一瞬もまた潜んでいるのではなかろうか。共同性について、アガンベンは「人間たちを一つに結びつけるものは、本性でも、神の声でも、意味ある言語活動に共通に囚われているということでもない。人間たちを一つに結びつけるのは言語活動自体を見るということ、つまりは言語活動の諸限界の経験、その終りの経験である。前提のない共同体のみが真の共同体である」（傍点は磯前）[*128]と述べている。

さらにエファ・ゴイレンは、アガンベンの共同体論を解読するなかで、それは「個人と集合体との二元論を無効にするような共同性であり、……「一者性」に舞い戻るというわけでもないような共同性」である。「欠如のうちに、分節化された実体の欠如において、つまり、それが到来しないということにおいて存立している」「来たるべき共同体」なのだとしている。[*129]そこにこそ、「国家的‐法的ではない仕方で組織される共同の可能性」、「主権的締め出しを打ち破ることができるかもしれない共同性の可能性」が、主体化される前の潜勢態としての人間の力能――「何かである（何かを為す）ことができるという潜勢力と、何かでない（何かを為さない）ことができるという潜勢力とのあいだの不分明地帯」――として潜んでいると捉えているのだ。[*130]なぜならば、主体は「ひとつは個人的なものから非個人的なものへと向かい、もうひとつは非個人的なものから個人的なものへと向かっている」二重性を帯びたものであり、「一方が他方から完全に自由になることもなければ、完璧に同一化することもない」とされるからである。[*131]

主体化を拒みつつも、その脱臼が均質化された断片的差異に陥ることのないように、ナンシーの言う「特異性として存在たちの共同性」の構築をアガンベンもまた目指しているのだ。アガンベンは、アウシュヴィッツで生き残ったユダヤ人が殺された者たちの代わりに証言することを、「証言の主体は脱主体化について証言するものである」[*132]として次のように説明している。

このことが意味するのは、人間のもとで本当に証言しているのは非‐人間であるということ、すなわち、人間は非－人間の受託者にほかならず、非－人間に声を貸し与える者であるということである。あるいはむしろ、証言の所有者はいないということであり、話すということ、証言するということは、あるものは底まで行って、完全に脱主体化し、声を失ってしまい、あるものは主体化して、語るべきものは――身をもって体験したこととしては――なにもないにもかかわらず話す……という、めまぐるしい運動に入ることを意味するということである。……こうして言葉をもたない者と話す者、非－人間と人間は――証言において――、無差別の地帯に入りこむ。そして、その地帯では主体の位置を割り当てることは不可能なのであり、自我という「夢想された実体」、またそれとともに真の証人をつきとめることは不可能なのである。[*133]（傍点は磯前）

再度確認するならば、それは戦後啓蒙主義の時期に盛んに唱えられた「国民」という主体や「個人主義」といった主体の構築とはまったく別種の人間存在のあり方である。脱臼を起こした主体は同質なアイデンティティとして固定化されるのではなく、同一性の構築と差異による代補を交互におこなう特異性として、流動化した共同性を支えていく。たしかに「私」は「あなた」にはなれない。しかし、その主体の置かれた状況の違いをふまえつつも、その相違を超えて、主体は他者の存在の影響下で脱臼を引き起こしていく。脱臼した主体のみが、「私たち」という名のアイデンティティなき共同体を営むことを可能にする。

かつて山尾が「故郷性」と呼び、スピヴァクが「批判的地域主義」と名づけたもの、そしてアガンベンが「郷愁」を感じる「本源的な場所」と言い表わしたところのものを、私はこのような来たるべき共同性の構想のもとに発展させて捉えていきたい。山尾の言うように、「本当の暗闇のない所には、本当の明かりは見えてこない。暗い絶望の底にこそ、希望の明かりはある。絶望が深ければ深いほど、また希望も深くなる」[*134]。今回の災害のような例外状態に曝されたことで、国民的主体には回収されない新たな共同性が被災の経験から生まれ出ずる可能性も大きかろう。たまたま被災者にならなかった「私」もまた、被災した「あなた」や無念の死を遂げた「彼ら」のサバルタニティに思いを馳せ、その「応答責任の構造に参入する」意志をもつことで、否応なしに「私」という主体が脱臼を引き起こし、新たな「私たち」という共同性がおのれの表象能力の無力さに曝されたかたちで、「戸惑いの共同性」として立ち現れてくるはずである。[*135]

被災地を訪れた際、瓦礫の傍らに大きな傷を負った地蔵菩薩像が祀られているのを目にした。被災したお寺の瓦礫のなかから、地元の人たちが掘り出したものであろう。そこには、未曾有の災害に傷ついた人間の悲しみや苦痛を少しでも和らげたいという気持ちが、それが高らかな復興といったかけ声ではないからこそ、地域の人たちの切実な願いが込められているかのようであった。そして、あたり一面に散乱した瓦礫のすきまには、誰にも顧みられることなく、幾輪かの水仙の花がひそやかに咲いていた。おそらく、人間もまたそのようにか弱き存在でありながらも、けっして根絶やしにされることのない、確かな希望を胸に抱いて生きていこうとするものなのだ。

注

*1——山尾三省『野の道　宮沢賢治随想』野草社、一九八三年、一三頁。

*2——たとえば、女川町の被災状況を伝える画像としてはYou Tubeに下記のものがある。http://www. youtube.com/watch?v=DngU0NJl3cY; http://www.youtube.com/watch?v=ZGcyAHEXZzs; http://www.youtube. com/watch?v=4EII-09ZHiE

*3——「女川町被害情報（3）」http://mikle.jp/ganbare/threadres/1551501/

*4——仙台市での聞き取りにもとづく。他に、菊池康宏「「ごめんなさい！」と叫び」『アエラ臨時増刊』第一五巻、二〇一一年など。

*5——キャシー・カルース「トラウマと経験」同編『トラウマへの探求——証言の不可能性と可能性』一九九五年（下河辺美知子他訳、作品社、二〇〇〇年、一七頁）。

*6——近代の都市生活が、自分の日常生活から汚穢物などの臭気を除外することで、衛生思想的な清潔感を作為的に構築していったことについては、下記の文献が示唆に富む。アラン・コルバン『においの歴史——嗅覚・社会的想像力』一九八二年（山田登世子・鹿島茂訳、藤原書店、一九九〇年）。だとすれば、今回の震災で臭気を伴わないテレビの画面や

かならない。

雑誌の写真を非被災者が見て、いかに共感的感情を覚えようとも、それは被災地の現実が人工的に改変されたものにほ

＊7――「聞き書き@京都　東日本大震災①　帰省中に被災した学生」『朝日新聞朝刊　京都版』二〇一一年五月一〇日。

＊8――ジョルジョ・アガンベン「人民とは何か？」『人権の彼方に――政治哲学ノート』一九九六年（高桑和巳訳、以文社、二〇〇〇年、三七頁）、同「人権の彼方に」同上『人権の彼方に』（二七頁）。

＊9――酒井直樹「「無責任の体系」三たび」『現代思想』第三九巻第七号、二〇一一年、二九頁。

＊10――「聞き書き@京都　東日本大震災③　気仙沼市で遺体の確認をした」『朝日新聞朝刊　京都版』二〇一一年五月一二日。

＊11――Giorgio Agamben, *The Coming Community*, 1990 (trans. by Michael Hardt, Minneapolis & London: University of Minnesota Press, 1993, p. 40).

＊12――森達也「傷は残り、時おり疼く」『現代思想』第三九巻第七号、二〇一一年、四〇―四一頁。

＊13――佐藤優「大震災と大和心のをゝしさ」『中央公論』二〇一一年五月号、五九頁。

＊14――安丸良夫『日本の近代化と民衆思想』一九七四年、青木書店、一二頁、同『文明化の経験――近代転換期の日本』岩波書店、二〇〇七年、八頁。

＊15――美馬達哉「災害を考えるためのメモ――リスク論を手がかりに」『現代思想』第三九巻第七号、二〇一一年、一八三頁。

＊16――安丸前掲『日本の近代化と民衆思想』四四頁。

＊17――同右書、四五頁。

＊18――早尾貴紀「原発大震災、「孤立都市」仙台脱出記」および矢部史郎「東京を離れて」『現代思想』第三九巻第七号、二〇一一年。他に水戸市と仙台市のタクシー運転手などからの聞き取りによる。

＊19――Gayatri Chakravorty Spivak, *Nationalism and the Imagination*, 2010, p. 31. なお、本書は『ナショナリズムと想像力』（鈴木英明訳、青土社、二〇一一年）として邦訳もされている。

＊20――Gayatri Chakravorty Spivak, "Position without Identity – 2004: An Interview with Gayatri Chakravorty Spivak by Yan Hairong," in *Other Asias*, Malden, Oxford & Victoria: Blackwell Publishing, 2008, p. 254. ガヤトリ・チャクラヴォルティ・スピヴァク『ポストコロニアル理性批判――消え去りゆく現在の歴史のために』一九九九年（上村忠男・本橋哲也訳、月曜社、二〇〇三年、四五一頁）。なお、『ポストコロニアル理性批判』の日本語訳では、「異質性 heterogeneity」が「異種混淆性」と訳さ

れているが、誤訳であろう。「異種混淆性 hybridity」はホミ・バーバやエドワード・サイードによって広められたポストコロニアル批評の代表的概念であるが、少なくとも、近年のスピヴァクは、本人に直接説明を受けたところ、「異種混淆性」という言葉は個人のアイデンティティに関わる概念であるとし、より社会構造に密接に関わる問題を示す用語として「異質性 heterogeneity」のほうだけを意図的に用いているとのことである。ちなみに「異種混淆性 hybridity」はミハイル・バフチンに遡る言葉であり、ジョルジュ・バタイユが「同質性 homogeneity」の対語として用いた「異質性 heterogeneity」とは明確に系譜を異にする概念として理解されるべきであろう。

＊21——ガヤトリ・チャクラヴォルティ・スピヴァク『スピヴァク　みずからを語る——家・サバルタン・知識人』二〇〇六年（大池真知子訳、岩波書店、二〇〇八年、八三頁）。

＊22——Gayatri Chakravorty Spivak, "Foreword," in *Other Asias*, p. 2&9.

＊23——Spivak, "Foreword," p. 1.

＊24——Gayatri Chakravorty Spivak, "Moving Devi – 1997: The Non-Resident and the Expatriate," in *Other Asias*, p. 176. Spivak, "Our Asias," in *Other Asias*, pp. 237-238.

＊25——Benita Parry, "Signs of Our Time," in *Postcolonial Studies: A Materialist Critique*, London and New York: Routledge. フレドリック・ジェイムスン『カルチュラル・ターン』一九九八年（合庭惇他訳、作品社、二〇〇六年、一〇一・九二頁など）。

＊26——スピヴァク前掲『スピヴァク　みずからを語る』（七〇頁、磯前一部改訳）。

＊27——同右書（六一—六二頁）。

＊28——Spivak, *Nationalism and the Imagination*, p. 14.

＊29——大池真知子「訳者あとがき」前掲『スピヴァク　みずからを語る』（二〇六頁）。

＊30——Spivak, *Nationalism and the Imagination*, p. 21.

＊31——*Ibid.*, p. 50-51.

＊32——酒井直樹「「無責任の体系」三たび」『現代思想』第三九巻第七号、二〇一一年、二七頁。

＊33——ミシェル・フーコー「批判とは何か——批判と啓蒙」一九七八年（同『わたしは花火師です——フーコーは語る』中山元訳、ちくま文庫、二〇〇八年、八一・七七頁）。フーコーの批判の概念をカントをふまえつつ、世俗主義批判として今日の状況のもとに読み解いたものとして、Talal Asad, Judith Butler, et. al., *Is Critique Secular?: Blasphemy, Injury, and Free*

Speech, Berkley, Townsend Center for the Humanities, 2009. フーコーの自己のテクノロジー論に依拠しつつ議論を展開するアサドもまた、特異性という概念をまったく用いていないことは、ドゥルーズとの違いをふまえて、フーコーの主体論を考える上できわめて示唆的である。

*34——佐藤嘉幸『権力と抵抗——フーコー・ドゥルーズ・デリダ・アルチュセール』人文書院、二〇〇八年、八三—八五頁。

*35——Gayatri Chakravorty Spivak, "Our Asias – 2001: How to be a Continentalist," p. 235 & 221.

*36——Agamben, *The Coming Community*; ジャン゠リュック・ナンシー『無為の共同体——哲学を問い直す分有の思考』一九八六年／一九九九年（西谷修・安原伸一朗訳、以文社、二〇〇一年）。筆者が参照した *The Coming Community* で引用されている『無為の共同体』の英訳（Jean-Luc Nancy, *The Inoperative Community*）によれば「機能不全をおこした inoperative」となっている。これは、「作動しなくなった workless」、あるいは「攪乱された interrupted」という言葉が、すなわちアイデンティティ主義的な自己同一性を完遂できない共同体を指すために用いられている。なお、アガンベンの無為については、彼の論文「バートルビー——偶然性について」（一九九三年、『バートルビー——偶然性について』高桑和巳訳、月曜社、二〇〇五年）を解説した次の文献が参考になる。多田健太郎「遊隙の思考——アガンベンにおける無為と共同」『現代思想』第三四巻第七号、二〇〇六年、二一四頁。

*37——ジャン゠リュック・ナンシー「文学的共産主義」前掲『無為の共同体』（一四四頁）。

*38——Agamben, *The Coming Community* (p. 65 & 18).

*39——ナンシー前掲「文学的共産主義」（一四八頁、磯前一部改訳）。

*40——Agamben, *The Coming Community* (p. 67).

*41——Gayatri Chakravorty Spivak, "Our Asias," in *Other Asias*, p. 221.

*42——「弱くも確かな信念、そしてひそやかな祈り／ガヤトリ・チャクラヴォルティ・スピヴァク＋磯前順一往復書簡」『現代思想』第三九巻第八号、二〇一一年。

*43——スピヴァク前掲『スピヴァク　みずからを語る』（八四——八五頁、磯前一部改訳）。

*44——ガヤトリ・チャクラヴォルティ・スピヴァク『サバルタンは語ることができるか』一九八八年（上村忠男訳、みすず書房、一九九八年、二八頁）。

*45——スピヴァク前掲『ポストコロニアル理性批判』（三六六頁、磯前一部改訳）。

*46——同右書（三六四頁、磯前一部改訳）。

*47——同右書（三六七頁）。

*48——これまでのスピヴァク論は、このようなポストモダン思想に伏流する諸系譜に対する彼女の思想の位置づけを十分把握したものとは言い難い。その典型的なものとして、スピヴァクを特異性の思想の推進者として批判する下記のものがある。Peter Hallward, *Absolutely Postcolonial: Writing between the Singular and the Specific*, Manchester and New York: Manchester University Press, 2001, p. 34.

*49——Gayatri Chakravorty Spivak, "In Response: Looking Back, Looking Forward," in Rosalind. C. Morris ed., *Can the Subaltern Speak?: Reflection of the History of an Indian*, 2010, pp. 227-228 & 231.

*50——Spivak, "Foreword," p. 13.

*51——スピヴァク前掲『スピヴァク　みずからを語る』（一二七頁、磯前一部改訳）。

*52——Spivak, "Foreword," p. 227. スピヴァク前掲『スピヴァク　みずからを語る』一三六頁。

*53——スピヴァク前掲『スピヴァク　みずからを語る』（八〇—八二頁）。

*54——エドワード・サイード『知識人とは何か』一九九四年（大橋洋一訳、平凡社、一九九五年、四・三五頁等。

*55——スピヴァク前掲『スピヴァク　みずからを語る』（七五頁）。

*56——同右書（二九——四七・一一七——一一九頁）。Cathy Caruth, "Interview with Gayatri Chakravorty Spivak," *PMLA*, 2010.

*57——Gayatri Chakravorty Spivak, "Righting Wrongs," in *Other Asias*, p. 56.

*58——スピヴァク前掲『スピヴァク　みずからを語る』（一二四頁）。

*59——同右書（一二四頁）。

*60——Agamben, *The Coming Community*, p. 67.

*61——エドワード・サイード「わが帰還の権利」二〇〇〇年、ゴウリ・ヴィシュワナータン編『権力、政治、文化——エドワード・W・サイード発言集成』（田村理香訳、太田出版、二〇〇七年、下巻、二九六—二九七頁、磯前一部改訳）。

*62——同右インタビュー（三〇二・三〇一頁）。

*63——異質的な同一性への志向としてのノスタルジアについては、磯前順一『喪失とノスタルジア——近代日本の余白へ』みすず書房、二〇〇七年。沈熙燦「零度への帰還——磯前順一『喪失とノスタルジア』」『現代思想』第三九巻第九号

「臨時増刊号　震災以降を生きるための五〇冊」二〇一一年。
＊64――エドワード・サイード『世界・テキスト・批評家』一九八三年（山形和美訳、法政大学出版局、一九九五年、四〇一頁）。
＊65――ジャック・デリダ『声と現象』一九六七／一九九八年（林好雄訳、ちくま学芸文庫、二〇〇五年、二二三頁）。
＊66――ナンシー前掲「無為の共同体」（六八頁、磯前一部改訳）。
＊67――同右書（六一頁、磯前一部改訳）。
＊68――山尾三省『ここで暮らす楽しみ』山と渓谷社、一九九八年、三三三頁。
＊69――山尾三省『回帰する月々の記　続・縄文杉の木陰にて』新宿書房、一九九〇年、二四――二五頁。
＊70――山尾前掲『ここで暮らす楽しみ』九頁。
＊71――山尾前掲『回帰する月々の記』九六頁。
＊72――山尾前掲『ここで暮らす楽しみ』一七三頁。
＊73――同右書、三一一頁。
＊74――山尾三省『春夏秋冬　いのちを語る』南方新社、二〇〇八年、八〇――八一頁。
＊75――同右書、七八頁。
＊76――同右書、九二頁。
＊77――山尾三省『南の光のなかで』野草社、二〇〇二年、六八頁。
＊78――同右書、六八――六九頁。
＊79――同右書、二一四頁。
＊80――山尾三省『日月燈明如来の贈りもの――仏教再生のために』水書房、二〇〇一年、七七頁。
＊81――山尾前掲『南の光のなかで』二一三頁。
＊82――山尾前掲『春夏秋冬　いのちを語る』三九頁。
＊83――同右書、三九頁。
＊84――ナンシー前掲「無為の共同体」（六三頁）。
＊85――ナンシー「途絶した神話」前掲『無為の共同体』（一一六頁、磯前一部改訳）。
＊86――同右書（一一七頁、磯前一部改訳）。

＊87――そのような主体概念を根本的に批判したものとして、ヴィクター・コシュマン『戦後日本の民主主義革命と主体性』一九九六年（葛西弘隆訳、平凡社、二〇一一年）。

＊88――特殊主義のもとでの文化表象に対する抜本的批判は、酒井直樹「間太平洋政治の視座と帝国的国民主義」『JunCture 超域的日本文化研究』第一号、二〇一〇年。

＊89――山尾三省『ジョーがくれた石　真実とのめぐり合い』地湧社、一九八四年、一八三・二一九頁。

＊90――アントニオ・ネグリ『野生のアノマリー――スピノザにおける力能と権力』一九八二年（杉村昌昭・信友健志訳、作品社、二〇〇八年）。

＊91――目取真俊『沖縄　地を読む時を見る』世織書房、二〇〇六年、二五頁。

＊92――山尾前掲『南の光のなかで』三五頁。

＊93――同右書、二八―三二頁。

＊94――葉上太郎「原発頼みは一炊の夢か――福島県双葉町が陥った財政難」『世界』第八一二号、二〇一一年。

＊95――目取真前掲『沖縄　地を読む時を見る』三一二頁。

＊96――同右書、二二四頁。

＊97――シャンタル・ムフ『政治的なものについて――闘技的民主主義と多元主義的グローバル秩序の構築』二〇〇五年（篠原雅武訳、明石書店、二〇〇八年、一七一―一七二頁、磯前一部改訳）。

＊98――同右書（一六〇頁）。

＊99――Spivak, "Position without Identity," p. 245.

＊100――Spivak, "1994: Will Postcolonialism Travel?," in *Other Asias*, pp. 127–128.

＊101――クリスチーヌ・ビュシ＝グリュックスマン『グラムシと国家』一九七五年（大津真作訳、合同出版、一九八三年、九六頁）。他に、Steve Jones, *Antonio Gramsci*, London & New York: Routledge, 2006, p. 52. なお、グラムシの国家論からの影響関係は、スピヴァク本人からの示唆による。

＊102――同右書（一三〇・九六頁）。

＊103――Spivak, "Position Without Identity," p. 254. Spivak, *Nationalism and the Imagination*, p. 81.

＊104――ビュシ＝グリュックスマン前掲『グラムシと国家』（九九・三三二頁）。

＊105――ガヤトリ・スピヴァク／ジュディス・バトラー『国家を歌うのは誰か？――グローバル・ステイトにおける言語・政治・帰属』二〇〇八年（竹村和子訳、岩波書店、二〇〇八年、二頁）。

＊106――スピヴァク前掲『スピヴァク　みずからを語る』（二六・五九頁）。

＊107――Spivak, *Nationalism and the Imagination*, p. 44.

＊108――ジョルジョ・アガンベン『例外状態』二〇〇三年（上村忠男・中村勝己訳、未來社、二〇〇七年、一〇三頁）、同『残りの時――パウロ講義』二〇〇〇年（上村忠夫訳、岩波書店、二〇〇五年、一七〇頁）。

＊109――例外状況の常態化を新自由主義の問題と結びつけた論考として、佐藤嘉幸『新自由主義と権力――フーコーから現在性の哲学へ』（人文書院、二〇〇九年、第三章）が示唆に富む。

＊110――アガンベン前掲『例外状態』（一一八頁）。

＊111――ジョルジョ・アガンベン「*se 絶対者と生起」『思考の潜勢力――論文と講演』二〇〇五年（高桑和巳訳、月曜社、二〇〇九年、二三六頁）。

＊112――ジョルジョ・アガンベン『ホモ・サケル――主権権力と剝き出しの生』一九九五年（高桑和巳訳、以文社、二〇〇三年、二四三頁、磯前一部改訳）。

＊113――美馬前掲「災害を考えるためのメモ」一八〇――一八一頁。

＊114――目取真前掲『沖縄　地を読む時を見る』五五頁。

＊115――アガンベン前掲『ホモ・サケル』（一一七頁）。

＊116――同右書（一八・一七頁）。

＊117――同右書（一九八・一七二頁）。

＊118――同右書（一七二――一七三頁、磯前一部改訳）。

＊119――同右書（二四五頁）。

＊120――民主主義にその未完成さゆえに可能性を読み込むものとしては、次のようなものを代表的な著作として挙げることができる。ジャック・デリダ『他の岬――ヨーロッパと民主主義』一九九一年（高橋哲哉・鵜飼哲訳、みすず書房、一九九三年）、Okwui Enwezor, et al., eds., *Democracy Unrealized: Documenta 11 Platform 1*, Ostldern-Ruit: Hatje Cantz Publishers, 2002. なお、世俗主義およびリベラリズム批判を展開するタラル・アサドについては後述するが、彼もまた民主主義自体には可能性

を見出そうとする立場を取っている。

＊121──目取真前掲『沖縄　地を読む時を見る』二八頁。

＊122──タラル・アサド『世俗の形成──キリスト教、イスラム、近代』二〇〇三年（中村圭志訳、みすず書房、二〇〇六年、一〇・二四二頁）。

＊123──目取真前掲『沖縄　地を読む時を見る』六八頁。

＊124──同右書、見返し。

＊125──安丸良夫「現代日本における「宗教」と「暴力」」二〇〇六年（『文明化の経験──近代転換期の日本』岩波書店、二〇〇八年、三六六頁）。

＊126──アガンベン前掲『例外状態』（一七六頁）。

＊127──ジョルジョ・アガンベン『言葉と死──否定性の場所にかんするゼミナール』一九八二年（上村忠男訳、筑摩書房、二〇〇九年、二一七─二一八頁）。

＊128──ジョルジョ・アガンベン「言語活動のイデア」前掲『思考の潜勢力』（四一頁）。

＊129──エファ・ゴイレン『アガンベン入門』二〇〇五／二〇〇九年（岩崎稔他訳、岩波書店、二〇一〇年、一四八─一四九頁）。

＊130──同右書（一五〇頁）。アガンベン前掲「バートルビー──偶然性について」（四二頁）。

＊131──ジョルジョ・アガンベン「ゲニウス」『瀆神』二〇〇五年（上村忠男・堤康徳訳、月曜社、二〇〇五年、一四頁）。

＊132──ジョルジョ・アガンベン『アウシュヴィッツの残りのもの──アルシーヴと証人』一九九八年（上村忠男・廣石正和訳、月曜社、二〇〇一年、一六四頁）。

＊133──同右書（一六三─一六四頁）。

＊134──山尾三省・山尾春美『森の時間　海の時間──屋久島一日暮らし』無明舎出版、二〇〇九年、一〇八頁。

＊135──ホミ・バーバ「散種するネイション──時間、ナラティヴそして近代のネイションの余白」一九九四年（磯前順一／ダニエル・ガリモア訳『ナラティヴの権利──戸惑いの生へ向けて』みすず書房、二〇〇九年、一一五頁）、ガヤトリ・スピヴァク「サバルタン・トーク」一九九六年（『現代思想』第二七巻第七号、一九九九年、八五頁）。

あとがき　震災の後に——アイデンティティの傷について

二〇一二年は、私にとって海外での研究活動をおこなう機会に恵まれた年であった。スイス・チューリヒ大学でのアジアとヨーロッパの比較思想のプロジェクトに始まり、カナダで開かれたアメリカ・アジア学会のパネル「帝国日本の宗教」、アラブ首長国連邦の会議「アラブから見た日本の近代」、ドイツ・ボッフム大学での集中講義「ポスト世俗主義を考える――ヨーロッパからアジアへ」、合衆国のペンシルヴァニア大学での講演「フクシマ以降の日本社会――公共性と排除」、スイスのチューリヒ大学での集中講義「「日本神話」と「宗教」概念」、ソウルでの比較文学会での基調報告「植民地朝鮮における帝国神道」など、欧米や東アジアと交差する歴史のなかで、日本社会の抱える問題を国際社会が共有すべき課題として読み解こうとする比較史的な企画が多かったと言える。

それは自分の研究が日本に関心のない人びとにどれだけ通用するかという意味で貴重な経験であった。相手がどこの国の人間であれ、どのよう研究分野を専攻する者であれ、日本での業績が全く通用しないところで、研究者個人としてそれぞれの場において面識のない相手と共通性を有する議論をどの程度おこなうことができるのか、それと同時に、どうせ日本人だからと言ったステレオタイプ化された相手の予想をよい意味で裏切る問題提起ができるかといったことが問われてきた。そのためには日本が優れていて、海外が駄目だ。あるいは海外が優れていて、日本が駄目だといった二項対立的な思考を退ける必要がある。居住地などの、特定の状況に属しつつも、その制度的な場から身をひきはがす空間を自分が作り出せるか否かに、発話の可能性はかかっているのだ。それはどの国を研究しているにせよ、必ず表現の翻訳可能性として問われる姿勢である。

さて、ここに掲げた写真は二〇一一年の東日本大震災の一カ月後に、石巻市で撮影したものである。往来の激しい国道脇の歩道に、傷だらけの地蔵が包帯でぐるぐる巻きにされて置かれていた。現地の人たちが、自分たちがどの宗教あるいはどの宗派を信奉しているかに関わりなく、津波で瓦礫と化した寺院の中から掘り出し、祀ったものだという。多くの人びとの命が失われ、生存者もまたその生きる意味が危機にさらされる極限的状況のもとでは、どの宗派や宗派に自分が属するかという問題設定自体が意味をなさない。宗教者も、自派の教義を説くといった程度のことでは、眼前で苦しんでいる人びとに対して何も為しえないという無力さを痛感したと聞く。そこでは教団という既成制度の枠とは関わりなく、一信仰者として現地でどう振る舞うことができるのか、個人としての信仰の質が問われていたのである。

撮影：磯前礼子

そんな報告を合衆国やドイツで私がおこなったとき、聴衆は総じて水を打ったように静かになった。しばしの沈黙のうち、当事者としての立場に身を置き得ない外国人である自分たちは、この過酷な現実を前に口を閉ざさなければならないと、あなたは言いたいのかという質問が出された。そうではあるまい、ここで報告している私もまた傍観者なのだ。日本人が当事者で外国人が非当事者だという分け方は成立しない。日本人の中にも当事者と非当事者の境界線は紛れもなく存在する。同時にこうした災害が日本の国内外で、どこにでも起こる可能性がある以上、私たちがいつまでも非当事者の立場に身を置くことなども出来ないのだ。そう私は答えた。

非当事者だから口をつぐまなければならないということはない。当事者たちは、その出来事のあまりの強烈さに声も出ない。だからこそ、問題は人びとの被った傷をどのように言葉にしていくかにかかっている。そのために、それが小さな呟きであっても、現実の声に耳を澄ましていく必要がある。そこから、世界中の人びとともに、このつらい出来事の意味を読み解いていくことが今求められているのだ。当事者と非当事者という幾つにも折り重なった関係をふまえつつ、その区別を超えて私たちはともに働いていく必要があるのではなかろうか。非当事者であるからと言って、傍観者になってはならない。だが当事者に共感しつつも、感情的に呑み込まれてしまうならば発話する能力自体が失われてしまう恐れもある。表現者の立つ位置はとても難しい。しかし、少なくとも、外国に対して、日本を犠牲者として一方的に特権化してはならないと考える。そこでは、すでに世界と共有化すべき近代の問題、資本主義であり民主主義の問題が提起されている。それは、日本だけが特権的に語り尽くすことのできる問題ではないからである。

日本の外で活動していると、頻繁に尋ねられることが二つある。ひとつは、ここまで述べて来たような東日本大震災以降の日本社会は、原発問題を含めて、どのような方向に進もうとしているのか。もうひとつは尖閣列島や竹島をめぐる、中国や韓国との領土問題を日本の人たちがどのように考えているのかということであった。さらに、二〇一二年末におこなわれた衆議院選挙での自民党圧勝に込められた日本の民意とは何なのかということを加えるならば、国際社会がもつ、現在に日本に対する関心がいかなるものかを知ることができよう。

それらの問いは、結局のところ、日本社会にとって「戦後」という時間とは何だったのか。戦後を通して私たちが何を達成し、何を見過ごし、あるいは誰に犠牲を強いてきたのかという、近代化の経験をめぐる重要な問題を提起しているのだ。原発問題について言えば、豊富な電力や資本に支えられた戦後の日本社会が、実は一方で、原発を自らの地域に受け容れなければ経済生活が成り立たなくなるような膨大な地域格差を肯定し、さらなる拡大を推進するものであったことを暴露している。メトロポリス東京の経済・社会的活動が、福島という地方からの電力によって支えられていたにもかかわらず、そこには被ばくの危険性にさらされた多くの人びとがいたという事実に私たちは目を向けてこなかった。それは、大阪や京都とその周辺に原発の置かれた地域との関係にも当てはまる。さらには戦後に基地が集中的に置かれ、米国と日本本土の圧力に苦しんできた沖縄の人びと、帝国日本の解体過程のなかで棄民化されていった在日コリアンの人びとの存在と、同様の問題が戦後の出発時から繰り返されてきたにもかかわらず、である。

戦前の帝国体制が広島と長崎への原爆落下によって終止符が打たれたと見るならば、日本の戦後は原爆反対の動きとともに始まったとも言える。しかし、それが合衆国から産業政策として原子力技術が輸入されるなかで、原爆は反対だが、原発は明るい人類の未来につながると、いつしか原子力を推進する立場へとすり替えられていった。しかも、日本の企業はその技術をアジアに輸出しようと目論んでいる。福島原発からの放射能汚染水の垂れ流しとともに、日本が世界にもたらす原子力の被害に対して日本の社会がどう責任を取るつもりなのかが問われていると言ってもよい。それにもかかわらず、その状況に対する日本国民の無自覚さは、国民国家という境界線の内部に、いまだ私たちの意識が縛りつけられていることを物語っている。だが、国民国家という体制は戦前の日本帝国の否定として、連合軍による旧植民地の解放がもたらした、戦後とともに始まったものに過ぎない。はたして戦後の日本社会が本当に国民国家と呼ぶにふさわしい体制であったのか、そもそも国民国家という理念が正しいものなのか。戦後社会の矛盾が露呈した現在の日本ゆえに、このような国民国家と資本主義が絡み合った社会のメカニズムを徹底的に分析することも可能な状況になっているとも言える。

多くの日本人が戦後の日本は自由で平等な、リベラル民主主義をある程度達成した社会だと信じてきた。だが今露わになった現実は、自由主義における「自由」とは意志する自由にとどまらず、競争する自由でもあり、合衆国が端的に示すように経済的格差を能力に見合った結果として、弱者の落伍も必然的なものとして肯定する論理から成り立っている。戦後の日本社会は、福祉国家の政策を採ることで、少なくとも「日本人」と呼ばれる一般市民についてはあまり格差が開かぬように政府が配慮し、集団主義的な労働形態のもとで国家の経済的な繁栄を勝ち取ってきた。だが、小泉内閣以降、グローバル資本主義が社会に浸透していくなか、福祉政策を切り捨てた小さな政府を目指す新自由主義のもと、国内の経済格差を肯定する方向へと政治の舵は切られていった。

二〇一二年の衆議院選挙での自民党圧勝は、民主党政権に対する失望から生じたものだが、その政権の自滅していく様は、彼らがマニフェストとして掲げた福祉国家の再構築、そして沖縄からの米軍基地の撤退が、今なお容易な課題ではないことを突き付けている。TPP参加への政治的圧力を含めて、現在でも日本は合衆国の政治・経済・軍事的な影響下のもとで存在することが可能になる社会であり、もはや簡単には福祉国家体制に戻りえない状況にある。そのようななかで、先の野田内閣による消費税率の大幅アップの決定は、福祉政策を掲げるには日本の国家財政があまりにも破綻しており、その財政赤字を埋めるために、海外のどこにでも移転できる富裕な企業が日本に残って国内の経済を支えてくれるように、累進課税を回避して、一般市民にこれまで以上に重い消費税を課することを選んだ結果である。もちろん、政府が脱原発政策に転じようとしても財界や合衆国の同意が得られないかぎり、国民の民意など何の意味も有さない。戦後日本の民主主義は、それが虚妄にすぎないがゆえに、マジョリティである「日本人」はその理念を信じるために、国内のマイノリティ、あるいは格差を押しつけられた地方の人びとに犠牲を強いてきた。しかし、今や、自分が一般の日本人だと信じて来た人びとに対して、グローバル資本主義の負債が押し付けられる順番が回ってきたのである。

さらに、二〇一二年の選挙で市民が無意識裡に自民党政権を選択した背景には、そのような困難な現実を無意識ながら感じとっているがゆえに、東アジア諸国を始めとする諸外国の眼差しに目を閉ざした排外主義へと日本社会が傾きつつある状況が存在する。憲法改正による戦後民主主義の理念との決別、そして首相の靖国参拝を含む、神道を民族宗教として単一民族国家観の根幹に据える姿勢。このような民族主義は結局のところ、一九六〇年の安保闘争の時と同じように、合衆国傘下のもとで、日本人の特殊性を謳うといったねじれた幻想をふたたび与えようとするだろう。しかし、帝国が解体することで戦後に生まれた単一民族国家という幻影への回帰は、葛藤を抱えながらも旧宗主国が旧植民地からの移民の受け入れを推進してきた国際社会の情勢からは理解し難いものに映じよう。

神道の歴史を顧みるならば、韓国併合以前の、西洋近代化の始まった時から、それが民族宗教だという声がある一方で、それ以上に帝国宗教だ、世界宗教だという声があったことを私たちはすっかり忘却してしまっている。しかし、国民国家の境界線を踏み越えた帝国という過去を日本の社会が有する以上、尖閣諸島や竹島の問題のように、歴史を遡って国民国家の領土設定を基準に議論をすること自体が不可能な行為なのだ。東アジア諸国が憤っているのは、帝国という過去を忘れて、国民国家の起源を近代以前にまで投影しようとする日本の歴史理解の在り方なのだと受け止めるべきである。

今日顕在化してきた領土問題に対して、地球上すべての地域は単一国家の領土に属すると見る国民国家主義の論理を根本から批判し得ないときには、その領土がどの国家に帰属するのがふさわしいのかという国民国家主義の発想を前提にした問いを、日本の社会のみならず、中国や韓国の社会にとっても、反復するだけの堂々巡りの議論にしかなりえない。自分たちが何者であるかというアイデンティティの問題は、たしかに他者の眼差しだけで決まるものではない。だが同時に、それは自分の自己理解だけで決まるものでもない。アイデンティティとは、それが集団であれ個人であれ、自分と他者のはざまで相互作用として決定されていく流動的なものにほかならない。この二十年間、日本の出版界や学界ではナショナリズム批判が隆盛を極めたが、現在の領土問題を顧みるとき、その学問的批判が自分たちの日常的問題としては身についていなかったことが痛感される。

しかし、神道の祭神に数多の異国の神や異教の神が紛れ込んでいることから明らかなように、これまで私たちが認めようとしなかっただけで、純粋な民族神道や国民国家といったものは存在した試しはない。もう一枚の写真を紹介しよう。塩釜近郊の海岸で撮影した、津波に壊された神社が再興された姿である。もとは稲荷神社であったらしく、周辺には砕かれた鳥居の残骸や、顔の潰れた狐の石像が転がっている。その真ん中には、いまだ引かない潮のなかで、砕かれた社殿の石を再び積み上げて、中央に布袋様を祀った神社が設けられていた。そこ

撮影：磯前礼子

には近代神社に特有な皇室祭祀も存在しないし、日本のナショナリズムの面影もない。あるのは打ち砕かれた伝統を、それでも傷ついたままに再構築しようとする人びとの祈りである。その光景を目の当たりにして私は、「世界は廃墟、関係は拒絶、個は絶望から出発する以外になく、そこにのみ無限の希望がある」という書家、石川九楊の言葉を思い出した。さらに石川は次のように述べている。

　世界はすでに廃墟なのだ。美しいものなど何もなく、守るべきものなどひとつもない。おそれ、おののき、たじろぐ必要はない。生きるとは、ただ廃墟に石を積むだけのことにすぎないと解釈した私は、私でも生きられる、生きてもいいという希望が湧いた。

そこにまぎれもなく宗教的想像力が跳躍する契機が存在する。未曾有の震災という例外状態が、宗教が政治に同化される一歩手前の姿を浮かび上がらせたのだ。

　石川の言葉は、この十年間くらいで顕著になった、ジャパン・マネーを目的とする外国人研究者たちによる、神道の国際化という名のもとに民族神道の素晴らしさを寿ぐ賛言とはおおよそ異なるものである。日本人のことを善良だとか、素晴らしいとか褒めてくれるだけのナルシシスティックな国際交流はもう終わりにすべきだろう。どれほど彼らが親日的に振る舞ってくれるにせよ、むしろその口当たりの良い言葉に、他者との葛藤を抱え込んでまでは、日本社会の不正や歪みに対する抜本的な批判をおこなうことのない狡猾さを見抜くべきなのだ。自分に利益をもたらす人間におもねることは、誰にでも出来る。問題はその社会が排除しようとしている弱い立場に置かれた人間に対して、公平さを欠くことのない言動をとれるかどうか、超越論的な倫理が確立できるか否か、なのだ。自分に対しては優しい人間であっても、利益をもたらさない第三者に対して冷淡であれば、その人間は倫理的な人物とはいえない。その倫理性にこそ、宗教的想像力が作動する契機があるように私には思われる。

そして、今こそ求められているのは、自分たちの耳に痛いことを忠告してくれる他者の存在ではないだろうか。このような他者は西洋という外国だけでなく、アジアという外国にも、そして国内にもマイノリティとして存在している。そのような批判的な声が届きにくくなっているのは、私たちが耳を貸したくないからなのだ。ここで言う「私たち」とは、すでに虚妄となった、自由で平等なリベラル民主主義社会としての日本を信じ込もうとするマジョリティとしての日本人である。しかし、私たちの自意識とはまったく異なる角度から、日本人をじっと眺めている眼差しに気づく感受性を育むことが求められているのだ。例外状態を経験した今だから、それが可能になるはずである。

なぜならば今の私たちは、瓦礫から掘り出された傷だらけの地蔵のように、あるいは砕け散った石片が積み上げられた神社のように、自分たちのアイデンティティそのものが決定的に傷ついている。かつて見られた善人たる自分への過剰な信頼感は、肉親であれ他人であれ、無辜の人びとが津波に呑まれ、放射能に汚染されていく事実を知った時、それにも拘らず自分が生き残ってしまった罪悪感として、心に深い傷を残していく。自分の負った傷を己れに対して偽り隠そうとする者は、他人の傷に対しても優しくあることは出来ないだろう。それは、自分の傷を国民国家という均質なアイデンティティに溶け込むことで隠してしまいたいからだ。そうではなく、自らの傷に対して自覚的である時に、私たちは他人の傷にも優しくあれる。それは、他人の傷に対して感受性を有するからこそ、自分の心に傷にも優しくあれるということでもある。

壊れた神社、あるいは傷だらけの地蔵の話は、他者の痛みへの感受性を問うものである。同時に、それは自分の心の傷を誰かにわかってほしいという私たちの切なる願いの表れでもある。例えば、私にとって常に海外交流の旅は、自分に心の傷が存在するがゆえに、国籍や年齢の異なる多様な人びとと心を通わせることが可能になった経験であった。しかし、どれほど心を通い合わせたとしても、それでも癒えることのない心の痛みといったものを私たちは誰しも抱えているのではないだろうか。その傷が何に由来するものなのか、自分でも理解することができないままにある。だからこそ、その理由を探し求めて、いまだ出会ったことのない人びとの声を聞きに私たちは出かけて行く。その誰かを求めて止まない気持ちは、自分には親がいる、恋人がいる、家族がいるといったことでは解決のつかない、まったく異なる種類の何者かを求めるものなのであろう。それをかつて私は、「どこにもいないあなた」と名づけた。この切なる願いこそが、傷ついた人びとが祈るという信仰という行為の中核をなすもののように感じられる。

学者はすぐに物がわかったような書き方をしたがる。しかし、震災を体験した後の私たちにはもうそういった書き方はできないだろう。よく考えてみると、自分は一度もそんな書き方はしてこなかった気がする。たしかに、そのわかりにくさは自分の書く文章の拙さに起因するところも少なくないだろう。しかしそれだけでなく、わかりにくさとは、実は誰しも自分自身を理解する際に抱えこむ困難さでもあるのではないか。そして、ここの困難さにこそ、現在の日本社会を語る可能性もまた存しているように思われる。当事者の日本人であるからわかるという訳でもない。非当事者の外国人だから公平に理解できるというわけでもない。誰一人として正解を有している者はいないという認識を共通の地平として、異なる視点をもつ者が互いに謙虚かつ批判的に語り合っていくこと。そのような姿勢が、現在の日本社会が味わいつつある挫折の経験から、世界中の人びととともに近代とはいかなる経験であったのかを考え直していくような状況をもたらしてくれると考えている。

しかし、その一方で他者の痛みに対する感受性をもたない凡庸な悪、他者なき他者が、私たち自身の心のなかにも、この社会の中にも存在していることも紛れのない事実である。東日本大震災の瓦礫が延々と続くスライドを映し出したとある会場では、その光景を眼の前にして、かえって薄笑いを浮かべていた人たちが何人かいたことも、忘れることのできない現実である。相手が自分と同じ人間であると思わなければ、私たちはどんな残虐な振る舞いもおこなえる。自分の家族にとっては良き父親・母親である者が、冷酷な人種主義者であった例は枚挙にいとまがない。そのような果てしない闇を抱えた、無限に広がる社会は、観念に偏りがちな学者の知識では決して見通すことのできないものである。

津波に流される人びとの映像に大粒の涙を流した次の瞬間、テレビの番組を切り替えて、お笑い芸人の滑稽なしぐさに笑いを浮かべる人びとの日常もまた、人間の愚かな性なのであろう。それでも私たちが表現者であろうとするならば、このような人間の度し難い愚かさや悪に目を凝らす強い意志と覚悟を持たなければならない。深い深い絶望の底に、希望の光は見えてくるはずである。暗闇の淵に沈んだ刹那にこそ、宗教的想像力が飛翔する瞬間もまた潜んでいると心に念じ続けたい。愚かさと悪意に満ちた人間の闇を突き抜けて行くこと以外には、もはや私たちの歩むべき道は残されていないのだ。

*

本書のもとになった原稿は、二〇〇七年に『喪失とノスタルジア——近代日本の余白へ』が刊行されたのち、二〇〇八年から二〇一三年にかけて約五年のあいだに執筆されたものである。最後になったが、本書を作成する過程で協力してくださった方たちの御名前を感謝の気持ちとともに挙げておきたい。Talal Asad, Homi Bhabha, Gayatri Chakravorty Spivak, Gauri Vishwanathan, Hent de Vries, Trent Maxey, Jörg Plassen, Gesche Linde, Marion Eggert, Lucian Hölscher, Volkhard Krech, Peter Wick, Klaus Antoni, 桂島宣弘、金哲、金泰勲、酒井直樹、林志弦、黄鎬徳、張錫萬、三原芳秋、安丸良夫、尹海東、スユ+ノモの人びと。これらの方たちは、本書のもとになった各章の原稿を執筆あるいは口頭発表するうえで、有益な助言を与えてくださった。ニューヨーク、アマースト、ケンブリッチ（マサチューセッツ州）、ボッフム、チューリヒ、チュービンゲン、ドバイ、ソウル、新竹（台湾）、東京、京都と、世界各地における彼らとの交流がなければ、本書の内容が現在のような水準に達することがなかったことは疑いようがない。様々な場所で、彼らと討論する機会をもてたことは本書の内容を高めるうえで本当に幸運なことであった。

以文社、青土社、みすず書房、ぺりかん社、山川出版社、国際日本文化研究センター。これらの出版社ならびに研究機関には、すでに発表された原稿を本書に収録することを快く承諾していただいた。また、すべての原稿を推敲し、表記や書誌の誤りを逐一修正してくださった西田彰一さんと沈熙燦さん、そして研究書の出版事情がますます困難になる状況のなかで、このような大部の書物の刊行を実現可能にしてくださった法政大学出版局の前田晃一さん、そして、前田さんの手にこの本が委ねられるまでの間、本書の刊行にご配慮くださった阿部晴政さん（河出書房新社）、竹中尚史さん（洛北出版）、大橋洋一さん（東京大学大学院）、石島裕之さん（筑摩書房）、関正則さん（平凡社）、安井梨恵子さん（平凡社）の各位に、心からの御礼を申し上げたい。そして最後に、西川長夫先生に本書を捧げたい。国民国家論を植民地主義の文脈に位置づけるその一連のお仕事は、東アジアにおいて理論的であることの意味と可能性を私に指し示してくれた。ここにその学恩を記して筆を擱くことにしたい。

出典・初出一覧

はじめに　ポストコロニアル的な生をめぐる断想（二〇一三年執筆）
本書のために書き下ろし

序　章　閾の思考——他者の眼差しのもとで（二〇一〇年執筆）
"Negotiating with Others: Considering the Case of Japanese Studies," in Kyoto Lecture at Italian School for East Asian Studies, 2009.
「他者と出会うために——日本文化の論じ方」国際日本文化研究センター「一般公開講演会」二〇〇九年。
"Meeting Others: Considering through the Case of Shinto Studies," in Ruhr University Bochum, Germany, 2010.
"Meeting Others: Considering through the Case of Shinto Studies," in Tübingen University, Germany, 2010.
"Meeting Others: How to Argue about the Internationalization of Shinto." Amherst College, United States of America, 2011.

第一章　思想を紡ぎだす声——はざまに立つ歴史家　安丸良夫（二〇〇八年執筆）
「趣旨説明」「安丸民衆史の射程——主体性・全体性・両義性」国際日本文化センター、二〇〇八年。
「思想を紡ぎだす声——はざまに立つ歴史家　安丸良夫」安丸良夫・磯前順一編『安丸思想史への対論——文明化・民衆・両義性』ぺりかん社、二〇一〇年。

第二章　ポストコロニアルという言説――ホミ・バーバ　その可能性と限界（二〇〇九年執筆）

Seminare "Articulating Impossibility: Derrida, Bhabha and Sakai," in SOAS at University of London, 2003.

「ポストコロニアルという言説――その成果と臨界点」京都大学人文学研究所、二〇〇九年。

「ポストコロニアルという言説――ホミ・バーバ　その戦略と臨界点」ホミ・バーバ『ナラティヴの権利』磯前順一／ダニエル・ガリモア訳、みすず書房、二〇〇九年。

第三章　他者と共に在ること――ディアスポラの知識人　タラル・アサド（二〇〇八年執筆）

「他者と共に在ること――ディアスポラの知識人　タラル・アサド」京都大学人文学研究所、二〇〇八年。

「他者と共に在ること――ディアスポラの知識人　タラル・アサド」タラル・アサド『自爆テロ』苅田真司訳、青土社、二〇〇八年。

"Talal Asad, Intellectual of the Diaspora: For Reading his Work," in Ruhr University Bochum, Germany, 2010.

第四章　外部性とは何か――日本のポストモダン　柄谷行人から酒井直樹へ（二〇〇八年執筆）

「酒井直樹と普遍性」日本宗教学会大会パネル「戦後知の可能性」東洋大学、二〇一〇年。

"Post-Modern / Colonial Theory of Translation: From Walter Benjamin to Naoki Sakai," in Ruhr University Bochum, Germany, 2010.

「柄谷行人から酒井直樹へ――ポストモダン思想における外部と普遍」喜安朗・安丸良夫編『戦後知の可能性――歴史・民衆・宗教』山川出版社、二〇一〇年（短縮版）

第五章　モダニティ・帝国・普遍性――「近代の超克」と京都学派（二〇〇九年執筆）

"The Kyoto School and 'Overcoming Modernity:' Modernity, Empire and Universality," Workshop "The Kyoto School and 'Overcoming Modernity:' Modernity, Empire and Universality," in International Research Center for Japanese Studies, Kyoto, 2009.

「京都学派と「近代の超克」――近代性、帝国、普遍性」研究空間スユ＋ノモ、ソウル、二〇〇九年。

「「近代の超克」と京都学派――近代性・帝国・普遍性」酒井直樹・磯前順一編『「近代の超克」と京都学派――近代性・帝国・普遍性』以文社、二〇一〇年。

"The Kyoto School and 'Overcoming Modernity:' Modernity, Empire and Universality," in Naoki Sakai and Jun'ichi Isomae eds., Overcoming Modernity: East Asian Community and the Kyoto School. Singapore & London: World Scientic Publishing Company, forthcoming.

第六章　帝国の記憶を生きる――ポストコロニアル批評と植民地朝鮮（二〇〇九年執筆）
「ポストコロニアル批評と植民地朝鮮」（金泰勲と共同報告）朝鮮史研究会、立命館大学、京都、二〇〇九年。
「ポストコロニアル批評と植民地朝鮮」（金泰勲と共著）『季刊日本思想史』第七五号、ぺりかん社、二〇一〇年。
コロキアム「「ポストコロニアル批評と植民地朝鮮」をめぐって」スユ＋ノモ南山、ソウル、二〇一一年。

終　章　故郷への帰還――ガヤトリ・チャクラヴォルティ・スピヴァクから山尾三省、そしてジョルジョ・アガンベンへ（二〇一一年執筆）

「「故郷性」をめぐって――スピヴァク、アガンベン、山尾三省」立命館大学、京都、二〇一一年。

「批判的地域主義の行方――戦後言説空間の終焉に」『現代思想』第三九巻第八号、二〇一一年。

「ジョルジョ・アガンベン『ホモ・サケル』――戦後言説空間の終焉に」『現代思想』第三九巻第九号、二〇一一年。

「被災地より――今、表現の質が問われている」『日文研』第四七号、二〇一一年。

あとがき　震災の後に――アイデンティティの傷について（二〇一三年執筆）
「総論　ポスト世俗主義と公共性――アイデンティティと公共性」国際日本文化研究センターシンポジウム「ポスト世俗主義と公共性」二〇一二年七月二二日
「総論　ポスト世俗主義と公共性」日本宗教学会学術大会パネル「ポスト世俗主義と公共性」二〇一二年九月九日（於・皇学館

大学）

"Visions of Post-Secular Society after Fukushima: Plurality and Exclusion," presented at University of Pennsylvania, USA, November 13, 2012.

"Visions of Post-Secular Society after Fukushima: Plurality and Exclusion," presented at KHK of Ruhr University Bochum, Germany, November 26, 2012.

"Visions of Post-Secular Society after Fukushima: Plurality and Exclusion," presented at the Conference "Religion,Secularity and the Publicty in East and Southeast Asia," at National University of Singapore, March 8, 2013.

「世界が日本を見つめている」『中外日報』二〇一三年一月三日号（短縮版）

「世界が日本を見つめている——傷ついたアイデンティティから」『日文研』第五十号、二〇一三年

本書全体

Seminare "Location of Reason : Subjectivity in Postmodernism and Postcolonialism," in URPP Asia and Europe at University of Zurich, Switzerland, 2012.

著者紹介

磯前順一（いそまえ・じゅんいち）

1961 年生まれ．宗教・歴史研究．文学博士（東京大学）．東京大学文学部助手，日本女子大学助教授を経て，現在，国際日本文化研究センター准教授．ハーバード大学，ロンドン大学 SOAS，チュービンゲン大学，ルール大学ボッフム，チューリッヒ大学の客員研究員および客員教授を歴任．

著書に，『土偶と仮面――縄文社会の宗教構造』（校倉書房，1994 年），『記紀神話のメタヒストリー』（吉川弘文館，1998 年），『近代日本の宗教言説とその系譜――宗教・国家・神道』（岩波書店，2003 年；ソウル：論衡，近刊），『喪失とノスタルジア――近代日本の余白へ』（みすず書房，2007 年；ソウル：文学と知性史，近刊），『記紀神話と考古学――歴史的始原へのノスタルジア』（角川学芸出版，2009 年），*Japanese Mythology: Hermeneutics on Scripture* (London: Equinox Publishing, 2010), *Genealogy of Religious Discourse in Modern Japan: Religion, State, Shinto* (Leiden: Brill, forthcoming)，『宗教概念あるいは宗教学の死』（東京大学出版会，2012 年），『どこにもいないあなたへ――恋愛と学問についてのエッセイ』（秋山書店，2013 年）．

共編著に，『宗教を語りなおす――近代的カテゴリーの再考』（みすず書房，2006 年），『マルクス主義という経験――1930–40 年代日本の歴史学』（青木書店，2008 年），『宗教概念の彼方へ』（法藏館，2011 年），『植民地朝鮮と宗教――帝国史・国家神道・固有信仰』（三元社，2013 年；ソウル：本とともに社，近刊）など．

閾《いき》の思考《しこう》――他者《たしや》・外部性《がいぶせい》・故郷《こきよう》

2013年 8 月 8 日　初版第 1 刷発行

著　者　磯前順一

発行所　財団法人　法政大学出版局

〒102-0071 東京都千代田区富士見 2-17-1

電話03(5214)5540 振替00160-6-95814

組版：HUP　印刷：三和印刷　製本：誠製本

Printed in Japan

ISBN978-4-588-15067-8